베른하르트 로제

루터 연구 입문

이형기 옮김

크리스챤
다이제스트

Bernhard Lohse

MARTIN LUTHER

An Introduction to His Life and Work

T. & T. CLARK

EDINBURGH

차 례

서 문

이 책에서 나는 루터 연구의 중요한 문제들과 측면들에 관한 기본적인 개관을 제시하려고 한다. 또한 이 책을 읽는 독자들이 자기 나름의 루터 연구를 시작해보도록 권장하고 싶다. 따라서 나는 이 책의 독자들이 직접 일부 영역들에 대하여 좀더 깊이 연구하도록 제안할 것이다.

루터와 종교개혁을 다룬 간행물들의 목록이 끊임없이 늘어나고 있지만, 내가 아는 한, 이런 서론적인 개관은 여지껏 나온 적이 없었다. 뵈머(Heinrich Böhmer)가 이 책의 목적과 비슷한 목적으로「현대적 연구를 통하여 본 루터」(*Luther in the Light of Modern Research*)[1]를 저술하였지만, 실제로 그는 아주 다른 방식으로 자신의 자료를 설명하였다. 뵈머는 루터의 생애와 인격에 대하여 내가 기울인 것보다 훨씬 더 많은 관심을 기울였다. 그러나 나는 루터의 저서들과 그의 신학을 가장 큰 관심사로 삼았다. 이렇게 하면서 나는 항상 독자들이 루터 연구의 발전된 내용들에 주목하도록 노력하였으며, 동시에 루터에 관한 연구에서 여전히 관심을 쏟을 필요가 있는 유망한 과제들을 제시하려고 하였다. 그렇게 함으로써 이 책을 읽는 독자들이 직접 루터를 개인적으로 연구하기를 권장하려고 한다.

확실히 이런 식으로 요약하여 제시하는 방식은 결코 완전할 수 없다. 이 책을 읽을 것이라고 예상되는 잠정적인 독자들이 느낄 부담과 오늘날의 출판 관습의 현실을 고려하여 이 책의 분량을 줄였다. 이 책의 목적을 이루기 위해서는 무엇을 포함하고 무엇을 제외하여야 할 것인가에 관한 어려운 선택을 여러 부분에서 하지 않을 수 없었다. 나는 자주 중요한 사건들과 문제들에 주목하면서 단지 그것들을 사례로 언급하는 정도에 그쳤다. 다른 저자라면 많은 점에서 나와는 달리 선택하였을 것이 분명하다. 그러나 내가 이 책을 저술한 목적들이 달성되었는지 여부는 이 책이 직접 증명할 수밖에 없다.

　　루터의 저작들에 대한 언급은 가능한 한 클레멘판(Clemen Edition)을 따르고 있으나, 모든 경우에 대하여 바이마르판(Weimar Edition)도 언급하고 있다. 가능한 한 영문판도 인용하고 있는데, 대개 55권으로 된 미국판 「루터 전집」(Luther's Works, *LW*)[2]이다.

　　이 책을 탈고한 다음에 루터 전집에 관하여 독일적 연구(Germanic studies)의 관점에 입각한 볼프(Herbert Wolf)의 뛰어난 입문서가 나왔다.[3] 이 중요한 저작을 본서를 집필하는데 반영할 수 없었다. 그러나 볼프의 책은 본서에서 다룬 자료들을 취급하지 않는다. 따라서 이 책과 볼프의 책은 서로를 보완해 준다.

1980년 6월
함부르크
베른하르트 로제

1
루터 당시의 세계

1. 1 프리드리히 3세와 막시밀리안

루터는 세 명의 독일 황제들이 다스린 시대를 살았다. 1483년에 루터가 태어났을 때 독일의 황제는 프리드리히 3세(Frederick III)였다. 그는 1440년부터 1493년까지 53년 동안 다스렸다. 이것은 역대 독일 황제들의 재위 기간 중에서 가장 긴 기간이었다. 프리드리히 3세는 군사적인 측면뿐 아니라 정치적인 면에서도 무능하였으며, 그 시대의 요구들에 대처하지 못하였다. 그러나 프리드리히 3세는 아들 막시밀리안 1세(Maximilian I, 1493-1519)가 (프랑스와 스위스 국경 지대에 있는) 프랑슈-콩테와 네덜란드 17개 주의 상속녀인 부르군디의 메리(Mary)와 결혼하도록 주선하는데 성공하였다. 이 결혼으로 합스부르크 가문은 급속하게 성장할 토대를 마련하였다. 막시밀리안은 이 결혼으로 부르군디와 동맹을 맺었으며, 한편으로는 프랑스의 반감을 불러 일으켰다. 그 결과로 일어난 합스부르크 가문과 프랑스 간의 갈등이 16세기의 첫 19년 동안 정치사와 교회사를 장식하였다.

막시밀리안 1세는 아버지 프리드리히 3세보다 정치적 재능이 뛰어났다. 그는 1495년부터 신성 로마제국을 개혁하기 시작하였다. 그의 개혁은 대중의 폭넓은 지지를 얻었지만, 자신이 의도하였던 목표의 일부만을 달성할 수 있었다. 막시밀리안의 개혁 조치들 가운데 하나는 독일 제국 전역에서 정규적으로 징수되는 일반세(general tax)의 도입이었다. 그러나 그는 여전히 때로는 서로 다른 영토들에 대하여 특별세를 부과하는 관습을 유지하지 않을 수 없었다. 결과적으로 그는 제국 전체를 좀더 확고하게 통제하기 위한 재정적 기초를 발전시키지 못하였다. 한 예로, 그는 중앙군을 유지할 수 없었다.

또 하나의 개혁이 1495년에 실시되었는데, 그 해에 막시밀리안은 제국의 최고 법정을 설치할 수 있었다. 이 법정은 "힘이 곧 권리"라는 원칙에 따라 움직였던 귀족들의 무제한적인 권력에 한계를 설정하였다. 따라서 황제는 제국의 중앙 정부를 강화하였다.

'마지막 기사'라고 불렸던 막시밀리안은 정치 개혁보다는 인문주의 연구와 문예 활동을 지원하는 일에서 더 큰 성과를 거두었다. 황제의 지원으로 ― 다른 많은 나라들에서는 이미 영향력을 발휘하고 있었던 당시의 새로운 문화 운동 ― 인문주의가 점차로 독일 제국에서도 뿌리를 내릴 수 있었다.

1. 2 찰스 5세

루터와 종교개혁과 관련하여 누구보다도 더 중요하였던 황제는 찰스 5세(Charles V, 1519-1556)였다. 1497년에 막시밀리안의 아들 필립(Philip the Handsome)은 아라곤의 페르디난드와 카스티야의 이사벨라 사이에서 태어난 요안나(Joanna the Mad)와 결혼하였다. 이 결혼을 계획하였을 때에는 스페인과 독일 제국을 합병하려는 생각이 전혀 없었지만, 요안나보다 왕위 계승 서열이 앞섰던 다른 왕족들이 모두 죽자, 그녀가 스페인의 왕위를 물려받았다. 1506년에 남편인 필립이 죽자 요안나의 정신병은 더욱 악화되었다. 그 결과 아직 미성년자인 그녀의 아들 찰스가 이제껏 서방 세계에서 세워진 왕국 가운데 가장 거대한 나라의 확고한 상속자가 되었다. 찰스는 합스부르크 가문의 오스트리아 영토들뿐만 아니라 막시밀리안이 획득하였던 나폴리와 네덜란드도 상속받았으며, 가장 중요한 영토인 스페인과 그 소유의 아메리카 식민지들도 물려받았다. 물론 서로 다른 이 영토들을 통합하는 자연적인 방법은 전혀 없었으며, 스페인과 독일 제국의 통합이 오래 지속될 것이라고 생각하는 사람은 아무도 없었다.

그러나 이런 엄청난 권력이 찰스 5세의 수중에 집중된 것은 독일 제국뿐 아니라 유럽 전체에도 결정적으로 중요한 일이었다. 유럽의 다른 열강들, 특히 프란시스 1세(Francis I, 1515-1547)가 다스리는 프랑스는 독일 황제의 권위가 점점 더 커지는 것을 크게 우려하였다. 교황조차도 교황령이 찰스 5세의 영토들로 포위되는 것을 두려워하였다. 찰스 5세는 프란시스 1세와 끊임없이 전쟁을 벌였으며, 특히 밀라노를 장악하기 위한 싸움을 계속하였다. 찰스 5세의 광대한 영토는 독일 제국에도 심각한 결과를 초래하였다. 한편으로 독일은 찰스 5세에게 참으로 중요한 영토였다. 그가 아버지로부터 상속한 합스부르크 가문의 영지들이 독일에 포함되어 있을 뿐만 아니라, 그가 독일의 황제로 선출되었기 때문이었다. 그러나 다른 한편으로 독일은 찰스의 왕국 가운데 일부에 지나지 않았으며, 그 결과 때때로 찰스는 독일에 거의 관심을 기울이지 못하였고 독일이 스스로 돌아가도록 내버려 두었다.

아버지가 일찍 죽고 어머니는 정신병에 걸렸기 때문에, 찰스는 어린 시절을 네덜란드에서 보냈다. 따라서 그는 독일어보다는 스페인어와 프랑스어를 훨씬 유창하게 말하였으며, 독일어를 결코 충분하게 익히지 못하였다. 그렇지만 독일계 조상들을 가진 덕분에 찰스는 프랑스의 국왕도 차지하려고 노력하였던 독일 황제로 선출될 수 있었다. 황제의 자리를 차지하기 위한 경쟁에서 찰스가 승리할 수 있었던 것은, 최종적인 분석에 따르면, 부유한 금융가였던 푸거 가문(Fuggers)이 막대한 돈을 그에게 제공하였기 때문이었다. 황제의 선출에 참여한 군주들이 찰스에게 투표하는 대신 많은 돈을 지불해 줄 것을 요구하였기 때문에, 돈이 황제 선거의 중요한 요소였다.

독일 제국에 대한 찰스의 기본적인 의도는 중앙 정부를 강화하고 교회령과 제후령의 자율성을 축소하려는 것이었다. 그러나 찰스는 너무나도 많은 전쟁에 관여하였으며, 제후들의 지원이 없이는 그 전쟁을 수행할 수 없었기 때문에 끊임없이 제후들과 타협하였다.

찰스가 황제로 선출되기 전에 이미 일어났던 종교분쟁은 황제 선출 이후에 곧바로 격화되었고, 제국 전역에서 일어난 정치적 논쟁의 모습을 여러 해 동안 사실상 형성하였다. 그러므로 찰스의 재위 기간은 두 가지 갈등을 특징으로 꼽을 수 있다. 그 하나는 황제와 제후들 사이의 갈등이며, 다른 하나는 '가톨릭'과 '프로테스탄트' 사이의 갈등이었다. 이 두 가지 기본적인 갈등에서 적대 세력들을 나누는 구분은 끊임없이 변하였다. 예를 들어 로마 가톨릭 제후들은 프로테스탄트들을 겨냥한 황제의 정책들이 모든 제후의 독립성을 위협하는 것으로 보일 경우에는 찰스의 정책들을 지지하지 않았다. 그와 유사하게, 찰스는 자신의 목적을 달성하는데 도움이 된다고 생각되면 언제든지 의도적으로 프로테스탄트의 지지를 구하였다.

1. 3 프란시스 1세와 헨리 8세

그밖에 당대의 유럽 열강을 살펴 보면, 중앙집중화가 좀더 진전되어 있었던 프랑스는 독일 제국보다 강력하였다. 프랑스의 지배자인 프란시스 1세와 찰스 5세는 북부 이탈리아의 관할권뿐 아니라 부르군디에 대한 찰스의 세습 권리를 둘러싸고 수십 년 동안 전쟁을 계속하였다. 이런 문제들은 찰스가 전쟁에서 승리하고 1544년에 크레피 조약(treaty of Crapy)으로 평화가 확립될 때까지 해결되지 않았다. 그 평화조약이 체결된 이후에도 프랑스는 동부 국경을 확장하여 이전에 독일의 영토였던 일부 지역을 차지하는데 성공하였다.

당시의 영국은 헨리 8세(Henry VIII, 1509-1547)가 다스렸는데, 그는 거리낌없이 행동하는 전형적인 르네상스 군주였다. 그는 처음에 찰스 5세를 지지하였다가 나중에는 프랑스 편을 들었다. 헨리는 찰스 5세의 숙모이자 자기 형의 미망인이었던 아라곤의 캐서린(Catherine)과 결혼하였다. 그 결혼을 허락하는 특별 관면(寬免)을 베풀었던 교황은 나중에 헨리의 이혼 요청을 거부하였다. 헨리는 로마 교황의 권위를 부정하고 영국의 교회를 국교회(1531-1534)로 확립하는 것으로 대응하였다. 그러나 헨리는 프로테스탄트의 정책이나 관습들을 전혀 도입하지 않았다. 영국은 엘리자베스 1세 (Elizabeth I, 1558-1603)의 치세에 이르러 스페인에 맞서 1588년에 무적함대를 격파한 후에야 비로소 유럽의 지도적인 열강의 하나가 되었다.

1. 4 네덜란드

대략 오늘날의 벨기에와 룩셈부르크까지 포함한 당시의 네덜란드는 여러 가지 면에서 16세기 유럽 정치의 초점이었다고 말할 수 있다. 예전에 막시밀리안 1세는 네덜란드를 독일 제국에 합병시켰다. 네덜란드는 찰스 5세의 많은 영토들을 한데 묶어주는 지리적 연결점이 되었기 때문에 그에게 아주 중요한 영지가 되었다.

1556년에 찰스가 황제의 자리에서 물러나고 그의 유산이 분배되었을 때 네덜란드는 합스부르크 가문에 귀속되었다. 그러나 네덜란드는 스페인 출신의 외국인 군주들과 프로테스탄트 박해에 항거하여 반란을 일으켰다. 네덜란드는 당시에 가장 강력한 군주였던 필립 2세(Philip II, 1556-1598)에 대항하여 10년 동안이나 반란을 계속하여 독립을 얻을 수 있었다. 그 결과 네덜란드는 좀더 큰 정신적 자유와 지적 자유를 요구하는 운동의 중심지가 되었으며, 그 운동은 점차 유럽의 다른 나라들로 퍼져 나갔다.

1. 5 터키의 위협

터키 역시 루터 시대에 아주 중요한 나라였다. 찰스 5세는 거의 끊임없이 프란시스 1세와 전쟁을 벌였을 뿐만 아니라 남동부 유럽에서 터키의 공격 위협에도 대처하여야 했기 때문에 휴식을 취할 시간이 거의 없었다. 1526년에 터키의 대단히 유능한 지배자인 슐레이만(Suleiman the Magnificient, 1520-1566)이 부다페스트를 점령하였다. 1529년 가을에 터키 군대는 처음으로 비엔나의 성문 밖에 진을 쳤다. 비록 즉시 격퇴당하기는 하였지만 터키가 다시 오스트리아를 공격하리라고 예상되었다. 찰스는 양보를 해야만 지원을 얻을 수 있는 경우가 많았다. 독일 제국에 대한 터키의 위협은 한 세기가 훨씬 지날 때까지 계속되었다. 이 사실은 16세기 사람들에게 특히 중요하였는데, 그 이유는 유럽을 위협하는 터키는 기독교를 위협하는 이교도이기도 하였기 때문이었다. 이런 상징적인 의미는 그 당시의 종말론적 기대들을 자라나게 하는 풍부한 자양분을 제공하였다.

그러므로 루터 시대 황제들의 통치는 여러 가지 면에서 유럽 전체의 정치와 뒤얽혔다. 루터와 종교개혁의 역사는 항상 이러한 좀더 넓은 상황 속에서 이해해야 한다.

1. 6 루터의 고향 : 만스펠트

유럽의 여타 열강의 정책보다는 독일 제후들과 여러 계급(estates: 귀족, 승려, 기사, 교수와 인문주의자, 농민 ― 역자주)들의 행동이 확실히 루터와 종교개혁에 훨씬 더 직접적인 영향을 미쳤다. 물론 루터도 자신을 독일 사람으로 생각하였다. 우선 그는 만스펠트라는 조그만 주(州) 출신으로서 그곳을 고향으로 여겼다. 나중에 루터가 비텐베르크에서 살면서 활동하는 동안에는 작센 선제후령에서 일어난 사건들이 루터의 진로에 결정적으로 영향을 주었다. 독일 제국의 시초부터 계속된 중앙 정부와 각 제후국들(territories) 사이의 긴장 관계는 16세기에 이르러 특히 강하게 나타났다. 찰스 5세와 같은 강력한 지배자도 힘의 균형이 각 제후국들에 유리한 쪽으로 기우는 것을 막을 수 없었다. 특히 규모가 큰 제후국들과 일부 대도시들은 끊임없이 자신의 세력권을 확장하였다.

1. 7 독일의 제후국들과 도시들

15세기의 독일 지도를 얼핏 보기만 해도 제후 국가들이 많다는 인상을 받게 된다. 1495년의 제국의 명부에는 총 350개가 넘는 제후국과 주와 자유 도시들과 수도원들과 제국 기사단들과 그밖에 다른 것들이 등록되어 있다. 이들 가운데 세속 선제후들과 교회 선제후들은 아주 다양한 크고 작은 영토를 각기 다스렸지만, 황제를 선출하는 투표권을 행사한다는 단순한 이유 때문에 상당한 영향력을 발휘하였다. 뷔르템베르크 공작령, 바바리아 공작령, 작센 공작령, 브라운슈바이크-뤼네베르크 공작령은 모두 영토가 대단히 넓었기 때문에 아주 중요하였다. 헤세의 영주(Landgrave)는 가장 중요한 제후국들 가운데 한 곳을 다스렸다. 밤베르크, 뷔르젤부르크, 뮌스터, 브레멘의 주교들도 넓은 지역을 관할하였다. 신성로마 제국하의 도시들도 이 목록에서 빠뜨릴 수 없다. 예를 들어 뉘른베르크 시와 울름 시는 제법 중요한 제후국들에 속하는 몇몇 지역과 맞먹을 정도의 영토를 소유하고 있었다. 돈과 경제력이 도시들에 집중되었기 때문에 자연히 도시들의 영향력은 한층 더 커졌다. 이런 제후국들 외에도 좀더 규모가 작은 나라들이 무수하게 많이 있었는데, 그중 많은 나라들은 종종 좀더 큰 나라들의 경계선 안에 완전히 포함되어 있었다. 제법 규모가 크고 통합된 제후국들을 다스리는 군주는 소수에 지나지 않았다. 종교개혁 당시의 독일 제국의 지도보다 더 다채로운 지도를 발견하기도 어려울 것이다.

종교개혁은 이런 상황을 그다지 크게 바꾸지 못하였다. 독일과 비교하면 영국과 프랑스 같은 나라들은 이미 중앙 집중화가 상당히 이루어져 있었다. 로마와 관계를 단절하고 영국의 교회를 교황으로부터 독립시키려고 결정하였던 헨리 8세의 한 가지 목적은 국왕의 영향력과 권력을 증대하려는 것이었다. 스칸디나비아의 국왕들도 이와 똑같은 동기에서 교회 정책을 결정하였다. 그러나 독일 제국에서는 황제가 종교개혁을 지지하여 권력을 얻으려고 기대할 수 없었다. 대다수의 일반 대중과는 달리 대다수의 제후들은 여전히 가톨릭에 충성을 바쳤기 때문에, 16세기에 프로테스탄트 황제가 된다는 것은 생각조차 할 수 없는 일이었다. 프로테스탄트 황제라면 권력 다툼에서 살아남을 수조차 없었을 것이다. 다른 한편으로 제후국 군주들과 자유 도시들을 비롯한 모든 다른 계급들은, 일정한 조건들 아래에서 모두 종교개혁을 지지하기로 결정하여 크게 이익을 얻었다.

그러나 이런 모든 사실들이 종교개혁을 찬성하거나 반대하는 결정들이 단지 정치적인 계산에 근거하여 이루어졌다는 의미로 해석되어서는 안 된다. 그와는 반대로 교회의 타락과 교회에 대한 주민들의 많은 불만에도 불구하고, 개인의 깊은 종교적 경건이 종교개혁을 지지하거나 혹은 반대하는 결정적인 이유가 되었던 적이 대단히 많았다. 군주들까지 포함하여 많은 사람들이 종종 자신의 신앙을 위하여 크게 고난을 당하였다는 사실이 이런 주장을 입증해준다. 그렇지만 종교개혁을 둘러싸고 일어난 투쟁을 그 당시의 사회적 상황 속에서 이해하고 정치적 발전과 신학적 논쟁들의 상호 영향력을 고려하는 것은 여전히 중요한 일이다.

1. 8 제후들의 권력의 성장

15세기 말의 발전으로 각 제후국들은 좀더 엄격한 질서를 갖추게 되었고, 그 결과 제후들의 권력이 더 커졌다. 일부 유능한 제후들은 제국에 대항하여 자신의 주권적 권리들을 강화하는데 성공하였으며, 그와 함께 많은 반대를 받으면서도 제후국에 대한 통제력을 확립하는 일에도 성공을 거두었다. 그러나 제후국의 제후들은 귀족들이 내는 세금에 의존하고 있었기 때문에 그들의 협력 없이 통치할 수는 없었다. 그 결과 제후들과 귀족들의 관계를 조정하기 위하여 제후국 국가 체제가 발전되었다. 이 과정에서 귀족들은 제후들이 세금을 징수할 권한을 갖는 것을 인정하였는데, 그것은 곧 제후국 국가의 재정 문제를 관할하는 권한을 허용한 것이었다. 이 권한을 행사하기 위하여 제후들은 관료 집단을 발전시켰다.

그와 마찬가지로 중세가 끝날 무렵에 많은 제후국들은 이미 제후가 주재하는 영주국 의회 혹은 추밀원을 설치하였다. 처음에는 기사들이 이 추밀원의 구성원이었지만, 점차 법률가들이 기사들을 대신하여 추밀원의 구성원이 되었다. 그리하여 제후에게 조언하면서 동시에 정책들을 수행하는 특별한 중앙 기관이 발달하였다. 이러한 중앙 기관이 형성되자 제후들은 이런 행정관료들과 접촉을 유지하기 위한 항구적인 공관을 세우지 않을 수 없었다. 이것이 바로 제국 단위가 아니라 제후국들의 수준에서 초보적인 형태의 근대 국가가 발전하게 된 경위이다.

제후들은 교회의 일들에 관한 결정에서도 상당한 영향력을 발휘하였다. 로마 가톨릭 교회의 행정 기관인 로마 교황청은 교황의 아비뇽 유수(포로)와 그 뒤를 이은 분열 기간에 이미 붕괴하기 시작하였다. 교황청이 교회의 개혁에 대한 긴박한 필요를 제안하지도 못하며 유지하지도 못한다는 사실이 명백하게 드러났기 때문에, 유럽의 여러 나라들은 일반적으로 교회 문제에서 좀더 많은 권리를 차지할 수 있을 정도로 강력해질 수 있었다. 15세기의 영국과 프랑스에 관한 한 우리는 국가 교회들(제후국별 교회들= territorial churches)이 이미 등장하였다고 말할 수 있다. 독일 제국에서는 중앙 정부가 너무나 약하였기 때문에 이런 발전이 이루어질 수 없었다. 그러나 15세기의 일부 제후들은 개혁 조치들을 시작하고 개혁을 감독할 방문 활동을 실행할 권력을 가지고 있었다. 15세기에 많은 수도원에서 시행된 개혁 조치들은 군주들의 강력한 후원이 없었더라면 불가능하였을 것이다. 따라서 나중에 많은 프로테스탄트 교회들이 16세기에 국가 교회들로 확립된 것은 중세 시대 말기에 시작되어 계속 진행된 발전의 후기 단계에 지나지 않았다. 종교개혁 기간에는 로마 가톨릭측 제후국국가들에서도 역시 이런 발전이 나타났다.

1. 9 경제적 발전

경제 분야의 발전도 제후국들의 중요성을 높이는데 중요한 역할을 하였다. 경제적인 면에서 15세기 후반과 16세기는 급진적인 변화가 있던 시대였다. 이 시기에 초기 자본주의의 경제적 관습들이 발달하였다. 그러한 자본 축적의 중요성은 푸거가의 은행(the Fuggers' bank)이 위엄 있는 위치를 차지하고 있었던 사실로 명백하게 증명된다. 푸거가의 재정적 지원이 없었더라면 마인츠의 알베르트(Albert of Mainz)는 세 주교구의 관할권을 손에 넣지 못하였을 것이다. 그런데 한 사람이 세 주교구를 관할하는 것은 교회법에 명백하게 배치되는 일이었다.

또한 16세기 초에는 새로운 생산 방법들이 개발되었는데, 특히 새로운 제조 방법들은 이전의 방법들보다 훨씬 더 발전된 것들이었다. 특히 중요한 산업은 광산업이었으며, 특히 작센에서 중요하였다. 작센과 보헤미아의 국경 부근에 있는 광산들에서는 구리와 은과 주석이 생산되었다.

작센에서는 12세기 이래로 은광이 개발되었다. 그러나 광산업은 15세기 후반에 와서야 중요한 산업이 되었다. 블라쉬케(Karlheinz Blaschke)[1]는 이 시대의 발전을 19세기 미국 캘리포니아 주의 골드러쉬(Gold Rush)에 비유하였는데, 사실상 여러 가지 점에서 비교할 것이 있다. 두 운동이 모두 인구 이동과 통화량의 증가를 낳았으며, 광산업에 참여한 사람들의 부의 축적과 그렇지 않은 사람들의 빈곤을 유발하였다. 16세기에 작센의 경제에서 광산보다 더 중요한 산업은 달리 없었다. 광산업에 기반을 둔 경제력이 없었더라면 작센은 16세기에 누렸던 높은 수준의 문화를 달성하지 못하였을 것이다. 작센의 지배자들의 정치적 영향력도 역시 광산업이 가져다준 이익에 의존한 것이었다.

1. 10 작센

작센은 루터의 고향이었다. 베틴 가문(House of Wettin) 출신인 작센의 지배자들은 1485년에 작센을 분할하였다. 에르네스트(Ernest)가 비텐베르크와 토르가우 주변 지역과 투링기아의 큰 부분, 그리고 하르츠 산맥 서쪽 지역과 포그란트를 물려 받았다. 무엇보다 중요한 것은 그가 황제를 선출하는 선제후의 권리를 상속한 사실이었다. 한편 알브레흐트(Albrecht)는 가장 넓은 제후국를 상속하였는데, 마이센의 제후국와 라이프치히 시와 베라 강까지 뻗쳐 있는 투링기아 북부 지역을 물려 받았다. 이렇게 분할된 작센의 두 지역은 지리적으로 서로 뒤얽혀 있었다. 따라서 두 지역 간의 관계가 대단히 긴장되었고 16세기 초의 수십 년 동안 많은 분쟁들에 휘말렸다는 사실은 그다지 놀랄 만한 일이 아니다.

작센의 공작인 모리츠(Moritz)가 개인적으로는 루터교 신앙을 가지고 있었음에도 불구하고 슈말칼덴 전쟁(Smalcald War, 1546-1547) 기간에 프로테스탄트 제후들을 공격하는 황제의 편에 서서 싸웠을 때, 이런 경쟁 관계가 절정에 달하였다. 황제는 작센 선제후령의 넓은 지역들과 선제후의 지위를 모리츠에게 수여하는 것으로 보답하였다.

작센이 분할되었을 때 그 나라의 유일한 대학교는 작센 공작령에 속한 라이프치히 시에 있었다. 그 결과 1486-1525년 동안 작센 선제후령을 다스린 현자 프리드리히(Frederick the Wise)는 1502년에 비텐베르크에 새로운 대학교를 설립하였다. 그 대학교는 작센 선제후령의 유일한 대학교였지만, 실제로 15년 동안 제대로 대학교로 시작되지도 못하였다. 종교개혁의 결과 그 대학교가 처음으로 중요하게 되었다. 16세기의 한동안 비텐베르크 대학교는 독일에서 가장 중요한 대학교가 되었다.

작센의 두 지역 모두 16세기의 기준으로 보더라도 대도시라고 할 만큼 큰 도시는 하나도 없었다. 1만 명이 넘는 주민들이 사는 도시는 전혀 없었다. 작센에서 가장 큰 도시인 괴를리츠에는 9000명의 주민들이 살았다. 라이프치히에는 약 6500명의 주민이 있었으며, 뮌처(Thomas Müntzer)가 한동안 활동하였던 츠비카우에는 1561년에 약 3200명의 주민이 있었다. 16세기 초반에 비텐베르크에는 단지 2000명이 조금 넘는 주민들만 살고 있었다. 뉘른베르크, 쾰른, 스트라스부르크, 또는 뤼벡과 같은 독일의 도시들은 당시에 작센의 도시들보다 훨씬 규모가 컸고, 훨씬 더 중요하였다.

1. 11 교회의 상황

16세기가 시작될 무렵에 서방 교회는 근본적으로 별 문제가 없었다. 수십 년 동안 불평거리가 된 여러 원인들과 경건과 면죄부에서 나타난 모든 악습들과 그와 관련된 신학의 부적절한 내용들이 있었지만, 그것들 때문에 사람들이 교회를 떠나지는 않았다. 그와는 반대로 교회에 대한 가장 열정적인 비판들조차도 교회의 참된 일이 무엇인지 비판자들이 알고 있었다는 사실을 보여주었다. 1500년 무렵이 독일의 역사에서 가장 경건한 시대였다는 사실이 올바르게 주목되어 왔다. 물론 중세 시대 후반기에는 교회와 경건의 이미지에서 너무나 강력하고 심지어는 모순되기까지 하는 긴장들이 있었고, 따라서 종교 생활의 다양한 형태에 공통적으로 나타나는 특징들을 확인하기가 거의 불가능하다는 점도 역시 사실이다. 서로 다른 유형들과 경향들에 각각 초점을 맞추어 개별적으로 살펴보아야 그 시대의 종교 생활의 정확한 모습을 파악할 수 있을 것이다.

1. 12 15세기의 개혁 공의회들

겉으로 보면, 1500년 무렵의 서방 교회는 번창하고 있었다. 교황의 아비뇽 유수가 끝난 이후에도(1378-1415) 계속된 교황청의 분열은 콘스탄스 공의회(1414-1418)로 마침내 해결되었다. 따라서 서방 기독교의 가장 커다란 그리고 가장 피해가 심하였던 추문이 최종적으로 해결되었다. 그러나 교황청은 스스로 이 분열을 치유할 수 없었다. 교황청은 오직 공의회만이 제공할 수 있는 도움이 필요했다. 중세 전성기의 교황들은 황제들을 비롯한 여러 군주들에게 점점 더 비합리적인 요구들을 강요하였으나, 이제는 교황들의 권력이 공의회 운동에 의하여 내부로부터 제약을 받게 되었다. 콘스탄스 공의회와 바젤 공의회(1431-1449)는 전체 공의회(general council)가 교황보다 우위에 있다고 선언하였다. 그러나 교황들은 이런 선언을 받아들이지 않았다. 그 반대로 교황들은 공의회를 자신에게 복속시키려고 가능한 모든 수단을 동원하였다. 15세기의 개혁 공의회에 대한 교황들의 체험은 그들이 16세기에 공의회를 소집하기를 꺼렸던 이유를 부분적으로 설명해 준다. 교황들의 권력지향성과 교회 개혁을 꺼리는 태도가 공의회를 거부한 주된 원인이었다. 공의회 운동은 15세기 중반에 들면서 그 절정기를 지나버렸다.

1. 13 교회 개혁의 필요성

　철저한 교회 개혁이 필요하였지만, 그 개혁을 수행할 힘이 없었다. 특히 교황청의 재정 분야에서 많은 문제와 악습이 있었다. 역대 교황들은 교회 국가가 관여하게 된 전쟁 비용을 마련하기 위하여 항상 좀더 많은 돈이 필요하였다. 또한 그들은 교회의 군주로서 낭비가 심할 정도의 사치스런 생활 스타일을 유지하기 위하여 점점 더 늘어나는 액수의 돈이 필요하였다. 따라서 중세 말기에 면죄부의 수가 증가한 이유는 무엇보다도 재정적인 이유 때문이었다. 그리고 교회는 벌칙들을 이용하여 교회가 부가하는 벌금과 세금의 납부를 강화하였다. 성직(聖職)도 역시 교회의 수입을 늘리기 위하여 판매되었다.

　이러한 착취적인 재정 관습들보다 훨씬 더 나빴던 것은 성직자들이 자신의 교회적인 의무들을 별로 중요하게 여기지 않았다는 사실이었다. 많은 주교들이 자신을 사제라기보다는 일차적으로 세속적인 군주라고 생각하였다. 성직자의 독신 생활은 ─ 좀더 엄격하게 말하여, 순결은 ─ 지켜지지 않는 경우가 많았다. 미사는 점점 더 성직자의 재정적 필요를 채우기 위한 하나의 방편이 되었다. 이것이 미사 희생의 실제 의미에 관한 성직자들의 신학적인 혼동과 결합되어 한층 심한 부패의 원인이자 결과가 되었다.

독일 제국의 국회가 열릴 때마다 '독일 민족의 불만들'(Gravamina nationis Germanicae) — 국회가 시정해 주기를 바라는 독일 제국 교회의 부패 사례들의 목록 — 이 항상 제출되었다. '독일 민족의 불만들'이라는 명칭은 1456년에 프랑크푸르트 국회에서 발표된 공식 선언에서 처음으로 사용되었지만, 그런 목록은 1417년의 콘스탄스 공의회에서 이미 제출되었다. 부패의 시정을 바라는 요구들은 종교개혁 초기에도 여전히 제출되었다. 교회의 개혁을 위한 요구와 세속적인 개혁 요구들이 이런 목록들에서 하나로 통합되었다. 그러나 기본적으로 교황청은 독일 민족에게서 부와 자유와 위엄을 빼앗아가는 참된 적으로 간주되었다.

교회는 그런 개혁 요구들에 적절하게 대응할 능력이 없다는 사실을 명백하게 드러내었다. 그 사실이 가장 뚜렷하게 드러난 때가 제5차 라테란 공의회(1512-1517)였는데, 그 공의회는 종교개혁이 일어나기 직전에 소집되었다. 그 공의회는 교회의 세금과 수수료와 관련된 다양한 부패들을 개혁하기 위하여 많은 결정들을 내렸으나, 성직 판매를 중단시키거나 한 사람이 대여섯 개의 성직을 겸임하는 일을 막는 일에는 완전히 실패하였다. 종교적 문서의 출판에 대한 검열 제도가 계획되었으나 실행에 옮겨지지는 않았다.

제5차 라테란 공의회의 9차 회기에서 낭독된 교회 개혁에 관한 교황의 칙서 원문이 마인츠의 알베르트에게 보내졌을 때, 교회의 자기 개혁을 위한 시도들이 완전히 모순된 일이었다는 사실이 명백하게 드러났다. 바로 이 교황의 칙서가 금하고 있는 특별한 요청, 즉 일만 두카트의 수수료를 지불하는 대가로 알베르트가 수많은 성직을 동시에 보유하려는 계획을 실천할 수 있도록 교황이 허용할 것이라는 제안이 그 칙서와 함께 보내어졌기 때문이었다. 교황은 알베르트가 이 돈을 모금하는 일을 돕기 위하여 면죄부를 판매할 권한을 부여하였다. 바로 이런 면죄부들이 루터로 하여금 95개 조항을 작성하게 하였다.

1. 14 개혁 운동들

그러나 중세 말기에는 몇몇 고립된 개혁 운동들이 전개되었다. 가장 중요한 개혁 운동으로 단연 돋보이는 것은 '새로운 경건'이라는 뜻의 '데보티오 모데르나'(*devotio moderna*) 운동이었다. 14세기가 끝날 무렵에 네덜란드에서 시작된 이 운동은 수도원 개혁을 달성하였다. 이런 형태의 영성을 실천하였던 평신도 집단인 공동생활 형제단(Brethren of the Common Life)의 사역을 통하여 데보티오 모데르나 운동은 평신도들 속에서 개인적인 영성을 가르치기도 하였는데, 그것은 중세 교회의 가장 고귀한 열매들이었다. 공동생활 형제단에 속한 남자와 여자들은 수도원에서 생활하면서 그리스도를 닮는 생활을 실천하였다. 그들이 세운 여러 학교를 통하여 형제단은 폭넓은 영향력을 발휘하였다. 공동생활 형제단은 종교개혁의 길을 마련하는데 상당한 공헌을 하였다. 나중에 그들 대부분이 종교개혁을 지지하였다.

1. 15 후스와 후스파

후스(John Huss, 1369-1415)가 시작한 운동은 중세 말기의 교회에 특별히 중요한 의미가 있었다. 후스파는 서방 교회에서 로마로부터 독립을 얻어내고 그 독립을 지켜낸, 즉 로마 가톨릭 교회의 신앙고백 이외에 다른 신앙고백을 소유한 최초의 대규모 집단이었다. 후스는 교회의 개혁을 주장하는 영국의 신학자 위클리프(John Wycliff, 1328-1384)의 저서들을 읽고 큰 영향을 받았다. 위클리프가 후스에게 미친 영향은 막대한 것이었으며 후스는 위클리프의 모든 저작들을 복사할 정도였다. 그러나 후스가 영적으로나 지적으로 위클리프에게 의존하였던 것은 아니었다. 오히려 후스는 위클리프의 저작들 가운데서 자기가 확실하게 믿는 부분들만을 받아들였다.

후스가 위클리프의 자료를 이용한 것을 연구해 보면 일반적으로 후스가 위클리프보다 좀더 주의깊게 저술하였다는 사실을 알 수 있다. 후스는 그 당시 교회의 특정한 관습이나 가르침들에 대하여 결코 위클리프처럼 신랄한 비판을 가하지 않았으며, 개혁을 위한 제안들에서도 위클리프처럼 급진적이지 않았다. 그러나 '종교개혁 이전의 종교개혁자들'인 이 두 사람은 성경에 대하여는 비슷한 견해를 공유하고 있었는데, 그것은 성경은 교회가 따라야 할 하나님의 법이며 교회의 행위와 가르침들을 비추어 판단해야 하는 기준이라는 생각이었다. 그들은 세속적이고 부유하고 강력한 중세 교회와 사도적 청빈 속에서 생활한 초대 교회를 비교하였다. 위클리프와 후스는 면죄부에 대하여 가장 날카로운 비판을 가하였다. 후스는 교회를 예정된 사람들의 수라고 정의하였다. 그는 그리스도께서 교회의 유일한 머리라고 주장하였다.

후스는 보헤미아에서 많은 추종자들을 얻었다. 로마 가톨릭 성직계층(hierarchy)은 후스파에 대하여 매우 격렬하게 반발하였으며, 심지어는 후스를 파문하였다. 그러나 보헤미아왕과 대다수의 귀족들 그리고 일반 민중들은 후스를 지지하였다. 그 결과 후스는 파문당한 후에도 얼마 동안은 자신의 사역을 계속할 수 있었다. 그러나 콘스탄스 공의회에서 자신의 가르침을 철회하기를 거부하였을 때, 후스는 이단으로 화형당하였다. 무사히 보헤미아로 돌아갈 수 있게 해 주겠다는 황제의 신변 보장에도 불구하고 후스는 화형당하였다. 그의 죽음은 보헤미아에서 소동을 일으켰다. 보헤미아인들은 황제와 교황 두 사람 모두가 후스 살해자라고 생각하였다.

후스파는 급진파인 타보르파(Taborites)와 온건파 두 집단으로 이루어졌는데, 온건파인 이종배찬파(Utraquists)는 기본적으로 성찬식에서 평신도들에게도 포도주를 나누어줄 것을 요구하였을 뿐이었다. 1420년에 교황은 보헤미아의 이단들에 대한 십자군을 일으킬 것을 선언하였고, 후스파에 대한 전쟁이 시작되었다. 후스파는 열광적으로 자신을 방어하였다. 1427년부터 후스파는 독일제국을 침공하기 시작하였으며, 브란덴부르크와 오스트리아까지 진출하였다. 그들은 자신들이 무력에 의하여 하나님의 나라를 확장하고 있다고 생각하였다. 타보르파는 구약성경을 생활 전반의 규범으로 여겼으며, 모든 종류의 성직계층을 거부하였고, 모든 재화(財貨)를 공동으로 소유하였다.

이종배찬파가 후스파 운동의 주류가 된 이후에 바젤 공의회는 프라하 조약(Compactata, 1433)에서 그들을 인정하였다. 교황청은 이런 합의들을 결코 인정하지 않았고 실제로 1467년에 그 합의들을 무효화하였지만, 후스파는 여전히 자신들의 권리를 주장할 수 있었다. 1467년에 형제단 (Brüderunität)이 후스파에서 갈라져 나갔다. 이 집단은 자신을 복음의 원리에 순응하는 내적인 후스파 개혁운동으로 이해하였다. 그들은 산상보훈에 따라 살려고 노력하였다. 16세기에 독일 제국은 아직도 후스 전쟁의 공포를 기억하고 있었다. 일부 지역에서는 비밀리에 보헤미아인들의 가르침을 지지하는 무리들이 있었다. 후스파보다 오래된 다른 모든 이단들은 1500년 무렵에는 거의 완전히 자취를 감추었지만, 후스파가 미친 영향은 과소평가할 수 없다. 16세기 초의 사람들은 교회의 많은 부패에 대한 후스파의 비난에 감명을 받았을 뿐만 아니라 하나님의 '법'에 근거한 그들의 모범적인 삶에서도 깊은 인상을 받았다. 가장 중요한 사실은, 후스가 부당하게 정죄를 받고 처형당하였는가 하는 물음이 자주 논의되었다는 점이다. 후스파는 서방 세계에 성공적인 저항의 사례를 보여주었다.

1. 16 지적인 상황

중세 말기의 상황은 교회와 경건 생활뿐 아니라 지적 생활에서도 아주 복잡하였다. 미래를 낙관하는 기대와 재난을 염려하는 묵시론적 견해들이 병존하였다. 중세 말기는 르네상스 시대였지만 또한 동시에 죽음의 춤이 유행하였던 시대이기도 하였다. 뒤러(Albrecht Dürer)가 미술에서 시작한 것과 같은 새로운 출발은 중세의 특수한 사고 방식들에 깊이 뿌리를 내리고 있었다. 우리가 만나게 될 엄청난 다양성을 지나치게 단순화하려고 하지 않도록 다시 한번 주의를 기울여야 한다. 오히려 우리는 여러 가지 지적 문화적 운동들의 다양성을 고려하여야 한다.

1. 17 대학교들

중세 시대에 이르면 지적인 생활의 측면에서, 영국과 프랑스를 한편으로 하고 독일을 다른 한편으로 하여 둘 사이의 중요한 차이점들이 발전하였다.

이탈리아뿐 아니라 영국과 프랑스에서도 1200년 이래로 대학교들이 설립되었다. 그러나 독일 제국에서는 14세기 중엽이 되도록 대학교가 설립되지 않았다. 독일 제국에서 가장 오래된 대학교들로는 프라하(1348), 비엔나(1365), 하이델베르크(1386), 쾰른(1388), 에르푸르트(1392), 라이프치히(1409) 대학들을 들 수 있다. 16세기 초에 가장 중요한 대학은 여전히 파리의 소르본느 대학이었다. 교황청의 분열을 극복하는데 결정적인 역할을 한 피에르 다이(Pierre d'Ailly, 1350-1420)와 콘스탄스 공의회에 참여한 제르송(John Gerson, 1363-1429)과 같은 개혁 신학자들이 이 대학에서 가르쳤다. 소르본느의 신학자들은 1500년 이후에는 심지어 공의회가 교황보다 우위에 있다고 가르치기도 하였다. 독일의 대학들은 이와 유사한 영향력을 전혀 발휘하지 못하였다. 독일의 대학들은 오직 종교개혁의 결과 영향력을 발휘하기 시작하였다.

신학과 철학의 가르침에도 차이점이 있었다. 아주 중요한 학자들은 영국과 프랑스에서 가르쳤다. 중세의 위대한 신학과 철학 체계들은 대부분 파리에서 발전하였다. 도미니쿠스회와 프란체스코회가 이룩한 이런 위대한 업적들은 독일에서도 당연히 연구되었다. 그러나 독일은 스콜라 사상에 실질적으로 공헌한 적이 전혀 없었다. 독일의 독창적인 주요한 공헌은 독일 신비주의의 형태로 나타났다. 에크하르트(Johannes Eckhardt, ?-1327)와 타울러(John Tauler, ?-1361) 그리고 수소(Henry Suso, ?-1366)는 의심할 여지없이 그들보다 앞선 세대의 신비주의자들로부터 깊은 영향을 받았다. 또한 스콜라주의와 신비주의를 명확하게 구분하는 선을 긋기가 힘들다는 것도 역시 사실이다. 그러나 중세 말기 신비주의는 독일에서 독특한 형태로 발전하였다는 사실은 의심할 여지가 없다. 이 신비주의의 영향은 16세기에도 계속되었다. 신비주의는 독일어의 발전에도 중요한 역할을 하였다.

1. 18 스콜라주의와 후기 스콜라주의

1500년 무렵에는 위대한 스콜라주의의 체계가 지배하는 시대가 이미 끝이 났다. 아퀴나스와 둔스 스코투스의 체계를 여전히 가르치고 주장하였지만, 그들은 더 이상 사상 분야를 지배하지 못하였다. 그들 대신에 윌리엄 오캄(William of Ockham, 1285-1349)이 이제 가장 영향력 있는 학자로 등장하였다. 그는 영국에서 태어나 성장하였다. 그는 황제인 바바리아의 루드비히(Ludwig of Bavaria)와 교황들 간의 불화에서 황제의 편을 들었으며, 주의깊게 심사 숙고한 저서들에서 이런 입장을 지지하였다. 오캄은 아리스토텔레스의 과학과 학문의 원리들을 일관되게 적용하여서 초기의 스콜라주의자들이 주장하였던 철학과 신학의 종합에 도전하는데 성공하였다. 오캄은 철학과 신학이 완전히 분리된 두 개의 진리라고 가르치지는 않았지만, 그 두 학문이 서로 다른 두 종류의 지식이라고 생각하였다.

신학자로서 오캄은 더 이상 사변적인 방법을 따르지 않았으며, 오히려 철학적 개념들을 신학적으로 사용하는 것을 비판적으로 조사하였다. 예를 들어 신론에서는 하나님의 자유라는 개념이 핵심이었다. 이런 근거에서 창조주는 모든 피조물과 근본적으로 구별되었다. 죄와 은혜에 관한 교리들뿐만 아니라 인간에 관한 교리들에서도 하나님의 절대적 능력과 우발적(contingent) 능력을 근본적으로 구분함으로써 서로 다른 두 가지 접근 방식이 나왔다. 한편으로 아담의 죄는 그 후의 모든 세대에 파괴적인 영향을 끼쳤다고 묘사되었는데, 그것은 오직 하나님께서 이 죄를 그 후의 모든 세대에 전가하셨기 때문이다. 다른 한편으로 오캄은 교부들의 권위를 존중하였기 때문에 원죄를 원의(原義), 즉 아담이 타락하기 이전에 가지고 있었던 특별한 의의 결핍으로 설명하였다. 그와 비슷하게 오캄은 은혜를 죄를 전가하지 않는 것으로 설명하였으며, 또한 사람들이 그들 자신의 능력으로 율법을 성취할 수 있다고 가르쳤다.

창조와 발생하는 모든 일들의 우연성과 하나님의 자유라는 오캄의 사상은 대단히 권위가 있었기 때문에 다른 스콜라주의 체제 대표자들은 오캄의 영향을 받지 않을 수 없었으며, 적어도 그 문제에 대한 오캄의 명확한 논술에 영향을 받을 수밖에 없었다. 아우구스티누스의 가르침에 근거하여 죄와 은혜에 대한 좀더 깊은 통찰을 전개하려고 시도하였던 리미니의 그레고리우스(Gregory of Rimini, 1300-1358)와 같은 신학자들도 신론에서는 적어도 오캄의 영향을 받았다. 튀빙겐 대학에서 가르쳤던 비엘(Gabriel Biel, 1410-1495)은 강의와 저술을 통하여 오캄의 가르침을 전파하였다. 그러나 그는 교황청과 교회에 대한 오캄의 비판적 사고를 지지하지는 않았다.

1. 19 인문주의

스콜라주의는 종교개혁이 시작되기 직전에 그 절정기를 지났으나, 이탈리아에서 독일로 들어온 인문주의는 16세기 초에 가장 두드러진 발전을 이룩하였다. 물론 알프스 산맥을 경계로 하여 양쪽에서 각각 가르쳤던 인문주의의 여러 형태들 사이에는 차이점이 있었다. 고대 그리스나 로마 문명에 대한 관심과 이상적인 인간으로서 수사학자에 대한 관심이 부활한 것은 모든 인문주의자들에게 공통된 일이었다. 그러나 이런 부흥의 결과로 15세기 이탈리아에서 아주 자주 나타났던 세속주의는 독일에서는 그다지 자주 나타나지 않았다. 오히려 정반대로 독일의 인문주의는 대단히 종교적이었다. 이것은 이미 아그리콜라(Rudolf Agricola, 1443/44-1485)에게서 뚜렷하게 나타나며, 로이힐린(Johannes Reuchlin, 1455-1522)과 에라스무스(1469-1536)에서 특히 명백하게 볼 수 있다.

그 결과 독일의 인문주의자들의 활동에서는 고전적인 개혁(희랍·로마의 고전으로 돌아가는 개혁:역주)의 동기들과 기독교적 개혁의 동기들이 거의 구별되지 않는다. 이탈리아의 인문주의자들이 자신의 '아카데미'(academies)들을 설치하였던 반면에 독일의 인문주의자들은 개인적인 접촉이나 서신 왕래를 통하여 관계를 유지하는 소규모 집단들로 모였다. 켈티스(Conrad Celtis, 1459-1508)는 다른 누구보다도 그런 학식 있는 우호 관계들을 맺었다. 켈티스 자신은 교사보다는 시인으로서 훨씬 더 적극적으로 활동하였다. 1487년에 황제 프리드리히 3세는 켈티스를 계관시인으로 임명하였는데, 독일인으로서는 최초로 그런 영예를 누리게 되었다. 다른 많은 인문주의자들과 마찬가지로 켈티스는 독일의 옛 가치들을 재천명하기를 원하였다. 이를 위하여 그들은 독일의 격언과 역사적 자료들을 모은 모음집을 출판하였다. 말할 것도 없이 이런 작업은 흔히 아주 서투른 작업이었다.

일부 군주들, 특히 황제인 막시밀리안 1세가 이런 인문주의적 경향들을 장려하였다. 황제가 인문주의자들의 노력을 개인적으로 지지한 이후 독일은 점점 더 유럽의 다른 어느 곳보다도 인문주의의 중심지로 발전하였다. 그와 동시에 독일 인문주의에서는 민족주의 요소가 좀더 강하게 부각되었다. 사람들은 독일의 법과 독일어 문법을 발전시키기를 원하였으며, 심지어는 독일적 형태의 교회를 발전시키기를 바랐다. 이렇게 인문주의는 민족적 낭만주의적 운동을 낳았지만, 또한 동시에 에라스무스로 가장 잘 대표되는 인문주의적 계몽주의도 출현시켰다. 이런 계몽주의에는 자기 나라의 민족적 전통을 찬양할 여지가 전혀 없었다. 그러므로 인문주의 속에서는 아주 다양한 세력들이 활동하였던 것이다. 그러나 인문주의 내부의 이런 다양한 경향들은 오직 소규모의 지식층들에게만 영향을 주었다는 점에서 공통적인 성격을 지니고 있었다. 교육받지 못한 평범한 사람은 다양한 인문주의 운동에 참여할 수 없었다.

인문주의는 대학에도 파고 들었다. 초기에는 스콜라주의와 인문주의를 전체적으로 구분할 수 없었다. 그러나 인문주의는 중세 시대를 얕잡아보는 입장에서 고대로 눈을 돌렸기 때문에 둘 사이의 긴장과 모순들이 점차 발전되었다. 스콜라주의적 학문 방법들도 역시 점차 배격되었다. 대부분 사제들의 빈약한 교육 수준도 자주 조롱의 표적이 되었다. 고위 성직자들의 도덕성에 관한 풍자 작품들이 쓰여졌다. 문화의 이념을 새롭게 하려는 인문주의자들의 노력은 점점 더 대학과 학교에 영향을 주었다. 루터는 예외였지만, 종교개혁자들 가운데 많은 사람들이 인문주의에 결정적인 영향을 받았다.

종교개혁 초기에 생활 일반에 대한 감정적인 면에서는 날카롭게 대조되는 것들이 많이 있었다. 인문주의자들은 자신들이 어두운 중세 시대를 대신할 새로운 시대가 시작되는 지점에 서 있다고 생각하였다. 다른 집단에서는 세계가 곧 종말에 이를 것이라는 묵시론적 기대들이 있었다. 마녀들과 적그리스도에 대한 믿음이 인문주의적 문화 이념들과 나란히 존재하였을 뿐만 아니라, 동일한 집단 속에서 두 가지가 동시에 나타나기도 하였으며, 심지어는 한 사람이 그 두 가지 생각을 다 가지고 있는 경우도 있었다.

랍비 문학을 파괴하여야 하는가 아니면 보존하여야 하는가 하는 문제에 대하여 로이힐린과 쾰른의 도니미쿠스회 수사들 사이에서 벌어진 논쟁 (1510-1520)은 단순히 인문주의와 학식을 종교재판소와 대조하거나 혹은 계몽주의와 반계몽주의를 대립시킨 것이 아니었다. 오히려 유대교에 대한 로이힐린 자신의 태도는 그 시대의 정신에 입각한 것이었다. 풍자적인 「완고한 사람들의 편지」(*Letters of Obscure Men*, 1515/17)[2]라는 책은 랍비 문헌을 파괴하기를 원하였던 사람들을 조롱하였는데, 이 편지들은 대부분 에르푸르트의 인문주의자들이 쓴 것이었다.

옛 정신과 새로운 정신, 보수적 정신과 혁명적 정신은 종종 서로 바뀔 수 있었다. 동료 인문주의자들로부터 높이 칭송받았던 로이힐린은 결정적으로 루터의 종교개혁을 반대하였다. 조카의 아들인 멜랑히톤이 루터의 편에 섰을 때 로이힐린은 그와 접촉을 끊었다. 그 반대 현상도 나타났다. 중세 시대에 아주 익숙하였던 사람들이 1517년 이후에 종교개혁의 지지자가 되었다. 종교개혁 초기에 사람들이 취하고 있던 입장에 근거하여 누가 루터를 지지할 것인가를 예측하려는 시도는 실수가 될 것이다. 심지어 대부분의 사람들이 보기에 개혁이 임박하였다고 보였을지라도, 종교개혁은 많은 사람들이 기대하고 있었던 종류의 개혁이 아니었다.

1. 20 역사 시기 구분은 타당한가?

종교개혁에 대한 이런 상이한 입장들을 놓고 본다면, 학자들이 중세와 근대의 경계선을 긋는 문제에서 너무나도 다른 방법들을 제시하고 있다는 사실은 그다지 놀랄 만한 일이 아니다. 이 문제를 다루면서 우리는 여기서는 부분적으로 다룰 수밖에 없는 다른 많은 문제들과 마주치게 된다.

우선, 고대 중세 근대라는 시대 구분을 계속 유지할 것인지 여부를 스스로 물어보아야 한다. 혹은 (17세기 말에 켈라리우스〈Christopher Cellarius, 1638-1707〉가 처음으로 제안한) 이 시대 구분이 부적절한 것은 아닌지 살펴보아야 한다.

만일 이런 일반적인 구분을 계속 사용하려 한다면, 우리는 고대 및 근대와 대조되는 중세 시대의 독특한 특징들을 밝혀야 한다. 중세와 고대 그리고 중세와 근대를 구분하는 경계선에 관하여 우리가 특별히 명백하게 알고 있어야만 그런 시대 구분을 할 수 있을 것이라는 점은 명백하다. 켈라리우스는 중세가 콘스탄티누스 대제와 더불어 시작되어 15세기 말엽 콘스탄티노플의 멸망과 함께 끝이 났다고 생각하였다. 그 이후로 중세 시대를 규정하는 많은, 종종 아주 상이한 연대들이 제안되었다. 학자들이 그렇게 독특하게 시대 구분을 하는 궁극적인 이유는 그들 각자가 역사를 바라보는 관점이 다양하다는 사실에 있다. 자신의 연구 분야가 정치사인가, 문화사인가, 혹은 종교사, 경제사인가에 따라 서로 다른 시대 구분이 설정되는 일이 빈번하였다.

근대 세계와 중세 시대가 그 경계선을 공유하고 있다고 설명하더라도 비슷한 문제들이 제기된다. 만일 중세 시대와 근대 세계가 공통적인 경계선을 가지고 있다면, 중세와 대조되는 근대의 기본적인 성격은 무엇인가? 마찬가지로, 중세와 근대 시대 중간에 프로테스탄트 종교개혁과 가톨릭 종교개혁의 기간을 특별한 역사적 시대로 설정한다면, 다시 이 종교개혁 시대가 중세 및 근대 시대와 특별히 구별되는 점이 무엇인지를 물어보아야 한다. 여기서도 역시 경제적·정치적·문화적 혹은 교회적·신학적 문제들 가운데 무엇에 가장 큰 관심을 가지고 있는가에 따라 서로 다른 결정이 내려진다. 그러나 우리가 사회사에 특별한 관심을 가진다고 해서 16세기에 신학적 요소들이 엄청난 의미를 지녔다는 것을 반드시 부정할 필요는 없다.

결국 역사적 시기들을 구분하려는 시도는 우리 자신의 세계관에 따라 크게 결정될 것이다. 마르크스주의자들은 그리스도인들과 달리 생각할 것이고, 프로테스탄트는 루터의 종교개혁이 일차적으로 기독교의 통일성을 깨뜨렸다는 점에서 중요하다고 결론을 내릴 수 있는 가톨릭교도와는 생각이 다를 것이다. 다른 사람들은 자유와 관용에 관한 근대적 사상의 발전이 가장 중요하다고 판단할 것이다.

적어도 중세와 근대의 구분과 관련하여, 서로 다른 역사 시기들을 구분하는 문제는 다른 반론들을 모두 배제하는 방식으로 대답을 찾을 수는 없다. 그와 동시에, 우리는 가능한 한 많은 요소들을 고려하는 대답을 계속 찾아야 할 필요가 있다. 어떤 입장을 취하든 간에, 처음부터 우리는 한 시대에서 다른 시대로 급작스럽게 바뀌는 일은 결코 없다는 사실을 전제하여야 한다. 오히려 시대의 변천은 점진적이다. 따라서 우리는 참으로 근대 시대의 전형적인 요소들 가운데 일부를 중세 말기에서 발견하게 될 것이다.

예를 들어, 지성사의 관점에서 인식론에 관한 유명론자들의 업적을 살펴보면 이런 사실을 알 수 있다. 정치사의 관점에서 보면, 파두아의 마르실리우스(Marsilius of Padua, ?-1342/43)의 새로운 정치 이론은 참으로 근대적인 것이다. 결정적으로, 정치현실의 측면에서 마키아벨리(?-1527)의 이론들은 유럽 국민 국가들의 발전과 그 나라 절대주의 형태의 정부의 발전을 예견하였다. 예술사의 관점에서 볼 때, 개인의 초상화가 유행하게 되었다는 사실로 시대 변천의 과정을 설명할 수 있다. 교회와 신학의 측면에서, 우리는 루터가 자신의 견해를 철회하고 그리하여 로마 가톨릭 교회의 권위에 복종하는 대신, 양심과 성경에 반대되는 증언을 거부하였던 사실을 근대적 요소의 예로 들 수 있다. 마찬가지로 루터가 인간의 이성과 세속 정부를 교회의 권위에 의한 권위주의적 지배로부터 해방시킨 것도 중세 시대와 대조되는 새로운 시대가 시작되는 일부분으로 볼 수 있다.

다른 한편으로 중세 시대의 독특한 성격으로 여길 수 있는 요소들도 16세기 생활의 모든 영역에서 발견할 수 있다. 예를 들어, 무수한 형태의 미신과 다양한 형태의 불관용을 지적할 수 있는데, 그런 것들은 비록 그 강도가 다양하였지만 거의 모든 곳에서 찾아볼 수 있었다. 마찬가지로, 특정 영토 내에서는 신앙이 통일되어야 한다는 것을 당연하게 받아들이는 태도와, 마귀와 적그리스도에 대한 강력하고 아주 유력한 개념들과, 이제 막 누리기 시작한 문화적·영적 자유의 영역이 아주 제한되었다는 사실을 지적할 수 있다.

중세와 근대 사이의 이런 다방면에 걸친 변천 과정에서 루터는 가장 항구적인 자리를 차지하였다. 우리의 관점에 따라 루터를 평가한다면, 그를 보수주의자로 볼 수도 있고 이런 변천 과정의 진보적인 세력으로 볼 수도 있다. 각자의 의견이 어떻든 간에, 역사의 흐름 속에서 한 개인의 위치를 단순하게 정의하는 것으로는 역사적 인물의 개별성과 독특성을 결코 충분히 정당하게 다루지 못한다. 루터에 관한 한, 그가 선포하였던 모든 내용 안에 그의 전 인격이 포함되어 있으므로, 루터를 이해하려는 사람은 그의 설교와 가르침의 내용을 파악하여야 한다.

2

루터의 생애에
관한 문제들

2. 1 풍부한 자료들

우리는 어떤 사람의 작품을 그 사람의 전체 생애를 염두에 둘 때만 이해
할 수 있고 또 평가할 수 있다는 것은 역사 연구에서 일반적으로 인정된 원
리다. 루터의 경우는 더욱 그러하다. 그의 신학적 통찰력들은 언제나 그 자
신의 삶에 대한 실존적 의미를 지닌다. 그의 방대한 저서들은 미리 머릿속에
서 구상된 계획에 근거하고 있는 것이 아니라, 일차적으로 그가 관계되었던
수많은 논쟁들에 대한 그의 응답으로서 발전되었다. 물론 이 말이 루터는 언
제나 근본적이고도 포괄적인 신학적 통찰로부터 저술하였다는 말과 배치되지
않는다. 그러나 이러한 근본적 통찰은 언제나 각기 새로운 상황에 대한 응답
속에서 재구성되었다.

우리는 16세기 사람 혹은 그 이후 시대의 사람보다 루터의 인격이나 그
의 생애의 세세한 부분에 대해 좀더 많이 알고 있다. 그의 수많은 간행된 저
서들, 강의 초록들, 그의 설교 초록 및 사본들, 특별히 그의 편지들을 기초로
해서 우리는 그의 생애를 날짜별로, 시간별로 추적할 수 있다. 엄청난 양의

당대 문서들, 또 루터의 생애와 주요 정치적 사건들간의 다중적 연계들, 그리고 루터와 동시대인들이 쓴 루터에 대한 논평들 때문에 '루터 전기'를 쓴다는 것은 대단히 어렵다. 청년 루터(1517-18년의 면죄부 논쟁때까지, 혹은 농민전쟁과 1520년대 후반까지)에 대한 유용한 전기들이 나와 있다. 그러나 후기 루터(the older Luther)에 대한 포괄적인 전기를 저술하는 데는 상당히 오랜 시간이 걸렸다. 하인리히 보른캄(Heinrich Bornkamm)의 책(1979)은 미완성의 작품이다.[1] 오랫동안 루터를 연구하는 학자들은 루터의 생애의 세부적인 면들을 신뢰할 만하게 기술하고, 또 16세기 전반부의 상황 속에서 그의 작품을 균형있게 평가할 수 있는 포괄적인 전기가 필요하다고 인식해 왔다. 그러나 그러한 전기는 여전히 루터 연구에 있어서 커다란 미완성의 과제 가운데 하나로 남아있다.

2. 2 루터 전기의 과제

루터의 전기를 저술하고자 시도하는 사람이라면 누구나 단순히 그 당대의 정치적·문화적 역사의 맥락 속에서 그의 생애를 주의깊게 묘사하는 데 그쳐서는 안된다. 저자는 처음부터 루터에 관한 자신의 입장을 취하고, 또 자신의 가치 판단을 드러내야만 한다. 루터의 저작에 관해서는 더욱 그러하다.

그러한 루터 전기를 저술하는 저자는 다양한 역사적 요소들의 중요성을 판단하는 일부터 시작해야만 한다 — 예를 들자면 중세 말기의 교회의 부패, 르네상스와 인문주의 운동, 식민지와 제국간의 불안한 공존, 제국의 경제적 재편성, 들끓는 사회 변화의 과정(이 과정은 이미 15세기 후반에 강력한 영향을 미치고 있었고, 농민전쟁 때 그 절정에 달했다).

이러한 문제들에 대한 저자의 입장을 결정할 때 전기 작가는 또한 루터가 고뇌했던 종교적 문제들이 전혀 다른 근본적 문제에 대한 당대의 표현으로서 간주될 수 있는지 아니면, 그 문제들은 — 비록 언제나 다양한 형태를 취하기는 하지만 — 모든 시대의 사람들이 제기하는 질문으로서 루터는 특별히 자신의 삶 속에서 그 문제를 인식하고 경험했던 것으로 간주될 수 있는지에 관하여 자신의 입장을 취해야 한다. 전기 작가가 종교개혁자들에 의해 논의된 근본적 문제들이 "실제적(real)" 문제인지 아닌지를 판단할 때 그는 루터의 대답들이 참으로 기독교적인지, 다시 말하면, 성서적인지, 또 루터는 지나치게 한쪽으로만 치우친 신학자였는지를 판단해야 한다. 이러한 기본적 관점들은 일상적인 학문 연구의 중요 과제와는 전혀 별개의 것이다 ― 이 과제도 마찬가지로 진지하게 연구되어야 한다. 연구자가 종교개혁을 긍정하든 아니면 전통적인 로마 가톨릭 학문이 그러했던 것처럼 기본적으로 종교개혁을 거부하든 관계없이 말이다.

2. 3 루터의 어린 시절

이러한 문제들에 대한 전기 작가들의 응답은 이미 루터의 어린 시절 서술 방법 속에 반영될 것이다. 루터의 가정, 1483년 11월 10일 아이스레벤(Eisleben)에서의 출생, 만스펠트(Mansfeld)에서의 유년시절 ― 그의 아버지는 이곳 구리 광산에서 일했다. 열심히 일한 결과 꽤 많은 부를 축적하였다 ― 과 같은 기초적 사실들은 물론 잘 알려져 있다. 또한 루터의 조상이 투린기안 포레스트(Thuringian Forest) 서쪽에서 농사짓던 농부였다는 사실도 분명하게 밝혀져 있다. 그러나 귀족가문이 아닌 농부의 자식으로 태어난 루터가 이전에는 귀족만이 담당한 역할을 감당하였다는 사실은 어떤 의미를 가지는가?

게다가 우리는 또한 만스펠트라는 외딴 군(郡:county)에서 보낸 루터의 유년시절을 당대의 여러 갈등이라는 맥락에서 봐야하는지, 아니면 루터가 나중에 가서야 이러한 갈등들과 처음으로 접촉하게 되었는지를 결정해야만 한다. 루터의 부모가 그를 엄격하게 키웠다는 사실이 분명하다면 이것이 그의 인격발달에 어떤 영향을 미쳤는가? 그의 부친의 엄격함과 심판주로서의 하나님 개념 ― 이것은 루터의 개인적인 영적 시험에 있어서 매우 중요한 요소가 되었던 개념이다 ― 사이에 어떤 관계가 있는가? 그러한 관계는 입증될 수 있는가, 아니면 단순히 추측인가? 루터의 인격 발달에 영향을 미쳐서 개혁자로서의 그의 활동을 형성한 다른 요소들이 있는가? 혹은 루터의 성격은 대단히 특별하며, 몇몇 측면에서는 — 추측컨대 어떤 유전학적 경향때문에 — 비정상적이라고 말할 수 있는가?

2. 4 루터의 양육

루터의 인격 발달에 대한 문제는 여러 학문을 대표하는 학자들에 의해 줄기차게 제기되어 왔다. 루터는 그의 부모의 집안 교육에 대해서 자기가 몇 차례 호되게 구타를 당했음을 나중에 기억하였다. 그러나 당시의 자식 양육의 방법은 오늘날의 방법과 비교해 볼 때 일반적으로 상당히 엄격하였다. 따라서 루터의 경험은 특별한 것이 아니었다. 이러한 사실과는 전혀 별개로 루터와 그의 부모는 언제나 서로에 대해서 깊은 애정을 느꼈다. 루터는 그의 부모가 죽을 때까지 그들에 대해 깊은 존경심을 느꼈다. 루터의 후기 생애를 그의 부친과의 심한 갈등의 관점에서 해석하고자 하는 시도가 많았다. 그러나 이러한 시도들은 그 자료에 있어서 지지될 수 없다.

루터가 가정에서 경험한 종교적 경험 역시 당대의 관점에서 볼 때 특별나지 않았다. 그의 부모는 당대에 유행한 미신을 믿었을 뿐만 아니라 한편으로는 현실적이며 이성적으로도 사고할 줄 아는 경건한 사람들이었다. 마지막으로 가장 특기할 만한 사실은 루터의 어린 시절과 청소년 시절에는 그의 후기 생애와 활동의 본질을 암시해 줄 그 어떤 것도 없었다는 점이다.

2. 5 마그데부르크와 아이제나하에서 루터의 학교 교육

루터가 마그데부르크와 아이제나하에서 겪은 경험들은 그의 발전에 있어서 한층 중요하였다. 1497/98년에 루터는 마그데부르크에 있는 성당 학교에 다녔다. 여기서 이곳 교사들은 공동생활 형제단(Brethren of the Common Life) 일원이었다. 따라서 루터는 청소년 시절에 중세 시대 전체에 있어서 아마도 가장 깊은 차원의 평신도 영성이라고 할 수 있는 것에 상당히 친숙해졌다. 그 결과 루터는 후기 중세 교회의 부패 뿐만 아니라 그 힘에 대해서도 잘 알고 있었다.

루터는 1498년에서 1501년에 걸쳐 아이제나하에서의 기본 교육을 마쳤다. 거기서 루터는 경건하고, 학식있고, 유명한 귀족 가문인 샬베(Schalbe) 가문과 코타(Cotta) 가문 집을 자주 방문하였다. 이 집안의 분위기는 프란체스코적 영성을 반영하고 있었다. 이들 가문에서는 음악도 발전하였다. 루터는 아이제나하에서 많은 친구들을 사귀었는데, 이들 가운데 일부는 루터의 나머지 생애동안 계속해서 친구로 남게 되었다. 루터는 아이제나하에서 뿐만 아니라 마그데부르크에서도 많은 좋은 경험들을 하였다. 이 사실 하나만으로도 우리는 루터의 어린 시절과 청년 시절을 지나치게 어둡게 묘사하는 일에 대해 주의해야 한다.

2. 6 에르푸르트(Erfurt)에서의 수업(1501-5)

에르푸르트에서의 수업은 그의 후기 발전에 있어서 특별히 중요하였다. 1501년과 1505년 사이에 루터는 교양 과정(liberal arts)의 기초적 수업을 마쳤다. 이 과정의 일부분으로 루터는 문법, 수사학, 아리스토텔레스 논리학을 습득하였으며, 또 아리스토텔레스의 윤리학과 형이상학도 철저하게 공부하였다.

비록 오캄(Ockham)의 후기 저술들이 바바리아의 루드비히(Ludwig of Bavaria)의 지원을 받아 출간되었고, 그 결과 교황권과 교회에 대해 비판적인 저술들이 무시되기는 하였지만 그의 유명론(Nominalism)이 에르푸르트를 지배하고 있었다. 루터는 가브리엘 비엘(Gabriel Biel—튀빙겐에서 가르쳤던 오캄의 온건파 제자였으며 1495년에 사망하였다)이 수정한 형태의 오캄주의(Ockhamism)를 배웠다. 비록 학생이었지만 루터는 아리스토텔레스주의 및 토마스주의(Thomism)에 대한 오캄주의자의 비판에 접하였다. 비록 당시에 에르푸르트에서는 인문주의적 경향들이 있었지만 루터는 아마도 그러한 경향들과는 접촉하지 않은 것 같다.

루터의 후기 신학 수업은 1507년부터 시작되었는데, 이 수업을 통해서도 역시 루터는 기본적으로 비엘의 오캄 신학 수정판을 접하였다. 처음에 루터는 다른 전통들도 단지 오캄주의자들의 시각에서 보도록 배웠다. 이러한 이유로 해서 학자들은 후기 중세 오캄주의와 또 오캄주의가 토마스주의를 반박하면서 제기하였던 비판적이고도, 심지어는 파괴적이기까지 한 문제들이 루터의 종교개혁 신학의 점차적 발전에 부정적 전제가 되지 않았는가 끊임없이 물었다.

오캄주의 외에 다른 전통들이 루터에게 중요하였음은 의심의 여지가 없다. 비록 루터가 아퀴나스 저서들을 별로 읽지 않았지만 그는 학문 초기에 어거스틴과 신비주의자들의 많은 작품들을 읽기 시작하였다. 따라서 그의 후기 신학 수업 시기와 그가 처음으로 신학 강의를 준비할 때 루터는 초기 교회 및 중세 교회의 많은 미사 전통들을 접하였다. 루터가 읽은 책이 무엇이며, 그 저자가 누구인지는 확실하지 않기 때문에 루터가 어떤 전통을 알고 있었는지, 또 그의 진술의 배경이 된 것이 무엇인지에 대해서는 언제나 자신 있게 말할 수 있는 것은 아니다.

2. 7 수도원에 들어가다(1505)

1505년에 문학 석사(master of arts) 학위를 받은 후 루터는 아버지의 소원대로 법학을 공부하고자 했다. 그러나 이 계획은 1505년 7월 2일 완전히 바뀌었다. 그날 루터는 에르푸르트에서 가까운 슈토테른하임(Stotternheim) 근처에서 무서운 천둥을 만났다. 두려움에 떨며 그는 광부들의 수호 성인인 성 안나(St. Anna)를 불렀다. 그리고 "저는 수도사가 되겠습니다"라고 맹세하였다. 이 맹세는 신중한 사려의 결과가 아니라 심각한 위기의 때에 그의 입에서 흘러나온 것이었다. 그러나 다른 한편으로 루터가 그러한 맹세를 한 것은 단순한 우연 그 이상이었다. 그는 아마도 전에 수도사가 되고자 생각했었을 것이다. 비록 심각하게 고려하지 않았다고 할지라도 엄청난 수의 수도원, 인구의 상당수가 수도회의 일원이었던 현실, 또 영혼 구원에 관한 영구적 문제들은 그 어느 누구라도 자신의 가치를 영원한 심판의 관점에서 생각할 충분한 이유가 되었다.

그의 맹세가 자발적이며 자율적으로 한 것이 아니었기 때문에 그는 자신의 결정에 대해서 늘 미심쩍어했음은 분명하다. 에르푸르트로 돌아온 후에 그는 그러한 맹세가 구속력이 있는 것인지를 알아보기로 했다. 그의 스승들은 각기 다른 대답을 주었다. 루터는 가장 어려운 대답을 정확한 것으로 받아들였으며 배수의 진을 쳤다. 1505년 7월 17일 루터는 에르푸르트에 있는 어거스틴파 은둔자 수도원(the Black Cloister of the Augustinian Hermits)에 들어갔다. 루터가 이 수도원을 선택한 이유가 가끔 주장되는 것처럼 그 수도원의 엄격한 금욕주의 때문이 아니라는 사실은 중요하다. 오히려 루터가 그 수도원을 선택한 이유는 그곳이 대학의 교양과정에서와 동일한 방법의 철학적·신학적 학문을 대표했기 때문이었다. 루터는 이전과 동일한 노선을 따라 계속 공부할 수 있기를 희망했던 것이다.

2. 8 루터의 영적 시험

　　루터의 영적 시험(Anfechtung)은 그가 수도원에 들어가게 된 실제적 이유들 가운데서 가장 중요하였다. 그러한 시험들에 대한 루터의 생각은 그의 사고에 전형적이며, 많은 관점들과 문제들 ― 이 문제들 가운데 일부는 신학적인 문제이고, 일부는 개인적인 것이었다 ― 이 혼합되어 있다. 마지막으로 루터의 영적인 시험들은 하나님 앞에서 인간의 가치라는 문제에, 즉 나는 어떻게 자비로운 하나님을 발견할 수 있는가라는 문제에 초점이 맞추어져 있다.

　　이 문제를 제기하는 루터의 날카로운 방법론의 신학적 전제는 그가 마침내는 거부하게 된 후기 중세 신학의 "행위로 말미암은 의(works-righteousness)"에 있다. 이 "행위로 말미암은 의"는 사람이 다른 무엇보다도 하나님을 사랑하고 신뢰할 수 있는 능력이 있으며, 따라서 제1계명을 성취할 수 있다고 본다. 사람이 이 능력을 가지고 있는가에 관한 문제는 사제가 사죄(absolution)의 일부로서 지시한 보속 행위(the works of satisfaction)를 성취할 때 뿐만 아니라 고해성사 전에 자신을 성찰할 때에 특별히 민감한 문제가 되었다. 루터의 영적 시험에 대한 이해는 다양한 여러 경험들을 포함하고 있었다. 그 경험들은 중세의 기도 관행, 하나님의 요구를 충족시키기에 충분할 정도로 선하지 못한 것에 대한 염려, 임박한 죽음에 대한 두려움, 자신이 구원으로 예정되었는지 아니면 선택된 자 가운데 하나가 아닌지에 대한 소름끼칠 정도의 불확실함으로부터 왔다. 중세 말엽 이러한 영적 시험들은 수많은 사람들이 겪고 있는 것이었다.

만약 사람들이 그러한 시험을 겪지 않았더라면 자신들을 위한 혹은 연옥에서 신음하고 있는 가족들을 위한 면죄부를 사려고 하지 않았을 것이다. 널리 유행하고 있던 문학, 소위 "죽음의 기법(ars moriendi)"뿐만 아니라 목회적 관심도 임박한 죽음에 직면하여 그러한 영적인 시험들을 다루는 데 도움을 주는 것이었다. 그 목적은 사람들에게 위로를 주고 도움을 주어서 그들이 절망에 사로잡히지 않게 하여 자신을 하나님의 뜻에 맡기는 데 필요한 용기와 확신을 얻을 수 있게 하는 것이었다. 최소한 루터의 개혁이 성공하기 전 몇 년 동안에 그의 영적인 시험의 독특한 특징은 그가 영적인 시험들 ― 이 시험은 하나님에 대한 개념의 관점으로부터 왔다 ― 에 의해 제기된 신학적 문제들 때문에 고생하였고, 또 그 문제들을 철저히 사고하였다는 사실에 있다. 정말로 루터는 대단히 진지하였다. 루터의 특징은 영적 시험의 종류에 있지 않았다. 그 특징은 그가 이러한 시험들을 경험한 그 강렬함, 또 그 시험들이 제기한 문제들에 관한 신학적 성찰의 강렬함에 있다.

루터는 그의 인생 후기에 가서 한번은 이러한 시험들에 대해 다음과 같이 말하였다:

나도 "한 사람을 알고 있었다"(고후 12:2). 이 사람은 자기가 이러한 벌들을 자주 당하였다고 주장하였다 ― 실제로 그 벌받는 시간은 매우 짧았다. 그러나 그 벌은 너무도 커서 마치 지옥이나 다름없었다. 그 어떤 혀로도 그 벌들을 제대로 표현할 수 없다. 그 어떤 펜도 묘사할 수 없다. 실제로 경험해 보지 못한 사람이라면 그 벌들을 믿을 수 없을 것이다. 그 벌이 너무도 심했기 때문에 비록 그 벌이 30분 동안, 아니 한 시간의 6분의 1동안 지속되었다고 할지라도 그는 완전히 사멸되었을 것이며, 그의 모든 뼈들은 재로 변했을 것이다. 그때에 하나님은 떨리도록 진노하고 계신 것 같으며, 만물이 그와 함께 있는 것처럼 보인다. 시편 기자가 탄식한 것처럼 그때에 "내가 주의 목전에서 끊어졌다"(시

31:22). 아니 최소한 그는 감히 "여호와여 주의 분노로 나를 견책하지 마옵시며"(시 6:1)라고 말하지 않는다. (이상한 이야기지만) 이 순간에 영혼은 자기가 구원받을 수 있다고 믿을 수 없다. 다만 그 벌이 아직 완전하게 느껴지지 않고 있다는 사실만 믿어질 뿐이다. 그러나 영혼은 영원하며, 자기가 일시적이라고 생각할 수 없다. 남아있는 것이라고는 도움을 바라는 간절한 바람과 끔찍한 신음뿐이다. 그러나 영혼은 어디서 도움을 구해야 할 지 알지 못한다. 이 순간에 그 사람은 그리스도와 함께 십자가에 달려서 그의 모든 뼈가 세어진 바 되고, 영혼의 구석 구석이 이루 말할 수 없는 쓰라림과 공포와 전율, 그리고 슬픔으로 가득 채워지니 이 모든 것이 영원토록 지속될 것 같다.

　　예를 들자면 이런 것이다. 공 하나가 어떤 직선을 가로지르게 되면 그 공과 닿는 직선의 어떤 점은 공 전체의 무게를 담게 된다. 그러나 그 점이 공 전체를 포용하는 것은 아니다. 이와 마찬가지로 영혼이 지나가는 영원한 홍수와 만나는 그 지점에서 느끼고 받아들이는 것은 영원한 형벌 외에는 아무 것도 없다. 그러나 그 형벌은 남아있지 않다. 다시 지나쳐 버리기 때문이다. 그러므로 만약 그 지옥의 형벌이, 그 참을 수 없고 위로할 길 없는 전율이 살아있는 것을 움켜쥔다면 연옥에 있는 영혼들에 대한 형벌은 훨씬 클 것이다. 뿐만 아니라 그 형벌은 지속적이게 된다. 그리고 이 경우 내적인 불은 외적인 불보다 훨씬 더 끔찍하다. 그것을 믿지 못하는 사람이 있다면 우리는 그가 믿도록 간청하지는 않겠다.[2]

　　루터는 그의 영적 시험들에서 하나님의 진노를 경험하였다. 그는 이미 내적으로 이생에서 연옥의 고통을 체험하였던 것이다. 비록 이것이 그의 영적 고민들의 핵심이기는 하지만 다양하게 나타난 특별한 차원들이 있다. 왜냐하면 루터의 영적 시험들은 그가 종교개혁의 특징이 된 복음에 대한 이해에 도달하게 되었을 때에도 끝나지 않았기 때문이다. 오히려 그 시험들은 때때로 다시 나타났다 — 비록 다소 다른 형태이기는 하지만 말이다. 루터는 1527년에 특별히 어려운 시기를 경험했다. 그는 자신이 정말로 옳고, 자기를 대적하는 적들의 세계는 그릇되었는가에 관한 문제, 그리고 왜 그는 종교개혁으로 나아가게 된 방법으로 가르치게 되었는가 라는 문제로 인하여 끊임없이 번뇌하였다. 루터 자신만이 현명하고, 다른 모든 사람은 잘못되었는가? 그보다 앞서 있던 수 많은 세기의 사람들은 진리를 알지 못했다는 것은 과연 옳았던가?

우리는 그러한 영적 시험들을 어떻게 평가해야만 하는가? 그 시험들은 단지 역사의 의미와 자기 자신의 삶의 의미에 관하여 지속적으로 제기되는 문제의 표현에 지나지 않는가? 우리는 하나님의 진노에 대한 루터의 체험을 병리학적인 것으로 기술해야만 하는가? 인생을 살아가는 일반적인 방법이란 결국 대부분의 사람들이 언제나 삶의 공허함과 무(無)의 심연에 관하여 자기 자신을 속이는 데 사용하는 끔찍한 환상이라고 말해야 하지 않을까?

2. 9 영적 시험들을 해결하기 위한 시도들

수도원에 들어가기로 한 루터의 갑작스런 결정, 그가 계속해서 고통당했던 영적 시험들, 그리고 그의 삶의 다른 많은 사건들에 대해서 의학적인 해석이 지속적으로 있어왔다. 오래 전부터 루터의 여러 병세들은 보다 깊은 관심을 끌었고 의학적 관점에서 계속적으로 해석되어왔다.[3]

미국인 학자 스미스(Preserved Smith)는 루터에 대한 정신분석학적 해석을 출간한 최초의 사람이었다.[4] 루터의 성격, 루터가 앓았다고 주장되는 정신병 뿐만 아니라 루터의 병들에 대한 가장 포괄적인 조사는 덴마크의 정신과 의사 폴 라이터(Paul J. Reiter)의 조사다.[5] 루터는 여러 병세들 뿐만 아니라 오랫동안 담석증으로 고생하였고, 결국 협심증으로 죽었다. 나아가서 라이터는 루터가 이미 어린 시절에 그의 아버지의 병적인 집착과 관련된 불안 신경증으로 고생하였다고 주장하였다. 루터가 겪은 젊은 날의 이러한 정신병적 위기는 그의 우울증적 경향을 강화시켰다. 루터는 기본적으로 언제나 그의 아버지를 강압적이고도 위협적인 그림자로 보았다. 이러한 그의 가정생활의 우울한 영향들이야말로 그를 둘러싼 세계의 그 어떤 것보다도 루터에게 훨씬 더 많은 영향을 끼쳤다고 라이터는 주장하였다. 루터가 수도원에 들어간 것도, 그가 사제 서품을 받은 것도, 그의 종교개혁도 그의 심리학적 기질을 변화시키지 못하였다. 라이터는 루터의 정신병은 붉은 실처럼 그의 전 삶을 관통하고 있다고 주장하였다.

라이터는 루터가 이룬 업적의 위대성을 결코 부인하지 않았다:"그의 정신병은 결코 그의 천재성의 후광을 빼앗아 가지 않는다. 그와는 반대로 그의 정신병은 그가 종교개혁의 참된 주창자요 가장 위대한 지도자가 될 수 있게끔 한 외적인 힘과 내적인 힘들의 집합체 가운데서 필수적인 요소이다. 만약 이 정신병이 없었다면 루터는 천재가 되지 못했을 것이다."[6] 이러한 긍정적 평가에도 불구하고 라이터는 루터의 종교와 신학이 지니는 독특한 성격을 전혀 이해하지 못했다. 이신칭의 및 예정론 교리 전체는 라이터가 볼 때 단지 "동화될 수 없는 루터의 신경증의 흔적"에 지나지 않았다.[7] 라이터는 루터의 신학이 기본적으로 심기증(心氣症)으로부터 오는 "감정적 동요에 대한 이데올로기적 체계화"라고 결론지었다.[8]

라이터의 저서는 그가 루터가 앓은 많은 중증의 병들을 기술하고 있다는 점에서 유용하다. 루터의 성격이 이런 저런 점에서 정상적이었든 그렇지 않았든간에 라이터는 신학적 문제들에 대한 이해가 없었다는 비난을 면키 어렵다. 그래서 라이터는 주장하기를 우리는 "루터의 생애에서 일어난 사건들을 완전히 일상적인 근거에서 설명할 수 있다면 신적인 힘 혹은 악마적 힘의 현존이나 신비적 요소들의 현존을 가정해서는 안된다"고 하였다.[9] 이러한 주장은 종교적·신학적 현상들의 본질을 정당하게 평가한 것이 아니다. 마지막으로 라이터의 방법론들은 자주 역사 - 비평적 학문성의 기준을 충족시키지 못함으로써 그의 포괄적인 결론들은 적절한 자료적 근거를 갖고 있지 못하다.

미국인 정신분석학자 에릭 에릭슨(Erik H. Erikson)은 다소 다르게 해석하였다. 에릭슨은 루터에 대한 정신분석학적·역사적 연구를 제시하고자 했다. 그러나 그의 저서는 라이터의 저서보다도 역사 - 비평적 방법론의 관점에서 볼 때 더 타당하지 못하다. 에릭슨은 청년 루터는 그의 아버지에 대해 오이디푸스 콤플렉스를 가지고 있었으며, 그 결과 정체성의 위기를 갖게 되었다고 주장하였다. 그러나 그러한 해석을 뒷받침할 적절하고도 확고한 자료적 근거가 없었기 때문에 에릭슨은 기껏해야 의심스러운 보고서들에 근거하여, 때로는 진술들을 잘못 해석함으로써 그런 해석을 재구성할 수 있었을 뿐이었다. '성가 중의 발작' ― 성가를 부를 때 루터가 '나는 아니야!' (막

9:17에 기술된 귀신에 사로잡힌 자가 아니라는 뜻)라고 외쳤다고 한다 ― 을 에릭슨이 취급한 경우는 특히 그러하다. 에릭슨은 이 말을 잘못 해석하였다. 그의 해석은 문법에 대한 오해에서 비롯되었다.

그러나 이와는 전혀 별개로 이 사건이 정말 역사적으로 일어났는가에 대한 강한 의문이 있다. 그러나 에릭슨은 이 사건을 그의 사고 전개에 있어서 핵심적 위치에 두었다. 에릭슨은 또한 루터가 추측컨대 길고도 오랜 정체성의 위기를 가졌고, 그의 정체성을 일시적으로 상실했다고 본다. 이런 생각은 전혀 자료에 근거하여 적절하게 세워지지 않았다. 반면에 에릭슨은 라이터보다 루터의 신학적 문제들에 대한 이해심을 좀더 많이 보여주었다.[10] 그러나 라이터는 자신의 입장을 옹호하였고, 그의 사후에 발간된 한 논문에서[11] 에릭슨을 비판하였다. 이 논문에서 라이터는 에릭슨이 많은 중요한 점에서 너무 쉽게 해결책을 찾았다고 비판하였다.

몇 백년 전에 살았던 사람에 대한 정신의학적 혹은 정신분석학적 연구를 할 때 상당한 어려움에 직면하게 된다. 당시에 보편적으로 받아들여진 생각들이 개인의 인격 발전에 대해서 가질 수 있었던 중요성을 결정하기란 대단히 어렵다. 루터와 같은 인물을 이해함에 있어서 종교적 요소들의 독특성을 거부한다는 것은 정말로 유용하지 못하다. 따라서 우리는 역사적 및 신학적 견지 모두에서 루터를 정당하게 평가하는 의학적 관점으로부터 루터를 계속해서 기술할 필요가 있다. 만약 그러한 서술이 가능하다면 신학자들은 정신분석적 차원 및 정신의학적 차원에 대해서 상당히 개방적일 필요가 있다. 그러나 정신분석학자들과 정신과 의사들도 종교적 사상 및 경험들의 독특한 성격을 기본적으로는 기꺼이 인정하는 자세가 마찬가지로 필요할 것이다.

2. 10 루터의 사제 서품 및 신학 수업

1507년 2월 27일 루터는 에르푸르트에서 사제로 서품을 받았다. 사제 서품 후 루터는 신학 공부를 하도록 명받았다. 루터는 그에게 실존적 관심을 불러일으킨 문제들을 학문적으로 연구할 수 있는 기회를 얻었던 것이다. 1508년 10월 그 수도회의 부총장(vicar ‐ general)인 슈타우피츠

(Staupitz)는 루터를 비텐베르크에 있는 그 교단 소속 수도원으로 이전시켰다. 루터는 그의 신학 공부를 계속하면서 비텐베르크에서 교양과정의 도덕철학 강의를 하는 임무를 받았다. 1508-9년에 그가 강의한 아리스토텔레스의 "니코마쿠스 윤리학" 강의록은 남아 있지 않다. 1509년 3월 루터는 성서학 학사(*baccalaureus biblicus*: 성서를 연구할 수 있게 하는 학위 — 역주) 학위를 비텐베르크 신학과로부터 받았다. 같은 해 그는 "센텐티아리우스(*sententiarius*: 명제집을 주석하고 가르칠 수 있게 하는 학위 — 역주)"가 되었다. 즉 그는 후기 중세시대의 기본적 교의학서인 피터 롬바르드(Peter Lombard)의 「명제집」(*Sentences*)을 강의하게 되었던 것이다. 롬바르드 및 성 어거스틴 저서 일부를 루터가 필사한 책이 보전되어 있다. 그 결과 우리는 루터가 1509-10년에 이 책들에 기록한 여백 각주를 가지고 있다.

아마도 루터와 슈타우피츠는 1508-9년의 겨울에 비텐베르크에서 서로를 훨씬 더 깊게 사귀게 되었던 것 같다. 슈타우피츠는 매우 지혜로운 목사였다. 그는 개인적으로 「새로운 경건」(*devotio moderna*, 네덜란드에서 일어났던 경건운동 — 역주)에 의해 형성되었으며, 이러한 기초 위에서 그는 루터의 영적인 시험들을 해결하는 데 도움이 될 수 있었다. 성서에 대한 그의 해석이나 신학적 성찰 그 어느 것을 통해서도 그는 심판주 하나님에 직면한 루터의 두려움을 극복할 수 없었다. 학자들은 아직까지 슈타우피츠의 신학적 입장이 무엇인지 완전하게 규명하지 못하고 있다. 특별히 우리는 슈타우피츠의 신학이 어느 정도까지 참으로 어거스틴을 향하고 있는지에 대해서 분명치 않다.

2. 11 루터의 로마 여행과 비텐베르크에서의 성서 강의 (1512)

1510년 11월 루터는 그가 있던 수도원의 다른 수도사와 함께 로마로 갔다. 그 목적은 수도원 규칙 준수에 있어서 좀더 엄격했던 그의 수도회 소속의 수도원들과 다소 완만한 수도원들을 재통합시키는 데 대해 반대하기 위함이었다. 이 재통합은 슈타우피츠가 명령한 것이었다. 루터가 있던 수도원은 규칙을 더 엄격하게 지켰던 그룹에 속해 있었다. 물론 그의 수도원에서 제기한 항의는 성공할 가망이 없었으며, 그들의 탄원은 결국 로마에서 거부당했다. 이 로마 여행이 그 당시에는 루터에게 그다지 중요하지 않은 것처럼 보인다. 루터가 로마 교회의 세속화를 비판하는 근거로서 그의 기억을 사용한 것은 바로 그의 생애 후기의 관점에서 그 여행을 성찰할 때 뿐이었다. 이러한 맥락에서 루터는 그의 로마 여행으로부터 얻은 세속화의 구체적인 사례들을 기억하고 고발하였다.

에르푸르트로 돌아온 후 루터는 슈타우피츠가 제안한 타협안을 지지하였다. 그러나 에르푸르트의 대다수는 그 타협안에 반대하였다. 그래서 슈타우피츠는 1511년에 루터를 다시 비텐베르크로 보냈다. 그 때부터 루터는 비텐베르크에 영구히 거주하게 된다. 1512년 10월 루터는 신학 박사 학위를 받았다. 동시에 그는 성서학 교수로서 임명을 받았고, 성서주해 강의를 책임지게 되었다.

2. 12 루터의 초기 강의들

루터가 마지막으로 비텐베르크로 옮겨갈 때까지 그의 삶에는 불분명한 요소들, 심지어는 논쟁적인 요소들이 많았다. 특별히 그의 로마 여행에 관해서는 논쟁이 많다. 반대로 1512년 가을 이후의 루터의 생애는 정확하게 추적이 가능하다. 1513년 루터는 신학교수로서의 학문적 일을 시작하였다. 그는 30년 이상 이 일을 계속하였다. 강의를 통해 루터는 성경의 책들을 한 장씩 해석해갔다.

비텐베르크에서의 초기 몇 년동안 루터는 그의 교단내에서 여러 직책들을 맡았다. 1511년 가을에 그는 수도원의 설교자(house preacher)였다. 1512년 5월에는 그 수도원과 제휴되어 있던 일반 학문 프로그램 책임자 뿐만 아니라 부수도원장이 되었다. 1515년 5월 루터는 그 교단의 교구주교대리가 되었다. 이 직책을 맡음으로써 루터는, 처음에는 10개였으나 나중에는 11개가 된 교단 소속 작센 교회(the Saxon congregation) 수도원들을 감독하는 책임을 졌다. 루터는 자기가 맡은 직책을 수행하는 데 있어서 대단히 양심적이었다. 또 교단의 수도원 규율을 엄격히 지켰다. 뿐만 아니라 1514년부터 그는 비텐베르크 교구 교회의 목회 책임자(the pastoral administrator)가 되었다.

그러나 뭐니 뭐니해도 루터에게 있어서 가장 중요한 것은 강의였다. 1513-15년까지 그는 시편강의를 했고,[12] 1515-6년에는 로마서 강의를,[13] 1516-7년에는 갈라디아 강의를.[14] 1517-8년에는 히브리서 강의를 했다[15]. 루터가 해석한 성경책의 선택도 중요하다. 시편은 당시에 기본적으로 그리스도의 기도문으로 이해되었다. 그렇기 때문에 루터는 해석할 때 그리스도의 메시지에 전적으로 집중하는 기회를 얻었다. 비하, 교만, 심판, 신뢰, 그리고 복음과 같은 단어들은 그리스도의 십자가의 빛에서 새로운 의미를 획득하였다. 백성에 대한 신학적 이해 속에서 루터는 백성과 하나님간의 인격적 관계에 골몰하기 시작하였다. 그리스도께서 십자가에서 자기를 비하시키신 것처럼 백성도 하나님의 심판 아래서 자신을 비하시켜야만 한다. 오직 그럴 때만 신의 은혜에 동참하는 것이 가능하다(본서 5.2. 2-4를 보라).

루터는 시편에 관한 이전의 주석서들을 주의깊게 언급하면서 이러한 기본적 주제들을 발전시켰다. 시편에 관한 이러한 강의 후에 루터는 바울 서신들 ― 히브리서는 전통적으로 바울이 쓴 것으로 간주되었다 ― 을 강의하였다. 루터가 해석한 성경 책의 선택을 보더라도 그가 하나님의 의와 그 백성의 의롭게 됨에 관한 문제에 특별한 관심을 가지고 있었음을 알 수 있다.

그렇다고해서 루터가 그 책들 속에 있는 다른 많은 주제들을 무시했다는 말은 아니다. 그러나 이러한 초기 강의들은 루터 신학의 특징적 관점들을 분명하게 보여준다. 루터는 모든 문제를 저주와 구원, 죄와 은혜, 자기 실현의 시도와 그리스도의 "낯선(alien)" 의의 수용간의 대조라는 관점에서 생각하였다.

2. 13 새로운 신학의 발전

루터가 하나님의 의와 그의 백성의 의롭게 됨에 관한 종교개혁적 발견을 한 것이 바로 이 시절임이 분명하다(본서 5.3을 보라). 많은 학자들은 이 발견이 이미 1514년에 일어난 것으로 생각한다. 그러나 일부는 이 발견이 1518년에 가서야, 즉 논쟁이 시작되고 나서야 이루어진 것이라고 생각한다. 이 문제에 관한 의견이 어떻든지간에 루터의 위대한 종교개혁은 1513년 이후 그의 전체 신학적 발전이라는 맥락 속에서 이해되어야 한다. 이러한 발전으로 인하여 루터가 제도 교회를 떠나게 되지는 않았다. 사실상 루터는 자기 자신과 로마와의 대결을 면죄부 논쟁 전까지는 깨닫지 못했다.

그러나 루터는 자신이 점점 더 스콜라 신학에 대해 반대해가고 있음을 자각하였다. 어거스틴을 근거로 해서 루터는 당대의 펠라기우스주의자들을 공격하였고 구원과 관련된 모든 문제에 있어서 인간 의지의 속박(노예의지)을 주장하였다. 그는 또한 우리는 오직 하나님의 은혜 — 이 은혜는 우리가 믿을 때 받게 된다 — 를 통해서만 구원을 받는다고 주장하였다. 이러한 새로운 신학이 가장 극명하게 드러난 것은 1517년 9월 4일「스콜라 신학 논박」(Disputation Against Scholastic Theology)을 위해 준비한 그의 논제들이다.[16] 이 논제들에서 루터는 당대에 매우 보편적이었던 신학에 반대를 표명하였다. 루터와 로마간의 갈등이 이 논제들 때문에 발전된 것이 아니라 이보다는 훨씬 덜 급진적인 1517년 10월 31일 면죄부에 대한 95개조 논제 때문에 일어났다고 하는 것은 기본적으로는 우연이었다.[17]

2. 14 로마와의 갈등

루터는 비텐베르크 교수직을 받아들였기 때문에 외부의 갈등에는 관여하지 않은 채 학문을 가르치는 교사로서 자기 직분에만 전념할 수 있었다. 그러나 95개조 반박문이 공표되면서 시작된 논쟁 때문에 루터는 학문의 평온함으로부터 갑작스럽게 또한 영원히 나올 수밖에 없었으며, 많은 투쟁에 관여해야만 했다. 처음에 이러한 논쟁들은 로마 교회에만 해당되는 것이었다. 로마 교회는 루터의 논문들이 공격하는 대상은 바로 자신이라고 생각했고, 루터가 15세기 초반 요한 후스(John Huss)의 논문과 유사한 이단을 대표한다고 의심했다.

　　루터가 1517년을 전후로 해서 미리 구상된 종교개혁 계획을 수행했으며, 로마와의 마찰은 그 계획으로 말미암은 결과라고 생각하는 것은 정말로 잘못이다. 루터가 1517년에(때로는 그보다 훨씬 이전에), 또 1517년 이후에는 훨씬 더 강력하게 개혁에 대한 다양한 요구를 했다는 것은 의심의 여지가 없다. 그러나 루터는 결코 종교개혁에 대한 어떤 확정적인 계획을 추구하거나 제시하지는 않았다. 그는 성경 속에서 우리에게 알려진 하나님의 말씀이 다시 한번 설교와 교회의 삶의 유일한 규범이 되어야 하며, 인간의 가르침과 규율들은 하나님의 말씀에 배치되어 구속력있는 권위를 지녀서는 안된다고 하는 점에 기본적으로 관심을 가졌을 뿐이다.

　　당시 로마 교회는 주저하지 않고 성경의 권위를 분명하게 받아들였다. 루터와 차이가 나는 점은 로마 교회는 성경과 전통간의 일치를 무비판적으로 생각하였다는 사실이다. 종교개혁의 성서 원리와 성서에 근거한 수많은 전통들에 대한 종교개혁의 비판은 특별히 교회 생활에서 오랫동안 있어온 많은 남용들 때문에 엄청나게 영향력있는 역할을 맡게 되었다. 종교개혁의 성서 원리는 일차적 권위로서의 "원천(sources)"으로 돌아가자는 인문주의자들의 요구로 인하여 강화되었다. 그 결과 로마 교회에 충성한 신학자들은 16세기의 전반부 거의 대부분 동안 방어하기 매우 어려운 입장을 취해야만 했다. 왜냐하면 그들은 해석에 대한 인문주의적 기법들과 성서 원어에 대한 지식 모두를 결여하고 있었기 때문이다.

　　루터와 로마간의 논쟁이 결국에는 끝을 보지 못했지만 대체적으로 1517년에서 1521년 사이에 일어났다. 그 논쟁은 교회가 루터를 파문시키고, 황제가 루터를 법의 보호를 받지 못하는 사람으로 선포함으로써 그 절정에 달했다. 이것 역시 논쟁에 대한 일시적 결론이었다. 그 다음 시기에 양쪽 어느 편도 근본적으로 새로운 중요한 논쟁을 생산해 내지 못했다. 그러나 루터는 계속해서 그의 입장에 대해 중요한 수정과 명료화를 많이 보여주었다. 그것은 「노예의지론」(The Bondage of the Will-1525)[18] 이나 슈말칼덴 신앙 조항들(the Smalcald Articles-1537)[19] 속에서 발견된다.

2. 15 바르트부르크(Wartburg)에서의 루터(1521-22)

1521년은 루터의 생애에 있어서 전환점을 기록한다. 루터가 신변보호의 이유로 바르트부르크 성으로 옮겨감으로써 상당한 시간 동안 비텐베르크에서 일어난 사건들에 적극적으로 참여할 수 없게 된 것은 바로 이 해였다. 그 결과 비텐베르크에서 일어난 사건들은 루터가 기대했던 것과는 다르게 발전되어나갔다. 수많은 루터 추종자들 가운데서도 많은 다양한 운동들이 있다는 사실이 처음으로 분명하게 드러난 것도 바로 1521년이었다.

그러나 이 운동들 거의 모두가 한 가지를 공통으로 소유하고 있었다. 그들은 일단의 개혁들이 루터가 생각하는 것보다는 좀더 빠르고도 강력하게 수행되어야만 한다고 요구하였다. 이러한 차이점은 성령의 중요성에 대한 이해뿐만 아니라 구약성서에 나타난 신의 율법에 대한 다양한 이해를 반영한다. 거의 예외없이 이것은 종교개혁파 내부에 분열을 가져온 문제들이었다. 종교개혁파내의 이러한 차이점들이 이 시기에 처음으로 분명해졌지만 그 차이점들의 뿌리는 매우 다른 후기 중세 전통들이 종교개혁을 지지하는 다양한 그룹들 가운데 작용하고 있다는 사실에 있었다. 학자들은 이 전통들이 미친 영향의 본질과 범위, 또 종교개혁이 다양한 형식을 보이면서 점차 차별화되어가는 과정에서 그 전통들이 갖는 의미를 좀더 명확하게 밝혀내려고 오랫동안 시도해왔으나 결론다운 결과를 이루지 못했다. 안드레아스 칼슈타트(Andreas Karlstadt:1480-1541경)는 루터가 비텐베르크에 없는 동안 비텐베르크 종교개혁의 지도자였다. 멜랑히톤(Melanchthon)은 다소 달갑지 않았지만 그의 지도를 따랐다. 1522년 3월, 루터는 바르트부르크로부터 돌아온 후 비텐베르크 종교개혁자들의 행동과 자신의 입장을 비판적으로 차별화시켜 나갔다.

그 다음 몇 해 동안 루터의 활동은 지리적으로 훨씬 더 넓은 지역으로 확대되었다. 종교개혁은 신속하게 전파되었으며 많은 영지(領地:territories)들이 교회 생활을 개혁하고자 할 때 루터의 조언을 구했다. 루터도 역시 폭넓은 서신을 통해서 뿐만 아니라 수많은 책자와 팜플렛의 발행을 통해서 그의 영향력을 확장해갔다. 나아가 루터는 계속해서 강의를 했고, 정기적으로 설교도 했다.

1523년 이후 종교개혁은 임박한 농민전쟁의 그림자로 인하여 위협을 받게 되었다. 다양한 저술을 통하여 루터는 한편으로는 반란자들에 의해서, 또 다른 한편으로는 전혀 다른 스타일이기는 하지만 토마스 뮌처의 발행물들에 의해 주장된 분쟁에 대한 신학적 정당화를 다루었다. 에라스무스가 루터의 인간 의지에 대한 이해를 공격한 것도 바로 이 때였다(1524).[20] 이 공격에 대한 루터의 응답(1525)[21]으로 인하여 루터와 인문주의 운동의 주요 지도자들간에 분열이 생겼다.

2. 16 루터의 결혼

농민 전쟁이 비참하게 끝난 직후 루터는 한 때 수녀였던 카타리나 폰 보라(Katharina von Bora)와 1525년 6월 13일에 결혼하였다. 당시에 루터의 이러한 행동은 상당히 부정적 반응을 불러일으켰다. 그 반응이란 루터가 자신의 독신 서약에 얽매이지 않겠다고 생각한 최초의 전직 수도사라는 점이 아니었다. 이러한 행동을 한 사람은 루터 이전에도 많았다. 그 부정적 반응은 루터의 결혼 시기에 초점이 있었다.

이 때에 농민전쟁은 많은 지역에서 아직 끝이 나지 않았다. 제후들과 귀족들의 잔인한 복수가 이미 반란자들에게 가해지기 시작했다. 그런데 어떻게 루터는 그러한 때에 결혼할 수 있는가? 농민들은 종교개혁파와 연합하였으며, 종교개혁이 약속한 자유를 자신들이 이해한 관점에서 실현하고자 했다. 그 결과 묵시적 경향이 종교개혁에 스며들었다. 그런데 어떻게 루터는 그러한 때에 자신의 개인적인 행복을 생각할 수 있단 말인가?

루터의 가장 절친한 지지자들조차도 비판적이었다. 멜랑히톤은 1525년 6월 16일 요아킴 카메라리우스(Joachim Camerarius)에게 보낸 편지에서, 루터는 자신이 무엇을 할지에 대해 어느 누구에게도 말을 하지 않는다고 불평하였다. 게다가 그는 그러한 일을 하는 때를 완전히 그릇된 시기로 잡는다고 불평하였다.[22] 그러나 개인적으로 루터는 기본적으로 자신의 행동은 악마와 모든 묵시적 기대를 거부하는 믿음의 행위라고 보았다. 게다가 루터는 상황을 매우 주의깊게 숙고한 끝에 결혼을 결심하였으며, 매우 신중하게 그 계획을 실행에 옮겼다. 이것은 현대적 의미에서 사랑의 결혼이 아니었다. 수도사들이 루터가 살고 있던 수도원을 점차 버리고 떠나자 수도원 공동체는 점점 해체되어갔다. 이에 루터는 근근히 자신을 돌보았다. 1525년에 이르자 루터는 집안을 돌보고 또 자기를 보살펴줄 사람이 절실히 필요해졌다. 뿐만 아니라 루터는 카타리나에게 적합한 남편을 찾으려고 했으나 실패하고 말았다. 그는 결국 자신이 직접 그녀와 결혼함으로써 그 문제를 해결하였다.

　　1525년 6월 21일 그는 암스도르프(Amsdorf)에게 다음과 같이 편지를 보냈다:"나는 내 배우자에게 대해 열정적 사랑도 욕정도 느끼지 않는다. 그러나 나는 그녀를 소중히 여긴다."[23] 이 결혼에서 양쪽 당사자들은 서로에 대해 큰 사랑을 느꼈다. 카타리나는 언제나 일만 벌여놓는 루터의 살림살이를 능숙하고도 신중하게 처리하였다. 수도원을 세운 사람이 루터에게 개인소유로 준 수도원(the Black Cloister)의 큰 건물이 환대(歡待)의 중심지가 되었다. 친구들과 손님들이 많이 찾아왔다. 학생들은 하숙생으로 루터와 함께 살았다(그들은 다른 교수들에 대해서도 마찬가지로 하숙생으로 기거하며 그들과 살았다). 커져가는 그 가족은 자주 함께 모여 노래를 부르기도 했다. 카타리나는 재정적으로 수지타산을 맞추는 것이 어렵다는 것을 자주 발견하였다.

　　루터는 매우 자선적이었으며 재정적인 문제에 대해서는 별로 심각하게 생각하지 않았다. 그의 봉급은 정말로 적당하였고, 많은 인상액도 받았다. 그러나 그는 학생들로부터 받는 수업료 모으기를 거부하였다. 그는 또한 원고료를 받지 않았다. 출판업자는 루터의 글에 대한 독점 출판권을 갖는 대신 그에게 일년에 400 굴덴(gulden) ― 교수로서의 월급보다 많은 액수 ― 을 주겠다고 말한 것으로 전해진다. 그러나 루터는 그 어떤 원고비도 거부하였다. 루터는 그의 엄청난 저술로부터 단 한 푼의 이윤도 챙기지 않았다. 그는 자기가 이 분야에서 할 수 있는 것은 사례비를 받지 않고 해야만 하는 그 어떤 것이라고 생각했다.

　　비록 가정을 이루었음에도 불구하고 루터가 처리해야 할 일들은 줄어들지 않았으며, 논쟁들도 역시 끝나지 않았다. 루터는 강의 뿐만 아니라 구약성서 번역에 매달렸다. 루터의 신약성서 번역 ― 소위 9월 성서(the September Testament) ― 은 이미 1522년에 나왔다. 구약성서는 성경 전체 번역이 완료된 1534년까지 하나씩 하나씩 번역되어 나왔다. 또 다른 매우 중요한 작업은 루터파 제후국별 지역 교회(the Lutheran territorial churches)를 조직하는 것이었다. 종교개혁 운동은 널리 퍼져나갔지만 1520년대 중반까지 교회의 조직 생활에 대한 어떤 실제적 개혁도 있지 않았다. 게다가 교회의 생활과 설교가 종교개혁에 따라 어떠한 모습이 되어야 하는가에 대해서도 상당히 불확실하였다. 옛 교회의 조직 체계는 이제 부분적으로 사멸되었지만 새 체계가 형성된 것도 아니었다. 1526년 슈파이에르 국회(the Diet of Speyer) 선언은 교회에 종교개혁을 완전히 도입하는 법적 근거를 제공한 것 같았다.[24] 그 결과 1527년에 교회와 학교들의 시찰방문(visitation)이 작센 선제후령(Electoral Saxony)에서 시작되었다. 루터는 이 시찰에 동참하였다. 그 결과 교회 질서(church order)의 문제들이 언제나 루터에게는 관심 대상이었다. 이것은 작센 선제후령에서 뿐만이 아니라 그 지경 넘어 저 먼 곳에서도 역시 마찬가지였다.

2. 17 성만찬 논쟁

루터와 츠빙글리간의 성만찬 논쟁은 1525년에 시작되었다(본서 3.29-35를 보라). 츠빙글리는 성만찬 때 그리스도의 살과 피가 실제로 임재한다는 루터의 매우 조심스러운 주장을 논쟁적으로 비판함으로써 논쟁을 시작하였다. 이 일이 있기 전 루터와 츠빙글리 모두는 성만찬 교리를 상당히 발전시켰다. 그 결과 루터는 실제 임재를 강조한 반면 츠빙글리는 성만찬 제정의 말씀을 상징적인 의미로 해석하였다. 성만찬 교리에 있어서 이러한 차이점 배후에는 다양한 다른 신학적 문제들이 있었다. 그래서 그 논쟁은 단순히 단 하나의 문제에 초점을 맞춘 것이 아니라 신학과 종교개혁과 교회 조직에 관련된 가장 근본적인 문제들을 제기하였다. 궁극적으로 성육신 및 죄에 대한 해석, 고전적 전통과는 대조되는 성서적 의미에서의 몸과 영혼의 관계에 대한 해석, 그리고 구원의 확실성에 대한 기초가 관건이 되었다.

논쟁이 진행되어가면서 종교개혁파의 거의 모든 중요한 신학자들이 이 논쟁에 참여하게 되었다. 종교개혁파의 다양한 가지들 사이에는 매우 중요한 차이점들이 있음이 다시 한번 분명해졌다. 그들 모두가 루터의 입장 혹은 츠빙글리의 입장 가운데 하나를 택일한 것은 아니었다. 타협을 위한 많은 시도가 있었다.

루터 자신은 츠빙글리와의 논쟁이 진행되는 동안 실재 임재를 더욱 강조하게 되었으며, 부활 승천하사 영화롭게 되신 그리스도의 편재설(the doctrine of ubiquity)을 주장하게 되었다. 이 교리에 따르면 승천하신 그리스도의 인성은 그리스도의 신성과 연합되어 있기 때문에 편재한다. 비록 우리에게는 "우리의 구원을 위하여" 성만찬의 성물(elements) 속에 임재하시기는 하지만. 적대자들의 압력하에서 루터는 다양한 스콜라적 사고방식을 사용하였다. 뿐만 아니라 종교개혁파내에 분열이 일어난 후 루터는 종교개혁파를 지도하는 한 방법으로 가르침을 더욱 강조하였다.

1529년 마르부르크 회담(the Marburg Colloquy)으로 그 두 대립하는 견해가 다소 거리를 좁히게 되었다. 그러나 결국 루터와 츠빙글리간의 근본적 논쟁은 해결될 수 없었다. 그 결과 종교개혁 운동을 재연합시키는 것은 불가능하였다. 그와는 반대로 종교개혁은 개개 제후국(territory)의 차원에서 — 한 번에 한 제후국 — 전개되었다. 보다 포괄적인 일치는 가능하지 않았다. 그 결과 종교개혁을 받아들인 제후국들을 동맹시켜서 합스부르크 가문의 막강한 권력을 제한시키려고 한 헤세의 필립(Landgrave Philip of Hesse)의 대담한 계획도 무산되고 말았다. 마르부르크 회담 결과 부분적인 신학적 합의가 이루어지기는 했지만 이 합의는 지속적인 중요성을 가지지 못했다.

2. 18 아우그스부르크 국회(1530)

1530년은 종교개혁파에게 가혹한 시련의 해였다. 1521년 보름스 국회 칙령은 기본적으로 단지 합스부르크 왕가가 지배하는 영지들 안에서만 실행되었다. 그 밖의 다른 영지들은 다소 어물쩍한 대답을 하는 것으로 만족했다. 이러한 소극성을 보이게 된 것은 보름스 국회의 결과가 난 직후 바로 찰스 5세와 프랑스의 프랑시스 1세 간에 무력 충돌이 있었기 때문이었다. 그래서 황제 자신이 오랫 동안 보름스 국회 칙령의 실행에 주의를 기울일 수 없었다.

1530년 결국 찰스 5세(카알 5세)가 독일 제국으로 귀환하게 되었다. 그는 1530년 아우그스부르크 국회에서 종교 논쟁을 해결하고 말리라는 굳은 결심을 하며 돌아왔다. 찰스는 협상을 위한 온화한 분위기를 만들기 원했기 때문에 의도적으로 매우 온건한 어투로 국회 소집령을 내렸다. 그러나 그 어느 누구도 황제가 협상이 결렬될 경우 "프로테스탄트(Protestants)"에게 반대하여 그가 동원할 수 있는 모든 힘을 동원하지 않을 것이라고 예상한 사람은 없었다. [25]

교회로부터 파문당하고, 황제로부터는 법의 보호를 받지 못하는 사람이 된 루터는 아우그스부르크 국회에 나타날 수 없었다. 그러나 국회가 열리고 있는 동안 루터는 작센 선제후 영지내의 최남단에 있던 코부르크(Coburg)성에 거주하였다. 루터는 가능한 한 아우그스부르크로부터 가까이 있었으므로 그 곳에서 일어나는 사건들에 다소의 영향을 ― 최소한 서신을 통해서 ― 행사할 수 있었다. 그러나 아우그스부르크 신앙고백 작성과 근본적으로는 이 신앙고백 자체보다 훨씬 더 중요한 비밀 협상에서 일차적인 책임은 멜랑히톤에게 있었다. 멜랑히톤은 위대한 학자였을 뿐만 아니라 종교개혁의 미래에 대해 깊이 우려하고 있었다. 이러한 이유로 해서 그는 루터보다는 협상하는 데 좀더 적극적이었다.

아우그스부르크에 있는 그의 동료들과 함께 있을 수 없었다는 사실은 루터 개인으로서는 참으로 고통스러웠다. 서신을 통해 의견을 교환하는 일은 많이 지체 되었다. 루터는 자기가 할 수 있는 한도내에서 아우그스부르크에 있는 루터파를 격려하였다. 또한 그는 「아우그스부르크에 모인 모든 성직자에게 드리는 권고문」을 출간함으로써 영향력을 발휘하였다. [26] 이것은 종교개혁 작업에 대한 대담한 옹호였다. 비록 이 때에 신경성 불안을 겪고 있었지만 루터는 바르트부르크에서와 마찬가지로 그 날 의제에는 별로 중요하지 않았던 문제들에 관하여 저술의 영감을 받았다. 예를 들어서 그는 시편 118편 주해서인 「아름다운 참회시」(*The Beautiful Confitemini*) [27], 신앙고백·사죄·교회 치리와 관련된 문제들에 대한 중요한 논의인 「열쇠의 권세」(The Keys), [28] 「자녀들을 학교에 보내는 일에 대한 한 설교문」 [29]을 발행하였다. 또한 그는 「번역에 관하여:하나의 공개 서한」[30]을 저술하였는데, 이 글에서 루터는 해석학, 번역기법에 대한 논의, 그리고 자신의 이솝우화 독일어 번역 발행에 중요한 공헌을 하였다.[31] 이처럼 고난의 해에도 루터는 중단없이 자기의 일을 계속했던 것이다.

아우그스부르크의 국회 일에 대해서 루터는 루터파가 담대히 신앙고백을 하였다는 사실에 대해 기뻐했다. ― 비록 몇 가지 점에서 아우그스부르크 신앙고백을 비판하기는 하였지만. 아우그스부르크 국회 포고문은 보름스 국회 칙령을 새로 개정하였다. 따라서 프로테스탄트 주(州)들의 상황은 상당히 위협을 받았다. 그들은 슈말칼덴 동맹(the Smalcald League-1531)을 결성함으로써 대응하였다. 슈말칼덴 동맹은 하나의 정치적·군사적 동맹으로서 만약 황제가 종교 문제를 해결하기 위하여 군사력을 동원할 경우 공동 대응하기로 약조하였다.

그 이전부터 루터는 적극적 저항의 권리를 거부하고 대신 수동적 저항 사용을 권고하였다. 그러나 종교개혁이 이미 많은 영지에 도입된 이후로 이러한 견해는 더 이상 구속력이 없었다. 루터는 황제의 권위가 제후국들(the estates)의 권위보다 우월하지 않다는 법률가들의 견해를 받아들였다. 루터는 마지못하여 방어적 동맹에 대한 그의 반대를 포기하였다. 그러나 그는 계속해서 하나님 대신에 무기를 신뢰하는 일에 대해 경고하였다. 1520년대와 1530년대 초기에 쓰여진 저항권에 대한 루터의 논의는 이 문제에 대한 다양한 접근들을 포함하고 있다. 하나님의 두 왕국설 뿐만 아니라 저항에 관한 루터의 입장이 더욱 철저하고도 정교하게 다듬어진 것은 바로 이러한 논의들의 결과였다.

2. 19 뉘른베르크 휴전(1532)

뉘른베르크 휴전은 1532년에 조인되었으며, 그 결과 처음으로 휴전이 있게 되었다. 루터는 이 휴전을, 종교개혁의 목적은 무력사용을 통해서 성취되어서는 안된다는 자신의 견해에 대한 확증으로 해석하였다. 그러나 군사동맹에 의한 방어는 종교개혁이 상대적으로 동요를 일으키지 않으면서 발전해

나갈 수 있는 힘이 되었다. 이 기간 동안 신학 교수진(1533)과 비텐베르크 대학 전체(1536)가 재조직되었다. 이 과정에서 루터가 상당히 귀중하다고 여긴 스콜라식 토론 개최의 관행이 다시 도입되었다. 루터 자신도 논문들을 자주 발표하고 그 토론에 참여하였다. 이 토론은 많은 종류의 교리적 문제들을 섭렵하였다. 그러나 주제들이 대개는 당시 유행하는 논쟁들에 의해 결정되는 것은 자연스러웠다. 루터는 오랫동안 주석자요 설교자이며 유명한 저술가이고, 성서 번역가로서 알려져 왔다. 이 토론에 참여함으로써 루터는 교회 교사로서 자신을 세우게 되었다.

2. 20 비텐베르크 합의(1536)

1530년대에 주로 루터의 지도력을 따랐던 중부 독일의 신학자들과 종교개혁파를 지지하였던 남부 독일의 신학자들이 점차 성만찬 교리에 합의를 이루게 되었다. 1531년 츠빙글리가 죽은 후 남부 독일에서 루터의 영향력은 더 강해졌다. 마틴 부처(Martin Bucer)의 중재로 1536년 루터는 비텐베르크 합의문에 동의하게 된다. 이 합의문은 남부 독일 종교개혁자들이 기초한 성만찬에 관한 설명서이다.[32] 그러나 완전한 일치는 이루어지지 않았는데 너무도 많은 다른 차이점들이 여전히 미해결된 채 남아 있었기 때문이었다.

동시에 종교개혁자들간에 논쟁이 일어났는데, 특별히 요한 아그리콜라(Johann Agricola)의 율법폐기론에 관한 논쟁이 일어났다. 이 논쟁이 특별히 중요했던 이유는 종교개혁의 핵심, 즉 이신칭의에 대한 이해, 그리고 율법과 복음간의 구별에 대한 이해를 취급하고 있었기 때문이다. 루터는 몇 차례의 토론과 일련의 논문들을 통해 아그리콜라에 대해 반대의견을 표명하였다. 이러한 과정에서 루터는 계속해서 자신의 입장을 좀더 정확하게 정의하였다.[33]

2. 21 종교에 관한 회담들(1540-41)

　원래는 1537년 5월 만투아(Mantua)에서 개최되기로 한 공의회 (council)가 예정대로 개최되지 못하고, 1545년 트렌트 공의회에 가서야 비로소 열렸다. 황제는 회의가 지체되자 다시 한번 종교 논쟁에 관하여 주도권을 쥐고 해결하고자 시도하였다. 1540-41년에 일련의 종교 회담이 열렸으며, 이 회담에는 많은 주요 신학자들이 참여하였다. 프로테스탄트 진영에는 멜랑히톤, 부처, 그리고 당시 슈트라스부르크에 살고 있었던 칼빈이 있었다. 루터는 이 협상에 참여하지 않았다.

　로마 가톨릭 신학자인 존 그로퍼(John Gropper)와 부처는 이신칭의 교리 자체에 대해 합의하였다. 이 합의는 소위 레겐스부르크 문서(the Regensburg Book-1541)에 기록되어 있다. 그러나 루터에 의해 거부당했다.[34] 루터는 종교개혁의 견해가 이 합의에 제대로 반영되지 못했다고 생각했다. 그러나 더 중요한 이유로서는 루터가 나이가 들어가면서 교황권에 대한 무제한의 불신, 대단히 깊은 불신으로 점점 가득차게 되었다는 사실이다. 이러한 논의들이 화체설의 문제에 있어서 합의를 이룰 수 없었기 때문에, 또 새로 타협된 합의가 로마에 의해 받아들여지지 않자 이러한 노력은 그 어떤 것도 성공하지 못했다. 그러자 찰스 5세는 그가 이전에 자주 생각했던 계획을 실천하기 시작했다. 그 계획은 먼저 무력으로 프로테스탄트들을 제압한 후 그들을 다시 로마 가톨릭 교회로 돌려보내는 것이었다.

　이 목적을 추구하고 있을 때 황제는 더할 나위 없이 좋은 무기를 발견하였다. 그것은 프로테스탄트의 정치적 지도자였던 헤세의 필립이 1540년에 불운하게도 이중 결혼을 하게 된 것이었다(본서 3.37을 보라). 독일 프로테스탄트주의의 정치적 쇠퇴는 사실상 이 이중 결혼으로부터 시작되었다. 법률에 따르면 이중결혼은 사형까지 내릴 수 있는 벌이었다. 일이 점차 공개적인 스캔들로 되어가자 찰스 황제는 그것을 이용하여 필립을 고소하지 않는 대신 그가 정치적으로 중립을 지키도록 강요하였다.

　그 결과 슈말칼덴 동맹은 결정적으로 약화되었으며 찰스 5세는 성공하리라는 희망을 가지고서 이 계획을 실행할 수 있었다. 루터는 슈말칼덴 전쟁(1546-47)의 재해를 경험하지 못한 채 죽었다. 그는 찰스 5세가 계획한 군사적 충돌에 대비한 일련의 긴 준비를 알지도 못했다. 만약 그가 이것을 알았다면 그가 저항권에 대한 자기의 이해를 상당히 수정했을 가능성이 높다.

2. 22 루터의 말년

루터의 말년은 다시 한번 프로테스탄트 진영 내부의 수많은 다툼과 논쟁들로 암울하게 뒤덮였다. 끊임없이 의제로 떠올랐던 다양한 중요성을 가진 많은 현안들 뿐만 아니라 루터는 제후들이 프로테스탄트 교회에 지나치게 많은 영향력을 행사하고 있는 점을 특별히 우려하였다. 루터파 주교들 — 특별히 1541-2년에 나움부르크(Naumburg) 주교였던 니콜라우스 암스도르프(Nikolaus Amsdorf) — 을 세우려는 그의 노력은 종교개혁파내에 감독교구를 보존하려는 데에 기여했을 뿐만 아니라 프로테스탄트 교회가 어떻게 조직되어야 하는가에 대한 그의 개인적 이해에도 상응하는 것이었다. 그러나 루터는 교회의 조직 구조에 대해 제후들이 점점 통제력을 획득해 가는 양상을 제어할 수는 없었다.

루터는 프로테스탄트 교회와 독일 국민 모두의 미래에 대해 깊은 우려를 보였다. 이미 「친애하는 독일 국민에게 보내는 마틴 루터의 경고문」 (*Dr. Martin Luther's Warning to His Dear German People-*1531)[35]이라는 논문에서 묵시적 기대의 요소들이 분명하게 나타나고 있다. 루터가 점점 나이가 들어가면서 그의 우려와 두려움은 깊어져갔다. 예를 들어서 그는 세상의 종말이 매우 가까이 왔다고 생각했다. 바로 그 이유 때문에 루터는 정부가 하나님의 심판을 가능한 한 오래 지체시킬 수 있는 일이라면 무엇이든지 해야만 한다고 생각했다. 이러한 강한 묵시적 기대를 염두해 둘 때 우리는 왜 루터가 말년에 유대교 예배를 금지시켜야 한다고 주장했는지를 이해할 수 있다. 당대의 많은 사람들과 마찬가지로 루터도 역시 회당에서 일어나는 일은 공공연한 신성모독이라고 느꼈다. 그들은 그러한 신성모독이 반드시 제지되어야 하며, 그렇지 않으면 하나님의 즉각적인 심판이 자기들에게 내릴 것이라고 생각했다(본서 3.41을 보라).

이와 동일한 이유로 해서 그의 말년에 교황권에 대한 루터의 반박은 우리가 상상할 수 없을 정도로 신랄하게 되었다. 그의 비판은 좀처럼 제지될 수 없었다. 그러나 동시에 그의 로마 가톨릭 적대자들 일부의 반박 역시 그에 못지 않게 과도하였다. 루터의 그러한 비판의 특징을 그의 개인적인 병리에 대한 한 표현으로 설명하는 것은 분명히 적절하지 않다. 루터의 비판의 스타일은 그의 종교개혁 신학 전체 맥락 속에서 일차적으로 평가되어야만 할 것이다(본서 3. 39 를 참조하라).

2. 23 루터의 죽음

    루터는 죽기 전까지 오랫동안 건강이 매우 나빴다. 그가 겪었던 — 특별히 1521년을 전후로 해서 겪었던 — 육체적·감정적 긴장의 결과 불면증에 걸렸다. 루터는 이 불면증을 끝내 이겨내지 못했다. 대략 1525년 이후로 루터는 담석증으로 고생했다. 이 담석증은 주기적으로 재발하였으며, 1537년 2월 슈말칼덴에서는 거의 치명적이었다. 이 병 때문에 루터는 자주 오랫동안 아파야 했다. 게다가 루터는 만성적인 귓병을 앓았다. 나이가 들어가면서 점차 목구멍 염증(angina)이 나타났고 심장에 이상이 생겼다. 이것은 그에게 대단한 아픔을 주어 결국 죽음에 이르게 했다. 이러한 여러 중병에도 불구하고 루터의 창조력은 그의 삶 전체를 통해 그치지 않았다. 바로 이 이유 하나만으로도 그의 영적인 시험을 그의 병에 근거하여 설명하는 것은 가능하지 않다. 반대로 루터는 죽기 직전까지 왕성하게 활동하였다.

    죽기 바로 직전 그는 만스펠트의 백작들 사이에 있었던 법적 논쟁을 해결하기 위하여 아이스레벤으로 여행을 했다. 루터는 1546년 2월 18일 아이스레벤에서 사망했다. 그의 유해는 비텐베르크 성 교회(the Castle Church)에 안치되었다.

3

루터의 시대에 복잡한
논쟁에서 루터의 역할

3. 1 신학적 · 교회적 · 정치적 갈등

　　루터는 1517년에 처음으로 널리 알려졌다. 이후 수십년간 다양한 주제들에 관한 수많은 논쟁들이 전개되었다. 루터는 이런 논쟁들의 대부분에 관계하였을 뿐만 아니라 그의 종교개혁 신학을 통하여 그것들의 많은 부분을 자아내기도 하였다. 이 수십년간의 교회적이고 신학적인 논쟁들이 당대의 모든 다른 갈등들의 원인이라고 주장하는 것은 분명 잘못일 것이다. 그러나 이러한 논쟁들 속에서의 주장들을 단지 다양한 정치적이고 경제적인 갈등들의 표현에 불과하다고 서술하는 것도 마찬가지로 일방적일 것이다. 오히려 사실은 당대의 신학적이며 교회적 논쟁들은 정치가들, 여러 신분의 계층들(estates), 및 경제단체들 사이의 이해가 얽힌 갈등들과 불가분 관련되어있다. 심지어 다양한 주제들과 견해들을 서로서로 명확히 구분하는 것마저도 불가능할 때가 빈번하다.

　　신학적인 동기와 다른 동기들을 명확하게 구분하고자하는 시도가 종교의 본질을 잘못 이해하게 하는 명백한 증거일 수 있다. 종교란 진공 속에 존재하지 않으며 부단히 실제 생활과 연관되어 있기 때문이다. 16세기에 관한 한 신학과 교회생활에 관련된 질문들이 전경(前景)에 있었다. 독일 역사상 정치적 결정들뿐만 아니라 개개인들의 결정들에 있어서도 그토록 의미있었던 종교적 질문들이 다른 시대에는 없었다. 결과적으로 루터는 1517년 이후의 모든 논쟁들에서 중심적인 역할을 수행하였다.

3. 2 논쟁이 성서를 고양시키고 성서에 집중하다.

16세기의 논쟁들은 광범위한 문제들을 다루었다. 예를 들어서 교회내의 특정한 남용들을 다루는 논쟁이 시작되기도 하였다. 이것은 곧 교황의 권위와 교회에 대한 공격으로 옮겨갔다. 점점 더 많은 문제들이 불가피하게 논쟁에 말려들게 되었다. 물론 기본적으로는 겨우 몇가지 문제들만이 최종적인 문제가 되었다. 이들 중심적인 문제들은 성경의 권위와 이해에 관한 것들이었다. 작센 내에서의 종교개혁에 참여한 다양한 그룹들간의 논쟁에서는 물론이고 루터와 로마 사이에서 있었던 논쟁에서도 그리고 루터와 츠빙글리 사이에 있었던 논쟁에서도 가장 문제시된 것은 바로 성서에 대한 이해였다. 이것은 또한 루터와 뮌처 사이의 논쟁에 있어서도 사실이었다.

비록 정치적인 문제들도 후기의 논쟁에 있어서 중요한 역할을 하기는 하였으나 그것은 궁극적으로는 전혀 다른 방식으로 성서를 이해한 두 집단간에 있었던 논쟁이었던 것이다. 이 논쟁에서 양측은 두 기본적으로 상이한 견해들을 대변하였으며, 각각은 상대방과 전적으로 다른 방법으로 자기네가 성서의 권위를 자기편에 가지고 있음을 주장했다. 성서에 대한 이 새로운 이해에서 기본적인 요소들은 이미 루터의 초기 강연들에 드러난다. 루터는 인문주의와 같이 가능한 한 그의 해석을 원문에 기초하는 관심을 나누었다. 그러나 성서의 원래의 의미로 돌아가고자 하는 루터의 집약적인 노력에 견줄 만한 동시대의 노력은 전혀 없었다.

루터에게 성서는 교육과 선포에 가장 중요한 원천이었을 뿐만 아니라 하나님께서 심판과 은총의 말씀을 우리 세계 속에 여전히 들려주시는 수단이었다. 성서를 이렇게 매개체이자 메시지로서 이해한 것은 루터가 성서의 문자적 의미만을 단순히 강조했던 모든 사람들과 다르다는 것을 보여준다. 성서라는 매개를 통해서 하나님께서 오늘도 여전히 우리에게 말씀하신다는 것을 확신한 루터의 입장은 곧 거의 예언적 권위를 위한 기초가 되었다. 그 권위를 가지고 루터는 성서가 자신을 지지한다고 확신하면서 교황을 머리로 하는 계층질서적 성직체제에 반대입장을 취했다.

그의 초기 강연들에서 루터는 아직 그 계층질서적 성직체제와의 위태한 갈등에 처할 만한 방식으로 성서를 해석하지 않았다. 그러나 이들 초기 강연들에서도 교회 안의, 특히 수도원주의에서의 다양한 운동들에 대한 광범위한 비판이 있다. 바로 스스로를 경건하다고 여겼던 사람들중에서 루터가 부딪힌 불신앙과 자기안위(self-security)는 루터를 특별히 혼란하게 만들었다. 그의 초기 강연들에서 루터는 14세기의 위클리프가 교회를 급진적으로 비판한 것을 언급하지 않았다. 위클리프는 국가과 교회간의 제휴는 물론이고 교회의 세속화를 비판했었다. 요한 후스는 15세기에 이 비판을 약간 더 조심스러운 형태로 반복했다. 이들의 교회내의 특정한 남용과 타락에 대한 이전의 비판들에 비해서 루터는 교회생활에 있어서의 영적인 요소들에 초점을 맞춤으로써 아주 독특하게 교회를 비판하고 있다.

3. 3 면죄부에 관한 논쟁

루터에게 그 초점이 모아져 있었으며 실제로 그에 의해 야기되었던 최초의 큰 논쟁은 면죄부에 관한 논쟁이었다. 그의 초기 강연들에서 루터는 면죄부의 관행에 대한 특별하지만 산만한 반대를 이미 표현하고 있다. 그리고 두번의 설교에서 그는 면죄부의 위험을 경고했다. 그 중의 한번은 아마도 1516년 10월 31일에 한 설교일 것이다. 루터는 이론적으로는 면죄부의 가능성을 부인하지 않았다. 그러나 진정한 통회(contrition)와 면죄부를 받아들이고자 하는 욕망 사이의 모순을 확인하였다. 면죄부란 무엇이었는가? 면죄부의 관행은 고해성사의 맥락에서 이해되어야만 한다. 고해성사는 먼저 통회를 경험하는 죄인에게서 시작된다. 그리고 그 죄인은 자기의 죄를 사제에게 고백한다(confession). 그리고 사제에게서 사죄(용서)(absolution)를 받는다. 마지막으로 사제는 고해자(penitent)에게 어떤 보속(satisfaction)을 행할 것을 요구한다.

이 보속은 고해자들이 사죄에 의해서 제거되지 못한 죄의 형벌을 경험할 수 있게 그들에게 부과되는 것이다. 보속을 이렇게 이해하는 것은, 죄된 행동은 죄책(guilt)을 가져올 뿐만 아니라 세상적 형벌을 초래하며 그래서 이 세상에서나 연옥에서 감수되어야만 하는 것이라는 전제 위에 기초하고 있다. 절정기와 후기 중세 시대 동안에는 교회의 많은 가르침들이 더욱 발전되었고 고해성사에 대한 이러한 이해와 면죄부에 대한 가르침들이 연관되어 발전함으로써 특정한 형태를 띠게 되었다. 이것들에는 하나님의 심판행위, 교회, 연옥, 그리고 "교회의 보고"(treasury of the church:성자들의 공로들을 예치해 둔 은행 — 역주)와 같은 교리들이 포함된다.

교회의 보고란 그리스도와 성인들의 공로의 잉여로 형성되었으며 교회가 다른 사람들에게 면죄부를 꺼내줄 수 있는 원천이 되었다. 면죄부의 관행은 먼저 11세기에 발전되기 시작했으며 원래는 교회 자체가 부과한 세상적인 형벌에만 영향을 미치는 것으로 이해되었다. 나중에 면죄부는 고해자들을 연옥의 잠정적 형벌로부터 속하는 것으로 발행되었다. 그리고나서 면죄부 하나는 구매자를 형벌과 모든 죄로부터 속하기 위해 발행되었다. 마지막으로 면죄부는 구매자에게 이미 죽은 가족들을 연옥의 형벌로부터 해방시키도록 팔려졌다. 신학자들은 면죄부의 관행과 효과의 많은 점에서 자체적으로 일치를 이루지 못하였다. 루터 시대에도 여전히 면죄부에 대한 아무런 공식적인 가르침이 없었다. 결과적으로 루터 시대까지도 교회의 목양사역에 대단히 중요한 관행들의 복합체에 관한 타당한 명확성이 없었다.

면죄부 판매의 관행은 교회의 재정구조에 있어서 대단히 중요한 의미를 지녔다. 면죄부는 교황청의 돈에 대한 강한 욕구를 충족시키며 교황권이 개입한 전쟁에 조달하기 위한 재정을 감당하는 주된 수입원들 가운데 하나였다. 교황청은 또한 그 사치스러운 생활을 재정적으로 지탱하기 위해서 면죄부의 판매수익을 필요로 했다. 이런 이유 이외에도 면죄부는 때때로 다른 방법으로는 얻을 수 없는 주요한 경제적인 사업들을 위해서도 발행되었다. 이러한 한도까지 면죄부는 후대에 대출(貸出)이 수행했던 것과 똑같은 기능을 어느 정도 수행하기도 하였다. 무수한 신자들에게 있어서 면죄부의 구입은 어떤 식으로 자기 자신들은 연옥과 영원한 심판의 위험들로부터 보호하는데 교회의 도움을 사용하는 기회가 되기도 하였다.

그렇게 해서 면죄부의 판매는 교황청의 재정적인 필요와 동시에 구원에 대한 대중적인 욕망을 충족시키고 자극하였다. 이것은 성물들(holy goods) 을 취급하는 사업의 급속한 발달을 가져왔다. 루터가 속한 선제후 현자 프리드리히(Elector Frederick the Wise)도 경건한 면죄부의 상인이었다. 1522년 말경에도 그는 그의 개인상인을 베니스로 보내어 종교적인 유물들을 구매해오도록 하였다. 일년에 한번 그는 이것들을 전시하여 사람들로 하여금 그 전시회를 방문하고 경건하게 유물들을 봄으로써 연옥으로부터 놓여나도록 하였다. 1518년 이러한 수집으로 인하여 모들 유물들을 봄으로써 얻어들인 면죄부의 총 가치는 연옥에서 고통당하는 127,800년에 해당했다.

1517년 10월 31일의 루터의 95개조는[1] 당시에 유행하던 면죄부의 관행을 비판하였다. 루터는 목양자로서 그리고 신학박사로서 교회내에서 순수한 가르침과 선포를 보존하는 것이 그의 의무임을 느끼고 이 비판을 공개하였다. 면죄부의 교리가 교회의 교리로서 정의되어있지 않았기 때문에 루터는 가장 비판적인 종류의 질문들을 아주 자유스럽게 제기할 수 있었다. 면죄부와 관련된 많은 문제들을 명확하게 만들고 해결하는 것이 그의 의도였다. 물론 면죄부의 광범위한 사용과 그것들에 대한 교황청의 이해관계를 고려할 때에 루터가 이런 식으로 면죄부의 관행을 공격한 것은 매우 위험했다.

3. 4 95개 논제는 실제로 교회문에 게시되었는가?

학자들은 루터가 실제로 95개조항을 1517년 10월 31일 비텐베르크의 성(城) 교회의 문에 못박았는지에 대하여 일치하지 않는다. 비록 논제의 못박음이 그 이후의 수백년동안 개신교의 상징처럼 기념되어져 왔지만 로마 가톨릭 교회 역사가인 에르빈 이절로(Erwin Iserloh)는 1961년에 95개조의 게시의 역사성에 대한 질문을 제기하였다. 그는 루터의 라틴어 작품의 제2권에 대한 도입부에서 멜랑히톤이 처음으로 이 논제들의 게시를 언급하였나는 사실을 지적하였다. 그러나 멜랑히톤은 이것을 루터가 죽은지 몇달이 지나서야 썼다. 멜랑히톤은 1518년 8월에야 비텐베르크에 옮겨왔으며 분명히 종교개혁 초기의 세부적인 것들을 많이 알지는 못하였을 것이다. 그래서 멜랑히톤이 아마도 논제들을 게시한 것에 대하여 오류를 범하였을 것이라는 추측은 꽤 납득이 갈 만하다.

이절로에 의하면 그의 견해는, 루터가 1517년 10월 31일에 그의 교회의 지도자들에게 보낸 두 통의 서한이 다 사사로운 편지들로 기록했다는 또 다른 사실에 의하여 지지된다고 한다. 이것 또한 그가 논제들을 아직 발표하지 않았다는 것을 의미할 수 있을 것이다. 결과적으로 논제의 게시의 역사성에 관한 상당한 논쟁이 벌어졌다. 그러나 아무런 일반적으로 받아들여질 만한 결론은 아직 이르지 못하였다. 이절로의 주장은 실제로는 확실하지 않지만 아무도 논제의 게시에 대한 사항들의 역사성을 증명하는데에 성공하지 못하였다. 이 문제에 대한 결정은 실제로 상당한 중요성을 가진다. 만약 이절로가 옳다면 고위성직자들의 책임은 훨씬 더 커진다. 왜냐하면 그들은 루터의 서한에 응답하지 않았기 때문이다. 이러한 책임성의 결여는 루터로 하여금 공공 회의장에서 질문을 제시하도록 필연적으로 이끌어갔다. 반면에 만약 논제들이 실제로 게시되었다면 결과적으로 전개된 논쟁을 이뤄내는데 있어서 루터의 고유한 역할이 훨씬 더 중요해진다.

3. 5 95개조

루터의 95개 조항은 어떻게 해서 그렇게 압도적인 반응을 받게 되었는가? 사람들은 필연적으로 그 내용에 근거해서 그렇게 기대하지는 않았을 것이다. 1517년 9월 4일 개최된 「스콜라 신학에 대한 논박」(*Disputation against Scholastic Theology*)[2]을 위해 루터가 준비한 논제들은 훨씬 더 과격한 것이었다. 이 논제들에서 루터는 신학전반의 발전에 미친 아리스토텔레스 철학의 영향력을 공격하였다. 이와는 반대로 95개 조항은 주로 면죄부와 고해성사에 대해서 취급했다. 이전에 했었던 것처럼 루터는 면죄부의 모든 용도를 거부한 것이 아니라 오히려 그것들의 효력을 교회가 부과한 세상적인 형벌들을 사하는 것에 제한시켰다. 게다가 그는 면죄부가 만들어 낸 잘못된 확신감에 대해서도 저항했다.

면죄부에 대한 루터의 비판은 정말로 온건했다. 그러나 그 배후에서는 전 교회를 진동시키게 될 지진의 첫번째 신호소리를 들을 수 있었다. 다른 사람들은 이러한 확대된 암시를 루터보다 더 빨리 깨달았다. 루터는 회개 (repentance)를 주로 고해성사의 개념으로 이해하지 않았다. 오히려 신약성서에서 사용된 회개의 용례에서 전제되는 포괄적인 과정으로 이해했다. 이러한 관점에서 루터는 교역의 직분에 대한 새로운 이해를 전개하기 시작했다. 사제는 단지 하나님에 의하여 죄가 사함받는다고 선언함으로써만 죄를 사할 수 있을 뿐이다. 교회의 보고 이론은 또한 제62조항에 의해 공격받는다. "교회의 진정한 보고는 하나님의 영광과 은총의 지극히 거룩한 복음이다."[3]

루터가 95개조항을 논쟁에서 사용하고자 준비했었기 때문에 그는 그것들이 나타내는 견해들에 무조건적으로 동의해야만 하는 것은 아니었다. 그러나 이것에도 불구하고 95개조항은 훨씬 더 큰 의미를 갖는다. 왜냐하면 그가 제42-51조항들을 "기독교인들이 배워야 할 바는 … 이다"라는 문구로 시작했을 때 그는 논쟁들에서 사용되기로 준비된 조항들의 기본적인 틀을 훨씬 벗어났기 때문이다.[4]

그러므로 루터의 95개조항을 둘러싼 급속하게 성장하는 논쟁이 면죄부 문제에 집약적인 관심을 주는 것이 아니라 오히려 교회의 권위, 교황체제, 순종, 성례전 교리 등에 초점을 맞추었고 심지어는 성서와 인간의 가르침 사이에 대립이 있을 가능성도 시사했었다는 것은 놀랄 만한 일은 아니다. 이 논쟁에서 로마교회의 옹호자들은 루터의 면죄부의 관행에 대한 비판이나 성서에 대한 기본적인 이해에 있어서 그가 무엇에 실제로 관심을 갖고 있었는지단지 이해할 만한 능력이 없었다. 사실은 그 정반대였다.

요한네스 테첼(Johannes Tetzel)뿐만 아니라 요한 에크(John Eck)까지도 루터가 이단이라는 것을 밝히려는 시도에 골몰했었다. 루터가 후스의 잘못된 가르침을 갱신하고 있다는 의심이 급속도로 확산되었다. 후스가 콘스탄스 공의회에서 정죄받았었기 때문에 루터도 역시 화형에 처해질 위협을 받았다. 그러나 그의 적대자들의 의심은 루터로 하여금 차근차근히 전진하여 그의 비판과 그것의 신학적 기초를 확대해 나가도록 만드는 결과만을 초래했다. 95개조항과 그것에 대한 토론이 놀랄 만큼 빨리 확산된 것은 수십년 전부터 이미 발전되어온 인쇄술 덕택이었다. 당시에 독일에만 존재했었던 특수한 정치적이고 문화적인 상황들과 결부되어서 이 인쇄술은 루터의 비판에 대한 광범위한 반응을 위해 결정적인 전제조건을 제공했다. 루터의 작품이 여론에 미친 막강한 영향력의 결과는 루터가 후스처럼 간단하고 신속하게 제거되어버리는 것을 불가능하게 만들었다. 그래서 인쇄술은 중세적 획일화된 사회의 종언과 다원적인 근대의 발전에 있어서 상당한 의미를 갖는다.

3. 6 하이델베르크 논쟁(1518)

1518년 4월 루터는 하이델베르크에서 그의 종단 회의의 공개토론을 위해 토의될 조항들을 준비할 기회를 가졌다.[5] 하이델베르크 논쟁을 위해서 루터가 준비한 신학적이고 철학적인 논제들은 인류의 죄성, 하나님과의 관계에서 의지의 노예성, 인간의 협력이 배제된 하나님의 은총의 역사, 그리고 일상적인 시간논쟁과 무관한 신앙에 관한 종교개혁 신학의 기초를 제시하면서, 또한 그의 가르침에 대단히 예리하고 명확한 조직화(formulation)를 제공하였다. 루터는 "영광의 신학"을 반대하여 "십자가의 신학"을 주장했다.[6] 당시에 스콜라주의적 입장을 대표했던 신학자들은 루터가 그들을 예리하게 비난한 것이 그들의 입장을 정확하게 이해한데 기초한다는 것을 아주 타당하게 이해하지 못했다. 루터가 스콜라주의를 묘사함에 있어서 영광의 신학이란 개념을 사용한 것은 사실 역사적으로 타당하다고 받아들일 수 없다. 그러나 동시에 이러한 특징 묘사는 우리로 하여금 당대의 신학이 피하지 아니하였던 어떤 매우 분명한 한계점들과 일방적인 조직화를 주목하게 해준다.

3. 7 카예탄이 루터를 심문하다(1518)

아우그스부르크 국회는 1518년 가을에 열렸다. 국회가 열리는 동안 발생한 사건들 가운데 하나는 작센의 선제후가 아우그스부르크에서 카예탄 추기경이 루터를 심문하도록 준비함에 있어서 주도권을 쥐고 있었다는 점이다. 황제 막시밀리안 1세의 계승자를 위한 투표에 있어서 작센 선제후의 지지가 필요했기 때문에 교황청은 그 의지와 배치되지만 선제후의 계획에 동의할 수밖에 없었다. 선제후는 여러 이유 때문에 그의 비텐베르크 교수를 위해서 개입하였다. 물론 선제후는 루터가 로마에서 정당한 재판을 받게 되리라고 여기지도 않았고 그의 최근에 설립한 비텐베르크 대학을 보호하기를 원했다. 그래서 1518년 가을이 지나서 바로 루터의 소송은 광범위한 정치권 안의 다양한 이권들에 관련되었다. 교황청은 루터의 재판을 이단문제 소송으로 치부하기보다는 정치적인 관심에 우선권을 둠으로써, 종교개혁 운동을 그 초기단계에서 진압할 수 있을지도 모르는 소중한 시기와 기회를 상실했다.

카예탄이 1518년 10월에 루터를 심문했을 때, 그는 단순히 루터로 하여금 자신의 잘못된 가르침들을 폐기하라고 요구함으로써 심문을 시작했다. 루터가 자신의 잘못된 가르침이 무엇인가를 말해달라고 요청하자, 추기경은 루터의 가르침의 내용에 관해 토론하는데 말려들 수밖에 없었다. 결과적으로 그들은 교회의 보고, 교황권의 권위, 성서와 교역의 관계에 대한 교리들을 토론했다. 물론 구원을 얻게하는 성례전에 있어서의 필수적인 신앙에 관한 교리도 토론되었다. 카예탄은 면죄부에 대한 루터의 비판을 이해할 수 있었다. 그러나 그는 루터의 교황권에 대한 견해를 날카롭게 거부했다. 루터는 분명히 단지 우연하게 그의 교황권에 대한 견해를 다른 토론들의 여백적인 각주로서 표명했을 것이다. 그러나 카예탄은 이미 루터와의 토론을 준비하여 논문 하나를 써 놓은 참이었다. 이 논문에는 루터의 태도가 실제로 새로운 교회를 설립하려는 의도를 나타낸다는 그의 의심이 나타나 있다. 카예탄에게 있어서 교회는 객관적인 실재로서 개인의 주관적인 확신보다 항상 우선한다. 그러나 루터에게 있어서 기독교 신앙은 구원의 확신이 없이는 불가능한 것이었다.

3. 8 루터가 공의회에 호소하다.

아우그스부르크 심문을 받은 직후인 1518년 11월 28일 루터는 교황에게 교회의 공의회(general council of church) 앞에서의 재판을 호소했다. 루터의 호소는 성령 안에서 합법적으로 소집된 공의회가 하나의 거룩한 보편적 교회(the holy catholic church)를 대표하며 신앙의 문제에서 교황보다도 우월하다는 콘스탄스 공의회와 바젤 공의회의 결정들에 기초한 것이다. 이런 이유에서 루터는 교황이 공의회에 대한 호소에 간섭할 이유가 없다고 확신했다.[7] 많은 반대 주장들에도 불구하고, 그의 공의회에 대한 항소가 단지 16세기 초에 활발했었던 공의회주의 운동(conciliar movement)에 가세한 것만을 나타내는 것은 아니었다고 확실히 생각할 수 있다. 반면에 루터는 이미 이때에 공의회가 하나님의 말씀의 권위 아래 있는 것으로 생각했다. 루터의 비탄적 태도가 급속도로 더욱 예리해진 것을 보여주는 한 예는 루터가 1518년 말에 적그리스도가 로마 교황청을 장악하고 있다는 의심을 표명하기 시작한데서 볼 수 있다.

3. 9 라이프치히 논쟁(1519)

루터와 로마의 갈등은 1519년 7월에 있었던 라이프치히 논쟁 중에 다시 한번 정점에 이르렀다. 원래는 논쟁이 에크와 루터의 동료 칼슈타트 사이의 토론으로 계획되었으나 에크의 발제 주제들이 주로 루터에게로 향해졌다. 결과적으로 양측의 주도적인 우두머리들이 라이프치히에서 서로 논쟁을 벌였다. 그들은 또한 이후 수십년간의 논쟁들에서도 지도자적 위치에 있었다. 루터를 이단으로 드러내는 것이 에크의 의도였고 그는 그렇게 하는데 성공하였다. 루터는 공의회의 결정들이 무오하다는 것을 거부함으로써 그의 이단성을 드러냈다. 이것은 특별히 그가, 콘스탄스 공의회가 정죄한 후스의 가르침 중에서 많은 것들이 선한 기독교적 가르침이라고 주장했을 때 분명해졌다.[9]

루터는 이렇게 성서의 권위와 교회의 권위 사이의 명백한 대립을 제시했다. 루터는 성서의 권위를 법률적인 방식으로 이해하지 않았다. 반면에 성서에 기초한 가르침들만이 교회내에서 구속력이 있다고 고려될 수 있음을 느꼈다. 루터는 비록 그가 명백히 요한 게르손과 어거스틴의 입장들을 완전하게 정당하게 평가하지는 않았음에도 이런 사고방식을 뒷받침하기 위해서 그들을 인용했다.

3. 10 파문하겠다고 위협하는 교서(1520)

루터의 로마와의 논쟁은 교황이 파문하겠다고 위협하는 교서를 발행할 때에 예비적인 결론에 이르렀다. 비록 교황청의 정치적 이해관계가 되풀이해서 루터의 재판을 지연시키는 결과를 낳았지만 그 과정은 1520년 봄 이후에 급속히 진행되었다. 카예탄과 에크는 그 과정에 능동적으로 참여했다. 루터를 정죄하는 것은 쾰른(Cologne)과 루뱅(Louvain)의 대학들이 1519년에 루터의 가르침들의 어떤 것들을 정죄하는 견해를 발표한데 기초했기 때문에, 그 절차는 매우 신속하게 진행되었다. 1520년 6월 15일의 교서인 Exsurge Domine(주여 일어나소서)[11]는 루터를 파문으로 위협하였고 그의 주장 중에서 41개 항목들을 "이단적이며 망측하고 오류 투성이이며 경건한 귀에는 거슬리는 것으로서 단순한 심령들을 미혹하여 가톨릭 신앙을 위배하는 것"으로 정죄하였다.

정죄된 항목들은 문맥에서 발췌했기 때문에 부분적으로는 이해할 수 없었다. 정죄에 대한 어떤 근거도 제시되지 않았다. 이와 같이 교서의 항목 33은 "이단을 화형시키는 것은 성령의 뜻에 어긋난다"는 루터의 주장을 정죄했다. 그리고 그것은 그 교서가 거짓 교사들을 화형시키는 것이 성령의 뜻에 의거하는 것임을 천명한다. 루터는 교서가 발행된지 60일 이내에 주장을 취소할 것을 명령받았고 그렇게 하지 않을 경우엔 파문에 처해질 것이라고 위협받았다. 루터는 요구된 바를 행하지 않았다. 오히려 그는 교서를 교령집들과 스콜라주의 신학서적들과 함께 1520년 12월 10일 비텐베르크의 엘스터문(Elster Gate) 밖에서 불태웠다.[12] 루터의 최종적인 파문은 1521년 1월 3일 로마에서 교서 Decet Romanum Pontificem(로마 교황이 하는 일은 옳다)에서 선포되었다.[13]

3. 11 루터의 종교개혁 3대 논문

1520년 루터는 소위 '종교개혁 주저'인 3대 논문들을 썼다. 즉 「독일 귀족에게 고함」(*To the German Nobility Concerning the Reformation of the Christian Estate*)[14], 「교회의 바벨론 포로」(*The Babylonian Captivity of the Church*)[15] 그리고 「그리스도인의 자유」(*The Freedom of a Christian*)[16] 가 그것이다.

　루터가 성경의 빛 아래서 교회의 상황을 끊임없이 재고하는 것과 함께 1518년 이후의 수년간의 논쟁의 격화는 루터로 하여금 교회와 세계 안에 있는 부패의 다양한 현상을 매우 예리하게 정죄하게끔 만들었다. 루터는 귀족들에게 보낸 그의 공개서한에서 세속적인 권세자들을 향하여 그들로 하여금 남용을 그치도록 도와달라고 요청했다. 이것은 더욱 지방 제후들의 입장을 견고하게 만들어 나중에 국가교회 체제라는 결과를 낳게될 과정으로의 일보 전진이었다. 당시 존재하던 상황하에서 세속 제후들은 교회의 권위자들이 그들의 기능을 수행하는데 실패한 이후 협조적인 개입을 할수 있었던 유일한 세력이었다. 다른 어떤 해결도 혁명적인 격변의 위험과 연관되어 있었다.

　「교회의 바벨론 포로」에서 루터는 중세적인 성례전 교리를 공격했고 오직 세례와 성만찬만이 그리고 어쩌면 고해성사까지 성례전으로 간주될 수 있다고 결론지었다. 「그리스도인의 자유」라는 논문에서 루터는 그리스도인이 동시에 자유와 구속의 상태에 있다는 변증법적 공식을 전개하여 이 기초에 근거하여 종교개혁 윤리의 제 요소들을 전개했다. 루터는 그의 자유에 관한 논문을 교황 레오 10세에게 헌납했고 그에게 꽤 긴 편지도 써서 함께 보냈다. 이것은 칼 폰 밀티츠(Karl von Miltitz)가 독자적인 주도로 수행했던 화해에 이르기 위한 두드러진 시도의 결과였다.

　그러나 이럼에도 불구하고 루터의 교황권에 대한 비판과, 루터가 헌정한 편지의 겉보기엔 존경어린 많은 표현들 간에 있는 모순을 가정하는 것은 불가능하다. 루터가 여기에서 단지 정치적 효과를 위해서 행동하고 있다는 비난 또한 거의 적당하지 않다. 그러나 교황권에 대한 의문이 여전히 루터에 관한 한 종결된 질문이 아니라는게 명백하다. 그리고 밀티츠의 노력들이 시작도 되기 전에 그것들의 성공의 가능성을 좌절시키게 될 어떤 일도 하지 않는게 그의 의도였다. 루터의 자신과 교황권 사이의 분쟁을 해결하기 위한 시도들은 결국 그가 파문된 후에야 의미없게 되었다. 사실 루터는 다시는 결코 1520년 가을에 보여준 타협에 기꺼이 참여하는 태도를 심지어 제한된 근거에서라도 동일하게 보여주지 않았다.

3. 12 수도원 서약에 관한 루터의 비판

루터의 로마와의 논쟁은 그의 수도원 서약비판에서 나타난다. 그는 「수도원 서약에 관한 마틴 루터의 판단」(The Judgment of Martin Luther on Monastic Vows)[17] 이란 책에서 그의 기본적인 비판을 표현했다. 루터는 절대적으로 모든 경우에 있어서 수도원 서약을 하거나 지키는 모든 가능성을 배격한 것이 아니었다. 그는 그러한 서약이 영원히 구속력을 갖는다고 보는 견해를 거부한 것이었다. 당시의 상황적 맥락에서는 아무도 루터가 명백하게 제한적으로 수도원 서약을 긍정했다는 것에 크게 주의하지 않았다. 반면에 수많은 수도사들과 수녀들은 루터의 논문이 그들에게 선한 양심을 갖고서 떳떳하게 자신들의 언약(서약)을 파기할 수 있다는 허가를 제공한다고 생각했다. 실제로 당시의 독일내의 대부분의 수도원 공동체들은 대부분 해체되었다. 수도원 서약에 대한 루터의 비판은 또한 세속적 직업에 대한 새로운 평가라는 맥락에서도 이해되어야만 한다. 그는 더 이상 수도사의 특별한 사역을 보지 않고 "보통 직업" 즉 세속적인 직업들의 일상적 작업들을 하나님의 명령을 수행하는 것으로 보았다(4. 16을 참조).

3. 13. 종교개혁 운동에서의 첫번째 분열(1521-22)

종교개혁 자체내에서 첫번째 분열의 징후들이 로마와의 논쟁의 최종 국면에 나타나기 시작했다. 이 분열들은 이미 보름스 국회(Diet of Worms) 이후에 분명해지기 시작했다. 즉 신변안전을 위해서 루터가 바르트부르크에서 살았던 때였다. 1521년 5월부터 1522년 3월까지의 기간중에 두 가지 기본적 요인들이 명백해졌다. 첫째는 루터가 고무시켰던 종교개혁 운동이 그것의 성패에 있어서 전혀 그의 인격에 의존하지 않았다는 점이다. 오히려 개혁 운동은 그 운동의 지도나 대변인으로서 루터가 없어도 지속되어 나아가는게 분명해졌다. 둘째는 다른 사람들이 보기에는 종교개혁의 대변자적인 역할을 감당한다고 보여진 비텐베르크에서 바로 종교개혁자 자신들간에 의미심장한 견해차가 있었다는 점이다.

모든 상황을 돌이켜 보건대 비록 이것이 그 때에는 전적으로 무시되어진 것이지만 이제는 이러한 차이점들이 두가지 상이한 요인들의 결과였음이 분명하다. 한편으로는 다양한 개혁자들은 그들의 사상을 계속해서 결정해 온 초대 및 중세 교회의 다양한 전통들을 대변했다. 반면에 다양한 개혁자들은 종교개혁 신학의 본질을 다르게 이해하고 있었다. 얼마동안 개혁자들이 중심적 신학적 주제들의 새로운 조직화를 발견하려고 시도한 독특한 방식에 관하여는 물론이고 이러한 전통들의 특유한 성격들과 힘에 대한 집중적인 연구가 행해졌었다. 루터의 지지자들과 동역자들중 몇사람은 그의 신학적인 적대자가 되었다. 그러나 모든 이들이 예외없이 루터와의 접촉으로부터 결정적으로 영향을 받았다. 그들 중 많은 이들의 발전에 있어서 루터의 중요성은 촉매제처럼 기본적인 것이다. 그의 친구들과 동역자들은 당연히 독립적인 사상가들이며 사역자들임을 부인할 수 없다.

결과적으로 우리가 종교개혁 운동을 이해하고자 한다면 우리는 그것이 그 초기부터 다원주의적인 운동이었다는 것을 인정해야만 한다. 분열 양상들이 가장 분명하게 나타나게 되는 주제들은 기독교인들에게 있어서 구약의 율법들이 미치는 구속력과 관련된 것들, 율법의 해석에 있어서 성령의 중요성, 그리고 필수적인 개혁의 본질과 그 한계 등이다. 종교개혁에 있어서 거의 모든 후기의 논쟁들을 조사해 보면 분리적인 원리들은 거의 항상 율법과 성령에 관하여 나타났음을 확인하게 된다.

3. 14 비텐베르크의 개혁자들

1521년 여름 동안에는 수도원 서약의 정당성 문제가 가장 심각하게 논의되고 있었을 때에, 칼슈타트는 그러한 서약이 구속력이 있다고 주장했다. 동시에 그는 또한 비록 그러한 맹세를 하는 것이 이미 하나님께 대한 심각한 죄는 아니라고 하더라도 그러한 서약을 깨뜨리는 것은 죄라고 선언했다. 1521년 가을이 시작될 무렵엔 신자들에게 빵만이 분배된다면 미사가 여전히 거행되어야 하는지 아니면 말아야 하는지에 대한 논쟁과, 십계명의 형상(images)을 금하는 것이 성인들의 화상들이나 성상들을 교회에서 제거해야

한다는 의미인지 아닌지에 대한 논쟁도 있었다.

1518년부터 비텐베르크에 체류해서 1521년에는 겨우 24세에 불과했던 멜랑히톤(Melanchthon)은 이러한 문제들에 관해서 어떤 분명한 결정에 도달할 수가 없었다. 여기서 그는 1480년 경에 출생한 훨씬 연장자인 칼슈타트와 현저한 대립을 하게 되었다. 그리고 나서 1521년 12월이 끝날 때쯤 소위 츠비카우(Zwikau)의 예언자들이 나타나서 자신들의 특별한 권위를 주창하는 열광적이고 묵시적인 설교를 행하였다. 그들은 대개 커다란'혼란을 가져왔다. 몇가지 때로는 소동스럽고 심지어 난동적인 사건들이 지나고 비텐베르크 시의회는 칼슈타트의 지도하에서 1522년 1월 24일에 공적인 질서에 관한 신법령을 도입했다. 새로운 법은 모든 구걸을 금지하였고, 교회내의 모든 초상과 성상들을 제거할 것을 요구했으며 각 교회가 단지 세 개의 제단만을 갖도록 허락했다. 미사의 예전에 대한 새로운 규칙도 역시 도입하였다. 선제후령 작센의 정부는 초기엔 종교적인 문제에 대한 관할권이 없다고 여겨서 중립적인 입장을 취했다. 그러나 동시에 정부는 이러한 신법령들의 도입 전후에 발생하는 소란에 크게 관심을 가졌다.

3. 15 자유와 질서에 대한 루터의 견해

많은 점에 있어서 루터와 칼슈타트는 필수적인 개혁조치들에 관한 그들의 생각에서 그리 심하게 차이가 난 것은 아니다. 루터는 1521년 12월 초에 비밀리에 비텐베르크에 돌아왔다. 그 때에 그는 개혁조치들의 어떤 부분에 의해서 감명을 받았다고 보고했다. 그러나 그는 이러한 개혁조치들의 도입이 수반하는 소란에 대해서 불쾌해 했다. 특별히 그는 권력자들의 협력이 없이 개혁조치들을 도입하는 것을 원치 않았다. "그러면 질서는 어떻게 되는가? 왜냐하면 그것은 적법한 질서가 무시된 채 당신의 이웃에게 거슬려 가면서 방자하게 이뤄졌기 때문이다. 먼저 당신이 간절한 기도 중에 하나님을 의뢰하고 그리고 권력자들의 도움을 확보했더라면 사람들은 그것이 하나님으로부터 왔다고 확신할 수 있을 것이다."[18]

이런 태도는 여러 해 동안 루터 안에서 전개되었다. 1522년 이후 그것은 루터와 다른 개혁자들간의 논쟁에서 분쟁이 된 가장 중요한 요점들의 하나가 되었다. 루터는 자유와 질서의 관계를 비텐베르크 개혁자들 중의 급진주의자들과 다르게 보았다. 루터는 특별히 백성들의 양심이 먼저 적절하게 교화되어야 한다고 여겼다. 루터는 또한 기독교인의 자유를 보존하기를 원했다. 그는 너무 급작스럽게 변화를 시켜야 할 필요가 없다고 느꼈다. 루터는 신속한 변화에의 의무감은 쉽사리 새로운 형태의 율법주의를 은폐할 수 있다는 것을 잘 간파했다. 그래서 루터는 특별히 연약한 양심을 가진 사람들에 대한 관심으로부터 변화가 아주 완만하게 일어나야 한다고 느꼈다. 그러나 칼슈타트는 연약한 심령들을 고려하는 것은 화상과 성상을 통해서 그들의 경건이 미혹을 받지 않도록 만드는 것을 의미한다고 느꼈다. 게다가 그는 복음의 자유는 만약 그것이 그 자체의 결실을 맺지 않으면 오래갈 수 없다고 주장했다. 칼슈타트는 복음에 대한 새로운 이해는 또한 필수적인 결실들을 산출해내야 한다고 느꼈다.

3. 16 정부에 대한 더 분명한 이해

1521년과 1522년에 걸친 겨울철에 있었던 논쟁들은 루터에게 여러 점에서 그의 신학을 더 발전시켜 나가도록 하는 기회를 제공했다. 그의 신학은 특히 정부와 법에 대한 그의 이해라는 점에 있어서, 특히 복음에 대한 율법의 관계라는 점에서 크게 영향을 받았다. 이러한 문제를 표현하는 전통적인 신학적 범주들은 문자와 성령간의 관계였다.

그의 초기에 루터는 원래 율법을 바울적인 의미로서 해석했었다. 이제 그는 율법도 또한 세속적 영역에서 유효하다고 강조했다. 그리고 율법의 신학적 기능과 정치적 기능을 구분했다. 율법의 신학적 기능은 사람들의 죄를 입증하는 것이다. 율법의 정치적 기능은 외적인 질서를 유지하는 것이다. 율법의 신학적 기능은 믿음의 의에 대비되어 다르게 규정된다. 율법의 정치적 기능은 백성들을 단지 시민적인 의로움으로 이끌 수 있으나 더 이상은 불가능하다. 동시에 이제 루터는 율법과 복음의 변증법적 관계, 즉 그 실체에 있어서 칭의에 관한 종교개혁적 견해에 밀접하게 관련된 구분을 재고할 기회를 가졌다.

성령론에 관한 한 루터는 문자와 성령은 동일 귀속한다고 하는 사실을 강조했다. 즉 성령은 성서의 진정한 의미가 처음에 성령의 조명을 통해서 우리에게 열려진 것과 같이, 성서의 문자를 사용한다.

루터는 비텐베르크의 종교개혁자들과의 논쟁중에 그의 초기의 견해들을 더욱 분명하게 전개시켰으며 그 견해들을 오해하지 못하게 만들었다. 그렇게 하면서 그는 실제로 어떤 새로운 것을 도입한 것이 아니라 오히려 그의 초기의 가르침들을 더 분명한 형태로서 표현했다. 그리고 그의 복음에 대한 이해에 관한 한, 그는 이미 그것을 실질적으로 그의 「첫 시편 강의」(First Lectures on the Psalms)에서 나타냈다. 그 강의에서 그는 가끔 심지어 명시적으로 심판과 복음의 개념들을 사용했다.

백성들의 소요에 대한 권리와 세속정부의 권위에 관한 질문들은 이미 1521년 말에 불붙는 문제가 되어 있었다. 그 다음 수년 동안 그것들은 농민 반란 때까지 그리고 심지어는 그 이후의 수년간에 이르기까지 계속해서 중요성을 더해갔다. 루터는 이미 그가 시민의 소요와 반역을 반대한다고 1520년 7월에 비텐베르크의 학생들과 시민들간의 수많은 다툼에 대한 부정적인 반응을 통해서 표명했다. 루터는 운집한 군중집회에 참석하였고 1520년 7월 14일에 슈팔라틴(Spalatin)에게 보낸 편지에서 "사탄이 그 집회를 주관했다"고 썼다.[19] 루터는 그 집회를 떠나서 다음 일요일에 폭동과 난동에 반대하는 설교를 했다.

1521년 12월초에 루터는 바르트부르크를 떠나서 며칠간에 비텐베르크로 귀환했다. 그는 여행중에 혁명계획들에 대한 상당한 이야기를 들었다. 그는 「모든 기독교인들에게 주는 진지한 충고: 소요와 난동을 막으라」[20]를 써서 대응하였다. 이 논문에서 루터는 한편으로는 교황제도를 적그리스도라고 하는 가장 과격한 비판을 지지했고, 하나님의 저주가 교황권의 악한 행습을 스스로 벌하실 것이라는 강한 기대를 표명했다. 다른 한편으로는 루터는 하나님께서 우리가 반역하는 것을 금하셨다고 주장했다. 그의 유일한 충고는 세속 당국과 귀족들이 그들 자신의 영지(territories)에서 "행동을 취하라"는 것이었다.[21]

3. 17 "세속 권위"에 대한 루터의 논문

곧 즉 1522년 말경에 전혀 새로운 상황이 전개되었다. 작센 공작령인 바바리아에서 그리고 도처에서 "독재자들"이 루터가 번역한 신약성경의 모든 사본들을 회수하여 몰수하라고 명령했다. 이제 루터는 폭동의 문제가 아니라 세속적인 또는 현세적인 권위의 한계의 문제에 부딪혔음을 감지했다. 루터는 이 문제를 그의 논문 「세속 권세: 어느 한계까지 복종해야 하는가」 (*Temporal Authority: To What Extent It Should Be Obeyed*, 1523) 에서 다루었다.[22]

이 논문을 쓰는 과정에서 루터는 또한 그의 가르침에서 보통 "두 왕국" 이라고 언급되는 개념의 체계를 발전시켰다. 이 요약적인 명칭은 지나치게 단축되었으며 또한 지나치게 조직적으로 통합되었기 때문에 루터의 사상의 복잡다단함을 정당하게 평가하지 못하고 있다. 루터로 하여금 하나님께서 제후들을 제거하시기를 원하신다고 말하도록 만든 것은 이 논문 자체를 쓰게 된 특별한 계기였을 뿐만 아니라 세속제후들이 빈번하게 그들의 권력을 남용하여 가난한 백성들을 착취하는 것을 루터가 관찰한데서 기인한다.[23]

루터는 제후들이 백성들을 착취하고 학대하는 것이 모든 한계선들을 초과해 버렸다고 느꼈다. 그는 농부들의 껍질을 벗기고 그들의 뼈다귀들을 빡빡 긁어대고 있는 지방정제(脂肪精製)공장의 노동자들로 제후들을 묘사했다. 제후들 안에서는 정의도 명예도 신실함도 찾아볼 수 없었다. 세속 제후들의 현세적 권위를 논함에 있어서 루터는 지상적인 문제에서 그들에게 부여된 권력(power)과 백성의 영혼에 관련된 권세(power)를 구분했다. 뒤의 권세는 하나님께만 속한다. 루터는 세속 권세에 대한 이 논문에서 명시적으로 개념을 사용하지는 않았지만 두 왕국론에 관하여 이야기했다.

그는 모든 백성들은 두 부류로 나뉘어질 수 있다고 주장했다. 한편으로는 하나님의 왕국에 속한 자들, 즉 그리스도를 믿어 그리스도 아래 놓인 모든 참 신자들이 있다. 이들은 세속의 칼이나 세속적 정의가 필요없다. 만약 세상이 기독교인들로만 구성되어 있다면, 세속 권위는 불필요하게 될 것이다. 왜냐하면 그런 사람들은 자진하여서 올바른 일을 할 것이고 어떤 교화도 불필요할 것이기 때문이다. "바로 그래서 성경에 의하여 그리고 믿음으로 모

든 기독교인들은 그들의 그 본성 안에서 전적으로 기질적으로 조건지워졌으
므로 그들은 올바르게 행하고 그들이 모든 유의 법령들로 가르침을 받을 수
있는 것보다 더 잘 법을 지키게 된다. 기독교인들 스스로에 관한 한 어떤 법
령이나 법도 불필요하다." [24]

한편으로 루터는 물론 어느 누구도 자연히 하나님의 나라에 속해 있지않
다는 것을 인정했다. 다른 한편으로 율법 아래 있는 모든 이들은 즉 기독교
인이 아닌 모든 자들은 이 세상의 왕국 아래서 산다.

> "진실한 기독교인들은 거의 없고, 기독교적인 삶을 살아가는 이들
> 즉 악에게 항거하지 않으며 진정으로 그들 스스로 악을 행치 않는 이들
> 은 더욱 더 드물다. 이런 이유 때문에 하나님께서는 그들을 위해서 기독
> 교 국가와 하나님의 나라를 벗어나서 다른 정부를 예비하셨다. 하나님은
> 그들을 칼에 복종하게 하셔서 비록 그들이 원치 않을지라도 그들이 자신
> 들의 사악함을 행하지 못하게 하셨다. 그리고 만약 그들이 사악한 행위
> 를 하더라도 그들은 두려움 없이 혹은 무사히 해를 받지 않고서 그런 짓
> 을 할 수 없다. 마치 야만적인 야수가 사슬과 끈에 묶여 있어서 비록 그
> 렇게 하고 싶어도 그렇게 할 수 없는 것과 마찬가지의 방식으로 말이
> 다." [25]

마치 루터가 두 왕국에 관해 이야기한 것처럼, 그는 또한 하나님의 두
정부에 관해서도 이야기했다. "이런 이유로 인해서 하나님께서는 두 정부를
제정하셨다. 즉 성령께서 영적인 정부를 통하여 기독교인들과 의로운 백성들
을 그리스도 아래에 낳으시고, 세속 정부가 비기독교인들과 사악한 자들을
제어하는 것은 그들 때문이 아니라 그들이 잠잠하여 외적인 평화를 유지하도
록 강제력을 가하기 위해서이다." [26] 두 정부라는 용어는 "두 왕국"이라는 용
어보다도 우리가 하나님의 질서와 제도를 다루고 있는 두 경우에 있어서 그
러한 사실에 대해서 더 강한 표현을 선사한다. 게다가 "왕국들"과 "정부들"
이란 용어들은 상호간의 차이점들과 상호관련성의 관점에서 공히 파악되어야
만 한다.

이 세계는 복음이 없이 다스려질 수 없다. 그리고 복음은 세속적 정의와

칼을 무효화하지 않았다. 오히려 우리에게 그것들의 한계점들을 정의함으로써 그것들에 관한 새로운 관점을 주었다. 이렇게 해서 복음은 우리에게 세속 정부의 사명을 구성하는 것이 무엇이며 그 한계는 무엇인가를 보여준다. 세속적 정부는 그 자체 측면에서 평화와 질서를 제공하며 그럼으로써 복음선포를 위한 필수적인 조건들을 제공한다.

　　이러한 기본적인 개념들을 이용하여 루터는 독립적으로 두 권력에 대한 옛 주제들을 갱신했고 그것을 그의 종교개혁 신앙에 아주 적절하게 상응하는 방식으로 재구조화했다. 동시에 그는 보다 더 자연스럽게 표현했었던 그 자신의 견해들을 요약하고 명확히 하였다. 그러나 루터는 그것으로써 그가 구조적으로 모든 상황에 적용할 수 있는 포괄적인 교리를 전개할 의도는 없었다. 반대로 그는 비록 이 당시에 그가 전개하였던 두 왕국 혹은 두 정부 사이의 구분을 계속 사용하였음에도 불구하고, 그는 항상 어떤 주어진 상황에서도 그 상황의 실제적인 사실에 관하여 그 구분을 하였다. 루터가 결코 세속적 영역을 현세적 권위에 내어주지 않았다는 점은 특히 유의해야 할 점이다. 오히려 그는 의사 결정자들과의 합의를 통해서 그리고 특정한 행동노선의 지지를 통해서 정치적 발전과 결정행위 과정 속에 항상 자신을 연관시켰다(5.8 참조)

3. 18 농민전쟁에 관한 루터의 저작들

　　세속권세에 관한 루터의 논문 속에 나타난 기본적인 사상은 농민전쟁에 관한 그의 저작 속에서 강화되었다. 농민들의 요구에 대한 루터의 반응에 대해서 어떠한 윤리적 판단을 하게 되더라도, 우리는 루터 자신이 당시에는 두 왕국의 혼동을 피하는 데 주된 관심을 가졌다는 것을 망각해선 안된다. 그는 이러한 위험이 농부들이 취한 입장 속에 본래부터 내재해있다고 보았다. 1525년 2월말 슈바비아(Swabia)에서 발간된 농부들의 12개 조항(The Twelve Articles)[27]에 관하여 루터는 1525년 4월 후반에 그의 「평화에의 권고: 쉬바비아 농민들의 12개조항에 대한 답변」(*Admonition to Peace: A Reply to the Twelve Articles of the Peasants in Swabia*)[28]을 썼다.

　이 출판물에서 루터는 양측의 양심에 호소하려고 하였다. 그는 영주들과 제후들의 억압정책이 폭동에 대한 궁극적인 책임이라고 하여, 그들을 비난했다. 그는 농민들의 요구에 부분적인 이해를 표현했지만 그들과 동의하지는 않았다. 왜냐하면 그들은 자력으로 정의를 찾으려 하면서 그들 자신의 소송에서 판사처럼 앉으려 하였기 때문이다. 그들은 또한 자신들이 기독교 연맹 (a Christian Confederation)이라고 주장했으며 기독교인의 이름을 세속적 목표들을 위해서 오용했다. 드디어 루터는 그들의 신적 권한들을 요구함에 있어서 하나님의 이름을 취하여 십계명의 제2계명을 범하는 죄를 짓고 있었기 때문에 그들을 비판했다. 루터는 그리스도를 통한 우리의 구속은 지상에서의 우리의 자유의 결핍과 전적으로 조화되는 것이라고 강조했다.

　루터의 매우 진지한 논문인 「강도와 살인을 일삼는 농민에 반대하여」 (*Against the Robbing Murdering Hordes of Peasants*)[29] 는 제후들에게 모든 가능한 수단을 가지고 폭동을 진압할 것을 촉구한다. 이 논문은 또한 루터의 1523년의 세속권세에 관한 논문의 맥락에서 이해되어야만 한다. 농민들에 반대하는 루터의 이 저작의 해석에 있어서 특히 우리의 평가는 그것이 발전되는 복잡다단한 역사와 그것이 출판된 과정에 큰 의미를 두어야만 한다. 농민전쟁 자체의 과정중에 만들어진 루터의 최종적인 공개적인 성명서는 평화와 화해에 대한 권고였다.[30]

　단순히 그의 동기들에 근거해서는 농민전쟁에서 루터의 역할을 적절히 평가하는 것은 분명히 불가능하다. 그의 대적자들 즉 농민들과 토마스 뮌처 (Thomas Müntzer)는 제후들과 마찬가지로 그들의 동기의 관점에서 이해되는 것이 당연하다. 관련된 파벌들의 다양한 출발점들을 그들 자신의 목표들에 대한 자신들의 정의와, 상황에 대한 그들의 다양한 평가와, 물론 우방과 원수들의 동맹의 부단한 변화들을 그렇게 조사하는 것은 학생들에게 기독교적이면서 윤리적이기를 추구하는 정치적 사려와 의사결정의 복잡성을 이해하는데 큰 훈련을 부여할 것이다. 게다가 학생들은 농민폭동에 어떤 실마리를 제공하는 경제적 상황의 분석에 주의하게 될 것이다. 지역의 제후들의 태도와 인구의 다양한 계층 속에서 유행하던 농민 전쟁에 대한 다양한 입장들 역시 고려되어야만 한다.

마지막으로, 학생들은 농민폭동의 종교적인, 때로는 천년왕국적이고 유토피아적인 요소들에 주의하기를 원할 것이고 그것들을 폭동의 다른 이유들과의 상호작용의 관점에서 평가하기를 원할 것이다. 어떤 학자들은 농민전쟁의 종교적이고 종교개혁에 연관된 요인들이 다른 어떤 동기적 요인들보다도 훨씬 중요하다고 생각했다. 이러한 관점에서 하이코 오버만(Heiko A. Oberman)은 농민전쟁을 "신앙의 혁명"이라고 묘사했다.[31]

어쨌든, 우리는 오늘 농민전쟁의 다양한 참여세력들에 대한 우리의 이해가 변증적이거나 논쟁적인 견해들에 의해서 결정되어지지 않는다는 것을 당연히 여길 수 있어야만 한다. 우리가 그러한 고려들에 의해 영향을 받게 된다면, 당시의 갈등상태에 있던 파벌들의 주장들은 그것들을 우리의 현재의 논쟁거리들로 바꾸어버리는 그런 방식으로 너무 쉽게 왜곡되어버릴 것이다. 동시에 농민전쟁 기간 중에 루터가 취한 태도를 평가함에 있어서 우리가 후반의 전개상황들에 대한 이 전쟁의 멀리 미친 영향력을 무시하는게 또한 사실이다. 그러나 여기서 또한 우리는 더 크게 확대되어가는 발전들을 위한 개인들의 태도의 중요성에 관하여 그것들에 너무 큰 의미를 두지 말아야만 한다.

3. 19 토마스 뮌처

이 당시에 루터의 적대자들 중에서 토마스 뮌처는 특별히 중요하다. 많은 점에서 이것이 타당하다. 즉 뮌처의 신학과 종교개혁 행위들의 전개가 루터에 대한 대안일 수 있다는 점에서, 루터와 뮌처 사이의 관계의 발전이라는 점에서, 그리고 후대의 발전에 미친 장기적인 영향들에 있어서 그러하다. 마지막 요인의 연구는 최근 수십년 동안 놀라운 결론들에 이르렀다.

지나간 수십년간의 집중적인 연구는 우리에게 농민전쟁에서의 루터의 능동적인 참여뿐만 아니라 개혁자로서의 그의 행위와 신학의 발전에 대한 훨씬 더 정확한 지식을 안겨주었다. 이러한 연구들의 결과로서 특별한 세부사항이나 전반적인 결론들에 있어서의 뮌처에 대한 초기의 연구들이 많이 수정될 필요가 있게 되었다.

우리의 지식에서 이러한 진보에도 불구하고 많이 해결되어야 할 중요한 문제들이 많이 남아 있다. 우리는 아직 뮌처를 형성시키고 형상화했던 전승들에 대하여 정말로 믿을 만한 지식을 갖지 못하고 있다. 여전히 우리는 심지어 루터에 대한 결정적인 영향들에 관해서까지도 알지 못하는 것이 많이 있다. 그리고 이것은 뮌처에 대한 우리의 지식에 있어서는 훨씬 더 적중한다. 우리는 뮌처가 독일 신비주의로부터 매우 의미심장한 자극을 받았음을 확신하고 있다. 또한 그가 타보르파(Taborites)의 사상에 영향을 받았음도 가능하다. 그러나 현재로선 여전히 어떤 세밀한 방법으로 이것을 증명하는게 매우 어렵다.

젊은 뮌처에게 미친 어떤 스콜라주의의 영향의 한계에 대해서 우리는 또한 전적으로 회의적이다. 전에는 광범위하게 지지받았던 견해 즉 뮌처가 루터에 의해 결정적으로 형성되었다는 견해는 더 이상 지지될 수 없다. 반대로 뮌처는 다른 많은 이들보다 훨씬 더 분명하게, 종교개혁이 다양한 층들로 구성되었으며 단순히 동질적인 운동이 아니었다는 사실을 보여준다. 그는 실제로 얼마동안은 루터에게 큰 소망을 두었지만 곧 실망하게 되었다. 1521년 말이 되자마자 그는 그의 사상의 정수이며 그가 죽기까지 고수하였던 기본적인 사상들을 형성했었다.

이것은 뮌처가 1521-22년의 기간에 비텐베르크의 종교개혁자들에 의하여 교육받고 형성되지 않았다는 것을 한층 분명하게 해준다. 이제는 1520-1521년의 츠비카우에서 사회개혁을 지지하던 세력들과의 접촉이 훨씬 더 의미깊었던 같다.

루터와 뮌처의 관계는 상호 존경의 기간에서부터 시작된다. 그 관계는 1519년에 끝난다. 그리고 점차로 그 관계는 변형되었는데, 처음엔 서로가 서로를 멀리하는 조심스런 과정으로, 그리고 나서는 결국에는 그 강도에서 거의 넘어설 수 없는 상호간 증오의 결과에 이르는 예리한 논쟁으로 변해갔다. 뮌처에게는 자신과 루터 사이의 비판적인 거리를 설정하는 과정이 그 자신의 신학을 심층 발전시키는데 본질적인 역동성의 과정이었다.

뮌처가 어떤 결정적 요소에서도 루터의 영향을 받지 않았다고 상정한다면, 그의 루터에 대한 비판은 그 자신의 신학의 형태와 형상을 정의하는데 있어서 다른 어떤 요인보다도 더욱 의미있었다는 것도 역시 사실이다. 그 반대도 역시 타당하다. 즉 루터는 뮌처가 열광주의의 최종적인 영향의 최선의 실례라고 느꼈다. 루터는 뮌처가 열광주의적 복음의 왜곡, 율법과 복음 사이를 구분한 종교개혁 신학의 혼동, 새로운 영적 율법주의의 선포, 정부의 권위를 거부하는 폭동, 그리고 또한 모든 세속적 질서와 공공의 평화에 대한 위협 등을 개인적으로 통합시키고 있다고 보았다.

뮌처와의 논쟁에서 루터는 그래서 그 자신의 신학의 중요한 요점과 관점들을 더 심화 발전시키고 더욱 더 명확하게 정의하였다. 이것은 정부에 관한 이론은 물론이고 율법과 복음에 관한 그의 교리에 있어서도 특히 그렇다. 그러나 루터는 반면에 예컨대 1521년에 발간된 「마리아의 찬가」(*The Magnificat*)의 해석에서 여전히 나타난 특정한 신령주의적인 (spiritualistic) 사상들을 더 이상 표명하지 않았다. 이렇게 말함으로써 루터는 이러한 사상들이 급진적인 신령주의자들이 이해하듯이 그렇게 이 사상들을 이해하지 않았다는 것을 반드시 강조해야만 한다. 이 정도까지 뮌처와의 갈등은 루터로 하여금 루터 자신의 반대를 강화하도록 만들었으며 반대를 더욱 편협하게 정의하도록 하기도 하였다.

우리는 개신교 예배에서 초기 발전들에 있어서 뮌처의 중요성을 간과해서는 안된다. 즉 1523년에 루터보다 더 일찍 뮌처는 라틴식 미사예전을 독일어로 번역하였고 그 과정중에 종교개혁에 받아들일 수 없는 부분들을 빠뜨렸다. 그는 또한 성직자들에 의해서 기도문으로 사용되었던 성무일도(聖務日禱, canonical hours)의 기도문을 다시 구성하여 매일의 예배에 대한 그의 규칙으로 사용하였다. 그는 또한 새로운 예배순서들(agendas)이 인쇄되도록 조치하였다. 여기에다가 그는 약간 잘 알려진 라틴 찬송가를 번역하였고 그렇게 하여 개신교 예배에서 회중 찬양을 위한 기초를 놓았다. "그렇게 해서 뮌처는 개신교 예배와 복음주의적인 찬송가의 아버지인 셈이다."[33]

이러한 연결에서 우리는 쉽게 응답되지 않는 질문을 던져야 할 필요가 있다. 뮌처의 예전적인 개혁과 또한 이때까지 아주 명확하게 형성되었던 영역인 그의 사회적 혁명에 대한 찬성의 사이에는 어떤 연결이 있었는가? 루터에 관한 한 뮌처의 예는 분명하게 루터를 자극하여 그 자신의 예배의 개혁을 수행하고 개신교 찬송가를 작곡하도록 만들었다.

루터와 뮌처와의 논쟁의 최종적이고 장기적인 결과는 루터가 관계하였던 그 어떤 다른 것보다 더욱 역사적으로 의미깊게 남아있다. 이것은 또한 우리의 현재적 상황에서 그것의 의미에 있어서도 타당하다. 수백년동안 뮌처는 루터의 그늘에 가려져 있었다. 그렇게 오랫동안 일반적이었던 뮌처에 대한 부정적인 묘사는 크게는 멜랑히톤뿐만 아니라 루터에 의해서 그리고 루터의 지지자들에 의해서 그려졌다. 이 묘사에서 뮌처는 모든 세속 질서의 파괴자로서 그리고 복음의 대적자로서 나타났다.

19세기의 공산주의자들은 자신들이 뮌처의 작업위에 건축하고 있다고 보면서 그를 그들의 정치적 운동의 조상으로 주장한 첫번째 사람들이었다. 결과적으로 공산주의적 사고는 오랫동안 뮌처의 영화로운 화상에 지배되었다. 많은 비(非)마르크스주의자들뿐만 아니라 마르크스주의자들에게 있어서도 점차 중립적이고 선입견을 배제한 뮌처연구를 전개하게 된 것은 최근에야 가능해졌다. 결과적으로 우리는 이제 뮌처의 입장이 왜곡되어 제시된 것보다는 루터가 이런 연구들에서 정당하게 제시되고(평가되고) 있다는 것을 좀더 유의해야 할 필요가 있다.

동시에 루터와 뮌처 사이의 갈등에 대한 연구는 우리에게 루터의 정치윤리의 정당성과 한계점들에 대한 아주 좋은 예들을 제공한다. 그러나 이 논쟁을 우리가 연구함에 있어서 처음부터 끝까지 양쪽의 참여자들이 그들의 불일치점들을 기본적으로 신학적 문제에 관련되어 있다고 보았다는 것을 기억하는 것이 중요하다.

3. 20 군인들도 구원받을 수 있는가?

루터의 논문 「군인들도 구원받을 수 있는가?」[34]는 1526년에 농민전쟁에 관련된 사건들의 맥락에서 쓰여졌다. 비록 루터가 이 책에서 반역의 문제를 직접적으로 다루고 있지만 그것은 다른 문제에 대한 답변으로서 쓰여진 것이었다. 아싸 폰 크람(Assa von Kram)이라고 하는 어떤 대령이 루터에게 기독교 신앙을 가지면서도 전시(戰時)에 군인의 사역을 수행할 수 있는가에 대해서 질문했다. 이 답변을 쓰면서 루터는 원래 그의 정치적인 견해나 혹은 심지어 전쟁윤리에 관하여 쓴 것이 아니었다. 오히려 그는 목회자로서 그에게 부여된 질문에 답변하였다.

루터 자신은 다음과 같이 묘사하였다. "나는 당신의 요구에 동의했으며 이 책을 이 연약하고 두려워하며 의심하는 양심들에게 최선의 조언을 주기 위하여 그리고 개의치 않는 자들은 더 양호한 교화를 받을 수 있도록 정연하게 저술하기로 약속하였습니다."[35]

로마와의 논쟁에서처럼 그리고 어떤 특정한 개혁 프로그램에 대한 그의 일반적인 주저함에 조화되게 여기에서도 루터는 주로 그의 독자들의 양심을 교화하는데 관심을 가졌다. 루터는 더 이상 양심을 교회의 결정에 종속된 것으로 보지 않았다. 그 결과로 우리는 더 이상 우리 자신의 양심에 어긋나는 행위를 하지 않을 수 있게 되었다. 그러나 반면에 루터는 양심을 기본적으로 성경의 권위 아래 놓여 있다고 보았다.

그러므로 우리는 루터가 양심을 자율적이라고 가르쳤다고 해석할 아무런 근거가 없다. 선한 양심을 가지고 우리가 할 수 있거나 할 수 없는 것이 무엇인가에 관한 질문은 실제로 루터에게 있어서는 중심적인 문제였다. 루터는 틀림없이 선한 양심이 우리로 하여금 우리의 목표들을 추구하는 정력적인 행동을 가능케 한다는 것을 확신하였다. "누구든지 선하고 잘 교화된 양심을 지닌 투사는 역시 잘 싸울 수 있을 것이다. 이것은 선한 양심이 인간의 마음을 용기와 담대함으로 채우기 때문에 특별히 타당하다. 그리고 만약 마음이 대담하고 용맹하다면 그 주먹은 더욱 강력할 것이다 … "[36]

그러나 최소한 루터에 관한 한 이러한 선한 양심과 우리의 행동의 자유 사이의 관계에 대한 주장은 성공에서는 선한 양심을 그리고 실패에서는 악한 양심을 끌어내기 위한 어떤 근거도 제공하지 않는다. 그 대령의 질문에 답변하기 위해서 루터는 직책(office)과 인격(person) 사이 혹은 사역(work)과 그 일의 사역자 사이를 구분하였다. 직책은 그 자체로서 하나님께서 주신 것이다. 이것은 판사와 사형집행자의 직책들에 있어서도 타당하다. 마찬가지로 결혼한 신분 그 자체는 선하다. 그러나 이것은 어떤 직책이나 상태에 있든지 특정 개인들의 행동들이 선하거나 나쁘냐는 것과는 다른 문제이다. 루터는 그 문제를 더 심도있게 정의한다. "나는 여기에서 다음과 같은 질문들 즉 기독교 신앙이 — 이 신앙에 의해서 우리가 하나님 앞에서 의롭게 되었는데 — 군법이 우리로 하여금 우리의 적들에게 행하기를 원하는 대로 군인이 되는 것, 전쟁에 나가는 것, 찌르고 죽이는 것, 강탈하고 방화하는 것 등과 병립할 수 있는가를 다룬다. 이런 일이 죄악이고 불의한 것인가? 그것은 우리에게 하나님 앞에서 악한 양심을 줄 것인가? 기독교인을 단지 선한 일만 하며 사랑하기만 해야하고 아무도 죽여서는 아니되고 아무에게도 어떤 해도 가해서는 안 되는 것인가?"[37]

군인의 직책에 관한 한 루터는 당시의 전통적인 입장, 즉 로마서 13장과 베드로전서 2장에 근거하여 칼의 직책은 하나님에 의하여, 악을 행하는 자들을 벌주고 경건한 이들을 보호하기 위해서 제정되었다고 보는 입장을 취했다. "하나님께서 악한 자들을 벌주고 선한 자들을 보호하고 평화를 보존하기 위해서 칼을 제정하셨다는 바로 그 사실은 전쟁과 살상이 전시와 군법에 따라 일어나는 다른 모든 것들과 함께 하나님에 의해서 제정되었다는 것을 강력하고도 충분하게 증거한다."[38]

하나님께서 이 직책을 제정하셨으므로 백성들에게 그런 무시무시한 형벌을 가져오는 전쟁의 공포를 사용하시는 이는 궁극적으로 하나님이다. 군인들은 단지 하나님이 사용하는 수단이거나 도구이다. 그리고 만약 누가 전쟁에서 칼의 사용이 불의하다고 주장한다면 그는 또한 평화시의 악행자의 형벌이 부당하다고 주장해야만 할 것이다. 그러나 만약 칼의 직책중에서 후자의 사역이 옳고 정의롭다면 그때는 전자도 역시 그래야만 한다. 따라서 루터가 특별한 고찰로 정의한 질문은 개인적인 윤리에 관한 질문이었다.

루터 자신의 용어로는 이 질문은 다음과 같이 기술된다. 우리는 어떻게 이 직책을 적절하게 사용할 수 있는가? 루터는 기독교인은 싸우라고 명령받지 않았다고 지적함으로써 이 질문에 답변하기 시작한다. 그러나 이것 이외에도 가능한 전쟁의 상이한 종류들을 구분하는 것이 필수적이다. 첫째로 대등한 세력간의 전쟁이 있을 수 있다. 거기서는 참가자들의 아무도 다른 편의 어떤 사람에게도 진실할 것을 맹세하지 않고 혹은 그들 중의 아무도 다른 쪽 사람들에게 종속되지 않는다. 두번째로 한 주권자가 신복에게 대하여 전쟁을 일으킬 수 있다. 세번째로 신복이 주권자에 대항하여 전쟁을 일으킬 수 있다.[39]

세번째의 가능성에 관하여 루터는 어떠한 신하도 로마서 13장에 입각하여 복종하여야 할 주권자에게 대항하여 전쟁을 일으켜서는 안된다고 주장하였다. 복수는 하나님께 속한 것이며 아무도 그 자신의 소송사건의 판사가 될 수 없다. 루터는 정부를 전복하려는 어떠한 시도에 대해서도 경고하였다. "그러나 미친 군중들은 일들이 어떻게 개선될 수 있는가에 대해서는 별로 관심이 없다. 단지 변화되어야 할 일들에만 관심이 있다."[40]

그러나 주권자는, 이 경우엔 특별히 황제는, 반역이 일어날 경우에 제후들에 대해서조차도 전쟁을 수행할 수 있다. 동등한 세력들 간의 전쟁에 있어서는 단지 방어적인 전쟁만이 허용된다. 루터는 결코 침략적인 전쟁을 용인하지 않았다. "누구든지 전쟁을 시작하는 자는 오류에 빠진 것이다. 그리고 먼저 칼을 뽑는 자가 패배하거나 종국엔 벌을 받게 되는 것만이 정당하고 적절한 것이다."[41]

그 신복들에 관한 한, 그들은 그들의 생명과 재산을 사용하여 권력자들을 지지해야 할 의무와 군역을 감당하라는 부름에 응답해야 할 의무가 있다. 특별히 귀족들과 봉건영주들은 정부에 그런 복종을 바쳐야 한다. 이런 경우에 루터는 정부를 광역의 지역을 다스리는 제후들로 이해했다. 어떠한 경우에도 어느 누구도 자신이 부요해지기 위하여 전쟁을 일으킬 수 없다.

반면에 군인은 단지 책임감과 의무감으로부터만 근거하여 그의 어려운 사명을 수행해야만 한다. 그러나 어떤 군인이 섬기는 제후가 불의하게 행할 경우에는 어떻게 해야하나? 루터는 대답하기를, 우리가 만약 그 사실을 확신한다면 우리는 사람보다 하나님을 더 두려워해야 하며 자기 자신의 양심에 거스리는 전쟁에 참여해서는 안된다. 그러나 우리가 그런 사실을 확신하지 못한다면 우리는 나가서 걱정없이 싸워야한다. 그러한 경우에는 우리가 하나님 앞에서 악한 양심을 가질 필요가 없다.

3. 21 터키인들에 대한 루터의 저작들

황제에 대항하는 문제는 물론이고 터키인들과의 전쟁에 나가는 문제에 대해서 다룬 그의 후기의 작품들에서, 루터는 역시 목회자적 관점에서 양심의 문제를 탐구했다. 터키인들과의 전쟁에 관한 질문들에 답변하면서 루터는 정의에 대한 무제한적인 지지과 서구를 공격으로부터 방어하는 노력의 필요성을 제시하였으며 그 때에 일반적이었던 십자군을 일으키려는 생각에는 반대했다. 터키인들에 대한 십자군은 더 이상 방어로 간주될 수 없었다. 그러한 사태에 있어서는 루터는 황제가 더 이상 스스로를 교회의 후견자이며 신앙의 수호자라고 칭할 권리가 없다고 느꼈다. 기독교 세계는 스스로 성령의 검을 가지고 즉 하나님의 말씀과 기도로써 자신을 위해서 싸울 수 있다.

3. 22 저항의 권리에 대한 루터의 이해

1530년의 아우그스부르크 국회는 개신교인들이 회개하지 않으면 그들을 대항하여 무력 사용을 인가하는 보름스 국회의 칙령을 이행할 것을 결정했다. 그래서 이 국회는 저항의 문제에 대하여 최우선적인 질문을 던지게 만들었다. 그러나 그때조차도 루터는 영혼과 고통받는 양심들을 돌본다는 관점으로부터 그 문제를 조사하는 것을 기본적으로 계속하였다. 그가 이미 그의 초기의 논문 「군인들도 구원받을 수 있는가」(3. 20 참조)에서 전개하였던 전제들에 기초하여 이제 루터는 비록 이러한 상황에서도 개신교 제후들은 황제에게 저항할 아무런 권리가 없다고 결론내렸다.

법률가들에 의해서, 황제가 제후들을 통제하는 주권적인 권력의 역할을 벗어난 역할을 수행한다고 지적받은 후에야 루터는 1531년 2월에 형성된 슈말칼덴 동맹과 같은 방어적인 연대에 대한 그의 반대를 철회하였다. 그러나 루터가 비록 당시의 엄청나게 많은 정치적인 문제들에 관한 무수한 견해들을 썼지만, 그가 명확하게 이 연대를 지지했던 것은 단 하나도 없었다. 그러므로 루터의 정부와 두 왕국에 대한 견해에 관하여 그의 기본적 입장이 더 이상 발전하지는 않았다. 그러나 우리는 그가 이미 1523년에 발표했었던 입장의 특별한 적용을 찾아볼 수 있다. 그의 입장에 대한 어떤 역사적 공식과 평가도 당시에 알려졌던 상이한 입장들을 고려해야만 한다. 게다가 이러한 문제들에 관한 후기의 특히 현시대의 견해들과의 비교는 우리가 루터의 권위에 대한 가르침의 정당성과 한계를 명확하게 하는데 도움을 준다.

3. 23 루터와 에라스무스의 논쟁(1524-25)

1517-20년은 루터와 로마가 단절하는 기간이었다. 그 다음에 따라오는 수 년간 즉 1521-1525년간은 칼슈타트, 뮌처 그리고 농민들을 중심으로 한 더 급진적인 종교개혁 운동들과의 단절을 기록했다. 1524-25년에는 루터와 인문주의자들의 영적 지도자인 에라스무스가 각각 다른 길로 갈라지게 되었다. 그 단절은 특별히 양측에 있어서 고통스러운 것이었다. 비록 그것이 멜랑히톤과 많은 다른 개혁자들이 계속해서 인문주의의 사상들을 유지하였기 때문에 완전한 단절은 아니었다고 하더라도 말이다.

그 때의 단절은 주로 에라스무스와 루터에 관계된 것이었다. 그들은 두 운동의 가장 중요한 대변자들이었다. 그러나 그들의 대립은 양 진영에서 그들의 후계자들에게 장기적인 영향을 미쳤다. 이 과정에서 인문주의가 아마도 종교개혁보다도 훨씬 더 단순한 몇가지 구호들로 묘사될 수 없는 다양한 단체들의 다면적인 운동이었다는 것을 기억하는 것은 중요하다. 예를 들어서 이탈리아, 프랑스, 영국, 네덜란드 그리고 독일의 인문주의자들 사이에는 지리적인 차이점들이 있었다. 인문주의의 단계별로의 차이점들도 못지않게 중요하다.

초기 인문주의는 대학들 안에서 나타났으며 일반적으로 스콜라주의에 반대하는 입장을 취하지 않았다. 인문주의의 성숙기는 16세기와 함께 시작되는데 점차로 교회내의 무수한 남용들과 함께 스콜라주의적 교육의 형태를 비판했다. 게다가 인문주의자들의 소그룹들, 즉 그 각각이 독특한 성격을 갖고 있었던 조합들(sodalities) 간에는 많은 차이점들이 있었다. 다른 많은 경우에 있어서와 마찬가지로 학자들은 또한 전적으로 에라스무스에 동의한 것은 아니었다. 최근의 연구는 그의 작품의 신학적 특성을 강하게 강조하였다. 그의 작품에서의 이러한 신학적 측면은 특별히 성서적인 작품들에 관한 그의 주석들에 있어서는 물론이고 그의 희랍어 신약성경과 교회교부들의 편집출판들에서 나타난다. 동시에 에라스무스의 그 시대에 만연한 어리석음과 부패에 대한 풍자적이면서 가끔은 매우 예리한 비판을 간과해서는 안된다.

에라스무스의 마음은 진정 어디에 있었는가? 희랍과 로마의 고전의 순수한 원천으로의 회귀가 해체되어가는 기독교세계를 위한 내부적이고 외부적인 갱신을 제공하리라는 약속을 충족시킬 것이라고 바랄 만한 이유가 있는가?
아니면 에라스무스가 풍자를 통하여 교황과 교황청과 타협하였던 것에 그의
마음이 있었는가? 혹은 에라스무스가 산상수훈으로 방향지워진 단순한 경건
성을 대변한데에? 에라스무스는 회의주의자이었는가? 아니면 그는 그의 시대
의 기준들로 평가될 때 진정한 기독교인이었는가? 너무나 자주 우리는 이러
한 유사한 물음들에 대한 명확한 답변을 갖고 있지 않다.

3. 24 인문주의와 종교개혁

인문주의와 종교개혁, 이들 중 어느 용어도 그 당대에 불려진 용어가 아
니다. 양자는 후대의 사람들에 의해서 그것들이 묘사하는 운동들에 처음으로
붙여진 명칭들이다. 이 두 운동들은 많은 공통점을 가진다. 스콜라주의에 대
한 공통된 비판에다가 양자는 비록 각자가 그것을 다르게 이해하긴 했지만
문서적인 원리(scriptural principle)를 공유했다. 인문주의자들의 편집적인
수고없이는 루터는 심지어 쓸만한 희랍어 신약성경판 하나 구할 수 없었을
것이다.

비텐베르크 대학에서의 어거스틴 연구의 부흥은 종교개혁에 있어서 큰
의미를 갖는다. 인문주의자들에 의해 만들어진 어거스틴의 작품의 새 간행이
없었다면 어거스틴에 대한 이러한 새로운 통찰력들을 상상한다는 것은 불가
능하다. 그리고 마지막으로 중요한 것은, 인문주의적 운동은 고전 라틴어 뿐
만 아니라 히브리어와 희랍어 등의 고대어에 대한 새로운 지식을 낳았다는
점이다. 종교개혁은 그 위에서 건설될 수 있었다. 그들이 공유한 이러한 많
은 요인들 때문에 인문주의 운동과 종교개혁 운동은 잠시동안 협력할 수 있
었다.

비록 아주 일찍이 그 갈등의 예리함과 루터에 대한 불인정이 없지는 않
았지만 에라스무스 자신까지도 처음에는 루터에게 반감을 갖지 않았다. 갈등
이 점점 집적되자 상황은 점차 에라스무스에게 어려워졌다. 그의 학생들과
추종자들 중의 많은 이들이 이미 종교개혁과 힘을 합하였다. 에라스무스는
더 이상 교황권이나 종교개혁자들에 의해서 받아들여지지 않는 위험에 놓였

다. 결국 그는 많은 제후들과 로마 교황청의 압력에 굴복하였고 루터를 반대
하기로 결정했다. 그가 알기에 자신이 루터와 근본적으로 불일치하는 많은
점들이 있었기에 이 결정이 그에게는 더 쉬웠다.

사실 루터는 1516년 10월 19일에 슈팔라틴에게 보낸 편지에서 이미 에
라스무스를 비판했다. 에라스무스는 바울이 거부했던 행위 – 의(works-
righteousness)를 단순히 의식적인 규칙들을 준수하는 것이라고 해석했었
다. 루터는 또한 에라스무스의 죄이해가 어거스틴이 반(反)펠라기우스적인
기간의 어거스틴 이해와 부합되지 않는다고 주장했다.[42]

루터가 역시 에라스무스를 보충적으로 참고하였고 수 년 동안에 그의 작
품에 대한 감사를 표현하였지만 그들 간의 실제적인 차이점들이 항상 감춰질
수는 없었다. 루터는 거의 에라스무스를 공격하는데 선수를 치지 않았다. 루
터는 에라스무스의 작품을 아주 높게 평가했기 때문에 그렇게 할 수 없었다.
에라스무스 쪽에서 또한 그가 그의 입장을 선언하라는 압력을 받지 않았다면
갈등의 시작에 있어서 선수를 치진 않았을 것이다. 에라스무스가 루터와의
논쟁을 개시하였을 때, 그는 교황제, 공의회의 권위, 신앙과 칭의 혹은 성례
전교리 등과 같은 일반적으로 논의되던 주제들을 토론하기로 선택하지 않았
다.

오히려 에라스무스는 의지의 자유라는 문제에 초점을 맞추었다. 이것은
에라스무스가 루터의 다른 대적자들보다도 훨씬 명쾌하게 논쟁의 중심을 파
악하였다는 것을 보여준다. 또한 에라스무스는 루터에 반대하여 진지하게 중
세적인 자유의지론을 방어하였다. 영원한 구원의 문제에 있어서의 루터의 자
유의지 반대는 에라스무스에게 있어서는 어떤 유의 인간적 책임도 생각하는
것을 어렵게 만든다고 보여졌다. 만약 사람들이 아무런 인간적(인격적) 책임
을 지지않는다면, 에라스무스는 그들을 교육시키려는 노력을 할 이유가 별로
없다고 생각했다.

3. 25 에라스무스의 「자유의지론」

그의 「자유의지론: 논쟁서 혹은 논술」(*On the Freedom of the*

Will: A Diatribe or Discourse)[43] 이라는 논문에서 에라스무스는 자유의지를 "인간의지의 힘으로써 그것에 의하여 한 인간이 자신을 영원한 구원으로 인도하는 일들에 자신을 적용할 수 있거나 구원에 이르게 하는 것들로부터 돌아서게 된다"라고 이해하였다.[44] 에라스무스는 성경의 저자들은 고대와 근대의 교부들이 그러한 것처럼 자유의지에 관한 다양한 의견들을 표현했다는 것을 알았다. 그러나 에라스무스는 루터의 자유의지 부정은 불경건에 대한 모든 장애물들을 제거했다고 주장했다. 에라스무스는 제이원인들을 통해서만 어떤 영향을 미치시는 하나님이 모든 행위의 제일원인인지 아닌지 혹은 하나님이 모든 일을 홀로 하시는지 아닌지를 개방적인 질문으로 여겼다. 에라스무스 자신의 입장은 하나님이 발생하는 모든 것의 제일원인이시며 인간의지의 행동은 구원을 획득하는 제이원인이라는 것이다.

이것 이외에도 에라스무스는 명확한 신학적 주장을 만들려는 루터의 열정을 거부했다. "그리고 사실 나는 내가 기꺼이 회의주의자들의 의견에 피신해가려 한다는 주장들을 결코 기뻐하지 않는다. 이것이 성경의 불가침의 권위에 의하여 그리고 교회의 법령—내가 그것이 규정하는 것을 파악하든 아니 하든지간에, 그것에 대하여 나는 도처에서 기꺼이 나의 개인적인 감정을 복종시켜왔다—에 의하여 허락된다 하더라도."[45] 명백히 에라스무스는 결국에는 루터가 바울 연구로부터 귀착한 종교개혁 신학을 숙고하였다. 그리고 자유의지에 관한 담화에 있는 그의 주장들은 자유의지, 하나님의 은폐 혹은 교회의 권위 등과 같은 물음들을 토론함에 있어서 그가 습관적으로 행한 주장들보다 열등한 것이었다.

「반박」(*Hyperaspistes*: 루터의 노예의지에 대한 에라스무스의 반박 — 역주)에서 에라스무스는 그의 회의주의를 비판에 덜 개방적인 방법으로 표현했다. "성경의 명확한 의미나 교회의 명쾌한 결정들에 관한 어떠한 회의주의도 나는 허용하지 않을 것이다."

3. 26 루터의 논문 「노예의지론」(*The Bondage of the Will*, 1525)

　　에라스무스에 대한 그의 응답에서 루터는 무자비하게 인문주의자들의 지도자와 타협하였다. 그의 답변의 본질에 관하여 루터는 에라스무스가 논의한 세 주제 모두, 즉 신학적 주장을 확인할 필요성, 구원에 있어서 자유의지인지 노예의지인지, 그리고 숨겨진 하나님과 계시된 하나님 사이의 구분에 특별히 관계된 신론 등의 주제들을 다루었다.

　　첫번째 주제에 관한 한 루터는 신앙의 내적 필연성이 분명한 주장들을 요구한다고 주장하였다. 에라스무스에 대하여 루터는 성경은 기초적인 질문들에 대한 명확하고 분명한 답변들을 주고 있다고 강조하였다. 예수의 무덤의 인봉이 뜯어졌었고 그 돌이 무덤 입구로부터 굴려져 버린 이후로, 즉 그리스도의 성육신과 하나님의 삼위일체적 본성의 심오한 신비가 계시된 이후로, 성경은 결코 중심적인 문제들에 관하여 불투명하지 않다: "성경에서 그리스도를 제거하라. 그러면 그 안에 무엇이 남아있는 것을 발견할 것인가?"[47]

　　두번째 주제인 노예의지를 다룸에 있어서 루터는 동일한 열정을 가지고 에라스무스를 공격하였은바, 사람들이 단지 이 세상 일들에 대한 관계에서만 자유한 것이지 그들을 초월한 구원과 하나님의 뜻을 실천하는 문제들의 관계에서는 자유스럽지 못하다고 주장했다. 다르게 판단하는 자는 누구든지 하나님이 하나님되시다는 것을 부정하는 것이다.

　　이전에 어거스틴과 많은 다른 사람들이 인간의 의지는 하나님의 은총에 도달하는데 있어서 어떤 주도권도 취할 수 없다고 주장해왔다. 그러나 한 가지 점에서 루터는 전체 전승을 초월했다. 즉 그는 노예의지를 죄로의 타락에서 끌어낸 것이 아니라 피조된 인간 본성에서 이끌어 냈다. 유한한 인간 의지는 하나님의 무한한 의지에 관계할 때 자유로울 수 없다.

　　가끔 루터는 사람은 이 세상 문제들에서조차도 선택할 자유가 없다는 견해에 매우 근접하여 인간의 행동들은 이러한 수준에서조차 하나님에 의하여 감독된다고 말하는 것처럼 보였다. 루터는 또한 두 종류의 필연에 대한 스콜라주의적인 구분을 사용하였다. 그것은 절대적 필연 또는 *necessitas consequentis*(결과를 가져오는 자의 필연성)와 조건적 필연 또는 *necessitas consequentiae* (결과되어진 것의 필연성)이다. 이러한 구분은 하나님은 만물의 원인이라는 이해와 하나님이 일으킨 일들의 하나가 결정을 내리는 인간의 자유라는 이해를 다 유지하려고 구상된 것이었다.

　　그러나 루터는 이 스콜라주의적 구분을 실제로 정당하게 평가하지 않았다. 동시에 루터는 또한 결정론의 위험을 피하려 하였다. 루터가 논의한 한 문제는 유명한 (가룟) 유다의 예로서 이것은 자주 의지의 자유와 속박에 관한 물음을 토론하는 기초로서 이용되었다. 루터는 유다가 필연으로부터 예수의 배신자가 되었다고 주장했다. 그러나 그가 이런 식으로 행동하도록 강제되었기 때문이 아니라 그렇게 하는 것이 그의 의지였기 때문이라고 하였다.[48]

　　세번째 주제인 계시된 하나님과 숨어계신 하나님에 관한 이론을 토론함에 있어서 루터는 이전에 그가 여러 방법으로 표현하였던 사상들을 심화 발전시켰다. 그는 감추어진 하나님(*Deus absconditus*)과 계시된 하나님(*Deus revelatus*)을 예리하게 구분하였다. 그러나 여기에서 루터가 조직신학적 이유에서 이런 구분을 하지 않았다는 점에 유의하여야 한다. 그는 논란이 되던 에스겔 18:23-32의 해석의 일부로서 이러한 구분을 하였던 것이다. 본문은 하나님이 "사악한 자의 죽음에 아무 기쁨을 갖지 않으신다"고 증언한다. 에라스무스는 이 구절을 인간의지의 제한된 자유를 주장한 자기 입장을 지지하기 위해서 인용하였다. 그러므로 루터가 계시된 하나님과 감추어진 하나님 사이를 구분한 것은 무엇보다도 성경의 해석으로서 이해되어야만 한다. 에라스무스는 그것을 그 문맥 안에서 취하여 볼 때 에스겔서의 이 구절은 모든 것을 자신의 계획에 따라 명령하시는 하나님의 감추어진 무시무시한 의지를 언급하는 것이 아니라 복음의 선포 속에서 우리에게 제공되는 하나님의 자비를 논하고 있다고 지적하였다.

　　분명히 루터는 이 구분을 아주 오랫동안 유지하였고 그의 주장들 중의 많은 것들이 신개념(神槪念)에서의 분리에 아주 근접하였다. "하나님이 선포될 때 하나님이 관심을 갖는 것은 바로 이것이다. 즉 죄와 죽음이 없어지고 우리가 구원받아야 한다는 것이다."[49]

　　동시에 루터는 복음 안에서 선포되는 하나님과 감추어진 하나님 사이의 구분을 하나님의 말씀과 하나님의 자아 사이의 구분으로 해석함으로써 두 하나님이 존재한다고 가르친다는 오해를 받는 것을 피하기 위해 스스로 노력한 것으로 보인다. 그래서 그는 이렇게 말했다. "하나님은 그의 말씀 안에서 우리에게 드러내지 아니하신 많은 것들을 하신다. 그는 또한 그의 말씀 안에서 뜻(의도)하실 때에 스스로 드러내지 아니하신 많은 일들을 뜻(의지)하신다."[50]

　　결론적으로 루터는 우리가 스스로 하나님의 감추어진 의지에 관심을 가질 것이 아니라 오히려 십자가에 달리신 그리스도 안에 나타난 성육하신 하나님(Deus incarnatus)에 집착해야한다고 강조하였다.

3. 27 "노예의지론"의 해석

　　에라스무스에 반대하는 루터의 저작은 광범위하게 해석되어왔다. 이러한 해석들 중에서 다음의 요소들이 가장 중요하다. 하나님은 감추어져 있어서 알 수 없다는 전통적인 입장은 특히 신플라톤주의적이고 신비주의적인 전통 안에서 강했는데 루터의 유사한 주장들과 비교되어왔다. 루터의 감추어진 하나님과 계시된 하나님 사이의 구분은 스콜라주의적인 특히 후기 스콜라주의적인 하나님의 절대적 능력과 하나님의 중보적 능력 사이의 구분과 비교되어져 왔다(5. 6. 6을 참조).

　　스콜라주의 내에서의 필연에 대한 다른 이해들은 루터의 결정론에 대한 비판과 그의 이러한 입장의 사용이라는 양자와 비교되어져 왔다. 그러나 마지막 중요한 것은 루터의 노예의지에 대한 논문이 르네상스에서의 인간본성의 이해의 배경에 비추어 이해되어야만 한다는 것이다. 특별히 자유의지의 문제가 15세기 말과 16세기 초에 이탈리아에서 집중적으로 논의되었다는 것을 기억하는 것은 중요하다. 그리고 에라스무스의 루터에 대한 논쟁서 혹은 논술 안에서 그가 제시한 인간론 이해는 많은 점에서 이탈리아 르네상스의 논의들보다 훨씬 적게 발전하였다.

　　마지막으로, 한편으로는 결정론과 비결정론의 철학적 문제들과 다른 한편으로는 하나님에 대한 관계성 안에서 인간의 자유와 속박의 신학적 주제들을 구분하는 것이 필수적이다. 이들 두 부류의 문제들은 그 질문이 두 개의 아주 상이한 관점에서부터 질문되고 있기 때문에 기본적으로 서로 구별된다. 어떤 경우에도 신학은 주로 석의적인 문제들과 로마서 5:7, 9-10 등과 같은 특정한 성서의 구절들로부터 도출되는 결론들에 관심을 갖는다.

　　그러나 루터의 「노예의지론」은 전통이나 동시대의 다른 교리 주장들에 대한 그 관련성에 있어서 뿐만 아니라 그것을 저술하는데 루터가 표현한 의도에서도 매우 논쟁적인 문서였다. 많은 시도적인 해석과는 대조되지만 우리는 루터의 논쟁의 기초가 신앙의 확신이었음을 유지해야만 한다. 그러므로 루터의 주장은 하나님의 특수한 상(picture)에 기초한 것이 아니며 루터가 인간 존재는 어떤 종류의 자유를 틀림없이 지니고 있다는 에라스무스의 기본적 전제를 거부한 것에 근거하여 해석되어서도 안된다. 루터의 전체 작품의 해석에 들어가는 중심점은 분명히 그 결론 부분의 절정일 것이다.

왜냐하면 만약 우리가 하나님께서 모든 것들을 예지하시고 예정하신 다는 것과 그가 그의 예지에 실수가 없으시며 그의 예정 안에서 방해를 받지 않으신다는 것과 그리고 아무것도 그가 그것을 원하지 않으시면 발생하지 않는다는 것을 사실이라고 믿으면, 그 때 이성 자체의 증언에 따라 인간이나 천사나 어떤 피조물 안에서도 아무런 자유선택이 있을 수 없다.

비슷하게 만약 우리가 사탄이 이 세상의 통치자로서 영원히 그의 모든 힘을 가지고 그리스도의 왕국에 대항하여 음모하며 싸운다는 것과, 그가 그에게 포로가 된 인간을 성령의 능력에 의해 그렇게 되지 않는 이상 결코 내보내지 않는다는 것을 믿는다면 그 때는 자유로운 선택과 같은 것은 있을 수 없다는 것이 다시금 분명해진다.

결론적으로, 만약 우리가 그리스도께서 인간을 그의 피로 구속하셨다는 것을 믿는다면 우리는 모든 인간이 상실되었음을 고백하여야만 한다. 그렇지 않으면 우리는 그리스도를 필요없게 만들거나 그리스도로 하여금 단지 인류의 가장 저질적인 부분만을 구속한 자로 만드는 것이다. 이것은 신성모독이며 불경건한 짓이다.[51]

3. 28 1525년 이후 인문주의와 종교개혁

쌍방이 서로를 반대한 그들의 저서들의 결과로서 에라스무스와 루터 사이에 형성된 개인적인 관계의 단절은 복구될 수 없었다. 그러나 인문주의와 종교개혁 일반의 관계에 있어서는 이것이 타당하지 않다. 이 두 운동들이 공통적으로 지닌 많은 요인들은 그들로 하여금 상호간에 연대를 형성하도록 허용하였을 뿐만 아니라 기본적으로 그 연대를 유지하도록 허용하였다. 비록 많은 인문주의자들이 처음에는 루터와 연대하였다가 이제 종교개혁에 등을 돌렸음에도 불구하고 이것은 사실이다. 그러나 종교개혁하에서의 교육체제는 고대언어들과 성서해석의 연구를 계속해서 가르쳤다. 우리가 이 점에 대해서, 그리고 인문주의의 큰 공헌이 종교개혁에 의해서 인문주의가 사용됨으로써 실질적인 효과의 최대 영역을 차지하게 된 다른 방법들에 관하여 생각해 볼 때, 우리는 특별히 멜랑히톤에게 감사해야 한다.

에라스무스에 대한 루터의 예리한 반대조차도 루터주의(Lutheranism)를 통하여 온전하게 수용되지 않았다. 루터교 신앙고백서들(Lutheran Confessions)에서는 특별히 아우그스부르크 신앙고백과 그 변호에 있어서는 자유의지의 문제가 훨씬 더 주의깊고 온건한 방법으로 논의된다. 그리고 루터 자신은 결코 그의 입장이 종교개혁의 규범적인 입장이 되어야한다고 주장하지 않았다. 후기 루터의 간헐적인 주장들은 그가 실제로 노예의지론의 여러 부분들이 전개하는 것처럼 보이는 것보다 그리스도의 인격과 사역의 이론에 더 가까운 관계 안에서 예정론을 전개시키는 것을 좋아했다는 것을 분명히 하기까지 하였다. 그리고 루터가 감추어진 하나님과 계시된 하나님 사이를 예리하게 구분한 것은 바로 후기의 저술들에서 이따금씩만 반복되어질 뿐이다. 그러나 루터는 본질적으로 그가 에라스무스와의 논쟁에서 취한 입장을 결코 바꾸지 않았다.

3. 29 성만찬에 관한 논쟁(1524)

성만찬에 관한 논쟁은 농민전쟁 때에 시작되었다. 그 때 루터는 아직 에라스무스와의 논쟁에 관련되어 있을 때였다. 기본적으로 그것은 1524년부터 1529년까지 지속되었다. 그러나 그 뒤에도 간헐적으로 터지곤 하였다. 의심할 바 없이 이것은 16세기에 개신교인들 간에 가장 의미심장한 논쟁이 되었다. 루터와 츠빙글리는 성만찬론에 관한 그들의 차이점 때문에 분리의 길을 가게 되었다. 그리고 루터의 사후에 이 교리는 칼빈주의 신학자들과 루터주의 신학자들간의 논쟁의 주제가 되었다. 양측은 서로 이단이라고 선언함으로써 그 논쟁을 마쳤다. 이것은 종교개혁 운동의 두 주류를 하나의 교회 안에 연합시킬 수 있는 가능성을 효과적으로 제거해버렸다.

성만찬에 관한 논쟁이 종교개혁에 있어서 그렇게 장기적인 중요성을 가지는 이유를 이해하기 위해서 우리는 두 요인들을 알아야한다. 첫째, 우리는 중세의 화체설이 논쟁의 배경으로서 항상 전제되어 있다는 것을 이해해야만 한다. 둘째, 우리는 교회의 초기부터 주의 만찬 또는 성만찬(Lord's Supper or Eucharist)은 항상 기독교 예배의 한 중심에 있었음을 알아야만 한다. 루터는 1520년에 이 화체설을 부인하였고 성만찬에서의 빵은 그것이 봉헌된(consecrated) 이후에도 여전히 빵으로 남아 있다고 가르쳤다. 그러나 그의 전 생애를 통하여 루터는 중세의 신학자가 그러했듯이 정력적으로 그리스도의 몸과 피는 봉헌된 요소들 안에 현존하신다고 가르쳤다.

주의 만찬을 기념함에 있어서 루터파 종교개혁자들이 계승한 예전적인 관습은 특히 그들이 봉헌된 빵과 포도주를 다루는 방법은 물론이고 봉헌에 대한 그들의 이해는 루터교의 성례전적 경건이 어떻게 중세적 경건과 연관되어 있는지를 분명히 예시한다. 그 점은 봉헌된 요소들의 찬미에 대한 루터의 토론에서 특히 분명하다. 루터는 그러한 찬미를 거부하지 않았고 오히려 어떤 한도내에서 그것을 명시적으로 긍정했다.[52]

3. 30 루터의 성만찬론의 발전

루터의 성만찬론은 수많은 변형을 겪었다. 그의 성만찬론의 첫 형태는 1518년과 1519년에 쓰인 그의 문서 "설교들" 안에 나타났다.[53] 루터는 이 시기부터의 많은 문서들을 "설교"라고 인용했다. 실제로 이 "설교"들은 주로 사실상 회중들에게 선포되었던 설교들이라기보다는 신학적 소논문이나 논문에 가까웠다. 루터는 이 "설교들"을 세례, 성만찬, 그리고 고해성사와 같은 주제들을 논의하기 위하여 사용하였다.

각 성례전에 대한 그의 논의 안에서 루터는 표지, 의미, 그리고 신앙을 구분하였다. 성례전적 표지에 대한 그의 논의에서 루터는 그 표지가 외적인 표지라고 하는 어거스틴에 동의하였다. 그가 이것을 후기의 츠빙글리가 어거스틴의 동일한 주장들을 이해한 것과는 다르게 이해했다는 것을 주목하는 것은 중요하다. 루터의 그 토론에 대한 새로운 공헌은 그리고 그의 입장이 명백히 중세적 성례전 교리와 명백히 다른 점은 그가 신앙을 성례의 정의의 한 요소로 만든 방법에 놓여 있다. 성만찬에 관한 한 루터는 이 당시에 아직도 요소들(떡과 즙 — 역주)이 변한다는 견해를 지지했다. 그러나 실제로 그의 사고의 중심에 놓여 있었던 것은 참예자의 교제라는 개념이었다. 성만찬은 우리를 그리스도와 모든 성인들과의 교제로 인도하고 그럼으로써 우리에게 구원을 전달해준다.

우리는 1520년에 루터의 성만찬론의 다음 단계를 만난다. 「새로운 언약에 대한 소고: 거룩한 미사에 관하여」(*A Treatise on the New Testament, That Is, the Holy Mass*),[54] 그리고 「교회의 바벨론 포로」(*The Babylonian Captivity of the Church*)[55]라는 논문들에서 루터는 더 이상 성만찬을 성례전의 일반적인 정의에 근거하여 해석하지 않았다. 오히려 제정(制定)의 말씀의 기초 위에서 해석하였다. 성만찬론에 있어서 제정의 말씀의 중심적 위치는 루터의 사상의 특징으로 남았다. 그리고 그의 후기의 적대자들 역시 제정의 말씀을 그들의 성만찬 토론에서 중심에 놓았다는 사실은 분명히 루터에 의해 놓여진 선행작업에 기인한다. 루터의 1520년의 제정의 말씀에 대한 해석은 약속, 신앙 그리고 계약(promise, faith, testament)의 기본 개념들에 의해 결정되었다.

루터는 결코 요소 안에 있는 그리스도의 몸과 피의 실재(實在)를 부인하지 않았다. 1523년에 그는 「성만찬의 숭배」(*The Adoration of the Sacrament*)로 시작하여 그 실재론을 그의 교리의 중심적 요점으로 삼았다. 이 논문에서 루터는 어떤 한계 안에서 성만찬의 경외(숭배)를 승인하였다. 그는 단순한 외적 숭배를 거부하였고 또한 요소들이 단지 숭배될 목적으로만 보관되는 성만찬적 사당을 설립하는 것도 반대하였다. 그는 또한 거리에 있는 사람들이 그것을 숭배하도록 영성체를 가지고 거리를 행진하는 습관도 반대하였다. 그러나 루터는 그러한 숭배가 외적 요인들에 얽매이지 않고 주로 제정의 말씀에 초점을 맞추는 한에 있어서 성만찬의 영적인 숭배를 분명하게 옹호하였다. 이러한 문제들에 대한 자신의 입장을 형성함에 있어서 루터는

또한 그의 성만찬론을 보헤미아의 후스의 이론과 인문주의 학자 호니우스
(Honius)의 이론과의 관련성 안에서 정의하였다.

후스파들은 그리스도가 오직 영적으로만 성례에 임하신다는 견해를 취
하였다. 그러나 그들은 이것을 "다른 실존" 혹은 "다른 존재형태"로서 이해
하였다. 약간의 유보사항들에도 불구하고 루터는 후스파의 성만찬론이 교회
안에서 용납할 만한 가르침이라고 느꼈다. 그러나 루터는 "이것은 … 이다"
라는 제정의 말씀을 "이것은 … 을 의미한다"라고 해석한 호니우스의 견해를
거부하였다. 루터는 또한 비텐베르크 대학의 동료 신학교수였던 칼슈타트가
가르친 성만찬론 역시 의심스럽다고 느꼈다. 루터의 성만찬 교리에서의 이러
한 발전들의 결과로서 개신교 개혁자들 자신들 안에서 성만찬에 관한 논쟁이
시작되었다.

루터는 항상 그의 츠빙글리와의 논쟁이 칼슈타트와의 원래적 갈등의 변
형일 뿐이라고 느꼈다. 그러나 츠빙글리의 성만찬론과 칼슈타트의 이론을 동
일시한 루터의 입장은 사실 취리히의 종교개혁 지도자인 츠빙글리의 가르침
을 정당하게 평가하지 못한 것이다.

3. 31 칼슈타트의 성만찬론

칼슈타트에 관한 한 그의 기본적으로 카리스마적이고 신령주의적인 기
독교 이해는 이미 그가 1521-1522년에 비텐베르크의 소요에서 수행한 역할
에서 분명해졌다. 이 카리스마적인 강조는 또한 그의 성만찬론에 있어서도
중요하였다. 1524년에 칼슈타트는 여러 저작들 속에서 외적인 성만찬의 기
념은 그리스도의 죽음의 선포와 회중의 고백과 증언 이상의 아무것도 아니
다. 칼슈타트가 제정의 말씀을 이해할 때에는 그리스도의 몸과 피가 실제로
요소들(떡과 즙) 안에 임재할 수 있다는 것은 전적으로 불가능하다. 칼슈타
트는 제정의 말씀의 단순한 의미에 기초하여 그러한 임재를 결코 주장할 수
없다고 느꼈다. 반면에 빵과 포도주는 단지 "그리스도를 기념하여" 사용되어
야 하는 것이다. 그러므로 성만찬의 기념에서 결정적인 요소는 수용하는 자
의 마음으로부터 나오는 것이다. 이러한 이유에서 우리는 주의 만찬을 받기

전에 구원의 확신이 있어야 한다. 이렇게 그리스도의 몸을 영적으로 먹는 것이 필요한 것이지만 육적으로 먹는 것은 소용이 없다(요 6:63).

3. 32 루터의 칼슈타트 비판

루터는 칼슈타트가 실제적 임재를 부인하였을 뿐만 아니라 성만찬이 은총의 수단이라는 것을 부인하였기 때문에 그의 성만찬론을 거부하였다. 루터는 이것을 새로운 형태의 행위 - 의라고 묘사하였다. 「열광주의적 예언자들을 반박함」(*Against the Heavenly Prophets*)(1525)에서 루터는 실제적 임재를 변호하였을 뿐만아니라 기독교인의 삶은 항상 그리고 어떠한 상황에서도 하나님의 은총에 기초하여야 한다는 이론을 변호하였다.[56] 그는 우리가 이미 우리의 모든 죄에 대하여 용서를 받았다는 사실과 우리가 성례를 받을 때마다 용서를 받는다는 사실을 구분하였다. 용서는 단번에 영속적으로 우리에게 주어지며 이 용서의 분여(distribution)는 계속해서 다시금 반복된다. 이러한 맥락에서 그리스도의 몸과 피의 실제적 임재는 루터에게 있어서 더욱 더 중요해졌다. 실제적 임재에 대한 토론은 이제 십자가에서 죽으시고 승천하신 주님에 대한 토론이 되었다.

3. 33 츠빙글리의 성만찬론

루터가 칼슈타트와의 논쟁에 휘말려 있는 동안 실제적 임재에 대하여 더욱 강조하는 자리로 나아간 반면에 츠빙글리의 개인적인 성장은 그로 하여금 정반대의 방향으로 나아가게 이끌었다. 츠빙글리가 젊은 신학자였을 때는 아직 그가 1523년 봄에 출판하게 될 「결론」(*Schlussreden*)에서 분명하여진 것처럼 실제적 임재론을 비판하지 않았다. 그러나 그는 이미 성만찬의 영적인 성격을 강조하였다. 분명히 그는 그리스도의 언약(testament)이 성만찬의 중심에 있다고 하는 루터의 견해를 수용하기까지 하였다. 그러나 여기에다가 루터는 또한 성만찬이 하나님과 백성의 계약의 표지(sign of the covenant)라는 사상을 강조하였다.

츠빙글리의 성만찬론은 화란 인문주의자인 호니우스의 영향을 받은 것이다. 그래서 츠빙글리는 제정의 말씀 안에 있는 "이것은 … 이다"라는 구절을 "이것은 … 을 의미한다"의 의미로 해석하였다. 게다가 비록 그가 자신의 입장과 칼슈타트의 입장을 신중하게 구분하였지만 츠빙글리는 기본적으로 성만찬의 영적인 성격을 강조한 칼슈타트의 입장을 수용하였다. 츠빙글리와 칼슈타트는 공관복음서와 고린도전서 11장에 있는 제정의 말씀보다도 요한복음 6장을 성만찬론의 발전에서 가장 중요한 본문으로 여겼다.

결과적으로 츠빙글리는 성만찬을 예수를 기억하고 그에 대한 신앙을 고백하는 교회의 행위로 이해하였다. 그러나 츠빙글리는 또한 이 기억을 과거의 회상(memory)으로서 뿐만 아니라 기념(commemoration)의 행위로서도 이해하였다. "그것을 통하여 자신들이 그리스도의 죽음과 피를 통하여 하나님과 화목하게 되었다고 확실히 믿는 자들은 그의 생명이 죽음을 준다는 것을 선언하고 있다."[57]

츠빙글리는 1525년 봄에 루터의 관점에 도전하는 주장을 출판함으로써 성만찬에 관한 논쟁을 터뜨렸다.[58] 츠빙글리 자신이 그의 이론을 칼슈타트의 이론과 연관되어 있다고 서술하였기 때문에 그 갈등은 특별히 어려워졌다. 루터는 이것이 츠빙글리가 아마도 신령주의자이며 그리하여 또한 열광주의자라는 증거라고 보았다. 이 논쟁과 관련된 저술은 주로 1525년부터 1529년까지 나타났다.[59] 루터와 츠빙글리에 가세하여 무수한 다른 신학자들이 그 문제의 양 진영에 참여하여 대단히 다양한 견해들을 대변하였다. 그들 중의 가장 저명한 이는 슈트라스부르크의 마틴 부처(Martin Bucer in Strassburg)와 바젤의 요한네스 오이콜람파디우스(Johannes Oecolampadius in Basel)이다. 성만찬 논쟁이 그 절정에 도달한 5년 동안에 그것은 어느 다른 논쟁도 압도하는 것으로 보였다. 심지어 대부분의 종교개혁 운동과 교황주의 지지자들 사이에서도 그러하였다.

3. 34 성만찬 논쟁에서 문제가 된 부가적인 초점들

　이 논쟁은 성만찬 자체의 이해뿐만 아니라 다양한 다른 연관된 신학적 질문들에도 관심을 가졌다. 특히 그리스도의 위격과 사역에 연관된 질문들에 관심이 모아졌다. 그러나 성경에 대한 이해와 신앙에 연관된 일반적 질문들도 이 논쟁에서 문제가 되었다. 이 갈등의 강도와 범위는 종교개혁 진영의 신학자들간에 있었던 이후의 거의 어떤 다른 논쟁들보다 더 컸다.

　이 논쟁에 대한 연구는 루터의 신학과 결부된 많은 질문들을 이해하는데 아주 중요하다. 그러나 루터의 입장과 주장의 독특성을 논쟁 자체의 맥락에서만, 즉 그의 적대자들의 관점을 참고하여 분명하게 정의할 수 있다. 루터의 신학에 관한 한 우리는 성만찬 논쟁에 대한 그의 공헌으로부터 결론을 이끌어낼 수 있다.

　소위 성서적 원칙. 그의 초기 강연들에서 루터는 성경을 심판과 복음의 관점에서 해석하였다. 그리고 후기에는 율법과 복음의 관점으로부터 성경을 해석하였다. 로마와의 논쟁에서 그는 교회의 권위에 반대하여 그리스도의 권위를 강조하였다. 성경에 근거하여 그는 신앙과 가르침의 중심적 요소들을 새롭게 표현하였다. 그러나 성만찬 논쟁에서 루터는 제정의 말씀의 문자적 의미를 강조하였다. 그러나 이것이 루터는 일종의 성서주의(biblicism)를 실행하였다는 것을 의미하는 것이 아니라는 것을 분명히 해야만 한다. 그러나 그는 츠빙글리가 성서해석을 루터와는 뚜렷이 상이하게 접근해나간 것처럼 그가 이전에 한 것과는 다르게 문자와 영의 관계에 대하여 생각하기 시작했다.

　기독론: 그리스도의 위격과 사역. 루터는 확실히 하나님은 오직 지상의 그리스도 안에서만 찾아져야 하며 지상의 예수는 승천하신 주님과 동일시되어야 한다고 항상 주장하였다. 루터는 츠빙글리에 반대하여 그리스도의 신성의 감추임과 드러냄의 역설을 훨씬 더 예리하게 정의하였다.

　그리스도의 편재성(偏在性, The Ubiquity of Christ). 츠빙글리와의 논쟁에서 루터는 그의 기독론에 이 특별한 요소를 전개하였다. 요소들 안에 있는 그리스도의 몸과 피의 실제적 임재의 가능성을 서술하기 위하여 루터는 후기 중세 신학의 특정한 사상들을 사용하고 그것들을 심화 발전시켰다. 이것들 중의 하나가 그러스도의 승천 이래로 그리스도의 인간적 본성은 편만하다(무소부재, omnipresent)는 가르침이다. 루터는 이것을 그리스도의 위격 안에 있는 신성과 인성의 연합의 필연적인 결과라고 주장한다. 그리하여 루터는 그리스도께서 성부의 우편에 앉아 계신다는 것을 그가 하늘의 특정한 위치에 제한되어 있다는 의미로 보는 전통적인 사고를 거부하였다. 이런 사고와는 반대로 루터의 사상은, 그리스도는 하나님처럼 어떤 장소에서 발견될 수 없고 그렇지만 모든 곳에서 활동하신다는 것이었다. 그러나 그는 우리의 구원을 위하여 임재해 계신다. 오직 십자가에 달리신 지상적인 그리스도로서.

이 점에 있어서 무수한 질문들이 제기되어야 한다. 우리는 루터의 스콜라주의적 편재설의 이용과 이 이론의 발전을 그의 교회전통의 비성서적 요소들에 대한 비판적 태도와 조화시킬 수 있을까? 승천하신 그리스도에 관한 루터의 새로운 생각은 무엇을 의미하는 것인가? 이러한 질문들에 우리가 어떻게 대답하더라도 우리는 항상 루터의 그리스도 편재성의 가르침이 물리학이나 화학에 근거한 것이 아니고 신학적 전제들에 의거하여 전개되었다는 것을 기억하여야만 한다.

성만찬을 받아들이는 물리적 함의들. 칼슈타트와 츠빙글리는 모두 성만찬을 받는 효과를 순수한 영적인 면에서 이해하였다. 루터는 츠빙글리와의 논쟁에서 가끔은 받는 자 안의 물리적 효과를 언급하기도 하였다. 때때로 그는 그가 기독교 이전의 우상숭배로부터 유래한 고대적 개념들을 사용하였다는 주장을 하기도 하였다. 이러한 사상들의 의미는 무엇인가? 그것들은 루터 종교개혁이 신앙에 둔 강조와 모순되는가?

구원의 은사의 객관성. 루터의 초기 강연들은 가끔 그가 성경을 거의 실존적인 방식으로 해석하고 있다는 인상을 남긴다. 중세적 해석방법은 특히 비유적 해석방법 — 이것은 특히 성서의 메시지와 현재적 삶을 관련시키는 방법으로서 은유적이거나 도덕적인 해석을 장려하였다 — 은 성경에 대한 이러한 접근에 접촉점을 제공하였다. 그러나 루터는 성만찬 논쟁에서 아주 명백하게 구원의 은혜의 객관성을 주장하였다.

구원의 은혜의 객관성에 대한 이러한 강조는 루터 자신의 신학에 대하여 약간의 아주 중대한 의문들을 제기한다. 그것은 또한 우리들의 루터신학 해석에 있어서 수많은 매우 의미심장한 방법론적인 문제들을 제기한다. 우리는 주로 루터신학을 어떤 점에서건 그의 논쟁적인 저작들에 기초하여 정의할 수

3. 루터의 시대에 복잡한 논쟁에서 루터의 역할 113

있다고 상정한다. 그러나 구원의 은혜의 객관성에 대한 루터의 강조는 루터가 그의 저작들에서 표현하지 않았던 어떤 전제들을 주장하고 있음을 보여준다. 그것들이 논쟁의 주제가 아니었기에 그가 그것들을 명시적으로 발표할 필요는 없었다. 이것은 전혀 논쟁의 주제가 되지 않았기 때문에 루터가 한번도 발표하지 않았던 그의 신학의 다른 중요한 전제들이 있었는지에 대한 의문을 제기한다. 그것들은 무엇이었나? 그것들은 그의 신학에 있어서 얼마나 중요했는가? 이런 질문들은 루터신학을 서술하려고 시도하는 사람이면 누구나 고려하여야 하는 것들이다.

3. 35 마르부르크 회담(The Marburg Colloquy, 1529)

성만찬 논쟁에 관한 한 그것은 여러 면에서 1529년 10월 1일부터 4일까지 마르부르크에서 개최된 회담에서 결론지어졌다.[60] 이 회담은 한번 더 16세기의 신학과 정치 사이의 밀접한 상호관계를 보여준다. 헤세의 백작 필립(Landgrave Philip of Hesse)의 주도로 회담이 개최되었다. 필립은 수 년 동안 그러한 회담에 대해 생각하고 계획해 왔다. 그러나 루터는 원래 그의 제안을 거절하였었다. 그러나 1529년의 슈파이에르 국회 이후 개신교도들의 정치적 상황은 점차 어려워져 갔다. 더 이상 방어적인 연대의 필요성을 부인할 수 없게 되었다. 결과적으로 개신교 진영 내에서 연합을 이루려는 노력들이 더 많은 열심을 가지고 추구되어졌다.

비텐베르크의 신학자들과 정치가들은 신학적 동의가 남부독일 지역은 물론이고 스위스와의 동맹을 시작하는데 필수적인 전제조건이라고 확신하였다. 성만찬에 관한 신학적 논쟁이 시작되자마자 그것을 극복하려는 초기의 시도들이 여기저기서 수행되었다. 그러나 그 목표를 달성하진 못했다. 그리고 1526년에 슈트라스부르크에 의하여 이뤄진 화해의 시도들도 역시 성공하지 못하였다. 그러므로 사람들은 만약 참여자들이 정치적으로 협력하여야 한다는 압력을 받지 않았다면 마르부르크 회담이 결코 일어나지 않았을 것이라고 말할 수 있다. 그러나 그 신학적 논쟁에서 다양한 참가자들이 취한 입장들이 단순히 정치적인 힘과 동맹의 표현이거나 그것들에 의하여 결정되었다고 결론을 짓는 것도 역시 어리석은 것이다. 마르부르크 회담의 마지막 결과는 이것이 사실이 아니었음을 보여주었다. 연합을 이룩해야 할 모든 정치적 이유가 있었음에도 불구하고 마르부르크 회담은 단지 각 파벌들을 상당히 근접시키는 데만 성공했을 뿐 연합의 필수적인 토대를 마련하지 못하였다.

결과적으로 필립의 포용적인 동맹을 위한 계획은 실현되지 않았다. 1531년에 형성된 슈말칼덴 동맹(Smalcald League)은 단지 아우그스부르크 신앙고백에 서명한 제후국들(estates)만 포함했다. 신학적 신앙고백과 정치적 동맹의 이러한 근접관계는 나중에야 완화되었다. 슈말칼덴 전쟁 이후에 작센의 모리츠(Moritz of Saxony)가 독일의 개신교와 제후들의 자유를 구하기 위하여 프랑스 왕과 동맹하였다. 이 동맹은 결과적으로 찰스 5세를 결정적으로 패배시켰다. 100년 뒤에 30년 전쟁기간 중에 동맹은 오직 공통된 신앙고백의 기초 위에서만 형성될 수 있다는 원칙이 완전히 폐기되었다. 그러나 이 후대에 있어서도 신학적 신앙고백의 문제들이 계속하여 정치적 연대를 형성하는데 한 역할을 하였다는 사실을 무시하는 것은 여전히 일방적일 것이다.

3. 36 루터의 후기 논쟁들.

루터는 열광주의자들과, 에라스무스 또는 츠빙글리 등과의 특별히 중요한 논쟁들 뿐만 아니라 자신과 그 대적자들에게 중요했던 만큼 종교개혁의 역사에도 장기적인 영향을 미친 수많은 다른 중요한 논쟁들을 가졌다. 기본적으로 루터의 전생애는 다양한 종류의 논쟁들로 특징지어진다.

1517년 이후 루터는 휴식시간으로 특징지을 수 있는 그런 시간을 더 이상 경험할 수 없었다. 이 논쟁들 속에서 종교개혁자 자신들 사이에서 일어난 논쟁들이 점차 중요해졌다. 심지어 성만찬 논쟁의 잠정적인 결론이 난 후에도 그랬다. 비록 루터 자신은 로마와 자신과의 갈등이 그때까지는 자신이 개입한 가장 중요한 논쟁이라고 느꼈음에도 불구하고 이것은 사실이다. 비록 그들이 세부적으로 논의될 수는 없다고 하더라도 이들 후기 논쟁들 중 몇가지를 간략히 언급할 필요가 있다.

반(反)율법주의적 논쟁들은 1527년부터 벌써 전개되기 시작했고 그 후 1537년에 더욱 예리한 형태로 다시 나타났다. 이 논쟁들은 루터의 학생이며 나중에 동역자가 된 요한 아그리콜라(Johann Agricola)가 율법의 선포에 관하여 가르치는 방법의 결과로 발생하였다. 이 논쟁이 율법과 복음의 구별 이론을 다루었기 때문에 그것은 종교개혁 신학의 핵심과 중심을 다룬 셈이었다. 이 점이 바로 그 논쟁이 그만큼 격렬한 논쟁이 된 이유 중의 하나이다. 그리고 다시 한번 언급하지만, 이 논쟁을 충분히 연구하면 이전에 존재한 다양한 운동들이 종교개혁 안에 함께 나타났다는 것을 보여주게 될 것이다.

재세례파들(Anabaptists)이 1534-35년에 그들의 혁명적인 정부를 뮌스터에 건설했을 때, 종교개혁은 다시 한번 그들의 모든 극단적인 행위들에 책임을 졌다. 이 고발들은 로마 가톨릭 제후국들뿐만 아니라 개신교 제후국들(estates)도 재세례파의 체제를 타도하는데 참여하였다는 사실에 의하여 잠잠해졌다. 뮌스터에서의 사태의 결과로서 루터와 다른 개혁자들은 점차로 재세례파에 대한 자신들의 반대를 고착시켰다.

1540년과 1541년에 로마 가톨릭과 개신교는 종교에 관한 일련의 회담들에 참여하였다. 이 회의들은 보름스와 레겐스부르크에서 개최되었다. 그것들에는 수많은 견해들, 비망록들, 입장을 알리는 논문들, 비판들 등이 수반되었다. 때때로 합의에 도달한 것처럼 보이기도 하였다. 그러나 루터는 공통의 입장에 도달하려는 이러한 시도들에 대하여 절대적으로 회의적이었다. 그의 태도는 로마 교황청의 비타협적 입장과 결부되어서 이 시도들의 실패에 공헌하였다. 이 시도들은 저절로 그리고 본질적으로 거의 성공할 뻔 하였다. 어느 측도 상대방의 존경할 만한 의도에 대해서 그러한 대화의 성공에 절대적으로 필요한 기본적인 최소한의 신뢰도 갖지 않았다.

종국적으로 종교에 관한 이 회담들을 실패하게 만든 것은 양측이 받아들일 수 있을 만한 주장에 도달할 가능성이 없어서라기보다는 이런 유의 신뢰가 없었기 때문이다. 비록 참여자들이 공동 신조(joint formulations)에 도달하였을 때에라도 각 진영은 상대를 불신하고 상대측이 그러한 신조들을 자기네에게 유리하고 타자에게는 불리하도록 해석할 것이라고 가정했다.

3. 37 헤세의 필립의 이중결혼

다양한 논쟁들 중에서 1540년 3월에 있은 헤세의 백작 필립의 이중결혼에 의해서 특별한 문제가 제기되었다. 이 이중결혼은 슈말칼덴 동맹의 붕괴의 서막을 표시했다.

개인적 유보사항들에도 불구하고 루터를 포함한 몇몇 종교개혁자들은 그러한 이중결혼을 위한 계획에 동의하였다. 헤세의 필립(1504-67)은 이른 나이에 작센의 크리스틴과 혼인하였다. 귀족들 사이에 있었던 그런 혼인들에 일반적인 것처럼, 개인적인 관계를 만족시킬 만한 것은 아무 것도 없었다. 그의 강렬한 성적 만족에 대한 욕망의 압력에 못이겨서 필립은 자신은 더 이상 자신의 혼인 서약에 충실할 수 없다고 결론지었다. 그의 아내의 동의 아래 그는 1540년 3월에 궁궐의 아가씨인 마가렛(Margarete von der Saale)과 두번째 결혼을 하였다. 이 둘째 아내를 얻기 전에 1539년 12월에 그는 루터와 멜랑히톤과 상의하여 이 행위에 대한 그들의 동의를 받았다.

그 문제를 비밀로 붙이려는 모든 노력에도 불구하고 이 이중결혼은 알려져버렸다. 이 일이 발생하자, 루터는 필립으로 하여금 모든 것을 포기하라고 충고하였다. 그러나 아무 것도 소용이 없었다. 이 추문은 점점 커졌다. 그리고 이중결혼은 사형에 처해졌기 때문에 필립은 개인적으로 위험에 처했다. 그러나 황제는 그 기회를 그의 정치적인 목표들을 획득하는 기회로 이용했다. 그는 필립에게 압력을 가하여 자신과 별도의 협약을 맺게 만들었다. 그 협약에서 필립은 자신의 황제에 대한 반대정책을 포기하였다. 반대급부로 황제는 자신이 필립에게 대하여 (만약 황제가 전 개신교인들에 대한 전쟁에 개입되지 않는 한) 그의 이중결혼 때문에 어떠한 고소도 하지 않겠다고 약속했다. 필립은 1541년 6월 13일 여기에 동의했다.

필립은 개신교의 정치적 지도자였다. 그의 이중결혼과 그 때문에 황제와 맺은 협약의 결과로서 필립은 정치적으로 무력해졌고 행동할 수 없었다. 슈말칼덴 동맹은 점차 약화되었고 새로운 지역으로의 종교개혁의 진전은 중단되었다. 찰스 5세는 필립을 중립적으로 만드는데 성공하였으므로 몇년 후에 슈말칼덴 전쟁에서 개신교 진영을 격퇴할 수 있었다. 이 승리를 달성한 후에 황제는 개신교도들에게 아우그스부르크 협약(Augsburg Interim, 1548)을

강요할 수 있었고 그것으로써 종교개혁 진영의 지역들과 교회들의 입장을 심각하게 손상시켰다. [61]

비록 헤세의 필립이 그의 중혼(重婚)의 장기적 영향의 결과들에 대부분의 책임을 져야 하지만 루터 자신도 그가 교수로서 필립에게 제시한 그의 충고 때문에 상당한 부분의 책임을 지녔다. 이 고백적인 충고는 객관적으로 조사되고 평가될 가치가 있다. 예컨대 그것은 중혼에 대한 동시대의 태도의 맥락에서 이해되어야만 한다. 게다가 루터는 부분적으로는 잘못된 가정에 근거하여 그의 고백적인 상담을 제공하였다. 또한 루터가 그 이전에(1520년에) 의심이 되는 경우에는 중혼이 이혼보다 낫다는 견해를 표명했다는 것을 주목하는 것도 흥미있는 일이다. [62]

유사한 상황에서, 즉 헨리 8세의 첫째 부인인 아라곤의 캐더린과의 결혼이 무효화될 수 있는가에 대한 장기적이고 어려운 토론들에서, 로마에 있는 교황의 관리들은 얼마동안 중혼의 가능성을 고려하였다. 이것은 중혼이 금지된 사실에도 불구하고 어떤 때에는 중혼이 어려운 상황에 대한 가능한 해결로 보이기도 하였다는 점을 명백히 해준다. 마지막으로 루터는 법률가나 정치가로서가 아니라 오히려 목회자의 관점으로부터 이 문제를 고려하였다. 그러나 이 모든 것에도 불구하고 이 특수한 고백적인 상담은 비참한 결과를 가져왔다.

종교개혁에서 유난히 중요한 이 전개상황들에 루터가 참여한 것을 논하면서, 다양한 논쟁들에서 조언자로서 전문적인 의견의 원천으로서의 루터의 광범위한 활동을 간략하게나마 언급해야만 한다. 예컨대 1534년의 울리히 공작을 위한 뷔르템베르크의 재탈환, 1542년 선제후 요한 프리드리히와 그의 사촌 모리츠 사이에 있었던 부르첸의 수도원 재산에 관한 논쟁, 1532년부터 1545년까지 브라운슈바이크에 대한 군사작전들과 같은 논쟁들에 밀접하게 개입되어 있었다. 그리고 루터가 그의 생애 말기에 만스펠트의 백작들 사이의 불화를 해결하려고 열심히 노력하였다는 것도 우연한 것이 아니다.

그의 전생애를 통하여 루터는 엄청나게 다양한 그러한 문제들에 개입되는 짐을 지고 다녔다. 루터가 그러한 문제들을 해결하려는 그의 시도 속에서 항상 신학자로서 역할을 감당하였다는 것을 유의하는 것이 중요하다. 그의 신학도, 그의 신학의 삶에의 실질적 적용도 특정한 영역들을 그것들의 고유한 법칙들에 종속된 것들로서 인식하지 못했다. 그러나 동시에 그는 개별적인 성경 구절을 그의 문제해결 제안을 위한 유형으로서 사용하지 않았다.

3. 38 국가교회의 발전에서 루터의 역할

새로운 구조의 개신교회의 발전에서 특별히 세속정부가 취하는 새로운 역할의 관점에서 루터의 연관성은 매우 중요하다. 그러므로 우리는 루터의 활동의 이런 영역에 대하여 특별한 관심을 가질 것이다. 이 전체적인 발전에 있어서의 루터의 역할을 정확하게 이해하기 위해서, 다양한 요인들을 고찰하는 것이 다시 한번 필요하게 될 것이다. 분명히 루터는 국가교회의 발전에 결정적인 역할을 하였다. 그러나 학자들은 여전히 루터가 실제로 무엇을 이룩하고자 노력하였는가에 관하여 일치하지 않고 있다.

개신교 지역의 교회들은 지역정부의 도움과 지원으로 설립되었다. 이것이 어떻게 국가교회를 낳게 되었는지를 이해하기 위해서는 우리는 이 과정의 기본적인 요소들이 이미 중세기 말에 나타났다는 것을 기억해야한다. 16세기에는 개신교 제후들뿐만 아니라 로마 가톨릭 제후들도 자신들의 지역 안에 있는 교회의 삶에 있어서 거의 똑같은 의미를 취하였다. 그러므로 개신교 국가교회의 발전은 독립적인 지역교회들의 발전으로 인도되어진 훨씬 더 폭넓은 과정들의 일부로서 이해되어야만 한다. 얼마동안 이 발전은 절대적 전권을 국가에 넘겨줌으로써 그 정점에 이르렀다. 그러나 우리가 이 더 큰 역사적 흐름을 안다고 해서 명백하게 그 과정에서 개인들이나 개별적인 세력들이 수행한 역할들의 의미를 감소시켜선 안된다.

이 문제에 대한 우리의 분석에서 고려해야 할 또 다른 요인은 영적인 측면에서 그리스도의 몸으로 정의된 교회와 외적인 제도로 정의된 교회 사이의 기본관계 혹은 다른 말로 하면 영과 율법 사이의 기본적인 관계를 취급한다.

로마 가톨릭 지역에서는 현존하는 관계들이 보통 비판없이 받아들여졌다. 그러나 개신교도들은 항상 영을 율법에 혹은 가시적 교회를 불가시적 교회에 대조시키고 그것들이 양자간에 반목하도록 만드는 경향이 있었다. 이와 같이 루돌프 좀(Rudolf Sohm, 1841-1917)은 교회나 교회법의 존재는 항상 교회의 본질과 대립한다는 견해를 발표했다.[63] 좁은 교회를 오직 불가시적 교회 혹은 그리스도의 몸으로서 정의하였다. 좀더 최근의 개신교 교회법 연구생들은 영적인 교회법의 도움으로 가시적인 것과 불가시적인 것의 결합을 시도하는 개념을 선호하고 영과 율법 사이의 근본적인 대립을 주장하는 것을 포기했다. 사람들이 이 문제에 관하여 어떤 입장을 취하든지간에 그것은 16세기 교회 정치에 미친 제후들의 점점 강해진 역할에 대한 자신들의 평가에 영향을 미칠 것이다.

두번째 요인과 밀접하게 연관되어 있는 세번째 요인은 교회의 다양한 교리들이 아주 다른 방법으로 16세기의 이런 발전들을 평가할 것이라는 점이다. 최근의 연구는 이 문제에 대한 초기 연구자들이 루터와 종교개혁의 사상을 정당하게 평가하지 못하는 방식으로 가시적 교회를 불가시적 교회로부터 구분했다는 것을 명백히 보여준다. 오늘날 우리는 주로 교회는 불가시적이라고 말하지 않고 교회의 실제 본질이 감춰져 있다고 말한다. 결과적으로 그것은 아직도 성례전이나 복음의 선포와 같은 어떤 "표지들"을 통하여 알 수 있다. 비록 루터가 지속적으로 교회의 영적인 성격을 강조하였지만 그는 항상 교회를 피조세계 안에서 형체가 있고 확인할 수 있게 존재한다고 서술했다. 이 점에서 루터의 교회론은 그의 성육신 이해와 유사하다.

교회의 정치에 제후들이 관계한 것을 이해함에 있어서 기본적으로 의미 깊은 네번째 요인은 당시에 일반적으로 받아들여지던 정부 역할과 그 권위의 한계에 대한 이해이다. 중세기에는 영적 세속적 권력이 모두 서로를 대표하며 필요할 때는 한 쪽이 다른 쪽의 의무들을 감당함으로써 서로를 돕는다는 것이 당연시되었다. 감독들과 고위성직은 교황권에 충성하였으며 종교개혁의 유입에 저항하였다. 결과적으로 세속정부 이외에는 아무도 교회의 생활에 변화를 가져오려는 책임을 맡는 자가 없었다. 그 때에 회중들 스스로가 주도권을 가질 수도 있었으리라는 것은 결코 생각할 수가 없었다. 그들은 그럴 준비가 안돼 있었을 뿐만 아니라 세속 권위와 영적 권위 사이의 밀접한 관계에 대한 일반적인 견해가 그러한 주도권에 대한 어떤 근거도 제공하지 않았다.

뮌처마저도 처음에는 그의 유토피아적인 개혁 계획들을 위하여 정부의 지지를 얻으려 하였다. 정부가 그를 돕기를 거절한 이후에야 그는 권력을 백성들에게서 찾기 시작했다. 그러나 분명히 아무도 정부와 관계하지 않고서는 아무 것도 할 수 없었을지라도 정부의 본질과 기능은 여전히 다른 방법들로 이해되었다. 이 정도까지 정부와 제후들이 종교개혁에서 담당한 역할은 다른 방법들로 묘사되었다. 정부의 본질에 대한 루터의 특별한 이해가 우리의 논의에 의미있는 점은 바로 이 연관에 있다.

　종교개혁이 시작되기 전의 그의 초기에 있어서 조차도 루터는, 예를 들어 1516년의 그의 로마서 강의에서 세속적인 권위들이 분명히 교회교직의 권력자들이 하는 것보다 자신들의 일을 더 양호하고도 더 성공적인 방식으로 수행한다는 의견을 표명했다. 이러한 이유에서 루터는 "아마도 성직자들의 세속적 일들도 역시 세속권력 밑에 놓이면 더 안전할 것이다"라는 제안을 하였다. [64] 그의 「독일 기독교인 귀족들에게 주는 글: 기독교 국가의 개혁에 관하여」(1520)라는 논문에서 그는 세속 권세자들에게 사회적인 생활뿐만 아니라 교회적인 생활에서도 대단히 중요한 일련의 개혁조치들을 수행하라고 호소하였다. [65]

　교회 자체는 가장 절대적으로 필요한 개혁조치들의 수행마저도 실패하였다. 그러나 세례받은 자들의 보편적인 사제직에 근거하여 정부 관리들은 그 공백을 메울 수 있다. 명백하게 루터는 동시에 그들에게 잘못된 자기신뢰를 갖지 말라고 경고한다. 그리고 그 자신은 그가 그의 논문에서 제기한 특별한 제안들을 단지 개혁을 위한 규범적인 강령이라기보다는 단지 수행될 수 있는 바른 척도의 예로서만 귀족들에게 전달된 것으로 간주하였다.

　보름스 국회 이후 수년이 지나자 정부의 역할은 루터에게 훨씬 더 중요해졌다. 위에서 기술한 것처럼(3. 15-17 참조) 이것은 비텐베르크의 소요기간 중에 명백히 사실이었다. 루터는 그가 농민전쟁의 사태를 절충하면서 정부의 기능에 한층 더 감사해 하였다. 그러나 이 농민반란은 또한 루터에게 복음 즉 종교개혁의 이름으로 무엇이 주장될 수 있는가를 보여주었다. 이 모든 것의 빛 아래서 루터에게는 개신교 교회를 위한 구조를 제공하는 사명을 수행하는 것이 점점 더 중요하게 보였다. 개혁자들은 작센의 개교회들을 신중하게 방문하면서 이 사명에 착수하기 시작하였다. 그들은 특별히 개교회들의 생활을 강하게 만들고, 목회자들의 가르침과 삶을 조사하고, 악습의 개선에 관심을 가졌다. 감독들이 교황권에 여전히 충성을 다하였기 때문에 세속정부만이 그러한 시찰을 명령한 권한을 갖고 있었다.

　　1526년에 슈파이에르 국회는 황제의 모든 제후국은 각자가 하나님과 황제 모두에게 그들의 행동을 책임지는 그런 방식으로 보름스 칙령(the Edict of Worms)에 대하여 응답하라고 결의하였다. 본질적으로 그리고 당연히 이 결정은 단지 보름스 칙령의 시행을 황제의 제후국들의 재량에 맡겼다. 그러나 개신교 지역들에서는 이 결정이 매우 빨리 각 제후국은 특정한 개혁조치들을 하거나 심지어 전 종교개혁을 도입하는 것에 대한 결정을 자유롭게 할 수 있다는 의미로 해석되었다(3. 16 참조). 실질적으로 이러한 해석은 아우그스부르크 평화협정(the religious Peace of Augsburg, 1555)에서 도달한 이런 문제들에 대한 규정을 예견하였다.

　　1525년에 루터는 이미 선제후로 하여금 개교회 방문을 인허하라고 요구하였다. 다른 이들은 이미 그 이전에 동일한 요구를 하였다. 이제 슈파이에르 국회 이후로 작센 선제후 요한(the Saxon elector of John the Constant)은 이 제안들을 시행하였다. 이러한 교회나 학교의 시찰은 1527년부터 1530년까지 선제후령 작센 지방에서 수행되었다. 이 시찰의 결과로서 종교개혁 운동은 개신교 국가 교회의 형태를 띠게 되었다.

　　이 과정은 장기적인 결과를 가져왔다. 예를 들어서 많은 차이점들에도 불구하고 그것은 1918년까지 독일 개신교회의 기본적인 외적 형태로 남아있었다. 1918년까지 독일 개신교는 정부와 교회의 매우 밀접한 협력에 의하여 특징지어졌다. 이 합의(arrangement)는 교회의 외부적인 복지에 대한 책임을 국가에 할당하였다.

　　그러나 실제적인 관행에 있어서 국가는 또한 교회의 가르침에 장기적인 영향을 미쳤다. 아우그스부르크 신앙고백은 루터교의 기본적인 고백문서인데 개신교 신학자들뿐만 아니라 제국의 정치적인 제후들도 서명하였다. 이 사실은 독일에서의 종교개혁이 개신교 국가 교회를 세속권세의 감독하에 있게 하는 결과를 낳았다는 사실을 상징적으로 표현한 것이다. 아우그스부르크 국회 자체는 신학자들이 토론에서 말도 투표도 할 수 없는 그런 방식으로 조직되었다. 그들은 단지 자신들의 제후들에게 조언들로서만 기능하였다.

　　결과적으로 독일내 종교개혁의 고백적인 성명서를 형성하는 전 과정은 최종적으로 다양한 제후국 정부들의 대표들에 의하여 결정되었다. 그들은 당연히 특정한 신학적 관점들을 대변하였다. 루터가 작센 선제후령에서 교회들과 학교들을 시찰할 때 정부가 수행하기를 의도하였던 역할에 관하여 학자들은 오랫동안 일치를 이루지 못하였다.

분명히 우리는 루터가 혹은 다른 어떤 관련자라도 그들이 1525년과 1526년에 내릴 결정들이 미칠 장기적인 결과들을 알았다고 기대할 수 없다. 그런 역사적 상황 속에서 더 지체하지 아니하고 교회의 생활을 개혁하는 것이 절대적으로 필요한 것처럼 보인다. 우리는 이 결정들을 내린 사람들에게 이 결정들이 후대 역사에서 가져온 모든 결과들에 대한 책임의 짐을 지우지 말아야 한다. 이 결정들을 적절하게 이해하기 위해서는 우리는 그것들이 실제로 만들어졌을 때의 상황의 맥락에서 무엇을 의미하였으며, 이 결정을 내린 사람들이 어떻게 그 상황을 이해하였는가를 질문하여야만 한다.

그러나 동시에 이 결정들은 또한 교회와 정부의 본질과 기능에 대한 분명한 전제들의 기초 위에서 만들어졌다. 두가지 매우 중요한 문서들이 1527년에 작성되었다. 이것들은 우리에게 작센 선제후 요한과 루터의 생각에 대한 통찰을 제공한다.

「시찰자들에게 주는 선제후의 교훈」은 그들의 권위를 정의하고 그들의 행동을 위한 지침들을 제공하였다. 이것은 1527년 6월 16일에 발행되었다. 시찰이 이미 시작된 뒤에 멜랑히톤은 1527년 여름에 시찰자들을 위하여 또 다른 지침들을 작성하였다. 루터는 이 교재를 몇가지 점에서 개정하였다. 그리고 나서 이것은 루터의 서문과 함께「작센 선제후령내 교구목회자들의 시찰자들을 위한 교훈」[66]으로 출판되었다. 두 교재 사이에는 분명하고도 명백한 차이점이 있다. 다른 아무도 종교개혁을 수행할 입장에 있지 않았기 때문에 루터가 도움을 청하기 위하여 정부로 돌아선 반면에, 선제후는 정부의 수반으로서 그의 권위의 근거 위에서만 행동하였다. 그는 시찰자들이 자신으로부터 "권력과 권위"를 받았다고 이해하였다. 선제후는 그가 그의 관직의 대표들이 행동하기를 기대하는 것과 같은 방식으로 그들이 행동하기를 기대하였다. 선제후의 교훈서에는 영적이고 세속적인 권위 사이의 구분이 명확하게 없었다. 반면에 우리는 후에 지역 제후들에 의한 교회정부의 발전을 낳게 되는 근원들을 여기서 발견한다.[67]

루터는 선제후의 교훈서가 발간된 후에 교훈서의 서문을 썼다. 선제후의 입장에 명백한 불일치를 보이면서 루터는 교회의 시찰을 감독들의 책임이라고 묘사했다. 루터가 감독제적인 교회정치 형태를 보존하려했다는 것은 아주 분명하다. 그가 쓴 바에 따르면, 복음은 다시 한번 그 존엄한 자리로 회복되어졌으므로,

> "우리는 압박해오는 필요 때문에 진정한 감독직과 시찰의 관행이 재설치되는 것을 보고 싶어할 것이다. 그러나 우리중 아무도 이 일을 행해야 할 부르심이나 분명한 명령을 느끼지 아니하였기에, 그리고 성 베드로가 우리가 그것이 하나님의 의도한 바라는 확신을 갖지 않는 한 교회 안에서 어떤 것의 창조도 묵인하지 않았기 때문에, 아무도 감히 그것을 수행하려 하지 않았다. 확실한 것을 따르는 것과 사랑의 직무에 인도되는 것을 즐겨하면서 우리는 로마 제국의 제일 원수이자 제일 선제후이시며, 투린기아의 백작이시고, 마이센의 후작이시며, 우리의 가장 자비로우신 영주이며 제후이시고, 하나님에 의하여 우리의 확실한 세속적 주권자로 정하여진, 현저하게 존귀한 제후이며 영주이신 작센의 요한 공작에게, 기독교적인 사랑으로부터, 그리고 하나님의 의지에 의하여 복음과 그의 영토 안에 있는 불행한 기독교인들을 위하여, 선제후께서 몇몇 유능한 사람들을 불러서 그들에게 이 직무를 위임할 것을 호소하였다."[68]

이 구절은 선제후가 지도자이기 때문이 아니라 기독교인 형제로서의 역할을 수행하였을 뿐이라는 것을 의미할 뿐이라고 읽을 수 있다. 루터는 분명하게 말한다. "비록 선제후가 영적인 일들에서 가르치거나 다스릴 의무가 있는 것은 아니지만, 세속 주권자인 그에게는 그의 신하들 중에서 분쟁, 소요, 그리고 반란이 일어나지 않도록 조치를 취해야 할 의무가 있다. 즉 콘스탄티누스 황제가 아리우스가 제국 안에 있는 기독교인들 사이에 일으킨 분열을 참을 수 없었기 때문에 감독들을 니케아에 소집하였던 것과 마찬가지로 그리고 그가 그들로 하여금 가르침과 신앙에 있어서 연합을 유지하도록 만들었던 것과 마찬가지이다."[69]

선제후의 교훈들과 루터의 서문 사이의 강조점의 차이들은 어떻게 평가되어야 하는가? 루터는 실제로 훈령의 기본적인 어조를 반대하고 있었는가? 아니면 그는 아마도 조용하게 그것들의 함축성을 완전히 알지못하면서 그것

들을 조용하게 수정하고자 하였는가? 혹은 루터가 그 다음 몇년이 지나도록 종교개혁의 결과 발생한 많은 임무들을 수행함에 있어서 정부와 협력한 이래로 두 사람 사이에는 실제로 거론할 만한 가치가 있는 차이점이 없었는가?

비록 우리가 훈령과 서문 사이에 차이점이 아주 작은 것이라고 결론을 내린다 하더라도 루터가 감독제적 교회정치 형태를 보존하고자 의도하였다는 사실에 대해서는 아무런 의심이 없다. 그러나 그러한 형태의 정치는 그 당시에는 불가능하였다. 이런 한도내에서 제후들이 이끄는 교회정치의 발전은 불가피하였다. 그러나 루터가 설립하도록 도운 잠정적인 조치(협정, arrangement)는 분명히 유별나게 긴 수명을 갖게 된 것으로 드러났다.

이미 고려한 요인들에 덧붙여서, 대학교수로서의 루터의 입장 역시 루터교 지역 안에서 국가교회가 발전한데 중요한 요인이었다. 크룸비데(H. W. Krumwiede)[70]는 선제후로부터의 대학의 독립성에 주목하였다. 물론 이 독립성은 시간이 흐르면서 점점 더 상실되어 갔지만 말이다. 그러나 대학에서 루터의 위치는 심지어 선제후와의 관계에서조차 그에게 어느 정도의 독립성을 주었다. 루터는 보름스 국회가 그를 불법자로 선언하였고 로마교회가 그를 파문하였기 때문에 시민으로서 선제후의 보호에 전적으로 종속되어 있었지만 그럼에도 불구하고 교수진의 한 일원으로서 이 독립성을 행사하였다. 그러나 이 점에도 불구하고 루터의 입장에서 가장 중요한 동기적 요인은 그의 신학에서 발견되어야 한다.

3. 39 논쟁에서의 예리한 변증적 어조

루터가 개입된 논쟁들은 많았고 그것들이 오래 지속되었는데, 우리는 이것들이 대단히 정열적인 전투였다는 사실을 간과해서는 안된다. 16세기에는 논쟁하는 모든 쪽에서 원색적인 논쟁술이 당연시되었고 루터에게만 독특한 것은 아니었다. 후기 중세의 논쟁들에서조차도 그 방법들이 필적하기 어려웠다는 면에서 원색적이었다. 이렇게 말함으로써 루터가 그의 언어의 거칠음이나 투박함에서 그의 동시대인들을 압도하였다는 것도 또한 언급해야만 한다. 또한 이 동일한 거칠음이나 투박함은 그가 출판한 「탁상담화」가 지적하듯이 식탁에 앉아서 나눈 그의 언어의 특징이기도 하였다. 그러나 이 특징은 그의 저작들 안에 특별히 현저하다. 루터가 논쟁에 더 오래 개입될수록 그의 논쟁적인 태도와 대좌하는 적수에 대한 그의 조소는 더욱 강렬하게 보여졌다. 마찬가지로 우리는 단지 가끔 루터의 초기 강연들 안에서 원색적인 설명들을 발견한다. 비록 루터가 신앙을 오류투성이로 만든 자들과 예리하고도 본질적인 불일치를 이미 표현하였을지라도 이것은 사실이다. 예를 들어서, 그의 로마서 강의들에서 루터는 라틴어 교재의 한 중간에서 인간이 본성상 하나님을 온전히 사랑할 수 있다고 묘사하는 신학자들에 대한 설명을 불쑥 끼워넣었다. 그는 그들을 "Sautheologen" 즉 문자적으로 "돼지같은 신학자들"(pig-theologians)이라고 불렀다.[71]

그러나 그 논쟁적인 어조는 면죄부 논쟁이 시작된 후에 더욱 더 예리해졌다. 이것은 모든 참가자들에게 있어서 타당했지만 특히 루터에게 그러하였다. 밀티츠의 칼에 의한 것과 같은 간헐적인 화해의 시도들은 그 적대자들이 숨을 쉬기 위하여 잠시 시간을 갖는 휴식으로 일컬어질 수 있다. 그러나 루터가 파문당하고 추방자로 선언된 사실은, 논쟁의 예리함에 관한 한 댐을 부숴뜨리는 효과를 가졌다. 1520년 이후 루터는 교황권에 대한 그의 공격에 아무런 제재나 완화를 걸지 않았다. 그러나 곧 종교개혁자들 사이에서 새로운 논쟁들이 일어났다. 이 논쟁들은 로마와의 논쟁과 똑같은 완고함으로 끝을 맺었다. 루터가 칼슈타트나 뮌처, 혹은 츠빙글리 등 누구와 협상을 하든지간에, 그는 그의 섬세한 의미들(nuances)을 아주 사려깊게 선택할 수 있었음에도 그의 논쟁은 항상 신랄하였다. 그의 대적자들도 같은 방법으로 응답하였다.

예를 들어서 뮌처는 루터에게 쓴 마지막 글의 표제로부터 우리는 그것을 확인할 수 있다. Hochverursachte Schutzrede und Antwort wider das geistlose, sanftlebende Fleisch zu Wittenberg, welches mit verkehrter Weise durch den Diebstahl der Hl. Schrift die erbärmliche Christenheit also ganz jämmerlich besudelt hat. 이것을 자유롭게 번역하면, "잘 자극된 변호와 답변을 비텐베르크에서 살찌게 살고 있는 정신빠진 고깃덩어리에게 보낸다. 그는 비록 동정을 받아 마땅하긴 하지만, 성경을 도적질함으로써 기독

교 세계를 심각하게 우매하게 만들었고 먹칠하였다."

　　물론 이 논쟁적 언어는 가끔 생경하고 때로는 망측하였다. 대적자들을 털끝만큼도 높여주지 않고 동물의 이름으로 부르는게 양 진영의 관례였다. 이 과정에서 논쟁 참가자들은 자주 현저한 동물학적 지식을 위배하였다. 그러나 그러한 관례는 상대적으로 무해하였다. 양측이 그들 각자가 상대방을 악마에 사로잡혀 있다고 서술하는 것을 당연시하였다는 점이 훨씬 더 불행한 것이었다. 만약 우리가 그러한 표현들을 단지 문자적 형태의 문제로만 이해하게 된다면 우리는 이것의 요점을 놓치게 된다. 반면에 복음에 부가된 것이 그 순수성을 혼합시켜버렸기 때문에, 루터가 적그리스도가 교황권 안에서 활동중이라고 보았던 것과 마찬가지로, 사람들은 실제로 그들이 인간 대적자들뿐만 아니라 악마에 대항하여서도 싸우고 있다고 생각하였다. 그들은 악마가 단지 교회와 사회의 순수한 교리와 신적인 질서를 혼란에 빠뜨리기 위하여 그들의 대적자들을 사용하고 있다고 생각하였다.

　　이러한 악마 개념을 지지하기 위하여 많은 신약성경의 구절들을 인용할 수 있었다. 결과적으로 이러한 견해들은 종교개혁의 성서적 원칙에 의해서 단지 강화될 뿐이었다. 그 시대에 널리 통용되던 묵시적인 기대 또한 이러한 견해들을 강화하였다. 그것은 묵시적인 세계관에서 온 전통적인 언어나 상상력을 당시에 어쩌다가 대적자가 되어버린 사람들에게 무분별하게 옮기는 것을 정당화시키는 것처럼 보였다.

　　기본적으로 이러한 논쟁들에 연루된 다양한 운동들의 그 어느 측도 이 점에 있어서는 다른 이들과 별반 나을게 없었다. 주목할 수 있는 유일한 차이점들은 상호간에 대한 그들의 공격의 수준에 점진적인 차이가 있다는 것이다. 그러나 루터의 거칠음은 특히 로마 가톨릭에 의해서 20세기의 첫 10년 동안에 무거운 비판의 대상이었다. 그러한 불평에 대하여 개신교 학자들은 루터를 변호하고 그것(루터의 거칠음: 역주)을 정당화하였다.

　　그러나 최근에는 이 문제에 대한 토론들이 훨씬 잠잠해졌다. 아마도 아주 분명하지는 않지만 이것은 16세기에 일반적이었던 원시적이고 투박한 표현의 문체를 점점 이해하게 된 결과일 것이다. 그 변화는 루터연구와 넓은 범위에서의 루터에 대한 지식이 현저하게 감소한 결과일 것이다. 그러나 우리 자신의 현대적인 공식논쟁에서 표현의 격렬함이 증가하는 것은 16세기의 특별히 신랄한 어조에 대한 우리의 느낌을 바꾸어주었다. 그것이 어떻든지간에 16세기의 논쟁적인 주장들의 신랄한 어조는 단지 그 논쟁들의 실상의 한 부분이었을 뿐이다. 그리고 다양한 참가자들의 개별적인 문체들을 조사하기를 원하는 학생들에게는 광활한 연구분야가 개방되어 있다.

3. 40 루터의 책「한스부르스트를 반대함」(1541)에 나타난 논쟁술

루터의 「한스부르스트를 반대함」[72]에 나타난 어떤 언급들은 루터의 논쟁 스타일에 대한 직접적인 인상을 제공한다. 이 논문은 브라운슈바이크와 볼펜뷔텔의 공작 헨리에게 보내진 혹은 쓰여진 것이다. 1538년 봄에 공작과 두 명의 개신교의 지도적인 제후들인 선제후 요한 프리드리히와 헤세의 공작 필립 사이에 공개적인 적대관계가 발발하였다. 그리고 대단히 정력적인 문서논쟁이 잇따랐다. 루터는 처음에 침묵하고 있었다. 그러나 1540년 말에 헨리가 위임한 새로운 문서가, 개신교도들을 불경건하고 배교적인 신성모독적 이단이라고 기술했다. 이것에 더하여 루터가 그의 제후를 "한스부르스트" 즉 익살광대라고 언급하였다는 거짓 주장이 생겨났다. "짐은(헨리 공작) (마틴 루터가 그의 친애하는 경건한 한스부르스트라고 부르는) 작센(즉 선제후 요한 프리드리히)에게 나를 반박할 글을 쓰도록 만드는 아무런 이유도 주지 않았다."[73] 이것에 대한 대답으로 루터는 그의 책「한스부르스트에 반대하여」를 썼다. 그 첫째 문장은 다음과 같다.

"볼펜뷔텔의 폰 브라운슈바이크가 이제 또 다른 책자를 써서 나의 자비하신 영주이신 작센 선제후에게 그의 비열하고(옴딱지 투성이고) 상스런 머리를 문질러 대기 시작하였다. 그는 또한 두번이나 나를 공격하였고 꾀었다. 첫째는 그가 내가 나의 친애하는 영주를 한스부르스트라고 불렀다고 썼을 때, 그리고 다음은 그가 신앙의 온전한 본질을 공격할 때이다. 이 신앙에 대하여 말하자면 나는 내가 현시대에서 수위에 서 있는 해설자들 중의 한 사람이라고 고백할 수밖에 없다. 그는 저주하고,

하나님을 모독하며, 울부짖으며, 다투며, 고함지르며 침을 뱉는다. 그래서 만약 사람들이 그가 이런 말들을 내 뱉는 것을 들었다면, 마치 (복음서에 나온 그 사람처럼 (마가복음 5:1-10)) 그가 군대귀신이 들린 것처럼 사로잡아서 결박지워졌듯이, 사슬과 막대기를 들고 모여들 것이다. 나는 이 비열한 자식에게 한 마디의 답변이나마 할 값어치가 있다고는 생각하지 않지만 그럼에도 불구하고 ─ 그가 혼자가 아니기 때문에 ─ 우리의 백성들에게 토론할 거리를 제공하려 한다."[74]

게다가 루터는 이것이 선제후에게 대하여 쓰여진 책과 같은 책들이 자신을 향하여 쓰여졌을 때, 그것은 그의 마음뿐만 아니라 그의 무릎뼈와 발목에까지도 그러한 것이라고 주장하였다. "내가 그것을 나를 통하여, 이 불쌍하고 가련한 나를 통하여 볼 때 그것은 나로 하여금 기꺼이 머리부터 발끝까지 흥분하게 하기 때문에, 주 하나님께서는 그 지옥의 제후들과 세상의 제후들을 모두 발광하게 만드시고 격앙시키신다. 그리하여 자기들도 모르게 그들은 폭발하여 스스로를 갈기갈기 찢어버릴 것이다. 반면에 나는 신앙과 주님의 기도의 그늘 아래 앉아서 악마들과 그들의 일당들이 분노 가운데서 엉엉 울어대고 싸우는 것을 비웃고 있다."[75]

루터는 그러한 논쟁들이 그를 신선하게 만들고 강하고 행복하게 만드는 것을 경험하였다. 그는 이전에 상당히 온화한 형태로 아주 동일한 것을 말하였다. 예를 들어서 1521년 보름스에서 그는 그가 그렇게 많은 논쟁의 기회 때문에 기쁘다고 말하였다. 왜냐하면 그리스도 자신께서도 그가 화평이 아니라 검을 주러 왔노라고 말씀하셨기 때문이다.[76]

루터가 헨리 공작에게 "한스부르스트"라는 칭호를 돌린 것은 상대적으로 온화한 논쟁형태였다. 공작은 거기다가 또한 거짓말을 했다는 고소를 감수해야만 하였다. 사실 루터는 그가 "뻔뻔한 거짓말장이"라고 주장하였다.[77] 루터는 또한 되풀이해서 "그 악마와 그의 어릿광대"(the devil and his Hanswurst)를 잇따라서 언급하였다.[78] 그것을 특별히 격렬한 용어로 표현하자면, "그리고 그 저속한 촌뜨기, 멍텅구리에다가 볼펜뷔텔의 시골뜨기, 나귀(바보, ass)들이나 거느리는 나귀(바보) 녀석이 히히힝거리면서 인간을 판단하고 이단이라고 소리지른다."[79]

그리고 헨리가 로마 교회를 지지하였기 때문에 루터는 로마에 대한 열정적인 공격들의 기회로 이용하였다. 교황청, 교황권 그리고 전 로마 교회는 "매춘부" 또는 "마귀의 매춘부"(devil's whore)라고 불렸다. 루터는 예언적이고 묵시적인 문학에서 쉽게 사용할 수 있는 이런 구절들과 유사한 구절들을 발견하였다.[80] 루터는 개신교인들이 "전에는 이 지옥의 매춘부, 이 교황의 새로운 교회의 뒤에 붙들려있었다"고 한탄하였다.[81] 마찬가지로 루터는 교황제 교회를 "큰 용의 머리"[82] 또는 "마귀의 진짜 매춘부 ─ 교회"[83]라고 묘사하였다. 공작뿐만 아니라 교황까지도 "나귀(바보)"라고 불렸다.[84] 로마 교회들은 때때로 역시 "갈보집 그리고 마귀의 교회들"로서 묘사되었다.[85]

그리고 공작과 로마에 대한 그 논쟁은 루터가 단순히 "로마의 교황 해리(헨리)"(Pope Harry〔Henry〕of Rome)를 언급했다는 것과 합하여질 수 있다.[86] 루터는 이전에 교령들, 즉 교황청의 결정들을 부패한 것으로 묘사하는, 번역되지 못하는 재담(puns)을 사용하였다.[87] 그러한 주장들이 그의 오랜 적 에크를 "암돼지 박사"로 특징지운 것이나 모든 교황주의자들을 "멍청한 바보들"로 특징지운 것과 결부될 때, 그 결과는 약간 희화적인 문체이다. 루터는 또한 특히 자신을 늑대에게 잡아 먹히는 양으로 비교하면서 비유를 바꿀 수도 있었다.[88]

이런 유의 신랄한 논쟁이 그 고유한 삽화를 제안하고 심지어 요구한다는 것은 명백한 것이었다. 사실 루터는 몇년 후에 루카스 크라나하(Lukas Cranach)에게 자신의 전적으로 그리고 엄청나게 논쟁적인 작품「악마의 제도인 로마 교황청에 반대하여」(1545)[89]의 삽화가로서 도움을 청하는데 주저하지 않았다. 어떤 특정한 사건들에 대한 설명은 그렇다 치고, 이 책은 교황이 기독교 세계의 수장이라는 주장에 대한 루터의 가장 신랄한 공격이다.

루터는 또한 다시 한 번 권력의 양도(translatio imperii)의 이론을 공격하였다. 그것은 교황이 로마 제국의 권위를 독일 제국으로 이양하였다는 이론이다. 루터는 이미 1520년에 그의 책「독일 민족의 귀족들에게 보내는 서한: 기독교 제후국의 개혁에 관하여」에서 이 이론을 반대하였다.[90] 루터는 교황청의 모든 주장들을 거부하였고 세례 속에서 악마를 거부함은 교황제를 거부함이라고 주장하였다. 루터는 스스로 그림의 내용들에 관하여 교훈하였다. 이 그림들의 어떤 것들의 내용은 외설문학적이며 그것들 모두는 교황제에 대한 깊은 증오를 표현한다.[91] 이 증오는 의심할 바 없이 백성들 사이에서 유행하였다. 그런데 이 그림들은 또한 그것들을 본 사람들의 가장 저속한 본능들을 자극하였다. 루터는 라틴어 제명과 독일어 구절들을 작성하여 이 그림들에 딸리게 하였다. 그것들의 기본적인 내용은 교황과 그의 추기경들이 교수형에 처해져야만 한다는 것이었다.

3. 41 유대인에 대한 루터의 저작들

루터의 유대인에 대한 태도는 그의 시대 문제들에 대한 취급에서 어두운 장(章)이다. 의심할 바 없이 16세기에 널리 퍼졌던 신랄한 논쟁은 여기에 큰 역할을 감당하였다. 그리고 여전히 그 문제들은 루터의 유대인들에 대한 태도와 결부되어 있다. 여기에서 우리는 신학과 "개종"의 문제들과 당시에는 당연시되었던 편견들과 그리고 불관용에 대하여 다루고 있다. 이 모든 것 중에서 루터가 처음에는 유대인들을 훨씬 더 개방적인 방식으로 대하였다는 점이 특기할 만하다.

그러나 그의 생애 후반에 있어서 루터는, 히틀러의 시대때 집권하던 나치가 자신들이 루터를 그들의 유대인 박해의 대부라고 주장할 자격이 있다고 느낄 정도로 격렬하게 유대인들에 대하여 말하였다.[92] 1523년에 루터는「예수 그리스도는 유대인으로 나셨다」[93]라는 논문을 출판하였다. 이 논문은 기독교계의 대(對) 유대인 관계에 있어서 새로운 시대가 시작되려 한다고 생각할 정도로 그렇게 개방적인 태도를 나타냈다.

대조적으로 루터의 이 주제에 대한 후기의 저술들은 유대인들을 사회의 나머지로부터 고립시킬 목적으로 아주 혹독한 제안들을 하고 있다. 유대인들에 대한 루터의 저작들을 평가함에 있어서 우리는 루터로 하여금 이 책을 쓰도록 만든 특별한 사건들은 물론이고 유대인들과 기독교인들 간의 관계의 배경을 고려하여야만 한다. 그러나 거기에다가 우리는 16세기의 유대인들에 대한 태도가 인종의 문제에 초점을 맞춘 것이 아니라 오히려 신앙의 차이라는 점에 있었다는 사실을 기억하여야만 한다. 이 점에도 불구하고 루터가 그의 노년에 유대인들에 대하여 지나치게 무절제한 주장들을 하였다는 점을 의심할 수 없다. 마치 그가 이전에 농민들에 대한 그러한 성명들을 한 것처럼 말이다.

그렇게 함으로써, 비록 루터는 결코 아무도 그런 유의 어떤 일을 하리라고 바라지는 않았음에도 불구하고, 루터는 자신들의 행하고 있는 것들을 루터가 개인적으로 인정하고 인허하는 것처럼 그의 주장들에 호소하는 자들에게 그 길을 광범위하게 개방시켜 놓았다.

3. 42 루터의 인격적 온화함과 과격함

우리는 루터의 거친 논증에 대하여 잠잠할 수 없듯이 또한 루터가 부드러운 느낌이나 감정 이입을 표현할 수 있었다는 것도 역시 강조하여야만 한다. 평범한 독자라면 앞에 나온 단락들에서 묘사된 과격한 팜플렛의 저자에게서 그러한 민감성을 기대하지 않을 것이다. 남편으로서 그리고 그의 자녀들의 아버지로서 또한 그의 제후와의 친구요 동료관계로서 루터는 거의 필적하기 힘들 감정 이입과 사려를 보여줄 수 있었다. 그의 성격의 이러한 특징은 루터가 자신의 가정과 개신교 교회들 안에서 음악과 음악이 담당하는 역할에 두었던 가치에 상응한다. 이 점에서 루터는 그의 영적인 시험에서 도움의 원천으로서 음악을 경험하였다. 즉 음악은 악한 영을 몰아내고 믿음을 강화시킨다.

마찬가지로 우리는 루터의 목회 사역을 주목하여야 한다. 그는 선하고 지혜롭게 행동하였다. 그러나 개별적인 사람들과 그들의 필요에 대한 관계에서 어리석은 짓을 허용하지 않았다. 그렇게 하면서 루터는 그가 필립의 이중 결혼을 고려할 때 보여준 것처럼 가끔 본질적이며 당연스럽게 타당하다고 평가되는 규범들을 옆에 밀쳐둘 수 있었다. 비록 그 특별한 결정이 결정적으로 문제를 일으키기는 하였지만.

물론 루터를 주로 그의 인격의 긍정적인 요소들의 관점에서만 초점을 맞추는 것은 그의 무례함에만 초점을 맞추는 것과 마찬가지로 일방적일 것이다. 우리는 이미 이것만이 그것들을 병리학적으로 볼 충분한 이유는 아니지만, 루터의 영적인 유혹들이 규범의 범위들을 벗어났다는 것을 보았다. 그래서 루터의 인격은 일상적인 한계들을 가끔 깨뜨려버리는 엄청나게 다양한 방법으로 표현된다. 우리가 루터를 이해하려고 노력할 때는 우리는 그의 인격의 광범위한 다양성에 대해 개방적이 되어야만 하며 어떤 특정한 영역을 배제시켜서는 안된다. 그를 영웅으로 선언하는 맹목적인 시도들은 그를 부정적인 판단을 가지고서 단지 거부하려는 유사한 노력과 동일하게 문제가 있다.

3. 43 루터의 자기 이해

루터 자신의 역사적 소명에 대한 자의식은 루터의 논쟁 스타일의 분석의 맥락뿐만 아니라 특별히 그 자체의 모든 문제로서 상당한 의미가 있다. 루터의 자신의 사명에 대한 자기 이해는 우리가 그의 행위를 더 잘 이해하도록 도움을 줄 수 있다(5.1.3 참조) 루터는 자주 그의 삶과 사역에 대하여 말했다. 그의 언급들은 수줍음뿐만 아니라 자기존귀에서도 동떨어진 놀랄 만한 자유와 용기로 특징지어진다. 이런 기억 속에서 루터는 되풀이해서 그가 그의 공적인 직무를 자발적으로 착수하지 않았으며 그리고 분명히 어떤 유의 정해진 계획을 가지고 시작한 것이 아니라고 강조하였다.

그와는 반대로 하나님은 사실 그가 이 사명을 수행하도록 강요하셨다. 구약의 많은 예언자들처럼 루터는 자신을 하나님에 의해서 강제적으로 움직인 것으로 묘사하였다. 이것은 그가 자신을 자신이 특별한 재능이 있어서라거나 어떤 일들을 성취하였기 때문에 부름을 받았다고 여기지 않았다는 것을 의미한다. 그러한 이유 때문에 루터는 또한 종교개혁의 문제들을 그의 인격을 중심으로 움직여지는 것으로 생각하지 않았다.

루터가 1519년 10월 3일 슈타우피츠에게 편지를 썼을 때, 하나님은 "많은 루터들"을 일으키셨다.[94] 루터는 1521년과 1522년에 바르트부르크에서 보내는 기간동안 이 자세를 유지하였다. 그는 반복해서 그의 추종자들을 루터파(Lutherans)라고 칭하는 것을 반대하였다.

"첫째로, 나는 사람들이 내 이름을 언급하지 말기를 부탁합니다. 그들을 기독교인들로 부르고 루터파라고 부르지 마시오. 루터가 뭡니까?

결국 가르침은 나의 것이 아닙니다(요 7:16) 내가 누구를 위하여 십자가에 달린 것도 아닙니다(고전 1:13). 성 바울은 고린도전서 3장에서 기독교인들이 자신들을 바울파나 베드로파로 부르는 것을 허락지 않고 기독교인으로 부르게 하였습니다. 그런데 어떻게 이 불쌍하고 역겨운 구더기 밥인 내가 사람들더러 그리스도의 자녀들을 나의 가련한 이름으로 부르게 할 수 있다는 말입니까? 절대로 안됩니다. 나의 친애하는 여러분들이여, 우리 모두 파벌들의 이름들을 없애버립시다. 그리고 우리 스스로를 우리가 고수하는 그 분의 이름을 따라서 기독교인이라고 부릅시다. 교황주의자들은 그리스도의 가르침과 이름에 만족하지 않고 교황주의자가 되고 싶어 하기 때문에 그들은 당연히 당파적인 이름을 갖습니다. 그렇다면 그들은 교황주의자가 되라고 합시다. 교황이 그들의 주인이기 때문입니다. 나는 누구의 주인도 아니며 그런 것을 원치도 않습니다. 나는 보편적인 교회와 더불어 우리들의 유일한 주님이신 그리스도의 보편적인 가르침을 주장하는 바입니다(마 23:8)"[95]

1522년에 루터는 자신을 이 문제에 관한 약간 부드러운 방식으로 표현하였다. "그러나 만약 여러분이 루터의 가르침은 복음에 근거하는 것이라는 것과 교황의 가르침은 그렇지 않다는 것을 확신한다면 그 때 여러분은 루터를 전적으로 무시해서는 안됩니다. 여러분들이 그리스도의 가르침으로 인정하는 그의 가르침을 그와 함께 무시하지 않기 위해서라도 말입니다. 여러분들은 '루터가 악당인지 성인인지 나는 상관하지 않는다. 그의 가르침은 그의 것이 아니라 그리스도의 것이기 때문이다'라고 말해야 할 것입니다."[96]

3. 44 개혁자 루터

우리가 접할 수 있는 어느 기록에서도 루터는 두번 다시 교회의 개혁자임을 자처하지 않았다. 그의 종교개혁 자체에 대한 이해는 그로 하여금 이런 주장을 못하게 만들었다. 종교개혁 전야에 루터가 공적인 인물로 나타나기 전에 종교개혁의 가능성에 대한 대단히 다양한 생각들이 있었다. 많은 사람들은 그러한 개혁이 필요하며 그것이 곧 나타나리라고 느꼈다. 아주 다른 유산들이 다른 목표들을 가진 채 정치적이고 교회적인 분파들이 "개혁" (reformation)이라는 표어를 사용하는 한에서 연합되었다.

루터에 관한 한 그는 그가 교회의 개혁을 일으켰다고 주장하지 않았다. 이 점의 기초는 일종의 겸손에서 찾을 것이 아니라 루터가 개혁을 우리가 보통 접하는 것과는 상이하게 이해하였다는 사실에서 찾아야 한다. 루터가 "개혁"이라는 용어를 사용한 초기 저작들 중에서조차도 그가 순수 복음과 참된 믿음의 선포와 인간적 가르침의 포기에 관심을 가졌다는 것이 분명하다. 이런 이유에서 종교개혁 그 자체는 결과적으로 인간들에 의해서 달성된 것이 아니라 하나님에 의하여 이룩되었다. 소위 종교개혁의 성서주의 원칙은 이러한 교회개혁의 진행과 밀접한 관련이 있다. 그러나 성서적 원칙은 기본적으로 개혁이 일어날 수 있는 조건을 단지 형성하려는 데 의도가 있었다. 이 원칙 자체의 도입은 아직 종교개혁과 동일시할 수 없다.

루터는 교황청이 이러한 의미의 교회개혁에 개방되지 못하는 두가지 이유가 있다고 느꼈다. 무엇보다도 인간적 전통들이 로마에 견고하게 세워져서 그것들이 하나님의 말씀을 뒤덮고 그 말씀이 그 자체의 순수함 가운데서 들려지는 것을 방해하였다. 게다가 교회의 제후들이 회개하는 것을 주저함으로 그들의 회심이 방해받았다. 루터는 교회의 지도자들은 오직 이 세상의 권력으로서의 교회의 입장만을 생각한다고 느꼈다.

3. 45 신학 박사

루터가 자신의 전생애동안 그의 행위를 정당화하기 위하여 호소한 유일한 직책은 그의 신학 박사 학위였다. 면죄부 논쟁의 초기에 있어서도 루터는 교황에게 자기가 교황 자신의 사도적 권위를 통하여 신학교수로 선언되었음을 상기시키는 편지를 썼다. 루터는 계속해서 이 사실이 그에게 면죄부에 관해서 뿐만 아니라 고해성사를 밀쳐두고 죄를 사하는 권세에 대하여서도 공개적인 논쟁을 수행할 권리를 부여한다고 말했다. 후자는 면죄부 문제보다 훨씬 더 중요한 문제이다. 루터는 그가 주장한 권리는 모든 대학들과 전 교회의 관행적인 행습에 의하여 확실시된다고 주장하였다.[97] 루터는 후에 그것을 훨씬 더 예리하게 표현할 수 있었다.

> "그러나 나 마르틴 박사는 이 일에 부름을 받았고 나 자신의 주도권이 없이 순수한 순종으로부터 박사가 될 수밖에 없었다. 그렇다면 나는 박사의 직무를 받아들여야 하며 나의 가장 아끼는 성경에 대해 성경을 신실하고 순수하게 선포하겠노라고 맹세할 수밖에 없었다. 이런 유의 가르침에 종사하면서 교황은 나의 길을 가로막고 나를 그 안에 가두어두려고 하였다. 그것이 어떻게 진행되었는지는 모두에게 명백하다. 그리고 여전히 더욱 악화되어가고 있다. 그것은 나를 방해하지 못할 것이다. 하나님의 이름으로 그리고 하나님의 부르심 안에서 나는 그 사자와 살무사를 밟고 갈 것이다. 그리고 나의 발로 그 젊은 사자와 용을 짓밟을 것이다."[98]

루터는 스스로 자신이 성경의 박사로서 교회의 가르침과 선포에 대한 책임을 나누어 가진다고 굳게 확신하였다. 비록 교회의 권위자라도 아무도 그를 그의 이 책임으로부터 면제시킬 수 없었다. 루터는 그래서 그의 주된 임무가 성경을 해석하는 것이라고 생각하였다. 이것은 무엇보다도 그의 교수로서의 의무였다. 우리는 결코 루터가 대학의 교수였다는 것과 독일 종교개혁은 동시대에 발생하던 대학들의 개혁과 밀접하게 연관되어 있다는 것을 망각하여서는 안된다. 대체로 대학들의 개혁은 그 기본 원리들이 로마 가톨릭 대학들 안에서도 관철되었다는 점에서 교회의 개혁보다는 더 성공적이었다. 반대로 교회의 개혁은 교회 안에 분열을 가져왔다.

이러한 자기 이해는 루터로 하여금 개혁을 위한 특정한 제안들을 하게 만들었다. 예를 들면 특히 1520년에 그러하였다. 그러나 이 자기 이해도 역시 루터로 하여금 바라던 종교개혁을 일련의 개별적인 개혁조치들을 도입하는 것과 동일시하지 못하게 만들었다. 그러나 아직도 루터는 어떤 특별한 변화를 교회가 권력에 대한 자기 주장을 포기하고 하나님의 말씀에만 그 신뢰를 둔다는 사실의 특별한 실례로서 보았다.

물론 우리는 이 기본적인 견해 또한 루터의 한계점들 중의 하나라고 인정해야만 한다. 로마가 기본적으로 루터와 종교개혁을 반대하는 한, "복음"에 대한 호소는 강력한 교훈이었다. 그 과정 중에서 종교개혁의 지지자들이 그들이 변화되어야 한다고 느꼈던 것을 더 정확하게 설명해야 했던, 로마 가톨릭과 개신교 사이의 비교적 진지한 대화들이 있었던 소수의 경우에 있어서 복음에 대한 단순한 호소는 더 이상 적절하지 않았다. 멜랑히톤은 1530년 아우그스부르크와 1530년과 1531년 보름스와 레겐스부르크에서의 종교협약에서 이 대단히 어려운 상황과 부딪혔다.

복음에 대한 호소는 우리를 교회의 삶과 신학에 관한 많은 실제적인 질문들을 토론하고 그 질문들에 대한 특별한 답변을 추구하는 데 참여할 의무에서 면제시킬 수 없고, 어떤 경우에도 면제할 수 없다. 개신교가 스스로를 로마에 대한 거의 영원한 반대라는 관점에서 정의할 수 있는 한, 이 대단히 어려운 개신교의 취약점은 은폐될 수 있었다. 단지 이제 에큐메니즘의 시대에야 개신교인들은 그들을 고대하는 사명들을 깨닫게 되었다.

루터는 기본적으로 자신은 결단코 어떤 것도 하지 않았다는 의견이었다. "나는 단지 하나님의 말씀을 가르쳤고 선포했고 그리고 기록하였다. 그 외에는 아무 것도 하지 않았다. 그리고 내가 잠들었을 때(막 4:26-29 참고) 혹은 나의 친구들인 필립과 암스도르프와 비텐베르크 맥주를 마시고 있을 때, 말씀은 어떤 제후나 황제가 교황권에 가하지 못하였던 그런 손실을 그것에 입혔다. 나는 아무 것도 하지 않았다. 말씀이 모든 것을 하였다 … 나는 아무 것도 하지 않았다. 나는 말씀이 말씀 자신의 사역을 하게 만들었다."[99]

루터는 그가, 하나님의 말씀이 필요한 일들을 충분히 성취한다는 주장을 단순히 하는 것 이상으로, 뭔가를 해야할 필요가 있다는 것을 근본적으로 인정할 수밖에 없었던 후에도 이 견해를 유지하였다. 루터의 자기 인식의 독특한 특성은 그가 결코 그 자신의 인격이 종교개혁에서 중심문제가 된다고 느끼지 않았고, 항상 논의되는 문제의 본질에 초점을 맞추었다는 사실에 놓여 있다.

그러나 이런 의미에서 루터는 그 자신의 역사적 사명에 대하여 가장 잘 발전된 감각을 가지고 있었다. 그가 얼마나 자격이 있는지 없는지 관계없이, 그는 성경에 담겨진 그대로의 복음의 진리를 위하여 행동하라는 위임을 받았다. 루터는 이 복음진리가 그의 영적인 시험들을 통하여 그에게 새롭게 조명되었다고 흔들림없이 확신하였다. 그가 타락으로 빠진 교회에 대항하여 나타낸 것이 바로 이 복음이었다. 여기에서 루터는 자신을 사도들로부터 요한 후스까지 펼쳐져 있는 진리의 증인들의 긴 행렬의 한 사람으로서 보았다.

오랫동안 루터는 그도 역시 순교를 당하리라고 분명히 확신하였다. 그래서 그는 그것을 개인적으로 준비하였다. 이 순교를 각오한 준비는 루터에게 세속 권력자들뿐만 아니라 교회의 권력자들에 대항하여서도 놀라운 용기를 주었다. 루터는 자주 로마, 열광주의자들, 농민들, 뮌처, 에라스무스, 혹은 츠빙글리 등과 같은 다양한 대적자들과의 논쟁에서 놀라운 자신감을 표현하였다. 그러므로 이 이상한 용기는 주로 그의 개인적인 성격에서 설명될 것이 아니라 결과적으로 종교개혁은 성경의 분명한 선언에 기초한다는 종교개혁의 자기 이해의 맥락에서 이해되어야만 한다.

거기에서 루터가 자신을 그가 대변하였던 입장에 대하여 먼 배경에다 놓았지만, 그는 그 시대의 많은 역사적 추이와 문제들의 본질과 의미를 인식하고 그것들을 언급할 수 있는 능력이 있었다. 그 시대에 이 능력을 공유한 이는 거의 없었다. 그는 단지 그의 개인적인 명석함 때문에 이것을 할 수 있었던 것은 아니었다. 비록 이것이 그에게 자주 이런 문제들에서 놀랄 만한 명확성을 주긴 하였지만. 오히려 루터는 중심문제들을 전적으로 심오한 수준의 통찰력을 가지고 탐구할 수 있는 남다른 능력을 가지고 있었다. 이런 이유에서 루터는 또한 당대의 문제들의 영적 의미를 명확하게 할 수 있었다. 루터는 반복해서 과도한 단순화의 오류에 빠지지 않고 이 능력을 드러냈다.

루터의, 문제에 대한 깊이있는 분석의 한 예는 그의 비텐베르크의 개혁에 관한 논의에서 제공된다. 다른 예들은 로마와 혹은 열광주의자들과 벌인 논쟁들에 연관된 결정적인 신학적 질문들에 대한 그의 분석에서 발견된다. 농민전쟁 중에 루터는, 기본적 질문들은 세속적 목표를 위해 복음을 오용하는 것과, 정부의 임무의 규정과 복종과 반역의 관계라고 인식하였다. 루터는 이 문제들을 그 누구보다도 훨씬 더 분명하게 보았다. 동일한 것이 터키인들과의 전쟁에 대한 루터의 평가나 독일의 미래에 대한 그의 예견 등에 대해서도 말할 수 있다. 그의 분석은 분명할 뿐만 아니라 때때로 성격상 거의 예언적이었다.

한 문제의 근원에 접근하는 루터의 능력의 특별히 명백한 한 예는 1530

년 아우그스부르크 국회 기간 중에 일어났다. 아우그스부르크의 협상자들은 타협을 하기 위하여 대단히 집중적인 노력을 하고 있었다. 코부르크에 있었던 루터는 아우그스부르크에 있었던 유스투스 요나스(Justus Jonas)에게 편지를 써서 사제들의 혼인이나 평신도에게 포도주를 주는 것과 같은 문제들에서 상호간에 받아들일 만한 타협에 이르는 것이 상대적으로 용이할 것이라고 표현하였다. 그러나 루터는 교회의 가르침들과 연관된 문제들의 해결을 상상할 수는 없었다. 이 점을 말하면서, 루터는 정치적 통일성을 보존하면서 교리적인 불일치들은 뒤로 갈 때 해결책이 발견되리라고 권고하였다.[100] 루터는 이렇게 하여 공통의 교리적 이해에 도달하려는 시도들이 그 동안 소용없는 것임이 밝혀진 후에, 25년 후의 아우그스부르크의 종교화약에서 효과가 드러날 제안을 하였다.

이 모든 것에서 루터는 발생하는 모든 일의 우발적인 본질을 아주 깊이 알고 있었다. 루터는 사건이나 전개상황들이 미리 예측될 수 없지만 역사는 항상 우리의 모든 합리적인 예측들이 잘못됨을 증명하는 놀라움으로 우리를 대면한다는 것을 알았다. 루터는 역사는 불연속으로 가득 차 있다는 것과 사건들 사이에는 예리한 단절들이 있다는 것을 이해하였다. 루터의 입장은, 역사는 하나님을 계시하는(드러내는) 것이 아니라 하나님을 우리로부터 은폐시킨다는 것이다(5.1 참조). 바로 이런 이유에서, 복음의 선포는 무엇보다도 중요하다. 이 선포에서 하나님은 그의 마음을 백성에게로 향하시며 동시에 우리에게 하나님의 손이 이 세상에서 세속적인 사건들의 가면 아래에서 효과적으로 역사하신다는 것을 믿을 힘을 주신다. 이렇게 하여 사건들은 결코 전적으로 이해되거나 설명될 수 없다는 루터의 사상은 그 자신의 사명감을 강화시켰다.

루터에게 있어서 이 사명감은 복음의 선포가, 오직 복음선포만이 사람들에게 이 절망적인 세상에서 의지할 뭔가를 줄 수 있다고 하는 신념이다. 다양한 상황들의 실제적인 본질을 명백하게 이해하는 루터의 능력과 자신의 특별한 사명에 대한 루터의 이해는 그가 말한 것을 아마도 다른 어떤 독일어 사용자라도 견줄 수 없을 정도로 효력있게 만들었다. 독일어의 발전에서 루터의 창조적인 자질은 자주 언급되어 왔던 것으로서 이러한 맥락에서 보아야 할 것이다. 루터는 단순히 독일어와 그 가능성을 이상하게 사용한 것이 아니었다. 비록 이 점에서 루터는 매우 많은 것을 이룩하였지만, 오히려 루터의 언어의 효과는 그가 사람들과 사건들의 깊이를 들여다보았던 독특한 방법으로부터 훨씬 더 많이 이끌어진 것이다.

이 자질의 결과로서 루터는 목적에 부합하는 견줄 수 없는 직접성을 가지고 항상 이야기하였다. 루터가 죽어가는 자를 위로하든지, 일상적인 정책에 대한 질문에 관한 견해를 제시하든지, 혹은 개신교회를 위하여 찬송가를 작곡하든지간에 그는 다른 이들이 단지 감지하기만 할 수 있었던 것을 표현할 수 있었다. 종교개혁의 소란스럽던 초창기에 그것이 아무리 사실로 보였을지라도, 루터를 단지 백성들의 대변자로서만 묘사하는 것은 아주 부적절한 것이리라. 루터는 성서의 메시지를 백성들에게 성경 자체의 온전한 권위로써 선포하였다(5.1.4 참조).

4

루터의 저작들

4. 1 루터에게 있어서 저작권에 대한 자랑은 없었다.

루터가 방대한 양의 저술을 하였음에도 그가 저작권에 대하여 아무런 자랑도 하지 않았다는 사실은 놀랄 만한 것이다. 반면에 그는 되풀이해서 그 자신의 작품들을 예리한 비판에 종속시켰다. 그의 독일어 저작들의 비텐베르크 판의 제일권의 서문에서 그는 1539년에 이같이 썼다. "나는 내 책들이 모조리 어둑한 곳에 머무르며 내버려지는 것을 보는 것에 아주 만족해왔다."[1] 가끔 그는 그의 작품들의 하나 또는 다른 것을 이 지독한 비판에서 제외하였다. 그러나 그것은 기본적으로 루터의 자신의 문서작품에 대한 낮은 평가를 바꾸지 않았다. 루터의 자기 작품에 대한 평가는 잘못된 겸손의 표현이 아니었다. 왜냐하면 그는 그 자신의 작품들을 그의 대적자들의 것과 비교하여 평가할 수 있었기 때문이다. 그는 또한 성서의 다른 번역들이 자신의 것에 의존하였던 방식을 볼 수도 있었다. 오히려 루터는 그의 작품들이 항상 하나님의 말씀으로서 성서의 위치보다 더 낮은 자리를 차지하기를 의도하였다. 그리고 이러한 의미에서 동일한 서문에서 뽑아온 저자들에 관한 풍자적이고 유머러스한 진술들이 이해되어야한다.

"그러나 당신이 그것을 아름답게 하였고 탁월하게 선포하였기 때문에 만약 당신이 스스로 당신의 볼품없는 책들을 가지고 우쭐대거나 가르치거나 씀으로써 그것을 하였다고 생각하고 싶다면, 만약 당신이 누군가가 당신을 다른 이들 앞에서 칭찬할 때 대단히 기뻐한다면, 만약 당신이 아마도 칭찬을 구하거나 그래서 당신이 그것을 얻지 못할 경우 하는 일을 실쭉해 하거나 그만둔다면, 즉 당신이 그런 종류라서 스스로 불화한다면, 그리고 만약 당신이 크고 긴 털복숭이 당나귀 귀 한 쌍을 발견하게 될 그런 방법으로 이 일을 한다면, 그러면 어떤 비용도 아끼지 마시오! 그것들을 황금종으로 장식하여 사람들이 당신이 어디를 가든지 들을 수 있고 당신에게 손가락으로 가리키면서 '봐라, 봐라! 저기 그렇게도 절묘한 책들을 쓸 줄 알고 아주 탁월하게 잘 선포할 줄 아는 저 영리한 동물이 간다' 하고 말하게 하시오."[2]

루터의 문학작품들의 그렇게도 많은 의미있는 면들이 아직도 적절하게 연구되지 못하고 있었다는 것은 주목할 만한 것이다. 일단의 작품들 속의 루터의 신학적 사고와 함께 그의 성서번역과 그것이 독일어의 역사에 미친 의미를 동시에 다루는 루터신학 연구들이 많이 있었다. 그러나 여전히 그가 쓴 책들의 유형들과 그가 사용한 문체들에 관한 적당한 연구가 없다. 또한 문학사의 맥락에서 루터의 작품들을 적절하게 연구하는 것도 없다. 더 깊은 연구를 위한 이런 제안을 하면서 나는 그러한 연구가 신학은 물론이고 독일문학사에 대한 전문가들의 협조가 필요하다는 것을 이해한다.

4. 2 루터의 문체의 독특성

지금까지 작가로서의 루터에 대한 짧기는 하나 최선의 스케치는 하인리히 보른캄(Heinrich Bornkamm)에 의하여 제공되었다.[3] 이 연구에서 보른캄은 루터의 문체적 특징을 특별히 그의 대단한 유머, 그의 상상력, 대적자들에 대한 조소, 자신에 대한 풍자적 견해, 그리고 그의 저작권에 대한 자랑이 없는 점 등을 평가하였다. 보른캄은 또한 루터가 이런 방법으로 당시의 인문주의자들과 전혀 달랐다고 지적하였다. 그리고 사실 루터는 그의 작품들에서 문체적 문학적 도구들과 16세기 인문주의자들 사이에 유행하였던 문학 양식들을 사용하지 않았다. 이것은 그의 독일어 저작에서 뿐만 아니라 라틴어 저작에서도 타당하다. 동시에 루터는 1518년 후반에 시작된 짧은 기간에 자신을 인문주의적 관심에 아주 가깝게 일치한다고 보았다.

보른캄은 또한 루터의 문체의 독특한 특성들 특히 그의 언어의 리듬과 음색, 그의 모음의 멜로디, 그의 불협화음과 두운(頭韻), 그리고 풍부한 상상력 등에 주의를 집중시켰다. 게다가 보른캄은 특별히 루터의 전 문학작품을 성경 해석자로서 루터의 사역이란 관점에서 보아야만 한다는 것을 지적하였다. "루터는 성경으로부터 이전에 듣지 못했던 것들을 가져왔다. 마치 성경이 그에게서 이전엔 이야기되지 않았던 것들을 가져온 것과 마찬가지로."[4] 게다가 루터가 그의 많은 논쟁에서 그의 대적자들에게 직접 이야기한 반면에, 루터는 또한 항상 성경을 그 토론에서 "제삼의 동반자"로 삼았다.[5] 루터는 논쟁에서 성경을 사용할 때 성경의 의미에 대한 가장 분명한 통찰을 얻었다. 예를 들어서 루터는 에라스무스의 공격에 응답하면서 감추어진 하나님과 계시된 하나님 사이의 구분을 전개하였다.

루터와 인문주의자들을 비교하는 것이 많은 점에서 자극적이기는 하지만 그러나 루터의 문학적 작업은 당시의 독일어 문학과도 비교되어야만 한다. 예찬, 연설, 대화(encomia, declamations, dialogues) 등과 같은 인문주의 문학의 산문은 자주 인문주의자들에 의하여 사용되어졌으나 루터의 작품들에는 현저하게 없다. 그러나 그것들이 없다는 것은 루터의 작품들이 칼슈타트, 뮌처, 츠빙글리 그리고 당시의 많은 팜플렛들과 비교할 때는 두드러지지 않는다. 16세기 초기에 전개되고 있었던 전 종교개혁 운동은 전반적으로 인문주의와 전혀 다른 것이었다. 독일 문학사에서 루터의 특별한 위치는 종교개혁 운동내에서의 그의 독특한 위치와 관련하여 정의될 수 있다.

4. 3 루터는 두 언어를 사용하였다.

루터가 두 언어를 사용하였다는 것을 주목하는 것은 중요하다. 즉 그는 라틴어와 독일어로 말하고 필기하였다. 두 언어로 일할 수 있는 이 능력은 본질상 그리고 자연히 평범한 것은 아니다. 대부분의 종교개혁자들도, 예를 들어 부겐하겐, 츠빙글리, 부처, 브렌츠, 그리고 많은 다른 이들도 역시 이렇게 할 수 있었다. 그리고 그런 사람들이 빈번하게 대학에서 강연과 논쟁을 위해 일반적으로 사용되던 라틴어를 그들의 학문적 저술에서 주된 언어로 사용하였다는 것도 쉽게 이해된다. 그들은 주로 더 대중적인 청중들에게 향하는 작품들에서 독일어를 사용하였다.

루터의 언어적 능력은 의심할 바 없이 그의 라틴어 작품보다 독일어 작품들에서 더 충만한 표현을 발견할 수 있었다. 이것은 라틴어가 독일어보다 상당히 더 오랜 것으로서 더 이상 발전할 능력이 없었다는 사실에 기인할 뿐만 아니라 주로 루터가 대다수 백성들과 같이 독일어로 생활했고 느꼈고 생각했다는 사실에 기인한다. 이 점에도 불구하고 두 언어로 이루어진 루터의 문서 작업은 전체로서 평가되어야 한다.

그의 독일어와 라틴어 작품들은 다양한 방식으로 서로 연관되어 있다. 그의 초기 강연들은 물론 라틴어로 전달되었다. 그리고 우리는 오직 이 강연들로부터 당시의 루터의 지적인 행위를 간파할 수 있는 것이다. 로마와의 논쟁은 초기에는 거의 전적으로 라틴어로 이루어졌다. 그러나 동시에 루터는 그의 사상을 독일어로 제시하기 시작하였다. 우리가 루터의 라틴어 작품들과 독일어 작품들을 비교해보면 학자들을 위해 의도된 라틴어 작품들이 보통 더 예리하고 분명하다. 반면에 동일한 사상들이 독일어 작품들 속에선 약간 나중에 나타나며 더욱 신중하게 조직되어 있다.

4. 4 특별한 상황에 대한 응답으로서 루터의 저작들

우리가 개별 작품들의 의도와 구조를 연구하고자 할 때 루터의 라틴어와 독일어 저작들은 연대기별로 분류되어야 한다. 분명히 대부분의 루터의 작품들은 실제적인 상황들에 대한 응답이었다. 루터는 전혀 어떤 책의 개요를 구상하거나 제작할 수 없었다. 그의 학문적인 강연들은 이것에 아주 중요한 예외이다. 예를 들어서 비록 루터가 "칭의에 관한" 책을 한권 쓰기를 원한다고 하더라도 그는 결코 그렇게 할 수 없었다. 그럼에도 불구하고 그의 라틴어 작품들의 어떤 것들은 독일어 작품들보다 더욱 주의깊게 구성되고 제작되었다. 이것은 예를 들어서「교회의 바벨론 포로」(1520)에서 타당하다. 여기서 루터는 잘 조직된 성만찬론의 논의를 제시하고 있다. 그는 수도원 서약에 관한 논쟁에 관한 그의 책「수도원 서약에 관한 마틴 루터의 판단」(1521)을 위하여 매우 주의깊게 조직된 개요를 제공하였다.[7] 루터의 다른 어떤 작품도 이만큼 명확하게 구조를 갖추지 못하였다.

그러나 그의 독일어 저작들뿐만 아니라 라틴어 저작들의 대부분은 엄격한 윤곽을 따르지 않는다. 동시에 루터는 단순히 자신을 그의 대적자들이 따르는 논쟁의 흐름에 적용시켜서 그것들의 요점 하나하나 논박하려고 하지 않았다. 오히려 그는 보통 문제가 되는 요점을 필요하다고 보이는 만큼 충분히 정의하고 나서 그 자신의 입장에서 그의 대적자들의 주장들을 논의함으로써 그의 논쟁적인 작품들을 시작하였다. 그것은 예를 들어「노예의지론」에서 사실이다. 루터가 이 과정에서 그의 대적의 견해들을 정당하게 평가하였는지 아닌지에 관한 질문은 보통 대답하기가 곤란하다. 우리는 이 질문을 루터의 신랄한 논증법을 언급하거나 그가 보통 문제를 그의 대적과는 다른 관점에서 접근하였다는 것을 언급함으로써 대답할 수 없다. 오히려 우리는 이 질문을 루터가 그것을 정의하고 표현하였던 것처럼 주제 그 자체에 근거하여 대답하여야만 한다.

루터는 거의 항상 그의 주의를 끌었던 대단히 특수한 상황에 대한 답변으로서 저술하였으며 매우 분명한 목적을 가졌다. 이 사실은 그의 사고의 전반적인 방식을 이해함에 있어서 상당한 의미를 갖는다. 이것은 먼저 루터의 사상이 단지 특별한 논쟁의 맥락 안에서 그의 주장의 흐름을 주의깊게 추적함으로써만 재발견될 수 있다는 것을 의미한다. 그러나 두번째로 루터는 그의 작업을 심오하게 이해되어야만 하는 전체적인 관점 위에 기초하였다. 루터는 때때로 조직가가 되지 않는다고 비난을 받았다. 그러나 이것은 사실이 아니다. 비록 루터가 결코 교의학의 교과서를 쓰지는 않았지만 그럼에도 불구하고 그는 대단히 유능한 조직적 사상가였다.

이러한 관점에서 보면 루터의 라틴어 작품들과 독일어 작품들 사이에는 의미있는 차이점이 있다. 루터의 라틴어 작품들은 루터가 서 있는 전통과 그가 이 전통과 타협하게 되는 방법을 더 분명하게 드러낸다. 초기 루터를 이해하는 것은 특히 힘들다. 왜냐하면 그가 자주 전통들과 명시적으로 타협하지 않았기 때문이다. 루터가 어떤 전통들과 친숙하였는지 그리고 어느 것이 그의 고유한 사상을 결정하였는지에 관한 질문은 많은 점에서 답해져왔다. 그러나 그것은 다른 점들에 있어서도 열린 질문이다. 초기 루터에게 끼친 어거스틴의 압도적인 영향은 기정사실화 되었다.

그러나 그가 오직 오캄주의적인 안경을 쓰고서 어거스틴만을 읽었는가? 아니면 그는 처음엔 이렇게 하다가 그 다음에 점점 더 "실제의" 어거스틴을 발견하였는가? 아니면 루터는 처음부터 어거스틴을 종교개혁의 관점에서 해석하였는가? 우리는 아직도 자주 중세 후기 오캄주의에 대하여 불확실하다. 우리는 또한 아직 신비주의의 영향이 얼마나 멀리 미쳤는지를 알지 못한다. 결과적으로 루터와 중세의 관계에 대한 문제를 다루어야 할 많은 중요한 연구작업이 남아있다.

덧붙여서, 루터의 작품들이 보통 분명한 윤곽을 갖추고 있다는 것을 주목하는 것이 중요하다―비록 루터가 다양한 구조들을 사용하긴 하였지만. 예를 들어서 그의 초기에 「95개조 해설」(1518)[8]에서 루터는 가끔 여전히 스콜라주의적인 논증의 묵직한 방법을 사용하였다. 그의 초기 시대에 그의 결정적 논증은 성경에서 나왔지만, 이것은 여러 전통적 권위의 존경에서 특별히 사실이었다. 어느 정도 그의 내용은 이미 그의 방법의 형식적 구조를 뚫어버렸다.

연속되는 수 년간의 많은 독일어 작품들 가운데 루터는 단락들을 숫자매김함으로써 그가 다루었던 다양한 문제들을 강조하였다. 이것은 논쟁적인 논문들을 기록하는 유형을 반영한다고 주장할 수 있다. 그 다음의 질문은, 루터가 단순히 논의될 논문들을 숫자매김하는 일반적 관습을 따랐는지, 혹은 그가 오직 이것을 그의 사상들을 정연하게 정리하는 단순한 방법으로서 사용하였는지에 관한 것이다. 그의 후기의 작품들에서 루터는 이따금 거친 내용 개관으로 시작하였다. 이것은 1537년의 슈말칼덴 신앙 조항에 있어서 사실이다.[9] 이것은 곧 소집될 것으로 기대되는 회의를 위하여 준비되었던 루터의 입장을 담은 논문인데 여기서 루터는 연속해서 논의되어야 할 다양한 문제들을 열거한다. 그는 또한 아주 일반적인 목록을 「공의회와 교회에 관하여」(On the Councils and Churches, 1539)에서 제공한다.[10]

이러한 개요들은 보통 아주 일반적이며 루터는 저술할 때마다 항상 그것들을 엄격하게 따랐던 것은 아니다. 주로 루터가 감당한 과다한 업무 때문에 「수도원 서약에 관한 마틴 루터의 판단」[11] 이후의 그의 작품들은 더 이상 그렇게 주의깊게 조직되지 않았다. 일단 로마와의 논쟁이 전면적으로 전개되자 루터는 다시는 결코 그가 글을 쓰기 전에 숙고할 필요한 여유를 갖지 못하였다. 유일한 가능한 예외는 그가 바르트부르크에서 보낸 기간(1521-22년)에 있었을 것이다. 그러나 다른 이유들 때문에 루터는 그 기간 중에도 전혀 여유가 없었다. 오히려 루터는 다양한 임무들을 동시에 다루었다. 그는 대학교수였고, 설교자였으며, 개혁자요, 목사였으며, 개인적인 상담이나 그의 대단히 광범위한 서신을 통한 상담자였다. 지나치게 말이 많은 루터 자신의 본성적 기질은 그의 저술을 미리 계획할 시간이 없었던 것에 의해서 강화되었다.

4. 5 루터의 석의 방법의 변화

루터의 강연들의 형태는 전통적인 형태와 비교해 볼 때 아주 중요한 변화를 보여준다. 그의 초기에 루터는 성경 본문을 이전의 해석자들처럼 행간과 여백에 기록된 간략한 주석들(glosses)을 사용하거나 더 확장된 주석의 단락들을 삽입하여 해석하였다. 그의 1518년의 두번째 시편강의[12]가 시작된 이후에 루터는 통합적인 철학적 신학적 해석을 선호하는 이 묵직한 주석방법을 버렸다. 이렇게 함으로써 루터는 전통적인 본문 주석의 형태와 의미심장한 단절을 하였다. 이 변화의 원인은 루터의 성경에 대한 새로운 이해, 특별히 문자과 성령 사이의 상호관계에 대한 그의 견해에 놓여 있다. 이 새로운 형태의 주석은 결국 보편적으로 채택되었다—단지 그것이 그의 주제내용에 더 적합하기 때문에.

4. 6 루터와 수사학의 관계

루터와 수사학의 관계는 아직 적절히 조사되지 않은 특수한 주제이다. 루터 시대의 인문주의자들이 고전적인 수사학을 연구하고 사용하였기 때문에 루터가 위대한 수사학자들에 의하여 가르쳐진 대로 다양한 형태와 부분의 연설을 알고 있었으리라는 점은 분명하다. 울리히 넴바하(Ulrich Nembach)는 루터의 설교가 퀸틸리안(Quintilian)[13]이 주창한 형태를 따르고 있다는 것을 증명하고자 하였다. 그러나 동시에 루터는 또한 퀸틸리안의 방법을 비판하였다. 루터의 다양한 수사학 방법에 대한 관계는 당연히 더 넓은 맥락에서 탐구되어야만 한다. 넴바하의 작품에서 나타났듯이 루터와 퀸틸리안 사이의 무수한 병행구들이 루터가 퀸틸리안에 친숙하였다는 것을 증명한다는 것은 분명히 맞다. 그러나 우리는 키케로와 아리스토텔레스에 대한 루터의 관계에 대해서도 더 알아야만 한다. 거기에다가 수사학과 루터의 관계를 연구하는 것은 우리에게 루터의 사상의 역사적 근거에 관한 특수한 문제들을 제공한다.

루터의 수사법과 표현의 고전적인 형태의 더 형식적인 수용과 변형에 관한 이 문제들도 중요하지만, 루터의 신학의 본질이 그의 수사학적 방법들과 갖는 관계에 관한 질문들은 훨씬 더 중요하다. 그리고 비록 루터의 해석학, 즉 그의 해석방법이 그의 언어 이해와 더불어 지난 수십년 동안 집중적으로 연구되었음에도 불구하고 우리는 아직도 이 특수한 문제들에 대한 아주 유용한 연구결과를 갖지 못하고 있다. 클라우스 도크호른(Klaus Dockhorn)[14]은 그런 연구를 시작하였지만 훨씬 더 많은 일이 필요하다. 루터에게 있어서 신학과 수사학 사이의 대립에 관한 단순한 일반화는 그것들의 독립성에 대한 성급한 결론처럼 거의 도움이 되지 못한다. 루터의 수사학에 대한 사용과 비판은 그렇게 단순화된 방식으로 다루기에는 너무나도 복잡한 문제들이다.

4. 7 루터가 사용한 문학 유형의 개요

수많은 아주 상이한 문학유형들이 비록 항상 순수한 형태로 나타나는 것은 아니지만 루터의 라틴어 및 독일어 작품들 속에서 확인될 수 있다. 다음의 분류는 그의 작품들을 그들의 삶의 정황이나 각 저작의 주된 의도에 따라서 분류하려는 시도이다. 이 목록은 온전하다고 할 수는 없으나 문학유형들의 예비적인 정의로서만 의도된 것이다.

성경 각권에 대한 강의들과 주석들. 그의 학구적 행동기간에 루터는 성경의 많은 각권들, 주로 구약의 책들을 해석하였다. 이 책들 중의 어떤 것들은 한번 이상 해석되었다. 이 강의들의 많은 것들이 루터 자신의 원고나 그의 학생들이 기록한 노트에 보존되었다. 그것들 중 어떤 것들은 출판되기 전에 루터 자신에 의하여 편집되었다.

성경해석서들. 이 범주와 앞의 범주의 경계는 정확한 것이 아니다. 루터의 설교들 중의 많은 것들과 마찬가지로 그의 성경 각권들의 해석서들 중의 많은 것들이, 즉 시편 118편 해석서인「아름다운 참회시」(*The Beautiful Confitemini*)[15] 와 같은 작품은 원래 출판을 의도하였던 것이며 그의 강연을 들었던 학생들과는 다른 독자 대중을 향한 것이다.

학구적인 토론집. 토론의 관행은 후기 중세의 대학 생활에서 아주 큰 역할을 수행하였다. 1516년 이후에 루터는 직접 많은 토론을 이끌었다.[16] 많은 중요한 결정들이, 로마와의 논쟁기간 중에[17] 그리고 종교개혁 자체 내에서 일어난 후기의 논쟁 중에서 있었던 이러한 토론들에서 결과한 것이었다. 종교개혁이 새로운 도시들로 유입될 때 토론들은 자주 특별한 의미를 갖는다. 그리고 루터는 토론들이 아주 가치있는 교육방법이라고 느꼈다.

명상록. 이것들도 역시 주로 성경 자료들의 해석서들이다. 그러나 일반적으로 본질상 더 강하게 명상적인 점에서 특징지어진다. 예를 들면,「일곱 개의 통회의 시편들」(1517)과 루터의「마리아의 찬가」(*The Magnificat*, 1521)의 해석서이다.[19]

설교집. 비록 많은 설교들이 실제적인 설교의 결과들이었지만 이 특별한 범주는 가끔 상당히 길 수도 있지만 대개는 짧은 일종의 논문을 묘사한다. 이것들은 특별히 당시에 중요하였던 교회와 신학에 연관된 질문들을 다룬다. 예를 들면 다음과 같다.「면죄부와 은총에 관한 설교」(1517),[20]「그리스도의 거룩하고 참된 몸인 거룩한 성례전과 형제애에 관하여」(1519),[21]「새 언약 즉 거룩한 미사에 관한 소논문」(1520).[22] 후년에 루터는 어떤 특정한 작품의 명칭으로서 "설교"라는 제명을 훨씬 덜 사용하였다. 이 후기에 그 용어는 주로 실제적으로 회중들에게 선포되는 설교들을 지칭하는데 쓰여졌다.

소논문(Treatises). 소논문들은 다른 작품들 특히 논쟁집은 물론이고 토론집들과도 매우 밀접하게 연관되어 있다. 사실 소논문들은 아주 자주 논증적인 성격을 띤다. 예를 들면「95개조에 대한 해설」(1518),²³⁾ 루터가 라이프치히 논쟁을 위하여 준비하면서 쓴「교황의 권력에 관한 논쟁」(1519)²⁴⁾. 그리고「수도원 서약에 관한 마틴 루터의 판단」(1521)²⁵⁾ 등이다. 본질상 전적으로 논증적인 성만찬에 관한 논문들도 여기에 포함될 수 있다.「그리스도의 성체(聖體)의 성례전을 애모함」(1523)²⁶⁾,「번역에 관한 공개서한」(1530)²⁷⁾ 등이 해당된다.

논쟁적 작품들. 이 범주에는 우리는 루터의 작품들 중에서 무수한 것들을 열거할 수 있다.「에크의 단검표에 반론하는 루터의 별표」(1518)²⁸⁾, 교황 실베스터의 교황권에 대한 루터의 응답」(1518),²⁹⁾「교회의 바벨론 포로에 관한 마틴 루터의 서문」(1520)³⁰⁾「에크의 새로운 교서와 거짓에 관하여」(1520)³¹⁾

「교황 레오10세에 의하여 최근 정죄된 루터의 모든 오류들」(1520)³²⁾「교황 실베스터를 변호하는 우리의 탁월한 교사 암브리우스 카타리누스의 저서에 대한 루터의 응답」(1521)³³⁾「라토무스에 반대하여: 루뱅 대학의 선동적인 궤변론자들을 위한 라토무스의 주장을 마틴 루터가 논박함」(1521)³⁴⁾「성상과 성례전에 관한 하늘의 예언자들에 반대하여」(1525)³⁵⁾ 그리고 성만찬 논쟁 중의 루터의 대부분의 작품들³⁶⁾ 및「마귀의 제도인 로마 교황제에 반대하여」(1545)³⁷⁾

예전에 관한 작품들. 가장 중요한 것은「비텐베르크 교회를 위한 미사와 성만찬을 위한 규정」(1523)³⁸⁾,「독일 미사와 예배규정」(1526)³⁹⁾「올바른 기독교적 감독을 임명하는 모범」(1542)⁴⁰⁾ 등이다. 넓은 의미에선 루터의 기도문과 찬송가들은 물론이고 세례, 성만찬, 회개, 고백과 사죄 및 약혼과 혼인 등에 관한 루터의 수많은 작품들이 여기에 분류될 수 있을 것이다.

소책자들과 강령적인 작품들. 여기서 다시 한번 루터의 다른 작품들의 어떤 것들과의 관계에서 명확한 경계를 가르는 것이 힘들다. 가장 중요한 예들은 다음과 같다.「독일의 기독교인 귀족에게 고함」(1520)⁴²⁾「그리스도인의 자유」(1520)⁴³⁾「기독교 집회 혹은 회중이 모든 가르침을 판단하고 교사들을 부르고 임명하고 파면하는 권리와 힘을 가진다는 것은 성경에 의하여 확립되고 증명된 것이다」(1523)[44] 「뮐하우젠시의 존경하옵는 지혜로우신 시장님과, 시청 및 전 교회공동체에게 보내는 편지」(1524),[45] 「슈트라스부르크에 있는 그리스도인들에게 열광적인 영에 반대하여 보내는 편지」(1524)[46] 「독일내 모든 도시들의 의회의원들에게: 기독교학교를 설립하고 유지할 것을 바람」(1524)[47]. 루터의 농민전쟁에 관한 작품들도 이 범주 밑에 놓일 수 있다. 「평화에의 권고, 스바비아 농민들의 12개 조항에 대한 답변」(1525),[48] 「도적질과 살륙을 일삼는 농민들에 반대하여」(1525),[49] 「농민들에 관한 가혹한 책자에 대한 공개 서한」(1525),[50] 「군인들도 구원받을 수 있는가」(1526)[51]

교육적인 작품들. 여기서 다시 경계선은 쉽사리 그어지지 않는다. 「대요리문답」(1529),[52] 「편람: 보통 목회자들과 설교자들을 위한 소요리문답」(1530),[53] 「슈말칼덴 신앙조항」(1537)[54] 등이 속한다.

위로의 글들. 넓은 의미에서 이것들은 목회적 작품들이다. 그러나 좁은 의미에서는 그것들은 자주 개인적인 사람들에게 보내어진 위로의 메시지들이다. 예를 들면, 「심각한 유혹에 직면하였을 때의 위로」(1524),[55] 「죽음에 대비함에 관한 설교」(1519년 판과 많은 다른 판들이 있음,)[56] 「할레에 있는 그리스도인들에게 보내는 편지」(1527)[57] 「유산을 당한 여인들을 위한 위로」(1542)[58] 「축복받은 사람인 루터가 네덜란드의 저명한 인사에게 쓴 아름다운 기독교적 위로의 편지, 그것은 하나님의 섭리에 대한 생각으로 넘쳐있어서 읽고 들음에서 위로를 얻게한다」(1550년경에 출판)[59]

유대인에 관한 작품들. 루터는 반복해서 교회와 유대인의 관계에 대한 자신의 견해를 발표하였다. 특히 「예수 그리스도께서 유대인으로 탄생하셨다」(1523),[60] 「유대국가와 세계의 종말에 대한 설교」(1525),[61] 「유대인과 그들의 거짓말에 대하여」(1543),[62] 그리고 「쉠 함포라와 그리스도의 혈통에 관하여」(1543)[63] 등에 나타난다.

터키인들에 대한 글들. 루터는 반복해서 오토만 제국의 군대에 의해서 나타난 유럽에 대한 위협에 대한 자신의 견해를 표명했다. 「터키인들에 대한 전쟁에 관하여」(1529),[64] 「터키인들에 대항하는 군대설교」(1529),[65] 「터키인들을 대항하기 위한 기도의 요청」(1541).[66]

비망록, 견해집, 충고. 다른 비텐베르크의 신학자들과 자주 공동으로 씌어진 많은 견해들에 있어서 루터는 종교개혁, 율법과 질서와 사회, 그리고 특정한 문제들에 대한 중요한 질문들에 대하여 한 입장을 취한다. 예를 들면 다음과 같다. 「한 제후가 신앙 때문에 황제나 다른 제후들의 박해에 대항하여 자신의 신민들을 전쟁의 수단으로 보호할 수 있는지의 여부에 대한 마틴 루터와 필립 멜랑히톤과 요한네스 부겐하겐의 숙고」(1523),[67] 「성만찬에 관한 부처의 비교제안에 대한 루터의 숙고」(1531).[68]

난외 각주(Marginal Notes). 루터는 많은 작품들에다가 여백 각주 (glosses)를 기입하였다. 어떤 것들은 자신이 사용하고자 한 것이며 어떤 것들은 출판을 위한 것이었다. 그의 초기 교수 시절인 1509년과 1510년에 그는 어거스틴과 피터 롬바르드의 작품들 중 몇에다가 어떤 특별히 중요한 여백 각주를 달았다. 이 여백 각주들은 우리가 얼마 후에 종교개혁자로서의 루터를 성격지어줄 사상의 출현을 명백히 보도록 만든다. 가끔 루터는 또한 그의 대적자들의 작품들에 여백 주석을 달아서 그것들을 재출판하기도 하였다. 예를 들면 다음과 같다. 「루터의 교리와 로마의 교리에 관한 두 감독의 교서」(1524),[69] 「헤르만 랍: 교황주의 신학과 교리의 예」(1531).[70]

설교들. 루터는 그가 병이나 다른 어떤 문제들 때문에 방해받았던 경우를 제외하고는 규칙적으로 설교하였다. 그러나 가끔 이 설교들은 원고대로나 루터가 감수하였던 편집본들대로 우리에게 전해지지 못하고 그것들을 들었던 사람들이 기록한 노트들만 구할 수 있다.[71]

영적인 찬송가들과 기도서들. 루터는 무수한 찬송가와 기도문들을 썼다. 그 모두는 그의 종교개혁 신학을 표현하며 개신교회의 조직적 발전에도 밀접하게 관련되어 있다. 루터가 사순절 찬송가는 하나도 쓰지 않은 반면 부활절 찬송가를 썼다는 것을 주목하여야 한다. 기도문들 중 어떤 것들은 특별한 유의 상황, 예를 들면 「군인들을 위하여」(1526),[72] 「페스트가 유행할 때」(1534),[73] 「터키인들에 대항하여」(1541)[74] 그리고 귀신 축출 때 사용되는 순서의 일부로서(1545),[75] 기도문들이 씌어졌다.

시(詩). 루터는 수많은 독일어와 라틴어로 된 시를 지었다. 이것들 중 많은 것들이 본질적으로 신학적이며 그가 연루되었던 논쟁들과 약간의 관계를 갖는다. 예를 들면: 「이제 우리는 교황을 몰아낸다.」,[76] 「시편 128편의 또 다른 해석, 구절별로 설명함: 나의 친애하는 그리스도인이여, 당신은 하나님 앞에 서기를 원하십니까」,[77] 「모든 종교의 적이며 그리스도의 유일한 원수인

에라스무스」(1533),[78] 「나의 친애하는 형제가 죽은 후에」(1532),[79] 「받아들이는 사람은 성실할 수 있다」(*Wer sich nimmt an, unds redlein kann*). [80]

서신들. 루터의 유별나게 방대한 서신은 모든 부류와 상황에 처한 사람들에게 전해진 것이며 가장 다양한 문제들을 취급하였다. 그가 그의 아내와 자녀에게 써서 그들의 크고 작은 걱정거리들에 대한 내면적인 참여들로 가득 차 있는 개인적 서신들과 더불어, 교황들, 주교들, 제후들(특히 개신교 통치자들)에게 보낸 서신들도 있다. 루터는 또한 다른 개혁자들, 목사들, 세속적 회의들 및 기타의 사람들과 유달리 광범위한 서신 교환을 유지하였다. [81]

성경번역. 루터는 대학교수로서의 규칙적 활동과 종교개혁을 통하여 자신에게 다가온 과업들과 함께 그의 성경번역 작업은 분명히 그의 생애의 작업 가운데서 세번째로 가장 방대한 영역이었다. 루터는 바르트부르크에서 체류하던 1521년에 신약을 번역하였다. 구약의 번역은 1534년까지 하나하나씩 나왔으며 1534년에는 전체 성경의 루터 번역본을 구할 수 있었다. 그의 번역 작업에서 루터는 다른 사람들 특히 멜랑히톤의 지원을 받았다. 멜랑히톤은 또한 마카베오서를 번역하였다.

루터는 항상 그의 번역을 개선하는데 관심을 가졌다. 예를 들어서 그의 첫번째 신약번역은 1522년 9월에 나왔다. 그런 연유로 이 성경은 9월 성경이라고 불린다. 두번째 판은 1522년 12월에 출판된 12월 성경으로서 이미 수백 군데를 수정하였다. 1531년부터 루터는 성경번역을 개정하기 위한 학자들의 위원회를 구성하였다. 이 위원회는 시편을 근본적으로 최종적 형태로 출판하였다. 1534년에 전체 성경의 첫 출판을 준비함에 있어서는 물론이고 1539년에서 1541년까지의 포괄적인 성경개정에서도 유사한 위원회들이 활동하였다. 신약의 번역을 개정하는 작업은 1544년 가을에 시작되었다. 이 계획은 곧 중단되었다. 성경 번역판의 개정을 위한 이 위원회들의 회의(會議)의 사록들은 그들이 작업한 매우 사려깊은 방식을 증거하고 있다.

탁상담화(Table Talk). 이것들은 루터가 식당의 탁자 주위에서 하였던 확대된 기록이나 설명들이다. 그리고 이것은 주로 신학과 교회에 관련되긴 하였지만 가장 다양한 질문 종류를 취급하였다.[82] 루터 자신은 결코 이 자료를 읽지 않았고 그 출판을 인허하지 않았다. 결과적으로 자료로서의 그 가치는 제약된다. 우리는 또한 그런 「탁상담화」가 루터의 작품들의 일부로 여길 수조차 있는지를 질문하여야 한다. 왜냐하면 우리는 여기에서 즉흥적인 자료를 다루고 있기 때문이다. 동시에 우리는 또한 이 점에서 구전판과 문서판들 사이의 경계가 유동적이라는 사실에 대하여 분명한 확신을 지녀야 한다. 그리고 그것들이 루터의 저술들과 갖는 긴밀한 관계에 근거하여 「탁상담화」는 그의 작품의 다양한 유형 가운데 포함될 수 있다. 중요한 예는 1541년 6월 10일이나 11일에 되어진 화체설에 대한 루터의 주장일 것이다. 이것은 나중에 1541년 6월 12일에 안할트의 제후 게오르게(Prince George of Anhalt)를 위한 작품들 속에 삽입되었다.[83] 이 부분의 탁상담화는 우리들이 루터의 화체설에 대한 비판을 이해하는데 특별한 의미를 지닌다.

다른 작품들과 서문들의 편집본들. 루터는 다른 저자들의 많은 작품들을 재출판하였다. 그는 그것들의 내용이 가치있다고 여겼기 때문이다. 그러나 그의 목적하는 것들은 논쟁적인 것이 아니었다. 루터는 다른 이들의 의견이 자신의 견해를 지지한다고 느꼈다. 이와같이 1516년에 루터는 「독일신학」(German Theology)을 짧은 서문과 함께 출판하였고 그것을 "옛사람과 새사람을 진정으로 이해하고 구분하는 영적으로 소중한 작은 책"이라고 묘사하였다.[84] 1518년에 그는 더 긴 서문과 함께 그 책의 편집을 더 완성시켜서 출판하였다.[85] 루터는 가끔 다른 저자들의 작품들을 위하여 서문을 썼다.

잡동사니들(Miscellaneous). 이 유형에 속하는지 저 유형에 속하는지 분류하기가 어려운 작품들이 있다. 그리고 어떤 것들은 분명히 전적으로 독창적인 것도 있다. 「세계사 조감」(Supputatio annorum mundi)은 루터의 "역사서"(chronicles)로서 빈번하게 언급되는 것으로서 1541년에 출간되었고 많은 개정을 거친 편집판이 1545년에 출판되었다.[86] 이 책은 루터가 원래 자기자신을 위해서 만들었던 연대기표를 담고 있다. 그는 성경의 역사를 한눈에 보기를 원했다. 이것을 준비함에 있어서 그는 수학자 카이론(Cairon)이 준비한 「세계연대기」(World Chronicle)를 사용하였다. 이 작품은 멜랑히톤의 도움을 받아 1532년에 비텐베르크에서 출판되었다.[87] 「세계사 조감」(Supputatio)는 루터의 역사감각을 보여준다 — 비록 그가 그것을 저술하는데 자기자신이 연구를 한 것은 아닐지라도. 동시에 그것은 또한 그의 묵시적 기대들을 드러낸다. 루터는 세계의 종말의 날짜를 결정하려고 시도하였다. 그렇게 함에 있어서 그는 세계가 6000년 동안 지속되리라는 전통적 사고를 채택하였다. 이런 점에서 이 문학종류는 묵시적 저술에 관련되어 있다.

또 다른 예를 들어 보자. 루터는 전통적인 대중가요의 형태로 단 하나의 민요(ballad)를 썼다. 「여기 새노래가 불려질지어다」(*A New Song Here Shall Be Begun*, 1523).[88] 그 순간에 브뤼셀의 시청 앞에서 최초의 두명의 개신교 순교자가 처형을 당했다. 이 민요는 또한 종교개혁의 본질과 긴밀하게 연관되어 있다. 그것은 우리의 기독교 신앙에 대한 증거의 책임을 강조하며 순교자들의 신실한 용감한 고백을 찬미한다. 이 다음에 루터는 더 이상의 민요들을 쓰지 않았다. 그러나 그의 영적인 노래들의 어떤 것들은 민요풍의 특색을 지닌다. 특히 「친애하는 그리스도인들이여, 이제 기뻐하자」(1523),[89] 「이사야, 그는 예언자였네」(1526)[90] 등이 그러하다.

이제까지 언급된 문학유형들과 더불어 아직도 "팜플렛"과 같은 다른 것들이 있다. 우리는 루터의 생애에서의 아주 상이한 상황들에서 그 예를 본다. 초기의 예는 「야콥 호오그쉬트라텐에 대한 반론」(1519년 7월13일)[91]이다. 이 소책자는 라이프치히 논쟁 직후에 씌어졌다. 그것은 그 유명한 이단박멸자 호오그쉬트라텐(Hoogstraten)의 공격에 대한 루터의 변호를 담고 있다. 호오그쉬트라텐은 루터가 라이프치히 논쟁을 위해 준비한, 교황에게 드리는 마지막 논제(thesis)가 교회를 타락시킨다고 하여 비난하였다. 루터는 "하나님이 자기를 대항하도록 일으킨" 이 새로운 적을 공격하였다. 그 내용의 측면에서 이 소책자는 성경의 권위와 이단에 관한 문제들을 다룬다. 루터는 호오그쉬트라텐 자신이 이단이라고 고발하였다.

전혀 다른 유형의 소책자의 한 예는 1543년 5월 13일에 루터가 탐욕적이고 음탕한 학생들에게 준 충고에 의해서 제시된다.[92] 이 간결한 충고는 부도덕한 행위와 성적 무절제의 위험스런 결과를 경고하며 제6계명을 지킬 필요를 강조한다. 루터는 비텐베르크가 기독교적 교회와 학교를 가지고 있다고 주장하였다. 그것들이 거기에 존재하는 것은 사람들로 하여금 하나님의 말씀, 도덕 그리고 훈계를 배우도록 함이다. 이런 연유에서 뚜장이들은 비텐베르크에서 아무 장사도 못하고 다른 곳으로 떠나야만 한다. 이 분명한 권면은 또한 정부의 임무와 영적 권위자들과 세속 권위자들간의 관계에 대한 루터의 이해를 예시한다.

　　루터의 작품들의 부차적인 유형을 정의하는 것은 분명히 가능할 것이다. 또한 학자들이 루터 작품들의 유형을 분석하는데 주의를 기울이는 것도 유용할 것이다. 반면에 루터의 작품들 안에서 어떤 특정한 문학유형도 순수한 형태로 나타나지 않는다는 것 또한 명백하다. 그의 논문들은 빈번하게 논증적 요소들을 담고 있다. 그리고 그의 논쟁적 저술들은 다른 문학유형에서 전형적인 항목들을 포함하기도 한다. 자주 그 내용이 그 형태를 파괴한다. 리카르다 후흐(Ricarda Huch)가 그것을 잘 표현하였다. "루터와 시인의 차이점은 루터가 결코 의도적으로 그의 재료를 형상화하지 않았다는 것이다. 그는 단지 진리에 관심이 있었을 뿐 결코 미에는 무관심하였다."[93]

4. 8 진리 문제의 중심 초점, 루터의 여러 작품의 '사도적' 성격

　　루터는 항상 기독교적 진리에 초점을 맞추었다. 이 초점은 여러 방법으로 교황제에 의해 더럽혀진 복음의 원래적 의미를 재회복하려는 그의 자의식과 함께 루터 작품의 많은 것들에게 사도적 서신의 성격을 제공하였다. 이 특성은 당시의 문학에서 전혀 별다른 것은 아니었다. 이와 같이 루터는 그의 작품들의 많은 것들을 "예수"의 이름으로 시작하였다.[94] 그의 많은 작품들 중에서 종결문장은 물론이고 도입문장들이 때때로 바울서신들을 연상시킨다.

　　이와같이 루터는 「모든 기독교인들에게 마틴 루터가 주는 진지한 충고: 소요와 난동을 막으라」(1522)를 다음과 같이 시작하였다. "예수여, 하나님께서 이 소책자를 읽는 것을 듣는 모든 그리스도인들에게 은혜와 평강을 주시기를! 이제껏 교황과 그의 추종자들에 의하여 억압당해온 축복된 기독교 진리가 하나님의 은혜로 우리 시대에 다시 빛을 발하도다. 그리하여 그들의 잡다한 유해하고 망측한 사기와 모든 유의 악행과 횡포는 공개적으로 드러났고 수치를 겪었다."[95] 그는 이 책을 "하나님께서 우리에게 모든 것을 주셔서 우리의 말들을 실행에 옮김으로써 우리가 선포하는 바른 행함이 있게 되기를!

우리 중에는 '주여, 주여'(마3:21) 말하며 그 가르침을 찬미하면서도 거기에 대한 행함과 순종은 없는 자들이 많이 있다. 현재로서는 이것으로써 반란과 소요를 방지하려는 갱신된 충고로서 충분하게 하자. 그래서 우리는 스스로 하나님의 거룩하신 말씀을 불경하게 만드는 주체가 되지 말자. 아멘."[96]

「세속 권세: 어느 한계까지 복종해야 하는가」(1523)는 작센 선제후 요한(John the Steadfast)에게 보낸 루터의 헌신적인 편지이다. 이 편지는 "그리스도 안에 있는 은혜와 평화"로 시작한다.[97] 이 자세는 「공동기금의 조례: 라이스니히의 전 교회의 공동기금에 관한 형제애적 동의」(1523)의 서두에서 더 분명하고 명확하게 표현된다.

"목사인 마틴 루터가 라이스니히의 교회에 있는 모든 그리스도인들에게, 그리스도 안에서 나의 친애하는 어르신들 그리고 형제들에게, 하나님 아버지와 우리 구세주 예수 그리스도로부터 은혜와 평강이 있기를 원합니다.

친애하는 어르신들과 형제님들이여, 모든 자비의 아버지께서 여러분을 다른 사람들과 마찬가지로 복음의 친교로 부르셨고 그의 아들 예수 그리스도를 여러분의 마음 안에 빛나게 하셨으며 또한 그리스도를 아는 이 부요함이 여러분 중에서 활력있고 힘이 있어서 여러분이 새로운 예배 규범과 사도들의 본을 따라(사도행전 2:44-45; 4:32-35) 공동기금을 마련하기로 하였기 때문에, 나는 여러분들이 조례를 인쇄하도록 하는 것이 적절하다고 여겼습니다. 하나님께서 그의 자비로우신 축복을 더하셔서 그것이 많은 다른 교회들도 뒤따르는 공적인 본이 될 것입니다. 그리하여 우리도 또한 성 바울이 고린도인들의 노력이 많은 다른 이들을 고무시켰던 것(고후 9:10)을 자랑하였던 것처럼 여러분을 자랑할 수 있을 것입니다. 그럼에도 불구하고 여러분은 만약 여러분이 행하는 것이 하나님께로부터 온 것이면 그것이 필연적으로 격렬한 반대에 부딪치게 될 것이라는 사실을 예상하여야만 하며 또한 그것에서 위로를 받아야 할 것입니다. 사탄은 결코 휴식을 취하거나 안식일을 지키지 않기 때문입니다."[98]

초기의 그리하여 정통적인 기독교교리를 회복한다는 종교개혁자의 자의

식을 이보다 더 강하게 표현하는 것은 거의 불가능했다. 바울 서신의 문장들
에 대한 평행구절들은 분명하다.

4. 9 "죽음의 준비에 대한 설교"(1519)

그러나 루터는 신약의 서신들의 형태를 취하지 않고도 단지 일종의 놀라
운 권위로서 이야기할 수 있었다. 이것은 로마서 강연 특히 이 강연의 서두
부분들과 같은 초기작품에서 타당하다.[99] 이 권위 의식은 면죄부 논쟁에서
더욱 강하게 나타난다. 그러나 그것은 루터와 로마의 논쟁에서 뿐만 아니라
그의 목회사역에서도 표현된다. 이 점은 예를 들어서「죽음의 준비에 대한
설교」(1519)[100] 에 있어서 적용된다. 그 내용은 물론이고 그 형태에 있어서
이 설교는 죽어감의 기법(ars moriendi)을 다루는 대단히 광범위한 문학범
주에 속한다. 그러므로 이 유형의 작품들과의 비교는 루터 이해를 위해 특별
히 교훈적이다.[101] 루터는 죽어가는 자들이 하나님을 전적으로 신뢰함으로써
이 세상과의 작별을 준비하는 것을 돕고 싶어한 한 목사로서 분명하게 이야
기했다. 루터는 또한 어느 문학에서도 병행될 수 없는 권위를 가지고 글을
썼다. 이 권위는 그의 종교개혁적인 신앙이해로부터는 물론이고 거의 사도적
인 그의 사명감으로부터 파생된 것이다.

"당신은 죽음이 그 자체로서 혹은 당신 자신 안에 혹은 당신의 본성
안에 있는 것이라고 생각하거나 혹은 하나님의 진노에 의해 죽임을 당했
고 죽음에 의해 정복당했던 자들 가운데 있다고도 생각해서는 안됩니다.
만약 당신이 그렇게 한다면 당신은 길을 잃고 그런 생각들과 함께 패배
할 것입니다. 그러나 당신은 단호하게 당신의 시야와 당신 마음의 생각
들과 당신의 모든 감각들을 이 그림으로부터 돌이켜야만 합니다. 그래서
죽음을 단지 하나님의 은혜 안에서 죽어서 죽음을 정복한 사람들 안에서
특히 그리스도와 그의 모든 성도들 가운데서 보여지는 대로만 친근하고
꾸준히 바라보아야만 합니다.
그런 생각 안에선 죽음은 무시무시하거나 소름끼치는 것이 아닙니

다. 전혀 아닙니다. 그것은 도륙당하여 생명 안에 정복된 하찮은 죽은 것으로 보일 것입니다."[102]

이 설교의 마지막 부분에서 루터는 이렇게 기록했다. "당신의 죽음을 기꺼이 받아들이고 그것을 두려워하지 않고 정복하도록 하나님께서 당신을 설득하시기 위하여 무엇을 더 하셔야 합니까? 그리스도 안에서 그는 당신에게 생명과 은혜와 구원의 형상을 주십니다. 그래서 당신은 죄와 죽음과 지옥의 형상들에 의해 공포스러워하지 않게 됩니다. 게다가 그는 당신의 죄와 당신의 죽음과 당신의 지옥을 그의 가장 사랑하시는 아들에게 떠 넘기셔서, 그것들을 소멸시키고 그것들이 당신에게 무해하도록 만드십니다. 덧붙여서 그는 당신에게 다가오는 죄와 죽음과 지옥의 시련들이 그의 아들을 공격하도록 만드셔서 당신에게 이것들 속에서 당신 자신을 보호하는 방법과 그것들을 무해하고 견뎌낼 수 있게 만드는 방법을 가르쳐 주십니다."[103] "결국 당신은 하나님이 하나님 되시도록 만들어야만 합니다. 그리고 그가, 당신이 당신 자신을 아는 것보다 당신에 대하여 더 많이 알고 계심을 인정해야만 합니다."[104]

4. 10 루터의 '권위' 의식

자신의 문서전달뿐만 아니라 구두 대화에서도 루터는 거의 들어보지 못하였던 권위를 행사하였다. 아마 이것에 대한 가장 현저한 예는 작센 선제후 프리드리히(Frederick the Wise)에게 1522년 3월 5일에 보낸 편지일 것이다. 당시에 루터는 바르트부르크에서 비텐베르크로 가는 도중이었다. 이 여행을 하면서 그는 선제후의 명시적인 훈령들에 반대하여 행동하고 있었다. 그는 편지에서 다음과 같이 썼다.

"경애하는 제후께, 나로서는 이 답변을 좋아합니다. 당신도 아시다시피(그렇지 않으면 이제 내가 그 사실을 알려드리겠습니다) 나는 복음을 사람으로부터가 아니고 오직 주 예수 그리스도를 통하여 하늘로부터 받았습니다. 그래서 나는 자랑하며 스스로를 목사나 전도자로 부를 수 있습니다 ― 물론 나는 장차 그렇게 할 것입니다만. 당신도 내가 선제후의 보호보다도 훨씬 더 크신 보호하에 비텐베르크로 가고 있는 중이라는 것을 아셨으면 해서 이것을 썼습니다. 나는 선제후 당신께 보호를 요청할 의도가 없습니다. 사실 나는 당신이 나를 보호할 수 있는 것보다 내가 당신을 더 보호할 것이라고 생각합니다. 그리고 만약 선제후께서 나를 보호할 수 있고 또 그러기를 바란다고 생각했다면 나는 가지 않았을 것입니다. 칼은 이런 종류의 문제를 도와주어서도 안되며, 도울 수도 없습니다. 하나님만이 그것을 하셔야만 합니다. 그리고 인간의 우려나 협조가 없이 말입니다. 결과적으로 가장 크게 믿는 자는 가장 크게 보호할 수 있습니다. 그리고 나는 선제후께서 아직도 믿음이 아주 연약하다는 인상을 가지고 있기 때문에 결단코 선제후 당신을 나를 보호하고 구원할 사람으로 간주할 수 없습니다."[105]

그리고 교황과 많은 교회의 고위 성직자들에 반대한 루터의 예리한 논증은 결국 그의 거의 사도적인 권위와 목회적 사명감이 결합된 그의 의식에 비추어서 이해하여야 한다.

4. 11 루터의 성경 번역에 관한 연구

루터는 문학적 생산성, 신학적 해석, 그리고 "사도적 사명감"을 통합시켰다. 이것은 그의 성경 번역에서 가장 분명하게 나타난다. 그가 이 계획에 바친 작업량과 시간의 질과 특히 그 영향에 비추어 볼 때 그것은 여태까지의 그의 최대의 문학적 작업이다. 그는 성경번역을 통하여 보통 사람들에게서 그리고 수세기의 문학에서 독일어의 사용에 의미심장한 영향을 미쳤다. 이 영향은 20세기까지도 지속되었다. 그러나 그 영향은 아마도 현재에 와서 종착역에 다다르는 것 같다. 왜냐하면 많은 그룹의 사람들 사이에서 성경의 지식이 현저하게 감소했기 때문이다. 성경이 아직 읽혀지는 곳에서는 심지어 예배석상에서도 루터 번역은 더 이상 사용되지 않는다. 그러나 우리는 아직도 다른 그 어디에서보다도 루터 성경 번역의 영향을 연구함으로써 루터의 영향사를 더 잘 연구할 수 있다.

물론 루터의 성경 번역의 큰 의미는 오랫동안 인정되어왔으며 여러 방법으로 많은 학자들에 의해 연구되어왔다. 이 점에도 불구하고 우리는 이 연구가 이미 완결되었다고 말할 수 없다. 그와는 정반대로 여전히 많은 특수한 범주들이 있으며 심지어 연구가 겨우 시작되고 있거나 어떤 경우에는 이전의 결론들이 더 이상 수정되지 않은 채 받아들여질 수 없는 전반적인 분야들조차 있는 것이다.

빌헬름 발터(Wilhelm Walther)의 작업은 최근의 모든 연구의 기본이 된다.[106] 발터는 루터의 성경번역과 그 이전의 번역본들을 비교하였다. 그는 루터의 특별한 의도는 성경이 증언하고 있는 바인 하나님의 자비하신 뜻을 표현하는 것이었다고 결론지었다. 그러나 이 과정에서 루터는 아주 주의깊게 일하였고, 그의 결론들을 지원하기 위하여 성경의 개별 단락들을 일방적으로 해석하지 않았다. 종교개혁 이전 시기의 성경번역들에 대한 발터의 연구는 후대 학자들에게 대단히 자극적이었으며 많은 연구를 위한 기본적인 충동을 제공하였다. 분명히 발터는 그 자신의 작업에서 이 점에 관하여 충분히 나아가지 않았다. 오히려 많은 후대의 학자들처럼 발터는 루터 번역을 조명하기 위하여 개별적인 예만을 뽑았을 뿐이다. 그는 성경의 더 넓은 단락들에 대한 아무런 체계적 연구도 착수하지 않았다.

그 이후 수십년간, 구스타프 뢰테(Gustav Roethe)의 연구는 특별히 주목할 만하다.[107] 뢰테는 루터가 항상 자기 앞에 독일어 구(舊)번역본들, 특히 자이너 성경(Zainer Bible, Augsburg, 1475)을 가지고 번역하였다는 것을 증명하려고 하였다. 그러나 뢰테는 루터가 이 번역본들의 어휘와 문법을 모두 체계적으로 현대화하였다고 결론지었다. 그러나 뢰테는 여전히 루터가 특히 그의 성경 번역 작업에서 독립적이며 창조적으로 일하였다고 결론지었다. 루터의 번역은 특히 더 간결하고 더 심오하고 더 단순하다는 특징과 함께 감각 경험에 직접적으로 연관된 용어를 사용한다는 특징을 갖는다. 결과적으로 그것은 바로 독일어의 고전적 작품이 되었다. 성경은 루터에게서 갱신되었고 그의 혼으로부터 다시 태어난 것이다.

루터의 번역과 더 오래된 독일어 번역판들의 관계에 관한 한 한스 폴머(Hans Vollmer)가[108] 그 이전의 번역판들을 평가절하하지 않도록 적절히 경고하였다. 폴머는 다양한 연구들 속에서 성경과 독일 문화 사이의 상호작용에 새로운 빛을 던져주었다. 기본적으로 루터 이전에 독일어 불가타(German Vulgate)와 매우 비슷한 그 무엇이 있었다. 그러나 폴머는 이 대단히 뛰어난 명제들을 포괄적으로 탐구하지 않았고 그리하여 그 타당성을 시험해보지 못했다.

하인리히 보른캄(Heinrich Bornkamm)은 짧은 연구에서 원문, 불가타, 그리고 특히 에라스무스판 신약에 대한 루터 번역의 관계를 규명하려고 시도하였다. 그는 루터가 어느 한 자료를 다른 것보다 더 선호하지 않았다고 결론지었다. 루터판과 많은 옛 독일어 번역본들 사이의 유사점은 아마도 그것들이 루터의 기억 속에 남아있었다는 사실에 기인할 것이다. 그러나 문자적인 종속을 말할 근거는 없다. 보른캄은 이 분야에서 두 가지 주요한 연구 임무를 서술한다. 루터 번역본의 문체를 다른 번역본들의 문체와 포괄적으로 비교하는 것과 이전의 독일어 번역본들을 편향되지 않게 평가하는 것이다.[109]

최근 수십년간 하인츠 블룸(Heinz Bluhm)은 많은 글들 속에서 루터의 번역에 관한 자신의 연구를 발표했다. 그의 책 「마틴 루터: 창조적 번역가」(*Martin Luther: Creative Translator*)[110] 는 루터가 성경 본문의 공동저자로서 역할을 한 것이라고 표현한다. 그의 종교개혁 신학과 언어의 힘 그리고 성경 본문을 내면화하고 그리하여 그 본문의 진리를 자기 자신의 삶 속에서 경험하는 능력을 통해서, 루터는 어떤 의미에 있어서 독일어로 두번째의 본문을 창조할 수 있었다. 루터 번역은 때때로 성경 원문보다 훨씬 나았다. 왜냐하면 그것이 그의 심오한 종교적 체험에 기초하였기 때문이다. 이와같이 루터는 성경 원전의 정신으로부터 독일인들을 위한 한 성경을 창조하였다. 블룸은 이 입장을 주로 루터의 바울의 본문에 대한 해석을 연구하여 입증하려고 하였다.[111]

지크프리트 래더(Siegfried Raeder)는 루터의 번역 방법을 그의 성경 해석학의 맥락에서 평가하려 하였다.[112] 주로 루터의 「번역에 관한 공개서한」(1530)[113] 을 연구하여, 래더는 루터의 작업이 세가지 전제들, 즉 본문의 문자에서 자유함, 본문의 문자에 구속됨, 그리고 본문의 의미와 본질의 가장 분명한 표현을 발견함이라는 전제들에 근거했다는 것을 증명하고자 하였다. 거기다가 래더는 어떤 전형적인 예에 근거하여 어떻게 루터 자신이 이 세가지 기본적 원리들을 적용하였는가를 보여주었다. 이 탁월한 연구의 결과로서 우리는 이제 본문에 대한 루터의 언어학적이고 신학적인 이해를 연결된 것으로 보게 되었다. 루터가 성경을 자기자신의 언어로 "해석적으로 번역한 것"은 단순한 문자적인 단어의 재생산을 넘어서서 문자적 의미에 대한 관계성에서 놀라운 자유를 보유한 채 본문의 본질적인 의미에 도달하고자 시도한 것이었다.

사실 루터의 성경 번역을 평가하는 것은 그의 해석학도 고려할 때만 성공할 수 있다. 루터의 성경 번역에 대한 우리의 연구는 결과적으로 더 단순한 게 아니라 더 어려워졌다. 그러나 그것은 더 확고한 기반 위에 놓이게 되었다. 이것을 넘어서서 루터의 성경 번역을 정확히 탐구하는 것은 그가 이용한 자료들과 그의 번역을 가능한 한 전체적으로 비교함으로써 수행될 수 있다. 우리는 또한 루터 자신의 성경 번역본뿐만 아니라 특정한 성경 단락들에 대한 그의 다른 번역들의 비교는 물론이고 그의 주석들에도 주의를 기울여야만 한다. 루터의 다른 번역들에 관한 한 그가 성경을 인용할 때에 항상 자기자신의 성경 번역으로부터 언급한 것만은 아니라는 점을 주목하여야 한다. 반대로 그는 빈번히 기억에서 인용하거나 신선한 번역을 해내기도 하였다. 그가 이상스레 성경 본문이나 불가타와 다른 독일어 번역본들을 잘 알고 있었다는 것은 아주 빈번하게 그로 하여금 기억에서 인용하도록 가능하게 해주었다. 그리고 그의 성경번역 밖에 나타나는 루터의 성경 인용구절들을 연구하면 우리가 그의 성경번역을 더 분명하게 보는데 도움이 될 것이다.

루터의 자료 사용에 관한 한 그의 번역을 이전의 번역서들과 가능한 한 충분히 비교하는 것에 대한 어떤 외연적인 설명도 필요하지 않다. 루터는 개인적으로 성경의 구(舊)번역본들의 몇몇을 알고 있었다. 이 연관에서 고대교회의 전통적인 단락들(pericopes)이 더 길고 더 귀중한 온전한 성경본문들보다 더 잘 알려져 있다는 당연한 사실에 주의해야만 한다. 루터가 사실 이러한 구 번역본들의 몇가지에 의존했다는 것을 증명하는 것은 거의 불가능하다. 동시에 루터 번역본과 구 번역본들의 언어와 내용 사이의 밀접한 관련성은 우리로 하여금 루터 번역본들을 이해하는데 도움을 준다. 최소한 루터 시대에 구사되었던 언어학적 능력은 그러한 비교를 통해서만 더 정확하게 규명될 수 있다.

그러나 거기에다가 루터의 모든 저작들에서 특정한 개별적인 구절들 혹은 단락들에 대한 신학적 해석을 아는 것은 그의 성경번역을 평가하는데 대단한 의미가 있다. 우리는 단지 우리가 루터의 신학적 해석에 관하여 알고 있는 모든 것을 고려함으로써만 루터 번역에서의 신학적 토대를 적절하고 확실하게 평가할 수 있다. 우리는 또한 루터가 저술하고 있었던 당시의 상황을 고려해야만 한다. 당연히 루터의 번역은 우리들이 특정한 상황에다가 성경 본문을 거의 직접적으로 "적용한 것"을 보여줄 수 있는 그런 상황들 속에서 일어난 시대적 사건들에 의하여 영향을 받았다고 증명할 수 있다. 그러나 이 몇 안되는 단락들은 특별한 의미가 있다. 왜냐하면 그것들은 우리에게 성경 번역이 하나님의 말씀을 그 자신의 역사적 상황에 관련시키려는 의도를 가지고 있다는 것을 보여주기 때문이다. 좀더 예리하게 말하자면 한 때는 저자들을 통하여 히브리어와 헬라어로 말씀하셨던 하나님께서 이제는 루터 번역을 통하여 독일어로 동일한 메시지를 전하셨다.

우리가 만약 루터 번역의 독특한 성격을 이해함에 있어서 이런 다양한 측면들을 고려하기를 바란다면 우리는 그 문맥에서 뽑아낸 개별적인 단락들(pericopes)을 단순히 연구할 뿐만 아니라 아주 주의깊게 본문의 더 긴 단락들(sections)을 검토해야만 한다. 이런 관점에서 단지 몇 출발점들만이 지금까지 완성되었다. 그리고 이런 노력들은 계속되어야 한다.

4. 12 루터와 근대 고(高)독일어의 발전

문학언어로서 근대 고 독일어(Modern High German)의 결정적인 형성과 심화된 발전에 대한 루터의 기여의 한계를 결정하기 위해서는 심오한 연구가 필요하다. 루터 번역과 특별한 구 번역본 성경을 세부적으로 비교하는 것은 새로운 많은 관점들을 열어놓을 것이다. 특히 최근에 준비된 루터의 독일어 단어들의 색인은 최초로 우리에게 루터의 독일어 사용을 완전하게 조망할 수 있게 허용해준다.[114] 그리고 아마 우리에게 무수한 단어들의 고색창연함과 의미에 관한 많은 놀랄 만한 점들을 전해준다. 명백히 루터가 독일어 사에서 차지하는 위치의 전체적 모습은 아마도 그런 연구를 통하여 어떤 기본적인 요점에서도 의미있는 변화는 없을 것이다.

　많은 대중적인 당시의 진술들과 마찬가지로 이전의 문학은 루터가 문학적 언어인 근대 고 독일어를 창안하였음을 확증한다. 첫번째 주장은 루터의 성경번역이 연합된 단일형태의 독일어 문학 언어를 수립하였다는 것이다. 그러나 최근 수십년간의 연구의 결과로서 더 이상 이 견해를 지지하는 것은 불가능하다. 근대 고 독일어의 발전과정은 매우 복잡하며 오랜 기간에 걸쳐서 확장되었다. 심지어 그 상황에 대하여 우리가 현재 알고 있는 바에 근거하더라도 루터가 독일어사에서 독특하게 중요한 역할을 수행했다는 것에는 의심의 여지가 없다. 그러나 분명히 구어 단어와 문어 단어에 대한 루터의 중요성을 구분하는 것은 필수적이다. 비록 양 측면이 본질적으로는 상호간에 관련되어있다고 하더라도 말이다.

　근대 고 독일어는 실제로 14세기에 발전하기 시작하였다. 동부 - 중앙부의 독일어 지역들은 이 때에 특별히 의미깊은 역할을 하였다. 루터가 사용했던 어휘는 이미 14세기에 다양하게 발전되었다. 루터는 또한 14세기에 이미 사용되었던 여러 문법구조들을 사용하기도 하였다. 이러한 발전에서 독일 신비주의는 큰 영향력을 미쳤다. 신비주의는 독일어를 내면화하였고 자신들이 그것을 사용하여 깊은 개인적 체험을 표현할 수 있도록 만들었다. 그렇게 함으로써 신비주의는 어떤 단어들의 의미를 바꾸었을 뿐만 아니라 새로운 단어들을 창조하기도 하였다. 중세 후기에 이미 발생하였던 독일어의 이러한 변화의 도움이 없이는 루터는 자신의 통찰력들과 경험들을 그의 방식대로 표현하기가 거의 어려웠을 것이다. 그러나 루터는 또한 의미심장하게 그보다 앞섰던 이런 발전들을 강화하고 확장시켰다.

　그러나 라틴어는 여전히 16세기의 교육받은 사람들의 선택 언어였다. 1520년에 약 90퍼센트의 출판서적들이 라틴어로 씌어져 있었다. 독일어 서적들의 비율은 점차 높아졌지만 17세기 후반까지는 라틴어 출판물의 수를 능가하지 못했다. 이러한 독일어 출판물의 지속적인 증가 과정은 루터와 별개로 발생하였다. 그러나 루터의 작품 특히 그의 성경번역의 결과로서 그것은 현저히 강화되었고 훨씬 더 신속하게 일어났다.

　여러 요인들이 루터의 영향력을 강화시켰다. 사실 이러한 요인들과 동떨어져서 그가 대단한 영향력을 미쳤다는 것은 상상하기 어렵다. 명백히 이 요인들 중에서 가장 중요한 점은 인쇄술의 발견이었다. 이 발견이 없이는, 루터는 신학자로서 및 종교개혁자로서의 자신에 대한 대단한 대중적 호응을 경험하지 못했을 것이다. 만약 인쇄술이 아직 발견되지 않았더라면 독일어사에 미친 그의 공헌의 규모는 훨씬 더 제한되었을 것이다. 게다가 사업계는 물론 정치계의 발전들은 라틴어와 독일어를 병행하여 사용하는 것을 바람직하게 만들었다. 이러한 필요에 부응하여 소위 공식 언어(Kanzleisprache)가 여러 궁정들에서 발전하였다. 이런 과정은 루터가 태어나기 전에 시작되었다. 16세기에 그것이 지속된 것은 루터의 공헌들에 의존한 것은 아니다.

  루터 자신은 작센 정부(the Saxon Chancellory)의 공식언어를 사용하였다. 그의 생애 중에 이미 그의 독일어는 마이쎈(Meissen)으로부터 나온다고 서술되었다. 그의 철자법이 적절히 보여주듯이 루터에게 친숙한 작센어를 사용하는 것은 아주 당연한 것이었다. 그러나 작센정부의 공식 언어는 그것을 통하여 북독일인들과 남독일인들이 서로 이해할 수 있는 수레를 제공하기에 적합하였다. 이런 정도에서 루터는 아주 호의적인 여건하에서 사역을 진행하였다.

  그러나 분명히 이 요인들은 어떤 방법으로도 근대 고 독일어 발전에 미친 루터의 매우 중요한 공헌을 감소시키지 못한다. 루터는 자신이 없어도 발생하였을 운동에 공헌하였을 뿐만 아니라 또한 특별히 자신의 성경 번역을 통하여 이 운동의 본질을 결정적으로 규정하였다. 그가 만들어낸 많은 단어들이 그 언어의 일부가 되었으며 다른 언어들은 기본적으로 루터가 그것들에게 부여한 의미를 취하게 되었다. 루터는 평민들이 이해할 수 있는 독일어를 쓰기 위해서 그들이 말하는 것을 경청하였다. 그러나 그 자신의 독일어는 당시의 평상적인 독일어는 아니었다. 오히려 루터는 식자나 무식자 모두에게 연설할 수 있었다.

  이것은 그의 9월 신약 번역본의 첫 판에서 이미 분명해졌고 그의 다양한 구약성경의 책들이 나타나면서 거듭해서 재확인되었다. 루터의 성경 번역은 즉각적으로 모든 성경 번역본들 중에서 가장 널리 사용되게 되었다. 1. 5굴덴(Gulden)이라는 상당한 가격에도 불구하고 대략 3000부의 9월 신약 번역본의 첫판이 금세 팔려나갔다. 1522년과 1533년 사이에 루터의 신약성경은 85판이 인쇄되었다. 그리고 비텐베르크의 출판업자인 한스 루프트(Hans

Lufft)는 1534년에 성경전체가 출판된 후 50년동안 10만부를 판매하였다.

4. 13 루터가 번역하고 해석한 하나님의 말씀

　　루터의 성경 번역은 단지 그것이 고상한 문학적 특징과 심오한 종교적 성격을 지녔기 때문에 이 엄청난 성공을 향유할 수 있었다. 그리고 처음으로 실질적으로 루터의 사상을 백성들 사이에 퍼뜨린 것은 성경번역의 이용이었다. 16세기 초엽에 아마 독일 인구의 3~4퍼센트만이 글을 읽을 수 있었을 것이다. 당연히 글을 읽을 줄 알았던 사람들의 대다수가 시골보다는 도시에 살고 있었다. 그리고 이들 중 당대의 지적 삶에 참여할 수 있었던 상당한 비율의 사람들은 루터의 성경 번역본을 갖고 있었다. 그때까지는 성경이 가장 중요한 책이었기 때문에 사람들은 하나님의 말씀을 마틴 루터의 언어와 해석으로 읽고 들었다. 비록 루터가 독일인들 중에서 단지 몇몇 사람에게만 예언자로 보여지기는 하지만 우리는 의심없이 그가 모든 독일인들을 위한 하나님의 말씀의 선포자였다고 말할 수 있다. 근대 고 독일어의 발전에 있어서 루터는 분명히 성경을 가장 의미깊은 대중적 서적으로 만들었으며 수백년 동안 성경은 그 역할을 지속했다. 루터의 작업이 없이는 문학용어로서의 근대 고 독일어의 일종의 종교적인 형성은 분명코 일어나지 않았을 것이다.

4. 14 16세기 초의 다른 번역본들

　　저(低)독일어는 여전히 16세기에 북독일에 넓게 퍼져 있어서 성경의 단편들이 루터의 번역본에 나타나는 대로 곧 저독일어로 재기술되었다. 명백하게 이 저독일어로의 번역은 다른 다양한 성경번역들과 마찬가지로 루터의 성경과 종교개혁 정신에 의해 결정적인 영향을 받았다. 결과적으로 루터 또한 그것들을 통하여 간접적으로 이야기하였다. 게다가 루터의 성경 번역본들은 저독일어가 문학언어로 발전하는데 한계를 설정하였다. 심지어 스위스의 독일어 사용지역에서조차도 루터의 성경 번역본은 영향력을 행사했다. 취리히 성경과 더불어 독일 방언의 특징적인 여러 숙어들과 표현들이 루터 번역성경의 스위스 번역판들 안으로 유입되었다. 그러나 루터는 또한 그의 성경번역을 통하여 스위스로 유입되는 근대 고 독일어의 영향력을 진전시켰다.

루터 성경의 막강한 영향력과 그것이 근대 고 독일어에 대한 중요성은 또한 로마에 충성하는 편에 남아 있었던 지역들에서 활동한 성경번역자들마저도 루터 번역을 사용하였다는 사실에서 볼 때 명백해진다. 예를 들어서 히에로니무스 에라스무스(Hieronymus Erasmus, 1478-1527)는 루터의 가장 열광적인 적대자들 중의 한 사람이었다. 그러나 그가 자신의 신약성경 번역판을 출판함으로써 많은 요구들에 응했을 때 그는 루터 번역을 광범위하게 이용하였다. 심지어 엠저의 번역은 작센공작 게오르게(Duke George of Saxony)에 의해 쓰여진 서문과 함께 출판되기까지 하였다. 그리고 계시록 혹은 묵시록은 루카스 크라나하(Lukas Cranach)가 루터 번역본을 위해 준비했던 삽화들과 함께 인쇄되었다. 이 일의 아이러니컬한 결과는 그럼으로써 엠저의 로마 가톨릭 번역판은 로마를 계시록의 "바벨론"으로 묘사했다는 것이다. 게다가 엠저는 평신도들에게 성경을 읽지 못하도록 경고하는 추신(postscript)을 첨부했다. 그리고 나중에 요한 디텐베르거(Johann Dietenberger)와 요한 에크(John Eck)에 의한 이 번역본의 개정은 여전히 분명하게 루터의 신약성경 번역의 영향을 보여준다. 이와 같이 루터는 심지어 로마 가톨릭의 성경 번역본들을 통해서도 자신의 영향력을 확대하였다.

4. 15 성경번역의 지속적인 개정작업

루터는 생애 동안에 계속해서 자신의 번역본을 개정하였다. 1531년 초에 성경 개정을 위한 위원회(commission)가 조직되었다.[115] 루터는 그 자신이 손수 쓴 번역본들에 관한 교정을 한 이후에 이 위원회에 그의 번역의 교정지를 제출하였다. 위원회의 회의 중에 루터 번역은 다양한 해석들은 물론이고 원본과 라틴어 불가타와도 비교되었다. 위원회는 또한 최상의 독일어 표현을 찾아내려고 애썼다. 루터의 원본 안에서 몇가지 경우 이상에 있어서 매우 본질적인 변화들이 이루어졌다. 이 외에도 루터는 그의 전생애를 통하여 항상 다양한 구절들의 참의미를 재고하였고 이 과정 속에서 때때로 그 자신의 번역과 본질적으로 다른 결론들에 도달하기도 하였다.

이 전반적인 개정과정에서 특히 흥미있는 예는 루터가 1534-35년에 강의한 시편 90:1의 강의록에서 발견된다. 시편을 번역함에 있어서 1524년 초판과 그 이후의 판들을 고찰해 볼 때에 루터는 히브리어 단어 Maon을 "피난처"(refuge)라고 번역하였다. 1525년의 번역판의 의미는 "여호와 당신께서 세세토록 우리의 피난처가 되시나이다"였다. 1531년과 1545년에 출판된 시편에서 루터는 "되시나이다(become)"에 해당하는 단어를 제거하였다. 그래서 후대의 번역은 "여호와 하나님, 당신은 세세토록 우리의 피난처이십니다(be)"라고 한다.[116] 시편 90편에 대한 강의에서 루터는 결코 실제적으로 그의 개정판에 반영되지 아니하였던 변경를 제안했었다. 그는 말하기를 "히브리어 Maon은 실제로 '처소'를 의미한다 … 그러나 가옥은 그 거주자들을 보호하는 목적을 감당하기 때문에 모세가 사용한 것처럼 이 용어는 '피난 또는 피난처'의 뜻을 갖는다." 그 때 루터는 그의 주석에서 "처소"(habitaculum)를 "피난처"(refugium)보다도 선호하였다.[117]

이 과정에서 루터는 라틴어 불가타의 어순(wording)에 영향을 받았다. 불가타는 이 구절의 번역에 있어서는 실제로 루터의 시편 번역보다도 더 히브리어 원문에 가깝다. 강의에서 "피난처" 대신 사용된 "처소"의 번역은 신학적으로 상당한 의미가 있다. 루터 자신이 강조했듯이 성경은 주로 백성들이 하나님의 성전이고 그 안에 하나님이 거하시는 것으로 이해한다. 이 구절에서 루터는 백성들이 거주자들이며 하나님은 어떤 의미에서 집(가옥)으로 우리에게 이해된다. 이렇게 해서 시편 90:1에 근거해서 하나님은 우리가 거주하는 장소이며 또한 옛계약(Old Covenant)의 경건한 백성들은 그분 안에서 안식을 얻는다.[118]

4. 16 독일의 개신교와 가톨릭 지역 간의 언어적 격차

비록 루터 번역이 가톨릭 지역들에서조차 간접적인 영향력을 미쳤고 전 독일에서 사용될 만큼 독일어의 발전에 있어서 영향력을 미치긴 하였지만 반면에 그것이 개신교 지역들과 가톨릭 지역들에서 통용된 언어 사이의 격차를 심화시켰다는 점 또한 사실이다. 가톨릭으로 남아있던 지역들에서는 개신교 지역들에서보다 훨씬 더 오랫동안 라틴어가 계속해서 유식한 자들의 언어로 남아있었다. 예수회의 우월한 교육사업은 16세기 후반에 시작되어서 그들로 하여금 종교개혁기의 학교들과 대학들이 원래 획득하였던 이점을 극복하도록 만들어주었다. 그러나 예수회의 라틴어 사용에 대한 강조와 함께 그 교육사업은 실제로 독일 민족어의 발전을 지체시켰다. 그러한 민족어는 프랑스나 잉글랜드에서보다 독일에서 더 늦게 발달하였다. 어느 정도는 개신교 지역들과 가톨릭 지역들에서의 독일어 어휘들의 의미 사이의 상이한 점들을 관찰하는 것도 역시 가능하다.

많은 중요한 경우에 있어서 종교개혁자들의 어휘의 의미이해가 압도적인 것은 아니었다. 이것은 특별히 "부르심"(Beruf; calling : 소명)과 같은 단어의 예로부터도 분명하다. 물론 루터는 그 단어 자체를 창안해낸 것은 아니다. 오히려 독일 신비주의자들에 의해서 이미 이 어휘의 새로운 이해가 확산되어 있었다. 분명코 루터는 세속적 사역의 의미로서 "부르심"을 이해하는 신학적 기초를 제공한 최초의 사람이었다. 또한 그는 수도원주의나 교역이 다른 세속적 부르심(소명)보다도 더 고상하다는 가정을 극복하였던 최초의 인물이었다. 종교개혁을 통하여 이러한 소명 이해는 매우 넓게 퍼졌고 또한 언어적으로도 우세해졌다. 그러나 가톨릭 지역들에서는 "소명"(calling)이 마치 중세기와 마찬가지로 계속하여 종교적 직제에 편입하는 소명(vocation)을 의미하였다. 결과적으로 윤리는 계속해서 두 단계로 설명되었다. 평신도를 위한 윤리가 있고, 성직자들을 위한 더 높은 윤리가 있었다.

4. 17 루터를 읽는데 주는 제언과 조언

우리는 루터는 어떻게 읽어야 하는가? 만약 누군가가 루터에 대하여 별로 아는 게 없다면 무슨 책을 가지고 시작하는 게 가장 유용할 것인가? 우리는 어떻게 더 심도있게 루터 사상으로 걸어들어갈 수 있을까? 당연히 우리가 루터에게로 가지고 들어가는 다양한 관심들은 아주 판이해서 모든 이들에게 적용될 수 있는 충고란 없다. 그러나 그럼에도 불구하고 우리 모두가 고려해야만 하는 어떤 기본적 법칙들이 있다.

4. 18 편집판들의 이용

우리가 진지하게 루터연구를 착수하고자 바란다면 우리는 루터 작품들에 대한 학구적 편집판들을 사용하여야 한다. 즉 개별작품들의 특별한 판들이 아니라 바이마르판(Weimar Edition, WA),[119] 클레멘판(Clemen Edition, Cl)[120] 그리고 새로운 연구용 편집판들[121]만을 이용하여야 한다. 루터의 독일어를 현대화한 편집판들도 필요하다.[122] 그런 판들은 초보자들이 루터의 독일어 저술들 속에 손쉽게 손을 댈 수 있도록 해준다. 그러나 그럼에도 불구하고 이 판들은 학문적인 편집판들의 자리를 차지할 수 없다. 그것은 그것들(학문적 편집판들)의 상이한 정서법(orthography)과 단어발음 때문만이 아니라 그것들의 학문적인 부기(apparatus: 인용구, 자료, 참고문헌, 확대적인 소개 등등)를 동반한 코멘트들 때문이다. 루터의 라틴어 저작에 관한 한 대부분의 학생들에게는 번역본들이 분명히 도움이 될 것이다. 그러나 학구적 연구를 위해서는 원본들만이 사용되어야 한다.

〔영어를 아는 이들에게는 미국판 루터전집(American Edition of Luther's Works, LW)이 아주 좋은 자료이다.[123] 19세기의 이민자들은 놀랄 만큼 많은 에를랑겐 판(Erlangen Edition)을 직접 들여왔다.[124] 그리고 세인트 루이스 판(St. Louis Edition)은 빈번하게 구할 수 있다.[125] 이와 같이 비록 미국내에서 한정된 수량의 바이마르판만을 구할 수 있더라도 클레멘판과 연관시켜서 루터전집의 구판들과 번역을 이용하면 많은 것을 얻을 수 있다. 다양한 편집판들의 상호관계들 그리고 또한 루터 작품들의 연대기적 분류목록들은 쿠르트 알란드(Kurt Aland)와 다른 이들에 의해서 정리되었다.[126] 하인리히 포겔(Heinrich J. Vogel)[127]은 미국판, 세인트 루이스판, 바이마르판 그리고 에를랑겐판 루터전집들을 상호관련지었다. 이것은 한 특정한 판을 곧 구할 수 없을 경우에 참고문헌을 추적하는데 유용한 도구이다.

— 영역자 註)

4. 19 당시 상황에 대한 지식의 중요성

루터를 연구하는데 필수불가결한 전제조건은 그의 생애에 대한 지식은 물론이고 그가 활동하였던 역사적 상황에 대한 기초적 지식이다. 이것은 우리가 16세기의 정치적·사회적·교회적 및 지적이고 문화적인 상황의 기본적 요소들을 잘 알아야한다는 의미이다. 더 분명하게 말하면 교황청 내의 상황들, 교황중심적 교회국가의 정치적 역할, 교황청의 목적을 위한 제국의 재정적 착취, 때때로 아주 노골적인 당시의 미신들과 역시 사회 내의 계층과 계급의 본질과 사회적 관계들을 의미한다. 특히 종교개혁 초기와 루터의 초기 저작들에 관하여 생각할 때에는 우리는 중세 후기 동안에 대학의 역할과 기능과, 학문적인 논쟁과정에서 지극히 신성한 교의들에 관하여 비판적인 질문을 제기할 수 있는 대학의 특별한 권리도 잘 알아두어야 한다.

4. 20 루터 신학의 중심주제들

루터와 관련된 여러가지 특정한 문제에만 흥미가 있는 사람이라면 종교개혁 신학의 중심적인 측면에 상당한 주의를 기울일 것이다. 명백하게 우리는 주로, 예를 들어서 루터의 대(對)정부 관계, 농민전쟁 중의 그의 행위들, 그의 율법과 정의(justice)에 대한 견해, 혹은 어떤 다른 특정한 질문에 자유로이 초점을 맞출 수 있다. 그리고 우리는 당연히 아무도 전반적인 신학적 토론을 충분히 알고 있다고 기대할 수 없다. 그러나 루터가 무엇을 하였건간에 그는 일차적으로 성경의 기본적인 내용을 그 본래의 의미대로 표현하는데 관심을 가졌다. 그러므로 한 개별적 문제에 관한 어떤 탐구도 전체적인 루터 사상의 중심적인 초점과의 관련성 안에서 수행되어야만 한다.

예컨대 우리가 어떤 식으로 농민반란 때의 루터의 주장들을 평가하더라도 그는 결국 이것을 정치적 판단의 문제로서 보지 않았고 오히려 성경에 대한 순종과 선한 양심을 가지고서 무엇을 행할 수 있고 무엇을 금하며 강하게 억압해야만 하는가라는 문제로 보았던 것이다. 비슷하게 루터의 율법과 정의에 대한 견해는 그의 인간본성론과 함께 그의 율법과 복음의 이해에 대한 관계 속에서 이해될 수 있다. 이 원리는 우리가 그의 사상의 어떤 특정한 개념을 그의 칭의론에 대한 관계 속으로 이끌어들이지 않으면 그것을 이해했다고 생각해서는 안된다고 말함으로써 때때로 표현되었다. 이런 방식으로 루터를 진지하게 신학자로서 취급하는 것이 우리가 그를 무비판적으로 추종해야한다는 것을 의미하지는 않는다. 오히려 그것은 우리가 루터를 평가하는 기준들이 루터가 그 자신의 작품들을 평가함에 적용되기를 바랐던 그런 기준들을 포용해야 한다는 의미이다. 이런 절차 속에서 루터 사상을 비판적으로 탐구하는 것은 어떤 방식으로도 배제되어서는 안된다.

이것은 우리가 그의 저술들의 단 한가지 유형에 기초하여 루터 사상을 연구할 수 없고 오히려 항상 최소한 두 가지 유형들을 고려하여야만 한다는 것을 의미한다. 예컨대 만약 우리가 루터의 로마와의 대화를 연구하고 있다면 우리는 또한 「마리아의 찬가」(*The Magnificat*)[128]와 같은 성경에 대한 그의 명상적인 해석의 몇가지를 연구하여야만 한다. 마찬가지로 우리가 만약 정부의 권위에 대한 루터의 초점을 공부한다면 우리는 역시 교계와 세속의 관리들에 대항한 그의 실제적인 태도를 고려하여야만 한다. 우리가 만약 중세기 성례전 교리와 그 관행에 대한 루터의 비판을 공부한다면 우리는 또한 루터 자신의 성례전과 그의 성례전적 경견을 고려하여야 한다. 루터의 저작들의 각각은 그의 거의 매 구절들마다 그것들 고유의 독특한 성격을 가지고 있다. 그러나 우리가 루터의 저작들 안에서 한 특정한 사상의 유형을 규명했다고 생각하는 순간마다 그것이 다른 어떤 것을 의미하지 않는다는 것을 증명하게끔 검증되어야만 한다. 즉 우리는 그러한 사고유형을 입증하였다는 결론을 실증적으로 증명해야 할 뿐만 아니라 게다가 교회 내에서 다른 아무도 그 동일한 개념을 이미 표현한 적이 없었다는 것도 증명해야한다.

심각한 충고 한마디를 던진다. 우리가 이미 루터의 저술들에서 묘사한 바 다양한 맥락들 때문에 루터의 주장들을 그것들의 맥락에서 이탈시키는 인용에 대해서는 경고를 해두는 것이 특별히 필수적이다. 정확히 거의 모든 루터의 저술들이 특정상황에 응답하여 쓰어졌기 때문에, 그리고 그것들 각자가 특정한 주제를 취급하기 때문에 각각의 개별적인 본문을 명확하게 분석하는 것은 결정적인 중요성이 있다. 루터 사상에 관한 많은 논문들에서 이 절대적으로 필수적인 원칙이 위반되어 왔다. 그 결과 그 저자들은 낯선 체계적 구조(framework)를 루터에게 부과시켜온 것이다.

신학자는 일련의 루터의 저술들을 정밀하게 연구하였으리라고 생각할 수 있다. 루터 작품에 대한 기본적 안내를 위하여 학생들은 클레멘판 루터선집의 첫 네권들에 담겨진 문서들을 먼저 읽으라고 기꺼이 추천한다.[129]

〔테오도르 태퍼르트(Theodore G. Tappert)는 라틴어나 독일어를 모르면서 영어를 사용하는 학생을 위하여 유사한 영어판 선집을 편집하였다.[130] 태퍼르트의 책들은 *LW*31과 32에 있는 다른 논문들과 함께 보충되어야 한다. 즉「마리아의 찬가」(*The Magnificat*, 1520-1521), 「노예의지론」, 「그리스도의 성만찬에 관한 신앙고백」(*Confession Concerning Christ's Supper*, 1528), 「대요리문답」(*The Large Catechism*, 1528), 「슈말칼덴 신앙조항」(*The Smalcald Articles*) 그리고 「한스부르스트에 반대함」(*Against Hanswurst*) 등이다. ― 영역자 註〕

신학자로서 루터의 1520년의 세 종교개혁적 저술들 즉「독일 귀족들에게 고함」, 「교회의 바벨론 포로」, 「그리스도인의 자유」를 알기만 한다고 해서 충분하지 않다. 비록 이 작품들이 자유에 대한 이해에 관해서는 물론이고 종교개혁의 성례전 이해와 만인제사장 교리의 전개 때문에 특별히 중요함에도 불구하고 이 점은 사실이다. 이 작품들과 함께 더불어 「노예의지론」은 루터연구의 초점이 되어야만 한다.

덧붙여서 신학자라면 루터의 면죄부에 관한 95개 조항과 1519년의 설교들의 일부와 「마리아의 찬가」와 「슈말칼덴 신앙조항」에 대해서도 친숙하여야 한다. 이러한 작품들에 대한 전체적 지식은 종교개혁 신학의 분명한 개관을 얻는데 필수적 기초이다. 게다가 신학자는 루터의 초기강연들에 대한 약간의 지식을 지녀야한다. 이것들의 선집들은 클레멘판의 제5권에 편집되어 있으며 로마서 강의의 번역은 뮌헨판의 두번째 보충판(supplementary volume)에 게재되어 있다. 게다가 신학자라면 시편, 로마서, 히브리서 및 갈라디아서에 대한 루터의 초기의 주석적 강연들을 읽어두어야만 한다.

종교를 전공하는 사람이라면 누구나 최소한은 종교개혁 3대 주저들과 슈말칼덴 신앙조항, 및 정치적 윤리를 다룬 루터의 서적들 한 두가지를 읽어야 한다. 그 다음에는 위에서 언급한 루터 저작들의 대부분에 관한 상세한 논의이다. 순서는 일반적으로 연대기적 토대 위에서 편성되었다.

4. 21 난외 주석(The Marginal Notes)

아무도 1517년에서 20년까지 기간의 루터의 종교개혁 신학을 조망할 수 있기까지는 루터의 초기저술들을 연구해서는 안된다. 1509-1510년간의 루터의 어거스틴과 피터 롬바르드에 관한 난외 주석은 특수한 문제들을 제기한다.[132] 이 첫번째 방대한 신학적 주석 혹은 행간주석(Glosses)은 루터가 자신이 사용하기 위하여 이 책들을 베낀 책상 위의 사본 안에 기입하였다. 그러므로 그것들은 그가 참고한 어거스틴과 롬바르드의 저술들의 본문의 맥락 안에서만 이해 될 수 있다. 게다가 독자들은 1517년 이후의 루터의 상응하는 견해에 대한 이해도 지녀야만 한다. 이 여백 각주들의 간결성은 빈번히 그것들의 의미를 해석하는 것을 매우 어렵게 만든다.

4. 22 초기 강의들

클레멘판 제5권에 제시된 1513-1518년까지의 강의들의 모음집은 매우 탁월한 선택을 제시한다.[133] 그러나 이 강의들을 스스로 연구해나가는 것은 쉽지 않다. 최소한 바이마르판의 제55권에 있는 새 편집을 아직 구하지 못했다면 「첫번째 시편강의」(1513-15)는 연구하면서 특별한 어려움에 봉착한다. 이 강의들을 연구하면서 루터 이전의 주석의 전통에 대한 약간의 지식을 갖는 것도 매우 필요하다. 이렇게 요구되는 배경적 정보의 많은 부분이 상당한 정도로 이 강의들의 새 편집본에 의해 제공될 것이다.

특히 「첫번째 시편강의」를 연구함에 있어서 루터의 주장들을 문맥에서 뽑아내지 않는 것이 매우 중요하다. 어느 경우에서나 우리는 루터가 말하는 바의 일방적 관점의 위험을 벗어나기 위해서 이 강연들의 더 큰 부분들을 읽어야만 한다. 로마서(1515-16), 갈라디아서(1516-17), 그리고 히브리서(1517-18)에 대한 강의들은 루터의 「첫번째 시편강의」보다는 연구하기가 훨씬 더 쉽다. 매년 루터는 더 분명하게 충분한 사고를 정리하였고 죄, 은총, 칭의, 신앙 및 선행들과 같은 중심적 주제들의 토대 위에서 쉽사리 드러날 수 있는 것처럼 예리하게 그의 신학을 정의했다.

하이델베르크 논쟁[135]은 영광의 신학에 대조되는 십자가의 신학에 대한 루터의 이해를 명쾌하게 정의한다. 이 대조는 루터의 은총과 선택론의 대략적 묘사와 함께 그의 초기 강의들에서 그의 신학작업의 초점을 정의했다. 비록 이 논쟁이 면죄부 논쟁이 이미 시작된 이후에, 즉 1518년 4월에 있기는 했지만 루터의 중심적 신학적 사고의 주장이 이 논쟁의 기본내용이었고 논쟁의 일상적 사건들은 배경으로 후퇴하였다.

4. 23 면죄부 논쟁과 관련된 루터의 작품들

면죄부 논쟁에 대한 루터의 주장들은 그의 초기 강의들에 대한 완전한 지식에 토대해야만 충분히 이해할 수 있다. 그러나 루터에 대한 연구를 시작하는 사람들은 누구나 여전히 면죄부 논쟁에서 연구를 시작하는 것이 가장 용이하다는 것을 발견할 수 있다. 면죄부의 역사와 특히 마인츠의 알베르트(Albert of Mainz)에 의해 반포된 면죄부를 선언하는 교령을 아는 것은 루터의 명제들을 이해하는 데 중요하다.[135] 루터의 「사죄와 은총에 관한 설교」[136]는 소위 「95개 조항」이라고 불리는 「면죄부의 권능과 효력에 대한 논쟁」[137]에 대비하여 좋은 비교를 제시한다. 이 두 문서들을 비교하고 대조시킴으로써 우리는 루터의 라틴어 저작과 독일어 저작들이 어떻게 상호간에 관련되어 있는지를 알 수 있다. 95개 조항의 라틴어 본문에서 제기된 면죄부에 대한 비판적 질문들이 모두 다 독일어 「설교」의 본문에 다시 나타나는지의 여부를 질문하는 것은 유익하다. 명제들은 그 설교의 독일어 본문에 다시 언급된다. 만약 이들 비판적인 언급들 중 얼마가 반복되지 않는다면 우리는 생략된 명제들을 밝혀야 하며 또한 그것들이 생략된 근거들을 탐구할 필요가 있다.

1517년 ― 18년에 걸쳐있는 겨울동안 루터는 「95개 조항의 해설」이라고도 불리는 자신의 면죄부의 가치에 관한 논쟁의 설명서를 준비했다.[138] 이것은 루터의 최초의 정당한 종교개혁 작품으로서 적절하게 인용되어왔다. 이 「해설」의 의미는 「95개 조항」을 자구대로 그대로 단순하게 따른다는 외적인 형태에 있지 않고 오히려 그 내용에 있다. 즉 은총, 성례전, 신앙, 칭의 그리고 교직 권위에 대한 루터의 새로운 이해가 「95개 조항」보다 더 명확하고 예리하게 표현되어 있다. 그 「해설」을 읽으면서 루터가 이 때까지는 이미 이단으로 고소되어 있었다는 사실을 염두에 두는 게 중요하다.

"결론 제14항"(Conclusio XV)[139] 이라고 명명된 부분은 특히 루터 자신의 영적인 시험의 측면에서 중요하다. 게다가 그 「해설」에서는 루터가 아직 교황의 권위를 로마서 13장에 의해 설립된 것으로 보고 인정하였으면서도, 그가 이제는 분명히 그것을 단지 인간적 권위로서만, 즉 하나님에 의해서가 아니라 교회에 의해서 교황에게 주어진 권위로서만 이해했다는 점이다. 이와같이 루터는 이 때까지 그의 교회관에 있어서 대단히 의미심장한 변화를 겪었다.[140] 루터의 면죄부에 관한 저작들을 연구할 때에는 우리는 어떤 주제들이 면죄부에 관한 질문과 연결되어 있으며 어떤 주제들이 면죄부에 직접적으로 연관되지 않으면서 점진적으로 논쟁의 초점이 되어가는지를 관찰해야만 한다.

4. 24 1519-1520년의 설교들

1519-20년간의 설교들은 루터의 저술들 중에서 특별한 그룹으로 독특한 자리를 차지한다.[141] 이 논문들에서 루터는 매우 특이하게 고해, 세례 및 성만찬 등의 성례전과 같은 주제들을 다루었다. 게다가 루터는 사람들에게 "죽음을 준비하는 기법"을 가르쳤다. 또한 그는 출교(excommunication)와 선행 및 예전(liturgy)에 대해 논의하였다.[142]

이 논문들은 분명히 논쟁적인 것은 아니다. 그러나 그것들은 독자들을 교화시키기 위한 의도로 씌어졌다. 그것들은 약간의 신학적 지식을 전제하면서 동시에 교육받은 평신도들에게 읽혀지도록 의도되었다. 성만찬 교리를 심화 발전시키고 그것을 이해하기 쉬운 방법으로 제시한 탁월한 방법을 관찰할 수 있다. 루터가 고해성사, 세례, 성만찬을 취급하였다는 사실은 다른 네 성례전들 즉 성직수임, 혼배성사, 견진성사, 종유성사 등이 이미 그의 사상의 후면으로 후퇴해버렸다는 점을 나타낸다. 이 점은 그가 비록「교회의 바벨론 포로」(4. 27 참조)를 저술할 때까지는 이 네가지 성례가 실제로 성례가 아니라고 주장을 하지 않았음에도 불구하고 사실이다.

당시의 성례전의 본질에 대한 루터의 이해가 스콜라주의의 교리나 그 자신의 후기의 견해와 비교했을 때 그 고유한 특성을 지녔다는 것을 주목하는게 중요하다. 이같이 그의 성례전 특히 성만찬의 은혜에 대한 이해는 아주 빨리 변했다. 예컨대 루터는 성례전에 대한 일반적 정의보다는 오히려 제정의 말씀을 논의하면서「새로운 언약, 곧 거룩한 미사에 관한 논문」(A Treatise on the New Testament, That Is the Holy Mass, 1520)을 시작하였다.[143] 일반적으로 이 설교들은 우리에게 종교개혁의 관점으로부터 지게되는 기초적인 신학적 질문들을 토론하려는 루터의 시도를 광범위한 대중들에게 유익하면서도 당대의 논쟁에만 연관된 것이 아닌 그런 방법으로 우리에게 보여준다. 비록 루터가 이런 것들에 그리 많이 몰두하지는 않았더라도 말이다.

4. 25 "로마 교황체제"에 관하여

루터의「로마 교황체제에 관하여: 라이프치히에 있는 저명한 로마주의자에 반대함」은 1520년에 출판되었다.[144] 이 책은 상당히 의미깊은 것인데 우리가 루터의 대(對)로마 논쟁을 이해하고 또한 그 자체의 내용을 이해하는 양 측면에서 그렇다. 이것은 루터가 교황체제를 대변했던 신학자들과의 논쟁에서 중점적이었던 질문들을 다루면서 독일어로 썼던 첫번째 책이었다. 그러나 루터가 독일어를 읽을 수 있는 사람들에게 접근 가능한 저술에서 그 주장을 지속하는데 있어서 주도권을 차지한 것은 아니었다. 오히려 그는 라이프치히의 프란체스코회 수사인 어거스틴 알벨드(Augustin Alveld)에 의해 독일어로 출판된 그에 대한 공격에 대한 답변을 하였던 것이다. 이 책은 본래는「사도좌에 관하여」(*Super Apostolica Sede; Concerning the Apostolic See*)라는 제목으로 라틴어로 출판되었던 것이다. 루터는 알벨드가 그의 책의 개정판을 독일어로 출판한 후에야 독일어로 응수하였던 것이다.[145] 이것은 루터가 특별히 1517년 직후의 몇년간 그의 대적자들에 의하여 어떻게 해서 그 자신이 원한 것보다 더 심하게 나가게 되었는지를 예시한다.

루터의 후기의 논쟁적인 저술들과 비교해 볼 때 이 책의 논증적인 어조는 아직도 꽤 온건한 편이다. 그 내용에 관한 한 루터는 그가 이전에 특히 1519년에 라이프치히 논쟁에서 작성했던 주장들을 확대하였다. 이 주장들은 교회와 교회 내의 교황의 위치에 대한 당시의 그의 사상을 표현했다. 이 시점까지 루터는 그렇게 방대한 방법으로 이런 질문들을 취급한 적이 없었다. 이제 루터는 기독교는 그리스도 안에 있는 지상 위의 모든 신자들의 모임 혹은 성령 안의 모임이라고 표명하였다. 또한 그는 기독교는 영적인 실재와 물리적인 실재로 구분하는 것이 필요하다고 주장하였다. 영적인 기독교만이 진정한 교회이다. 이 참된 교회는 여기 지상 위에서는 아무런 우두머리도 없고 오직 하늘에 계신 그리스도만이 그 우두머리이시다.

우리는 루터의 이 주장들을 그가 불가시적 교회에 대해서 생각하고 있다고 해석하지 않도록 신중해야만 한다. 비록 많은 개념들이 이 방향을 지시하는 것처럼 보일 수 있음에도 불구하고 그것들은 언제나 논쟁이라는 한계선상 내에서 해석되어야 한다. 이 논쟁은 루터로 하여금 자신을 매우 예리하게 표현하도록 요구했다. 그러므로 만약 우리가 이 책에서의 루터의 주장들을 일방적으로 해석하는 것을 피하고자 원한다면, 우리는 그것들을 루터의 교회에 관한 많은 다른 저작들과 관련지어서 해석해야만 한다.

4. 26 "기독교인 귀족들에게 고함": 사회 개혁의 주창자 루터

1520년에 루터는 또「독일 민족의 기독교인 귀족들에게 고함: 기독교제후(국)의 개혁에 관하여」(*To the Christian Nobility of the German Nation Concerning the Reform of the Christian Estate*)[146]을 발간하였다. 이 책은 교회생활에서의 남용에 반대하여 제국의회에서 제후들에 의하여 황제에게 제출된 오랜 공식적인 항의들과 교회개혁의 필요성에 대한 당시의 토론을 모두 배경으로 놓고서 읽어야 한다. 이 책은 이런 논의의 한 부분이다. 루터는 결코 다시는 이 책의 이전이나 이후에 개혁을 위하여 그렇게 많은 혹은 그렇게 상세한 제안들을 해본 적이 없다. 물론 그의 개혁을 위한 제안들은 주로 교회의 생활에 관한 것이다. 그러나 그것들은 또한 정치적이고 사회적인 생활뿐만 아니라 대학들까지 다룬다. 그러나 이 책의 가장 의미심장한 요소들은 개혁을 위한 이러한 제안들에서 발견되어지지 않는다. 오히려 이 책의 가장 큰 의미는 그것의 신학적 기초에 놓여 있다. 루터는 특히 세속정부들로 하여금 교회와 사회를 개혁하는데 주도권을 취하도록 권유하였다. 왜냐하면 그는 더 이상 영적 계급이 세속적 계급보다 더 우월하다는 중세적 개념을 받아들이지 않았기 때문이다.

영적 계급(성직자들과 수도사들 - 역주)이 세속계급(평신도들 - 역주)보다 우월하다는 중세적 주장에 대신하여, 루터는 모든 세례 받은자들은 제사장이라고 하는 명제를 주장했다. 물론 모든 이들이 목사나 주교의 직책을 행사한다는 것은 부적합하다. 루터를 읽을 때에 모든 세례받은 자들을 사제와 목사로서 구분하는 것은 독일어보다 라틴어로 더 정확하게 표현될 수 있다는 것을 주목하는게 중요하다. 즉 모든 세례받은 자들은 사제들(*sacerdotes*; priests)이지만 단지 목사들(pastors)만이 교역자들(*ministri*; ministers)이란 새로운 신학적 접근은 루터로 하여금 세속적 권력과 영적인 권위가 각기 위급할 때면 상대방을 대신할 수 있다는 중세적인 견해를 의미심장하게 변형하게 만들었다. 루터는 아직도 평신도는 필요할 때면 교회를 도와야 한다고 느꼈다. 여기에다가 루터의 예리한 로마에 대한 비판 또한 이 책에 세계사적 의미를 제공하였다.

루터는 교황주의와의 논쟁에서 제기된 다양한 주제들을 세개의 벽을 가진 그림으로 요약하였다. 루터는 교황제는 그것을 개혁하려는 모든 시도에 대항하여 세개의 방어선으로 세개의 벽들을 쌓았다고 묘사했다. 교회는 영적 권위자들이 세속 권위자들보다 우월하다고 주장함으로써 그 첫번째 벽을 건설했다. 두번째 벽은 교황만이 최종적으로 성경을 해석할 수 있다는 교회의 주장이었다. 세번째 벽은 교황이 교회의 회의들보다 더 우월하다는 주장이었다. 결과적으로 성경이나 회의가 교황제보다도 더 우월한 권위를 갖는다는 주장은 최근에야 가능해진 것이었다. 그리고 평신도들은 결코 많은 일을 할 수 없었다.

이런 맥락에서 세례받은 자들의 보편적인 사제직의 교리는 로마교회에 의해서 구축된 이 세개의 벽들을 허물어버리는 기능을 수행했다. 이것으로써 그것은 세속 권위자들이 그들의 고유한 책임을 수행하도록 해방시켰다. 정부에 대한 그의 후기의 책에서와 마찬가지로[147] 루터는 이 책에서 교회의 영적 권위에 대하여 세속정부가 독립되어 있다고 주장함으로써 세속 정부를 지지하였다. 물론 로마에 반대하기 때문에 루터를 지지하였던 사람들 중에서 많은 이들은 대부분의 다른 요점들에 관한 그의 신학에는 동의하지 않았다.

4. 27 "교회의 바벨론 포로"

기독교인 귀족들에게 보낸 루터의 책은 외부적인 개혁을 다룬다. 같은 해인 1520년에 루터는 또한 신학 자체에서의 필수적 개혁을 논의했다. 루터는 「교회의 바벨론 포로」[148]를 이용하여 신학에서 특히 성례전 교리와 집례에 있어서의 필수적인 개혁을 논의하였다. 루터가 이 주제에 관한 훨씬 더 기초적이며 광범위한 논의에 대한 전주곡으로서만 묘사한 이 책 안에서 그는 로마 교황청을 그 권력의 근거로서 일곱 성례전 교리를 창안하고 이용해왔다고 비난하였다. 이 혐의는 분명히 역사적으로 부정확하였고 입증될 수 없었다. 그러나 루터가 이 비난을 하였던 사실은 교황제가 논쟁의 중점적 문제가 되었다는 사실을 나타낸다.

성만찬론에 대한 루터의 비판은 훨씬 더 중요하다. 귀족들에게 쓴 편지에선 "벽들"이라고 묘사한 반면 이제 루터는 "포로상태"에 대해 말하였다. 첫번째 포로상태는 성만찬 때 평신도에게서 포도주를 금한 것이었다.[149] 루터는 부정확하게도 이것을 로마교회의 횡포의 결과로 서술하려고 하였다. 두번째 포로상태는 화체설로서 루터는 이것을 인간적인 발명품으로 묘사했다. 그러나 실상 그것은 그리스도의 성만찬에의 임재의 신비를 설명하고자 하는 책 임있는 시도였다. 루터는 세번째 포로상태를 미사의 집례가 선행이며 제사라 는 견해라고 정의하였다.

루터는 이 세번째 미사의 제사 교리의 포로상태를 가장 나쁜 것이라고 평가했다. 그 교리에 관한 루터의 공격은 물론이고 그 자신의 입장을 이해하 기 위해서는 우리는 그의 사상과 스콜라주의적 미사교리, 즉 토마스 아퀴나 스에 의해서 그것이 가르쳐졌던 원래의 미사제도를 비교하는 것 이상을 해야 만 한다. 즉 우리는 이 시점에서 루터의 사상을 당시에 유행했었던 미사제사 의 전적으로 부적절한 신학은 물론이고 당시의 미사제사과 연관된 거의 마술 적인 경건을 고려함으로써만 이해할 수 있다.[150] 다른 성례전들에 대한 루터 의 비판은 기본적으로 그의 미사에 대한 비판적 분석보다는 덜 예리했다. 그 러나 일곱에서 둘이나 셋으로(루터가 고해를 생각했는지 아니었는지에 대해 확실하지 않기 때문에) 성례전의 숫자를 줄인 것은 충분히 깊숙하게 잘라낸 것이었다.

4. 28 "그리스도인의 자유"

루터는 칼 폰 밀티츠(Karl von Miltiz)에 대한 응답으로서 자신의 논 문인「그리스도인의 자유」(*The Christian Freedom*)[151]를 썼다. 1520년 가을에 밀티츠는 자신이 주도하여 루터와 로마를 화해시키려 하였다. 「교황 레오10세에게 드리는 공개서한」[152]은 루터가 자신의 논문의 도입 부분에 인 쇄한 것인데, 그것이 씌어졌던 상황을 배경으로 놓고서 이해해야만 한다. 루 터 자신은 아마도 당시에 그 자신과 교황주의 사이의 관계에서 실제로 일어 나고 있었던 일을 충분히 이해하지 못했었던 것 같다.

루터는 이 책을 그가 그리스도인의 삶에 대해 가르치기를 원했던 것들의 총정리 내용을 포함하고 있는 것으로서 묘사했다. 즉 "그리스도인은 만사에 대하여 자유로운 주권자(free Lord)이며 아무에게도 종속되지 않는다. 그리 스도인은 만사에 대해 기꺼운 종이며(a ready servant) 만인에게 종속되어 있다."[153] 이 이중적 명제는 여태까지 얻어진 바울의 자유 이해를 표현하는데 가장 성공적이며 적합한 언명이다. 이러한 자유 이해에 근거하여 — 그리고 그 자신의 자유 이해에 전적으로 일치하여 — 루터는 후에 농민들에 의해 만들어진 "육적인" 또는 물리적인 자유에의 요구를 비판하게 된다.[154] 이 논문에서 루터는 그의 칭의론과 종교개혁 윤리 사이의 연관성을 수립했다. 우리의 루터연구에 있어서 1520-21년간의 루터의 자유 이해와 멜랑히톤의 「신학통론」(Loci communes)에서 전개된 대로의 멜랑히톤의 자유 이해를 비교하는 것은 유익하다.[155] 유사하게 칼슈타트의 자유 이해와 비교해 볼 수도 있다. 마찬가지로 1521-22년간의 비텐베르크의 소요기간 중의 종교개혁자들의 자유에 대한 토론과도 비교해 볼 수 있을 것이다.

4. 29 "마리아의 찬가"

루터의 「마리아의 찬가」(The Magnificat) 해석은 그의 성경해석들 중에서 진주인 셈이다. 루터는 처음에는 1520년 11월부터 1520년 3월까지 비텐베르크에서 이 원고작업을 하였다. 그의 작업은 그의 보름스로의 여행 때문에 중단되었다. 그는 그의 작업을 1521년의 5월말이나 6월초 쯤에 바르트부르크에 있을 동안에 마쳤다. 그러나 이 해석서의 명상적 문체에서 이 시기의 외부적인 혼동이나 내적인 긴장은 전혀 찾아볼 수 없다. 루터는 빈번히 이러한 전혀 다른 과업들을 동시에 수행해나가는 능력을 보여준다. 사실 동시에 씌어진 작품의 두 부분들이 한 동일한 저자에게서 나온 것이라고 믿기 어려울 때가 가끔 있다. 이것은 루터의 유난히 광범위한 정서와 지성의 폭을 보여준다. 루터의 활동을 관찰하는 한 방법은 그가 특정한 달에 행한 일들의 목록을 작성해보고 그리고 나서 그 과업들과 주제들의 다양성과 그것들간의 가능한 상호관련성들을 고찰하는 것이다. 이렇게 할 때 우리는 그의 방대한 서한들을 무시해서는 안된다. 「마리아의 찬가」는 그 내용에 있어서 동정녀 마리아에 대한 루터의 견해와 그의 역사 이해에 대해서도 특히 중요하다.

4. 30 수도원 서약

「수도원 서약에 관한 마틴 루터의 판단」은[159] 루터가 1521년 11월의 약 3주간의 짧은 체류 기간 동안 바르트부르크에서 씌어졌다. 이전에 루터는 수도원 서약에 대하여 간헐적인 주장들을 하였다. 루터는 이 책을 이전에 자신이 수도원에 입회하기로 결심한 것에 대해 불쾌해 하셨던 그의 아버지에게 헌정하였다. 이런 면에서 이 책은 루터가 자신의 과거를 받아들이는 방법을 묘사한 것으로 이해할 수 있다. 분명히 수도원 서약에 대한 신학적 질문들은 논의의 핵심에 있으며 자서전적인 문제들은 단지 여백에 나타날 뿐이다. 마치 루터가 아직도 수년동안 그의 수도사 예복을 계속 착용하였던 것처럼 말이다.

이 책의 사려깊은 개요는 수도원 서약에 관한 다섯가지의 기본적인 의문들을 제시한다. 그렇게 함에 있어서 그것은 우리에게 루터가 가르쳤고 주장했던 방식에 대해 유별나게 명쾌한 통찰력을 제공한다. 루터가 아주 제한된 의미 안에서 수도원 서약을 계속해서 인정했다는 것을 우리는 주시해야 한다.[160] 수도원 서약을 다룬 이 책은 사실 당시의 루터와 로마의 마지막 대논쟁이었다. 그 자체로서 그것은 그의 초기시대의 마무리를 표시한다. 루터는 이미 교황주의와 당시의 성례전 교리 때문에 단절하고 있었다. 이 책에서 그는 두 부류의 윤리들이 존재한다는, 당시에 일반적으로 받아들여지던 원칙과 타협하였다. 즉 그 하나는 세속의 기독교인들을 위한 것이고 다른 하나는 수도사들을 위한 것이다. 루터의 논박은 수도원주의 신학에 대한 지식에만 기초해서는 적절히 이해될 수 없다. 이 서약들이 실제로 당시의 사람들에게 이해되었던 방식과 또한 수도원이 특히 도시적인 삶 속에서 차지한 방대한 사회적 의미를 함께 고려하는 것이 훨씬 더 중요하다.

4. 31 "반란을 반대하는 진지한 권고" (1522)

루터의 바르트부르크 체류와 비텐베르크와 기타 지역에서 일어난 소요 사태들에 이어서, 정부에 대한 복종은 물론이고 정부에 대한 반역의 문제가 더욱 중요해졌다. 멀리서 임박해오는 농민전쟁의 조기경보를 분명히 감지할 수 있었다. 루터는 이 문제들을 다양한 출판물에서 다루었다. 소책자인 「모든 기독교인들에게 주는 마틴 루터의 진지한 권고: 소요와 난동을 막으라」는 1522년에 나왔다. [161] 이것은 그가 1521년 12월 4-9일까지 바르트부르크로부터 비텐베르크로 여행하는 도중에 보통 사람들의 분위기를 관찰하고서 반응한 것이었다. 예를 들어서 도중에 그는 성직자들의 대규모 학살이 임박한다는 소문을 들었다. 비록 그가 이 소문을 믿지는 않았지만 그는 반란과 소요에 대한 자신의 태도를 분명히 하기를 원했다.

4. 32 정부에 대한 복종의 한계

1522년 말경까지 루터는 정부의 권위에 대한 자신의 책「세속권세: 어느 한계까지 복종해야 하는가?」를 썼다. [162] 이 책은 당시의 특수한 상황에 대한 반응으로서 특별히 작센 공작 게오르게에 의해 명령된, 루터의 신약성경 번역의 모든 사본들을 회수하여 소각하라는 요구가 담긴 훈령서에 대한 반응으로서 전개되었다. 루터는 그의 소위 두 왕국론 혹은 두 정부론을 전개함으로써 응수하였다. 이 이론은 우리가 먼저 역사적 정황을 이해하지도 않고서 루터의 입장을 이해할 수 있다고 제안하는 추상적인 체계화된 형태로 제시되면서 왜곡되었다. 반면에 이 이론은 그것이 전개된 특정한 역사적 맥락의 측면에서만 이해할 수 있다. 이 책의 기본적인 주제가 정부의 권위의 한계이며 그럼으로써 또한 정부의 복종에의 요구의 한계임을 주시하는 것이 특별히 중요하다.

4. 33 예배의 개혁

루터는 먼저 새로운 개신교 예전의 필요에 반응하면서 1523년에 그 발전과 관련된 문제들을 논의하였다. 그는 먼저 그의 매우 간결한 에세이인「공적 예배의 제정에 관하여」를 출판하였고[163] 그 다음엔 곧 바로 그의 더 방대한「비텐베르크 교회를 위한 미사와 성만찬 규정」(1523)[164]을 발간했다. 이것은 또한 예배순서를 포함한다. 이 책에 담긴 루터의 입장과 동시대의 개신교 예전의 개정, 예컨대 토마스 뮌처의 개정과 비교해보는 것은 유용하다. 그러한 비교는 루터가 또한 예전적 개혁의 영역에서는 보수적이었음을 보여 준다.

4. 34 교육적 개혁

「독일내 모든 도시 내의 의회원들에게 기독교 학교를 설립하고 유지하기를 요청함」은 1524년에 출판되었다.[165] 이것은 종교개혁 운동의 교육에 대한 영향을 보여준다. 루터는 이 책의 기본적 전제를 다음과 같이 밝혔다. "우리는 이 점을 분명히 합시다. 우리는 그 언어들 없이는 복음을 오래 보존할 수 없을 것이란 점을!" 그 언어들이란 곧 히브리어와 헬라어를 의미했다.[166]

4. 35 자본주의와 이윤을 목적으로 한 금전대부

이 책은 사회적 · 정치적 문제들에 대한 루터의 지속적인 관심을 보여준다. 그러나 비록 우리가 이런 문제들에 대한 그의 다른 주장들을 고려한다고 하더라도 루터를 경제전문가라고 기술할 근거는 없다.[168] 루터의 결정적인 전제는 복음이 한 번 더 시대의 빛이 되었으므로 그것은 많은 어두움의 일들 특히 탐욕을 정죄하고 비난한다. 다양한 남용들에 대한 루터의 비판은 이런 관련 속에서 우리의 주의를 끌 만하다. 그러나 비록 그런 관계들이 그의 동료들의 일부에 의해서 아주 잘 이해된다고 할지라도 그 자신의 제안들은 당시에 우세하던 경제적 관계에 대한 더 상세한 지식에 기초하여 전개된 것은 아니었다. 대략적으로 경제 문제에 관한 루터의 태도는 매우 보수적이었다.[169]

4. 36 농민전쟁(1525)

1525년 봄의 농민들의 봉기는 루터로 하여금 몇 가지 글들을 발간하도록 만들었다. 그것들 중에는 「평화에의 권면:쉬바비아 농민들의 12개 조항에 대한 답변」,[170] 「약탈과 살인을 일삼는 농민집단에 반대함」,[171] 「쉬바벤의 칭찬할 만한 동맹과 보덴제와 알고이의 농민집단들 간의 계약. 루터의 서문과 경고」,[172] 그리고 「농민들에게 가해지는 가혹한 규정에 관한 공개서한」[173] 등이 있다.

우리는 루터의 농민전쟁에 관한 저술들을 전혀 다른 관점에서 읽을 수 있다. 하나의 접근은 농민봉기의 전개와 그 기본적 성격을 연구하는 것이다. 이 성격들은 아직도 정확하게 결정하는 게 어렵다. 다른 접근은 농민들에 의해 이루어진 특정한 요구들에 대한 루터의 영향과 종교개혁과 농민운동 사이의 상호작용을 조사하는 것이다.

또 다른 접근은 지역국가의 설립과 루터가 이 운동을 지지했던 방식과 농민들이 거기에 기여한 바 있는 방식을 탐구하는 것이다. 또한 우리는 루터의 정치윤리에 초점을 맞추어서 혹은 심지어 그의 작품들이 농민전쟁의 결과에 영향을 가한 방법들에 초점을 맞출 수 있다. 우리가 이 질문에 대하여 어떤 접근 방법을 택하든지간에 우리는 관련된 사람들의 이 사람 혹은 저 사람 혹은 운동들의 이것이나 저것을 미리 정죄하는 것을 피해야만 한다. 가능한 한 편견없는 태도를 유지하려고 노력해야만 한다.

4. 37 "노예 의지론"

루터의 논문 「노예의지론」(*The Bondage of the Will*)[174] 은 많은 점에서 루터의 작품들 중에서 해석이 가장 어렵다.[175] 이것은 그 내적 구조, 출발점, 그리고 루터의 변론의 목표가 학자들 사이에서 유난히도 논박되었기 때문만이 아니라 이 책이 항상 에라스무스와 루터의 논쟁이란 측면에서 읽혀져야만 했기 때문에 그렇다. 그러나 에라스무스 자신은 「자유의지론: 논쟁 혹은 논술」(*On the Freedom of the Will: A Diatribe or Discourse*)[176] 을 쓰면서 그가 그의 신개념과 자유의지의 논의에서 보통 도달하였던 높은 수준의 사려와 명료성을 얻지 못했다.

　　루터의 책을 공부함에 있어서 우리는 먼저 주의깊게 그가 말한 바를 분석해야 하며 그의 의견제시에 대한 우리 자신의 개인적인 견해를 분명히 해야 한다. 그렇게 함으로써 우리는 루터가 신적인 필연성을 강제력(*coactio*)과 우리의 선택의 자유(*liberum arbitrium*)에 어떻게 연결시키고, 감추어진 하나님(*Deus absconditus*)과 계시된 하나님(*Deus revelatus*)을 어떻게 관련시키는가에 특별히 유의해야 한다.

　　초보자들은 루터와 에라스무스의 입장들을 그 이전의 신학적 전통에 자리잡은 상응하는 견해들 특히 어거스틴, 아퀴나스, 오캄, 가브리엘 비엘 또는 르네상스 때 널리 받아들여진 견해들과 비교하는 것이 약간 더 어렵지만 매우 가치있는 것임을 발견하게 될 것이다. 루터의 입장과 멜랑히톤의 「신학통론」(*Loci*)[177]에 나타나는 근본적으로 다른 입장을 비교하는 것이나, 16세기의 다른 신학자들의 입장과 비교하는 것은 우리들로 하여금 종교개혁자들 사이의 사상의 다양한 차이점들을 인식하게 해 준다. 어느 경우에나 루터교의 고백서들은 「노예의지론」에서 루터가 주장한 바 있는[178] 아주 극단적인 주장들을 채택하지 않았다. 그리고 그의 후기의 작품들에서 루터 자신조차도 예정론의 문제를 보통 기독론적 관점에서 논의하였다.

4. 38 성만찬

　　「그리스도의 만찬에 대한 신앙고백」(*Confession Concerning Christ's Supper*, 1528)[179]은 성만찬에 관한 츠빙글리와의 논쟁에서 있었던 루터의 마지막 심대한 주장이었다. 우리는 성만찬론이 츠빙글리의 사상과는 다르게 루터 사상 안에서 역할을 수행하였다는 맥락과 선행했던 논쟁에 대한 맥락을 이해하면서 읽어야 한다. 연쇄적인 주장에서 차이점들을 특별히 루터와 츠빙글리가 요한복음 6:63(the flesh is no avail; 육은 아무데도 소용이 없다 — 표준새번역)의 "육"(flesh)을 해석하는 방식을 정확하게 추적하는 것 역시 중요하다.

　　그런 비교는 마치 이것들이 루터와 츠빙글리의 "이다(is)"라는 단어뿐만 아니라 "그 바위는 그리스도였습니다(고전10:4, 표준새번역: the Rock was Christ)"와 같은 성경의 주장들에 대한 상이한 이해의 차이에서 나타나듯이 성경해석에 대한 상이한 접근 방법들을 나타낸다. 마찬가지로 우리는 루터와 츠빙글리 둘 다 성만찬의 합당치 못한 참여는 참여자에게 물리적인 영향을 미친다(고전 11:30)고 주장한 방식에도 주의해야한다.

루터의 그리스도 편재설(doctrine of ubiquity)의 전개는 후기 스콜라주의 사상과 이 이론의 관계와, 츠빙글리와 루터의 논쟁에서 차지한 그것의 의미의 측면에서 연구해 볼 수도 있다. 또한 루터와 츠빙글리의 성만찬에 대한 사상의 전개와 칼빈의 사상을 비교하는 것도 가치가 있다. 봉헌되었으나 분배되지 아니한 빵과 포도주를 다루었던 방법에 끼친 다양한 교리들의 영향을 연구하는 것도 흥미가 있다. 유사한 연구들이 성만찬론의 고해와 예전적 관행(luturgical practice)을 규정하는 다양한 교회규정들(Kirchenordnungen)에 대한 관계를 연구할 수도 있다. 이 모든 연구들은 또한 우리에게 성만찬에서 공유되는 은사의 다양한 이해를 비교하고 대조시키도록 도와준다.

마지막으로 이 책의 마지막에 실린 루터의 개인적인 신앙고백은 중대한 의미를 갖는다.[180] 이 개인적 신앙고백은 아우그스부르크 고백을 포함하여 그때까지의 개신교 신앙고백의 발전에 지대한 영향을 끼쳤다. 그것은 분명히 루터가 초대교회의 신조들을 수용하여 그의 구원론적 초점과 결합시켰던 방식을 예시한다.

4. 39 대요리문답(1529)

「대요리문답」(The Large Catechism)[181]은 루터가 작센 선제후령에서 교회들과 학교들을 순회시찰방문하는 사역을 감당하는 중에 발전되었다. 이 요리문답서는 루터 자신이 썼었던 교의학의 기본적인 문제들을 가장 포괄적으로 개관하는 것이다. 그러므로 그것은 제한된 의미에서는 그가 결코 써본 적이 없는 교의학을 대신한다고 이해해도 좋다. 「대요리문답」[182]을 좀더 세밀하게 연구하자면 다음의 주제들을 특별히 추천하고 싶다.

(1) 이전의 요리문답서들과의 비교; (2) 종교개혁의 초창기부터 루터가

요리문답의 부분적인 것들에 대해 쓴 논문들과 「대요리문답」의 비교; (3) 대요리문답 안에 있는 하나님에 관한 진술들을 「노예의지론」에 있는 주장들과 비교하는 것.

유사한 비교들 또한 대요리문답에 있는 모든 중요한 신학적 질문들과 루터의 다른 작품들 속에 있는 이런 질문들에 대한 상응하는 논의들간에 이루어질 수 있을 것이다. 이런 연구들의 어느 것도 매우 가치있는 것이다. 그런 연구들은 우리로 하여금 당시에 유행하던 논증적 상황이 어떻게 다양한 이론화 작업에 영향을 끼쳤는가를 지각하게 할 수 있다. 대요리문답에서 루터가 표명한 견해들은 대부분 그런 논증적 상황의 영향을 입지 않았다.

4. 40 루터와 아우그스부르크 신앙고백

「아우그스부르크에 모인 모든 성직자들에게 드리는 권면」[183]은 1530년 아우그스부르크 국회(Diet)에 대한 루터의 가장 의미심장한 공헌이었다. 루터는 여기서 "아우그스부르크에 회집한 모든 성직자들에게"라고 수신자를 밝혔다. 그러므로 이 문서는 루터파 성직자들에게만 보낸 것이 아니다. 루터의 다른 작품들과 비교해 볼 때 이 책에서 한 그의 주장들은 훨씬 덜 조직적이다. 루터는 논증하는 대신에 성직자들의 양심에 호소하여 그들로 하여금 "이 아우그스부르크 국회를 통하여 크고 위대한 선을 행하고 성취하는데"[184] 가능한 모든 일을 해 달라고 간청하였다. 그러나 루터는 만약 국회가 아무런 의미있는 결과를 남기지 못한 채 폐회한다면 백성들은 인내심을 상실하고 낙망하게 될 것이라고 경고하였다.

루터는 단지 그가 가공할 위험을 인식시켰기 때문에 스스로 이 작품을 성직자들에게 보내는 것으로 서술하였다. 그러므로 이 작품은 당시의 루터의 정치사상에 있어서 매우 중요하였다. 게다가 루터는 면죄부를 포함하여 아우그스부르크 신앙고백서에 언급되지 아니한 일련의 개별적인 질문들을 논의하였다. 루터의 아우그스부르크 국회에의 문서적 참여를 포괄적으로 이해하기 위하여 우리는 또한 그가 이 국회 회기 중에 쓴 많은 서신들을 참작해야 한다.[185]

4. 41 번역자 루터

「번역에 대한 공개서한」(On Translation: An Open Letter, 1530)[186]은 우리에게 루터의 성경번역 방법을 통찰할 수 있게 해준다. 그는 빈번하게 멜랑히톤이나 유대인 학자 아우로갈루스(Aurogallus) 등과 같은 다른 학자들의 도움을 입는다고 기록하였다. 게다가 이 간결한 저작은 우리가 루터의 해석학 즉 그의 해석방법을 이해하는데 중요하다. 이 소책자를 안내서로 사용하여 루터 성경의 바이마르판에서 그것이 논의하는 구절들을 탐구하는 것도 가치있는 일이다.[187] 이 판은 다양한 독일어 성경의 개정 역본들에서 루터에 의하여 사용된 상이한 이론화들을 제공한다. 이 개정역들을 비교함으로써 우리는 각기 어떻게 하여 루터가 그의 번역을 개선하기 위하여 끊임없는 작업을 하였는가를 직관할 수 있게 된다.[188]

4. 42 경고의 말

「마틴 루터박사가 그의 친애하는 독일백성에게 드리는 경고」[189]는 1530년 10월에 아우그스부르크 국회 이후에 전개된 위협적인 상황에 대한 그의 응답으로서 씌어졌다. 그것의 의도는 연약한 자들을 강건하게 하는 것이었다. 루터는 그가 「아우그스부르크에 모인 모든 성직자들에게 주는 권면」에서 했던 것보다 이 저서에서는 교황주의자들에 대하여 더욱 신랄하게 말하였다.[190] 아우그스부르크 국회의 결과로서 각 파벌간의 관계들을 개선하려는 모든 희망들은 물거품이 되었다. 루터는 이제 황제가 대(對)개신교 전쟁을 일으킬 것이라고 염려하였다. 루터의 견해에서는 그러한 행위는 복음을 거스르는, 그리하여 하나님에게 대항하는 전쟁이 될 것이었다. 이 저작은 특히 민족국가로서의 독일에 대한 루터의 사상에 있어서 중요한 것이다. 학생들은 그것을 루터의 다른 저술들, 예를 들어 「기독교 제후국의 개혁에 관하여 독일민족의 기독교인 귀족들에게 고함」[191]과 비교해야만 한다. 그러면 독일 민족국가를 수립하는 운동에서의 루터의 역할의 발달을 측정할 수 있게 된다.

4. 43 슈말칼덴 신앙조항

1536년 12월에 루터는 「슈말칼덴 신앙조항」(*The Smalcald Articles*)을 썼다. 그 신앙조항들은 1537년에 준비되었다. 교황 바울 3세는 회의를 1537년 오순절에 만투아(Mantua)에 소집시켰다. 개신교 제후들은 이 회의를 위해서 집약된 준비를 하였다. 루터는 작센 선제후의 요청에 따라 그러나 또한 그 자신의 개인적 입장을 표출하는 논문으로서 이 조항들을 썼다. 자신의 개요에서 루터는 선제후의 제안들을 고려하였다. 그러나 각각의 주제에 관하여 쓸 때에 그는 하나의 특별한 조항의 교리가 그에 대한 공통된 일치가 있는지의 여부에 대하여 혹은 그것이 예수 그리스도의 위격과 사업에 대한 기본적인 이해에 영향을 미쳤는가의 여부에 대하여 스스로 판단하였다. 또한 루터는 "우리가 학자나 지각있는 이들과 혹은 우리 스스로 안에서조차 논의할 수 있을 만한 약간의 문제들"을 규명하였다. [192]

그것들이 일반적으로 논증적인 어조를 지니긴 했지만 「슈말칼덴 신앙조항」은 신학적 대화에 대해 의미심장한 공헌으로서 남아 있다. 논의되는 교리들의 삼중적(三重的) 차별화가 고려되는 한에서 그렇다. 「슈말칼덴 신앙조항」에 나타난 성만찬론에 대한 루터의 주장과 1536년의 「비텐베르크 협약」(Wittenberg Concord)을 비교하는 것은 매우 유익할 것이다. [193]

4. 44 "공의회와 교회에 관하여"

「공의회와 교회에 관하여」(*On the Councils and the Church*) [194]는 1539년에 출판되었는데 루터의 교회론과, 초대교회의 전통과 공의회들의 신조들의 의미에 대한 그의 견해를 이해하는 데 매우 중요하다.

4. 45 "어릿광대에 반대하여"

「공의회와 교회에 관하여」와 같이 「어릿광대에 반대하여」(*Against*

Hanswurst)[195]는 루터의 교회론을 이해하는데 아주 중요한 자료이다. 게다가 그것은 브라운슈바이크 - 볼펜뷔텔의 공작 헨리와 작센 선제후 요한 프리드리히와 헤세의 백작 필립 사이의 갈등 가운데 선 루터의 입장을 이해하는데 중요하다. 이 두 책에서 루터는 로마교회가 유일한 참교회라는 주장에 타협하였다. 그는 교회의 표지들을 논하였고 이 표지들이 초대교회 때부터 16세기까지 교회의 가시적 형태 안에 나타난 것으로 규정하였다. 동시에「어릿광대에 반대하여」는 특히 노년의 루터의 논증술이 어떻게 점차로 불손하여져 갔는지를 보여준다.[196]

4. 46 종교개혁의 시작에 대한 루터의 회고

루터는「라틴어 저작들의 완결판에 대한 서문」(비텐베르크, 1545)[197]을 이용하여 종교개혁의 발단과 종교개혁으로 이끈 통찰력에 그가 도달하게 된 길에 대하여 회고하였다.

오랫동안 이 기억들은 종교개혁이 실제적으로 시작된 때와 루터가 전진하도록 만든 통찰력을 얻은 시기에 관한 논의가 주 초점이었다.[198] 종교개혁의 초기 단계에 대한 루터의 서술은 다양한 방향으로 해석되어져 왔다. 그러나 그럼에도 불구하고 이 원문은 "재난스러운 사건"에 대한, 또한 종교개혁이 시작될 때 수반된 통찰력들에 대한 우리의 이해에 있어서 가장 중요한 것들 중의 하나로 남는다. 나의 견해로는 종교개혁의 출범에 대한 루터 자신의 기억에 대립되는 어떠한 해석도 꽤 유해하며 앞으로도 그러할 것이다.

그러나 어느 경우에나 종교개혁의 전반적인 초기 기간에 대한 루터의 견해는 주된 행동자 자신이 사건들을 회고적으로 묘사하기 때문에 특별한 흥미를 끈다. 이 자기 증거는 분명히 "일차적 증거"는 아니다. 엄격하게 말하자면 이차적 자료로서만 고려될 수 있다. 이 점에서 루터의 서신들,[199] 설교집,[200] 그리고 탁상담화[201]들을 언급하는 것 이상으로는 필요가 없다.

4. 47 후기의 학술 논쟁들 [202)

이 중요한 논쟁들의 문서 본문은 우리에게 생애의 후반기의 루터의 신학자로서의 활동을 보여주면서 그의 후기 강의들보다도 그의 사역에 대해 더 나은 관점을 제공한다. 게다가 순수교리에 대한 루터의 관심은 이 논쟁들 속에서 더욱 분명해진다. 이 논쟁들의 어떤 것들의 주제들은 신론, 기독론, 그리고 인간 존재의 본질론 등이다.

반율법주의를 다룬 다른 논쟁들은 특히 중요하다. 루터는 이 논쟁들을 이용하여 요한 아그리콜라(JohannAgricola)와의 선명한 불일치를 공표하였다. 그러는 중에 그는 자신의 율법과 복음에 대한 이론을 제시하였고 그 다양한 해석들에 대한 그 의미를 규정하였다. 그러나 루터는 그의 사후에 바로 율법의 제3의 사용에 관한 논란이 터질 것을 예방하지 못했다. 또한 그는 다른 이들이 율법의 제3의 기능의 이론, 즉 율법은 중생한 인격인 기독교인의 삶의 규범이라는 이론을 왜곡되게 그에게 돌리는 것을 예방하지도 못하였다. [203) 루터의 율법과 복음에 대한 이해는 그의 작품들의 다른 어느 곳에서보다도 이 논쟁들에 기초하여 더 포괄적으로 연구할 수 있다. 그러나 루터가 실질적으로 율법과 복음의 구분을 그의 설교나 전문적 견해나 기타 등에서 적용하였던 방식에 주의하는 것도 분명 필수적이다.

「인간에 관한 논쟁」은 특별히 넓고 깊은 방식으로 인간론을 논의하고 있다. [204)

5

루터 신학의
국면들과 문제들

이 장에서 나는 루터 신학의 가장 중요한 주제들을 요약하려고 하지는 않는다. 오히려 나는 우리의 루터 신학 연구에서 고려하여야만 하는 특별한 문제들을 예시하는 일련의 중요한 요점들을 분석하려 한다. 이런 문제들 중에서 어떤 것들은 현대의 연구에서 적절한 주목을 받지 못하고 있다. 이 문제들에 주의를 기울임으로써 나는 이 장이 또한 현대의 루터 연구에 대한 가장 기본적인 질문들의 논의에 기여하기를 희망한다.

5. 1 루터 신학을 기술하는 방법론

루터 신학을 적절하게 기술하는 가능성 여부와 그 방법에 대한 질문은 무수히 상이하면서도 아주 중요한 국면들을 지닌다.

5. 1. 1 루터는 창의적인 신학자로 자처하지 않았다.

먼저, 우리는 루터의 신학자로서 자신의 역할에 대한 자기 이해가 우리로 하여금 루터 신학을 기술하는 과업을 수행하게끔 허용하고 있는지와 그러한 기술이 어떤 유용한 목적에 기여할 것인지의 여부를 자문해보아야만 한다. 이미 지적되었듯이(3.43을 보라) 루터는 사람들이 자신들을 루터파라고 부르는 것을 원치 않았다. 왜냐하면 그는 누구의 주인이나 스승이 되기를 원치 않았기 때문이다.

그리하여 루터는 결코 신학적으로 아무런 새로운 일도 하지 않았다고 주장하였다. 심지어 그는 그의 선배들을 능가하는 조직적인 신학의 새로운 출발점을 창안하였다는 주장도 결코 하지 않았다. 그러한 주장을 거절하는 데에 루터는 그 당시까지의 동방정교회의 신학자들은 물론이고 초대 교회와 중세 교회의 거의 모든 신학자들에 동의하였다. 신앙의 중심적인 문제들이나 신학과 철학간의 관계에 대한 독특한 접근을 발견하고자 하는 시도는 전형적인 근대적 작업이다. 그러한 새롭고도 개선된 접근 방법을 의식적으로 주장한 최초의 신학자는 고트홀트 에브라임 레싱(Gotthold Ephraim Lessing)이었다. 그는 개신교 정통주의의 방법론과 비교하여 자신의 방법론의 우월성을 강조하였다. 슐라이에르마허 이후로 그러한 주장은 많은 신학자들에 의하여 있어왔다.

분명 루터가 새로운 일을 해낸 것이라는 주장을 하지 못한 것은 그가 실제로 그렇지 못했다는 것을 의미하지는 않는다. 이 동일한 주장은 중세 교회나 초대 교회의 신학자들에게도 사실이다. 예를 들어 어거스틴, 캔터베리의 안셀름이나 피터 아벨라르드 등은 신학적 방법론에서 결정적이고 새로운 진전을 대변하였다. 사실 다른 신학적 혹은 철학적 학파들에 대한 비판적인 대립은 분명 그 저자가 그 자신의 신학에 대한 새롭고 독특한 관점을 전개하려고 한다는 것을 가리킨다. 루터는 그 시대의 전통적인 신학을 그의 선구자들보다 더 강렬하고 철저하게 비판하였기 때문에 그는 분명코 신학에 대한 그 자신의 독립적인 접근 방법을 전개하고자 한 것이다.

그러나 루터의 목표는 신학적인 사고를 심화 발전시키거나 변화시키는 것이 아니었다. 오히려 성경 안에 존재하면서 모든 후대의 오염에도 불구하고 항상 접근할 수 있는 참된 교리로 복귀하는 것이었다. 그리하여 루터는 근대의 사상가들처럼 자연과학과 철학에 일어난 새로운 질문이나 발견들에 대한 새롭고도 쉽게 변화되는 입장을 창안하는데 관심을 두지 않았다. 그의 신학은 그러한 변증학적인 신학과는 아주 거리가 멀었다. 그리고 사실 16세기에는 그런 유의 신학이 필요없었다.

루터 신학에 대한 평가에서 우세한 결론은 우리가 루터를 신학적 전통의 수호자로서건 그의 성경연구에 기초한 중심적인 신학적 가르침의 비판적인 회복자로서건 근대의 신학자들과 비교함으로써 그를 평가할 수 없다는 것이다. 오히려 루터는 16세기의 학문적 조건의 맥락에서 이해하여야 한다. 직접적으로 말하자면, 루터의 신학은 특별히 교회 전통의 중심적 가르침들을 유지하는 방법에서 새로운 접근 방법들을 조성해 내는 강력한 힘을 보여준다는 것이다. 그러나 오직 루터가 스콜라주의 신학에 의한 전통의 왜곡(최소한 루터 자신이 그런 왜곡이라고 결론지었던 것)을 비판적으로 점검하는데 자발적으로 참여하였기 때문에 그가 이 전통을 보존하는 것이 가능하였다.

5. 1. 2 우리는 어떻게 우리의 진술을 구성할 것인가?

루터 신학의 포괄적인 개관을 진술하려는 시도는 약간의 조직적인 구조를 제공할 필요를 드러낸다. 그 문제는 우리가 그것을 교리 서로간의 조직적인 관계에 관하여 조직해야 하는가 아니면 그것의 역사적인 발전에 관하여 조직해야 하는가이다. 루터 신학을 기술하려는 어떤 시도도 자료를 어떻게 분리하고 무엇을 강조해야 하는가를 결정하는 데에 특별한 어려움에 봉착한다. 루터 신학에 대한 대부분의 기술은 조직적으로 전개된다. 이것은 두권짜리 루터신학을 저술한 테오도시우스 하르낙(Theodosius Harnack)의 경우이다.[1] 하르낙은 그의 책에 "루터의 화해론과 구속론에 대한 특별한 언급을 개재함"이라는 묘사적인 부제를 달았다.

라인홀드 제베르크(Reinhold Seeberg)[2] 와 에리히 제베르크(Erich Seeberg)[3] 두 사람은 그들의 자료들을 체계적으로 조직하였다. 게다가 파울 알트하우스(Paul Althaus)[4], 레나르트 피노마(Lennart Pinomaa)[5], 프리드리히 고가르텐(Freidrich Gogarten)[6], 루돌프 헤르만(Rudolf Hermann)[7], 그리고 그 사후에 루터에 관한 마지막 책이 출판되었던 한스요아킴 이반트(HansJoachim Iwand)[8] 등은 그들의 자료들을 조직적으로 구성하였다. 게르하르트 에벨링(Gerhard Ebeling) 또한 그의 「루터 사상

입문」(*Luther: An Introduction to His Thought*, 1964)[9]에서 조직적인 개관을 제공한다.

그러나 다른 한편으로 루터신학에 대한 에벨링의 방대한 글은[10] 역사적인 전개의 기초 위에 진행된다. 에벨링은 루터의 원래 입장을 묘사함으로써 그 작업을 시작한 다음에 1517년 이후의 다양한 논쟁들의 과정에서 그것이 심화되는 발전을 추적하였다. 비록 루터 신학의 개별적인 주제들에 대한 많은 의미있는 독백들이 이 방법을 사용해오기는 하였지만 여전히 이런 식으로 구성된 루터 신학의 포괄적인 취급은 없다.

의심할 바 없이 이 두 가지의 진술 형태 가운데 하나를 선택하는 데에는 중요한 근거가 있다. 역사적 전개 형태의 장점의 하나는 그것이 우리로 하여금 초기 강의 기간에서 뿐만 아니라 로마, 열광주의자들, 뮌처, 츠빙글리, 에라스무스, 아그리콜라 그리고 다른 사람들과 논쟁 중의 루터의 사상적 발전을 관찰하게 만들어 준다는 것이다. 보통 발전적인 묘사는 루터 사상의 핵심에 대한 우리의 이해에 영향을 미치지 않는다. 오히려 그것은 우리에게 그가 더욱 주의깊게 정의하고 구성하고 확대하였거나 혹은 개별적인 요점들에 대한 그의 입장들을 바꾼 방식에 대하여 의미 심장한 통찰력을 부여한다. 교회, 율법, 성만찬, 두 왕국 혹은 두 정부론, 혹은 가르침을 평가하고 교사들을 임명하거나 면직하는 회중의 권한 등과 같은 문제들에 대한 루터의 입장에 관한 우리의 이해는 우리가 루터의 초기 저작과 후기의 저작들 중에서 어느 것을 규범적으로 이용하느냐에 따라 달라진다.

루터의 사상이 변했다는 사실은 그가 특별한 논의에 있어서만 한 교리를 형성하였다는 것을 결코 의미하지 않는다. 비록 그가 자주 그의 사상을 특별한 문제에 대한 응답으로서 처음으로 표현하기는 하였지만, 오히려 그의 이론화(formulations)는 항상 그의 전반적인 사고 유형에 대한 심오한 체계적인 관계들에 의존한다. 그러나 당대에 그것의 특정한 이론화는 물론이고 특별한 교리에 관한 저술을 형성하고 형상화하였던 기본적인 개념은 오직 논쟁으로 이끌었던 다양한 상황들에 대한 조심스러운 고찰에 기초하여야만 규명될 수 있다.

역사적 발전의 방법이 가치있는 것은 바로 이런 이유 때문이다. 그러한 방법이 갖는 문제는 그것이 루터 신학의 전체 맥락을 놓칠 위험에 빠진다는

것이다. 그러한 역사적 발전의 방법론과 대비되는 루터 신학의 조직적인 포
괄적 진술은 우리로 하여금 루터 신학의 다양한 주제들과 칭의론의 중심적
입장간의 상호 관계를 인식하게 해 준다. 그러나 그러한 방법은 두 가지 위
험을 인식하여야만 한다. 한 가지 위험은 루터 신학의 발전에 대한 충분한
강조를 주지 않는다는 점이다. 두번째 위험은 루터의 주장들이 그 자신이 저
술하고 있는 가운데서 부딪히는 역사적 상황에 아주 밀접하게 연결되어 있다
는 점이다. 결과적으로 루터신학을 조직적으로 재구성하려는 시도는 루터 사
상의 내적인 발전보다는 저자 자신의 사고 유형을 더 표현할수 있다. 루터
신학에 대한 무수한 조직적인 진술들은 모두 다 너무나 빈번하게 그 다양한
저자들의 기본적인 입장만을 제시할 뿐이다. 어느 특정한 저자는 자주 루터
연구를 통하여 그 자신의 결론들에 도달할 수 없었을 것이라는 것과 오히려
그는 다른 자료에 기초하여 그것들을 전개하였으리라는 것은 사실이다.

　　어느 경우이든 다양한 저자들이 루터 신학을 기술하는 방법상의 현저한
차이점들은 쉽사리 파악된다. 그래서 파울 알트하우스는 "원 계시"(primal
revelation:전통적으로는 자연계시를 뜻함 - 역주))의 개념을 그 자신의
교의학의 중요한 부분으로서 사용한다. 그의 루터 신학에 대한 기술은 명백
히 알트하우스 자신의 사상에서 이 강조점의 중요한 부분을 나타낸다. 비슷
하게 알트하우스가 최초로 루터 신학에 대한 그의 책 중간 부분에서 삼위일
체론 교리를 논의하였다는 사실은 알트하우스가 그 자신의 교의학에서 슐라
이에르마허의 예를 따라 삼위일체론 교리를 그의 교의학 말미에서만 다루었
다는 사실과 분명히 상응한다. 분명히 알트하우스의 「마틴 루터의 신학」
(*The Theology of Martin Luther*)은 삼위일체교리를 그 책 중간 부분
에서 논의한다. 비슷한 설명이 프리드리히 고가르텐의 루터 신학 진술에도
적용된다. 그의 체계뿐만 아니라 특별히 그의 주장의 흐름도 고가르텐 자신
의 조직적인 입장의 특성을 나타낸다.

　　유고 출판된 루돌프 헤르만의 루터 신학에 대한 강연집은 루터의 생애와
동시대의 상황을 고려함으로써 이 위험에서 벗어나려고 노력하였다. 결과적
으로 그의 강연들은 조직적인 관점에서 보면 매우 느슨하게 조직되었다. 비
록 헤르만이 루터 신학의 몇가지 중요한 국면들을 진술하기는 하였지만 그도
역시 그의 논의로부터 루터 사상의 조직적 구조를 이해하는데 특별히 중요한

약간의 문제들을 배제하였다. 유고 출판된 이반트의 루터 신학에 대한 강연집의 구조는[11] 명백히 자신의 초기의 칭의론과 그리스도에 대한 신앙론 연구의 구조와 유사하다.[12] 그러나 그는 루터에 대한 이 연구서에서 "교회, 국가, 사회"에 관한 부분을 첨가하였다.

이러한 관심을 표현함으로써 나는 누군가가 역시 루터에 대한 집약된 연구를 통하여 그 자신의 조직적인 신학을 구성할 수 있다는 것을 강조하고 싶다. 결과적으로 그러한 저자 자신의 조직적인 관점이 그들의 루터 신학 연구의 영향에서 발전되어왔다는 것과 루터는 저자에게 중요한 특정한 문제들에 비추어 읽혀진다는 것은 사실이다. 이것은 특별히 알트하우스에게 어느 정도 사실이다. 당연히 그것은 또한 다른 저자들에게도 사실이다.

5. 1. 3 루터에게 고대 교회의 삼위일체론 교리의 중요성

우리가 어떤 방법을 택하든지 우리는 어쩔 수 없이 루터를 일방적으로 읽게 된다. 그러나 우리는 모든 학자들이 그들의 다양한 출발점들과 진술방법에 관하여 매우 명확할 것을 기대할 권리가 있다. 그들은 또한 그들의 결론들을 다른 학자들의 결론들과 비교하고 대조하여야만 한다.

우리는 또한 루터가 삼위일체, 기독론 등과 같은 몇 가지 매우 본질적인 교리들을 그렇게 빈번하지 않게 명시적으로 논의하였다는 것을 기억하여야 한다. 그런데도 불구하고 우리는 아무런 의심없이 루터가 그러한 교리들을 그의 전반적인 신학에서 기초적인 중요성을 지니는 것으로 여겼다고 추정하여야만 한다. 「노예 의지론」에서 그는 "이제는 인봉이 뜯어졌고, 무덤문에서 돌이 굴려졌으며(마 27:66, 28:2) 즉 하나님의 아들이신 그리스도께서 인간이 되셨고 하나님이 세 분이시면서 한 분이시며 그리스도께서 우리를 위하여 고난을 받으시고 영원히 다스리시리라는 최상의 신비가 벗겨졌으니 성경 안에 무슨 더욱 고상한 것이 남아 있으리요?"[13]

루터에게 삼위일체론 교리의 실제적인 중요성은 무엇이었는가? 그가 그에 관하여 거의 아무것도 말하지 않았다는 사실이 단순히 그 자신과 로마 사이에 이 문제에 관한 아무런 차이점이 없었다는 것을 지시하는가? 어떤 조직적인 진술에서 루터 신학의 다른 특정한 요소들이, 이 문제들에 대한 그의 명시적 언급들에 대한 소홀한 조사에 기초하여 정당화되는 듯이 보이는 것보다 더 강하게 강조되어야 하는가? 결정을 내리는 데에 우리는 또한 교의학을 저술한 16세기의 다른 종교개혁자들이 신론과 삼위일체론의 교리를 그들의 작품의 첫부분에서 논의하였다는 사실을 고려하여야만 한다. 예를 들어서 이는 멜랑히톤의 「신학통론」(*Loci*)[14]나 칼빈의 「기독교강요」(*Institutes of the Christian Religion*)[15]에서도 적용된다. 루터도 동일하게 하였을까?

5. 1. 4 기본적인 신학적 주제

명백히 루터 자신의 신학에 적당한 루터 신학의 조직적인 요약을 진술하는 것은 중요하다. 그러나 루터 이론의 모든 요점에 대한 우리의 논의가 특히 인간들의 하나님과의 관계에 대한 그의 이해에 기초하여 루터 자신이 신학을 행한 방식에 충실하여야만 한다는 것이 훨씬 더 중요하다. 시편 51편에 대한 자신의 강의에서 루터는 "신학의 적절한 주제는 죄를 범하여 저주받은 인간과 죄인된 인간을 의롭게 하시며 구원하시는 하나님이다. 이 주제를 벗어나서 신학에서 논의되거나 질문되는 것은 무엇이든지 오류이며 독약이다"라고 말했다.[16] 이 관점에서 개별적인 신학적 질문들을 바라본다면 우리가 루터 신학을 체계화하는 방식에 대해 갖는 의문은 훨씬 덜 중요하게 된다. 이러한 토대 위에서만 우리는 한편으로는 루터를 정통적으로 체계화하는 것의 위험과 다른 한편으로는 루터를 특별한 동시대적 상황에 관련시키기 위하여 루터를 재해석하려는 시도의 위험을 피하는 데 성공할 수 있다.

5. 2 초기 루터의 신학적 발전의 중요한 국면들

5. 2. 1 "초기 루터"와 "후기 루터"의 구분

우리가 "초기 루터"를 말할 때 우리는 보통 1517년이나 1518년 이전의 루터를 생각하게 된다. "초기 루터"에 해당하는 기간의 끝은 로마와의 논쟁의 시작 때인 1517년이나, 종교개혁의 출발을 루터가 칭의론의 성숙한 이론

화에 도달한 1518년으로 볼 경우에는 1518년으로 설정되기도 한다.[17]

"후기 루터"에 대한 언급들의 의미는 거의 그렇게 분명하지는 않다. 때때로 사람들은 1525년 농민전쟁 중에 루터의 태도와 그가 그의 많은 입장들에 대하여 더욱 확고하게 정의한 방식과 또한 정부와 더욱 밀접하게 일하기 시작하고 군중(Herrn Omnes)들을 두려워하기 시작한 방식에 대하여 언급한다. 이러한 특성들은 1525년에 처음으로 분명해졌다. 그러나 때때로 사람들은 "노년의 루터"에 대한 언급을 루터가 츠빙글리에 반대하여 그의 성만찬론을 전개한 기간들을 서술할 때에 사용한다. 이 명칭은 주로 루터가 그의 가르침을 견고하게 하였던 과정을 강조한다. 그러나 가끔 사람들은 "후기 루터"라는 문구를 1522년의 열광주의자들에 대한 루터의 반대를 언급하고자 사용한다. 어쨌든 학자들이 초기 루터와 후기 루터를 말하는 비정의된 방식을 어떤 상황에서도 학생들을 두 기간 사이에 예리한 단절이 있다고 믿도록 이끌어서는 안된다. 오히려 루터의 사상에 대한 강조 속에서 루터의 발전적 연속성과 특정한 변천을 보는 것이 중요하다.

5.2.2 초기 루터의 신학적 작업

20세기의 루터 연구는 특별히 초기 루터에 대한 연구를 강조해 왔다. 이런 연구들은 1513년부터 1518년까지의 루터 강연의 원고들 또는 이 강연들에 대한 학생들의 노트가 재발견됨으로써 가능해졌다. 특히 칼 홀(Karl Holl, 1926년에 죽음)은 그의 초기 루터 연구를 통하여 새로운 국면을 열기 시작하였다. 그 이후 수십년 동안 연구의 질문들과 방법들은 더욱 사려깊게 정의되었다. 그러나 여전히 연구하여야 할 무수한 문제들이 있다.

매우 일반적인 용어로서 우리는 아직도 루터의 중세기 전반에 대한 관계는 물론이고 후기 중세기에 대한 관계를 많이 다루어야 한다. 그러나 현대 연구의 초점은 특별히 다음과 같은 특정한 문제들이다. (1) 성경 전반의 해석적 측면이나 개별적인 구절들의 해석 측면에서 석의적 전통에 대한 루터의 관계. (2) 초기 루터의 신학에서 독일 신비주의는 물론이고 어거스틴, 오캄주의의 의미. 이 질문을 조사하는 데에 우리는 그런 영향의 한계뿐만 아니라 루터가 이 영향을 받아들였던 독자적인 방식과 "생산적인 오해"(productive

misunderstanding)의 가능성까지도 포함하여 고려하여야만 한다. (3) 신
개념, 그리스도 개념, 교회의 이해, 말씀과 신앙, 회개와 심판, 의로움과 칭
의 등에서 시작하여 로마 교회나 베드로 수위권에 대한 루터의 태도와 같은
특정한 문제들을 포함하는 무수한 신학적인 주제들. 이 질문들을 공부하는
데에 이 교리들에 대한 루터 사상의 발전은 물론이고 루터 자신의 개인적인
발전에도 세심한 주의가 주어져야 한다.

　　루터의 교수 시절의 평화로운 학구적 작업은 루터에게 그의 종교개혁 신
학의 기초를 놓을 수 있는 기회를 제공하였다. 비록 모든 세부적인 것들은
아니더라도 기초적인 개념들은 이미 1517년이나 1518년에 견고하게 확립되
었다. 루터는 분명히 계속되는 수년 동안의 여러 다양한 논쟁들의 와중에서
이 기초적인 입장에서 확장해나갔지만 근본적인 아무런 변화도 겪지 않았다.

　　루터의 사상 세계가 1513년부터 논쟁들이 있던 때까지 지속되고 발전하
는 것에 대하여 심도 깊은 연구가 있어야 한다는 것은 매우 중요하다. 빈번
하게 우리는 루터의 초년에 이미 한 특별한 개념이 발전되어 있었고 1517년
가을 이후에 로마와의 논쟁에서 이전에는 없었던 논증적인 형태를 띠게 되었
다는 것을 확증할 수 있다. 예를 들어 이 점은 루터의 회개에 대한 이해에
적용된다. 루터는 그의 초년에 이미 회개에 대한 광범위한 신약성경적 이해
를 재획득하였으나 그의 회개에 대한 새로운 이해가 그의 면죄부 비판의 근
거가 된 것은 오직 95개조 안에서였다. 우리가 종교개혁의 본질과 루터와 로
마 사이의 갈등의 깊이를 이해하기 위하여 루터 신학의 자료들과 그 발전을
탐구하는 것은 여전히 중요하다. 그러나 우리는 오늘날 우리가 이 점에서 이
미 루터의 대부분의 동시대인들보다 루터에 대하여 더 많이 알고 있다는 사
실을 무시해서는 안된다. 처음에 읽을 수 있었던 자들은 루터가 1517년 4월
에 「7개의 참회시」(*The Seven Penitential Psalms*)[18]를 출판했을 때에
야 루터를 알아보게 되었다.

　　루터가 의도적으로 준비한 첫번째 자료가 독일어로 쐬어졌다는 것도 역
시 중요하다. 여기에서 루터는 최초로 자신을 종교적인 저술가로서 나타내었
다. 그리고 그 종교저술가는 나중에 저명해지게 될 것이다. 이 책을 읽으면
서 우리는 루터의 새로운 신학의 기초와 내용에 대한 우리의 지식과 1517년
과 1518년의 상황에서 일반 대중이 루터에 대하여 이해하였던 내용을 조심

스럽게 구분하여야만 한다. 물론 루터는 훨씬 이전에 다른 형태의 구두 대화를 통해서나 비텐베르크에서 대학 교수나 설교자로서 그의 사역을 통하여 의미 심장한 영향력을 행사하였다. 루터는 그가 출판물을 내기 훨씬 전에도 이미 대단한 영향력을 지녔다.

5.2.3 초기 루터의 해석학적 방법

우리 모두는 루터의 사상 특히 초기 루터의 사상을 조직화하는 위험과 그의 사상을 성급하게 해석하여 그것이 후기의 종교개혁자의 사상과 일치한다고 하는 위험을 감지하여야만 한다. 그러나 이러한 주의를 준수하더라도 루터가 성경을 해석하는 전통적인 방법들과 싸웠으며 성경의 의미를 이해하는 새로운 방법에 도달하였다는 사실은 전혀 의심할 바 없다. 그는 아직도 4 중적 의미들(즉, 문자적, 은유적, 비유적, 미래지향적 의미들)로 성경을 해석하는 육중한 방법을 극복하지 못하였다. 이런 점에서 그는 리라의 니콜라스(Nicholas of Lyra, 1350년에 죽음)와 파베르 슈타풀렌시스(Faber Stapulensis, 1455-1536)보다 덜 진보한 셈이다. 그러나 루터는 이러한 성경의 4중적인 의미의 구도를 이용하여 기독론적인 해석에 도달하였다.

루터는 또한 "영"과 "문자"를 상호간 대립되게 놓았다. 그리고 이 점에서 이미 그는 우리의 하나님에 대한 관계(*coram Deo*)와 세상에 대한 관계(*coram mundo*)의 구분을 시작하였다. 그러나 "영"이라는 범주는 또한 하나님께서 우리로부터 숨어 계시고 우리가 접근할 수 없다는 것을 의미하며 반면에 "문자"의 범주는 인간적 자율이나 하나님의 진노를 가리킨다. 물론 루터는 "영"과 "문자"를 서로 분리시키지 않았다. 오히려 영은 문자에 감추어져 있다. 동일한 구절, 동일한 단어는 똑같은 한 시점에서 문자이면서 영이다. 이것은 각 말씀이 똑같은 한 시점에서 신적인 심판과 신적인 은총의 말씀이 될 수 있다는 것을 의미한다. 성경 해석에 대한 이러한 접근 방법은 특별히 다음과 같은 주장에서 잘 드러난다. "성경의 힘은 이것이니 곧 그것이 그것을 공부하는 자에게 변화되어가는 것이 아니고, 그것이 그것을 사랑하는자를 자기에게로 그리고 자기의 능력으로 변화시킨다는 것이다 … 〔성경은 말한다〕 당신은 나를 당신 존재로 변화시킬 수 없을 것이다. 그러나 당신은 나의 존재로 변화해 갈 것이다."[19]

5. 2. 4 루터의 "첫번째 시편 강의"에 나타난 심판과 복음

루터의 해석학적 방법은 자동적으로 심판, 자기 고발, 자기 비하, 죄인됨의 고백과 의로움, 칭의, 은총 등의 주제들을 그의 신학의 초점으로 삼고 있다. 이것은 그의 첫번째 시편에 대한 강의에 이미 분명히 나타난다.[20] 이러한 주제들에 대한 루터의 논의는 그 자신의 수도원 생활의 경험에 의하여 부분적으로 결정되었다. 그러나 동시에 그는 기본적으로 수도원주의 자체에 관하여서도 근본적으로 새로운 관점을 제시하였다. 기본적으로 당시에 이러한 주제들의 선택와 그에 대한 논의는 그의 영적인 시험의 경험과 성경에 대한 그의 집중적인 연구의 측면에서 이해되어야만 한다. 우리는 루터가 하나님은 감추어진 방식으로 행하시며 그가 하시는 것처럼 보이는 것과 "정반대"로 (sub contrario) 행하고 계신다고 말했을 때 그가 의미하였던 바를 이해하는 것이 필수적이다.

루터에게 이는 하나님의 은총이 항상 그의 심판 아래 감추어진 실체로서 존재한다는 것을 의미했다. 그리하여 우리는 사람들의 죄성에 대한 새롭고도 심도 깊은 지식은 종교개혁으로 이끌어간 최초의 발전들 중의 하나였다고 말할 수 있다. 루터는 우리가 특정한 행위 때문만이 아니라 자기 중심적이며 우리 자신의 복락만을 찾기 때문에 죄인이라고 인정하였다. 이것은 우리가 하나님을 신뢰하기보다는 선행을 행함으로써 하나님과 바르게 되기를 추구할 때에 가장 분명하다. 실제로 그 반대가 참된 것이다. 즉 우리는 하나님의 심판을 받아들이고 우리가 죄인임을 인식할 때에야 하나님에 의하여 의롭다고 칭함을 받는다. 우리는 바로 그때에야 하나님의 심판에 동의를 하는 것이므로 오직 그 때에만 우리는 하나님과 바른 관계에 놓인다.

심판과 복음이 「첫번째 시편 강의」의 중심적인 주제들이었기 때문에 루터가 다루었던 다른 주제들은 뒤로 후퇴한다. 이 주제들에 주목하는 것은 중요하다. 성례전이 바로 그런 주제들 중의 하나이다. 학자들 가운데서 루터의 성례전에 대한 제한도 구체적인 이유로서 논쟁거리가 된다. 명백하게 루터는, 성례전은 자동적으로 유효하며 신앙이 없어도 은총을 전달한다는 당시에 넓게 퍼졌던 가르침이 사람들을 구원에 대한 왜곡된 안심으로 오도할 수 있다고 고찰하였다. 이렇게 하여 루터의 성례전에 대한 후기의 가르침의 최초의 흔적이 이 강연들에서 나타난다. 이 외에도 교회내의 타락과 남용에 대한 그의 신랄한 비판은 중요하다. 이 비판은 루터의 작품들 가운데 매우 일찍이 나타난다. 그것은 기본적으로 신앙의 연약함과, 구원을 경험한다는 가장된 욕망에 대하여 공격한다.

5.2.5 로마서 강의

「첫번째 시편 강의」는 신앙의 중심적인 문제들에 대한 명확성을 획득하고자 하는 루터 자신의 투쟁을 실증한다. 1515년부터 1516년에 걸친 그의 「로마서 강의」는[21] 그 자신의 신학에 대한 투쟁의 결과를 더욱 분명하게 정의하여 설명한다. 루터는 심판의 주제를 논의하였다. "이 서신의 주요한 목적은 육체의 모든 지혜와 의를 박살내고 뽑아내어 멸절시키는 것이다. 이것은 사람들의 눈이나 우리 자신의 눈에서 위대한 일들로 보일 수 있는 모든 일들을 포함한다. 이 일들이 진지한 열정과 마음으로 되었든 아니든 누군가가 죄가 존재하지 않는다거나 존재하지 않는다고 믿는다고 주장하든 않든간에 이 서신은 죄를 확증하고 진술하고 극대화하고 있다."[22] 이 로마서 강연들에서 루터는 또한 명확하게 스콜라주의적 죄론을 비판했다. 그의 견해로는 그것이 그가 이미 이전에 이기적인 의지라고 이해하였던 정욕과 불타기 쉬운 것 (*fomes*, tinder)을 과소평가하였기 때문이다.[23]

비슷한 방법으로 루터는 또한 다른 스콜라주의적 개념들을 특히 은총교리의 맥락에서 비판하였다. 루터의 로마서 강연들은 「첫번째 시편 강의」와 비교할 때 칭의론에서 상당한 진보를 나타낸다. 그의 로마서 강의의 시작 부분에서 루터는 하나님의 의를 우리 자신의 바깥에서 우리에게로 오는 것으로 묘사하였다(*extranea, externa, aliena iustitia*). 그는 이것을 우리에게 속하여 우리 내부로부터 나오는 의와 대조시켰다(*propria* or *domestica iustitia*).[24] 이와 같은 주장들은 분명히 루터가 이미 종교개혁의 은총 개념에 대한 특성에 관하여 "우리 자신의 밖에"(*extra nos*) 있는 것으로 생각하고 있었다는 것을 증명한다. 명백히 루터는 이 개념들을 스스로 전개하였다. 아마도 신비주의적 개념들인 "환희"(rapture)나 "황홀" (ecstasy) 등이 그의 사상을 자극하였을 것이다.

학자들은 소위 비하의 신학(theology of humility)이 로마서 강의에서 발견되는지의 여부에 견해를 달리한다. 많은 학자들이 하나님의 의와 인간의 칭의에 대한 종교개혁적 견해가 이 강의에서 충분히 표현되었다는 것을 증명하려고 노력하였다. 그러나 에른스트 비처(Ernst Bizer)[25]와 다른 이들은 여전히 비하를 구원을 수용하는 데 필수적인 조건으로서 이해하였다. 「로마서 강의」에 나타난 많은 구절들이 아직 종교개혁적 입장을 표방하지는 않는다는 것은 사실이다. 동시에 imputare(전가하다)나 reputare(의인으로 간주하다)와 같은 중요한 개념들은 죄인을 의롭다고 선언하시는 하나님에 대한 기계적인 용어들인데 로마서 강의에 나타난다. 후에 성례전 교리들에 대한 루터의 개혁적 변화에서 중요한 한 쌍의 개념인 언약과 신앙은 처음부터 로마서에서 나타난다.[26]

우리가 반복적으로 종교개혁적인 의미로 해석되지 않는 구절들을 발견한다 하더라도 우리는 여전히 이 강의들이 점증하는 명증성을 가지고 종교개혁신학을 표현할 뿐만 아니라 특별히 그것을 무수한 개별적인 문제들을 해결하는데 적용하고 있다는 것을 부인하기가 어렵다. 루터가 면죄부 논쟁 이전의 수년 동안에 그의 통찰력들을 점진적으로 인지하게 된 지속적 과정을 추적하는 것은 도전적이며 교훈적이다.

루터 신학에서 이러한 변화의 과정은 매우 많은 문제들에 대한 함의를 지녔다. 성경 해석에 관한 한 은유화(allegorizing)는 이미 쇠퇴하기 시작했다. 물론 그것은 또한 루터가 해석한 본문의 성격과도 연관된다. 시편은 바울서신들보다 더 큰 범위에서 성경의 4중적인 의미의 적용을 끌어들인다. 그러나 이와 함께 루터는 점점 더 성경의 문자적 의미를 확립하려고 노력하였다. 그는 더 이상 문자적 의미와 병행하여 본문의 영적인 의미를 발견하려 하지 않고 오히려 문자적 의미 안에서 영적인 의미를 발견하려 하였다. 우리가 로마서 강의를 「첫번째 시편 강의」와 비교할 때 우리는 또한 성례전에 대한 더욱 방대한 논의를 발견하게 된다. 비록 이런 변화가 주로 해석되는 본문, 즉 로마서 6장과 같은 본문의 내용에 기인하지만 여전히 성례전에 대한 전혀 새로운 이해의 요소들을 발견하게 된다. 이는 루터의 히브리서 강연에

서 가장 분명하게 나타난다.[27]

이 무렵에 수도원주의와 교회에 대한 루터의 주장에는 역시 새로운 요소들이 나타난다. 자유에 대한 종교개혁적 이해는 그의 로마서 강연에서 최초로 나타난다. 루터가 자신의 사상에서 의미있는 진전을 보여주지 않는 신학적 문제는 거의 없다. 가끔 1515년에 루터가 말하기 시작한 것과 그가 나중에 면죄부 논쟁에 참여할 때 주장한 것들 사이에는 중요한 차이점이 있다. 로마에 대항한 것과 어떤 남용들에 대한 논쟁은 역시 빠져있다. 그러나 루터가 자기 안전과 그것이 야기하는 연약한 신앙심 때문에 스콜라주의에 대해 비판한 것은 「첫번째 시편 강의」에서보다 여기서 훨씬 더 예리해졌다. 회고해 보면 우리는 루터와 로마 사이의 갈등이 불가피하였음을 볼 수 있다. 신학적으로 루터는 아직도 전적으로 중세교회의 기초로부터 옮겨간 것은 아니었다. 그러나 그의 신학은 신약성경에 강력하게 영향을 입고 있어서 실제로 그 갈등이 시작되기까지는 단지 시간 문제에 불과하였다.

5. 3 루터 종교개혁의 시작에 관한 의문점

5. 3. 1 그 시기를 이르게 또는 늦게 잡아야 하는가?

수 십년 동안 루터를 연구하는 학자들은 루터가 언제 하나님의 의와 칭의의 이중적인 의미에 대한 그의 종교개혁적 통찰력에 대한 의식으로 나아갔는가에 대하여 논쟁해 왔다. 이 통찰력의 내용은 어떻게 상세하게 정의될 것인가? 이 질문은 루터의 초기 강연들을 다시 한번 접하고서야 집약적으로 탐구될 수 있을 것이다. 16세기의 시작 이래로 중요한 문제들에 대한 수많은 포괄적인 논의들이 있어 왔다. 이 논의들은 보통 어떤 명백한 결론에 이르지 못한 채 얼마 후에 끝나곤 하였다. 현재는 이 문제에 대한 논의는 그리 많지 않다. 이는 아마도 학자들이 어느 정도 전반적인 논의에 대하여 지쳤기 때문일 것이다. 그러나 분명히 종교개혁의 시작에 대한 질문은 루터 자신이나 전반적인 종교개혁에 대한 우리의 이해를 위하여 상당한 의미가 있다.

종교개혁이 시작된 시기를 정하는 데에 1514년이나 1518년의 두 해가 가장 빈번하게 제안되어왔다. 그러나 어떤 학자들은 아직도 이전에 유행하였던 견해를 자주 고수한다. 이 견해에 의하면 루터는 이미 그가 첫번째 로마서 강의를 시작하기 이전, 즉 1513년 이전에 그의 새로운 통찰력을 얻었다.[28] 반면에 다른 학자들은 여전히 1519년이나 심지어는 1520년을 지지하고 있다. 이런 상이한 시기 규정의 시도들과 함께 학자들은 최근에는 또한 종교개혁의 진전이 어떤 분명한 시점에서 얻어진 분명한 통찰력으로 이루어진 것이 아니라 오히려 종교개혁의 진전이 루터의 새로운 신학적인 견해들이 점차적으로 성숙해간 과정으로 이루어져 있다는 견해를 취하였다. 루터가 이 장구한 과정을 회고해보았을 때에야 그는 무언가가 실제로 일어났다는 것을 감지하게 되었다. 그러나 이 견해에 의하면 종교개혁의 통찰력은 기본적으로 면죄부 논쟁의 시작과 같은 어떤 시점에서부터 루터의 신학적 작업에 내재하게 된다.[29]

5. 3. 2 종교개혁적 통찰의 내용은 무엇이었는가?

종교개혁적 통찰의 내용에 대한 질문은 그것이 전개된 시간에 대한 질문만큼 중요하다. 루터 자신은 자주 그의 하나님의 의에 대한 새로운 이해가 이 통찰의 초점이라고 말했다. 루터는 말하기를, 바울에 의하면 이 의가 하나님께서 심판하시는 근거로서 분배적인 의가 아니라 하나님이 베푸시는 의의 근거로서 의이다. 1545년에 루터는 이 의를 "수동적인 의"라고 기술하였다.[30]

우리는 우리를 자유케 하는 이 의로움을 신앙 안에서 받는다. 루터는 그가 이전에 하나님의 의로움을 하나님께서 그것에 근거하여 우리에게 뭔가를 요구하시는 의로서 이해하였던 반면에 이제는 그것을 믿는 자를 의롭게 하는 "사역적인 의"(causative righteousness) 즉 하나님께서 사람을 의롭게 만드신다는 것으로서 이해하였다.[31] 이와 같이 루터가 신앙 안에서 받아들인 의는 죄의 용서일 뿐만 아니라 하나님께서 우리를 의롭게 만드시는 시작이기도 하다. 이에 대하여 생각할 때에 우리는 루터가 하나님의 의와 인간의 칭의가 마지막 날에야 처음으로 완전하게 실현되리라고 이해하였다는 것을 기억하여야만 한다. 현재에서 피안의 세계에까지 이르는 이 방대한 아치의 배경을 제쳐두고 강조점은 분명코 하나님의 약속과 신앙에 놓여있다.

5.3.3 가장 중요한 자료들

루터의 종교개혁 출범에 대한 문제를 연구하고자 하는 사람이라면 누구나 다음의 문제들에 특별한 주의를 기울여야만 한다.

루터의 발견에 대한 자신의 주장들.[32] 루터의 주장들을 분석하는 데에 우리는 그가 그의 식탁에서 나눈 이야기들(즉 루터가 깊이 생각지 않고 말했을 뿐만 아니라 그것들이 정확하게 기록되었는지에 대한 불확실성 때문에 매우 주의깊게 사용해야 할 주장들)을 구분하여야만 한다. 루터는 또한 그의 서신들이나 저술들에서 다른 주장들을 하였다. 많은 학자들은 그러한 자기 주장은 특히 중요하다고 생각한다. 그러나 다른 학자들은 동조하지 않는다. 루터 자신의 종교개혁 발견에 대한 주장이 서로 불일치한다는 사실은 어떤 것들을 다른 것들보다도 더 강조해야 하는 판단에 의미를 더해준다. 무슨 근거로 우리는 그러한 결정을 내릴 수 있는가?

초기 강의들, 저작들, 그리고 1518-1519년의 서신들. 우리는 이 본문들에서 루터의 회심에 대한 묘사 등과 같은 것을 발견하리라고 기대해서는 안된다. 사실은 중요한 자료에 대한 대단히 집중적인 연구와 토론도 여전히 루터의 종교개혁 통찰의 시기와 최초의 등장에 대하여 어떤 일치도 낳지 못하고 있다. 우리는 우리가 이 본문들을 어떻게 이용할 것인지를 주의깊게 고찰하여야 한다. 종교개혁의 통찰이 루터에게는 신학적으로나 실존적으로 매우 의미가 깊었기 때문에 우리는 그가 어느날 그 자신이 모든 문제들을 갑자기 해결하였다고 느꼈다고 여겨서는 안된다. 어떤 시점 후에 루터가 그의 새로운 통찰을 정규적이고 지속적으로 발표하였다고 예상하는 것도 역시 잘못된 것이다.

오히려 우리는 초기 루터의 신학 사상에서 특히 이것이 그의 강의에서 나타나기 시작할 때의 전반적인 발전 과정에 대하여 생각하여야 한다. 그의 새로운 통찰은 이러한 사상의 진전이라는 맥락에서 규명될 수 있다. 그것은 루터가 우리의 그리스도 이해, 하나님 앞에서 인간들의 위치, 그리고 심판과 복음의 관계에 대하여 초점을 맞춘 것과 연관되어 나타난다. 이를 서술하는 데에 우리는 또한 루터가 그의 통찰을 그가 이제 교회의 가르침에 반대하게 되었다는 것을 인식하지 못한 채 얻었다는 것을 고려하여야 한다. 분명히 종교개혁의 출범 시기를 늦게 설정하는 사람은 최소한 이 출발과 루터의 처음에 가졌던 로마와의 갈등의 연관성을 직시하여야만 한다.

종교개혁과 실제 중세교회간의 관계. 우리는 과거 수십년 동안에 이 문제의 복잡성을 점차 분명하게 알게 되었다. 이는 특히 루터와 중세 시대에 대한 우리의 연구가 새로운 단계에 들어섰기 때문에 더욱 그렇다. 예를 들어서 우리는 이제 루터와 토마스 아퀴나스 사이의 관계에 대하여 좀더 객관적인 연구들을 하고 있다. 루터의 통찰이 전통적인 가르침과 비교하여 새로운 것인지의 여부와 그 범위가 어디까지인지에 대한 질문은 그 질문을 세세하게 분리함으로써만 응답될 수 있다. 이 질문에 대하여 생각할 때 우리는 루터 이전의 로마서의 전통적 해석과 조직신학자들이 하나님의 의와 칭의에 대하여 서술한 방식을 구분하여야만 한다.

때때로 우리는 루터의 석의적 통찰과 현저하게 유사한 접근 방법들을 발견하기도 한다. 그러나 우리는 또한 아무도 루터의 신학적 결론들에 유사한 결론을 내리지 않았다는 것을 발견한다. 우리가 루터의 통찰이 실제로 바울이 의도한 의미를 정당하게 평가하고 있는지의 여부를 질문할 때는 특별한 문제가 발생한다. 그리고 이 질문은 역시 루터의 해석이 언어학적 의미에서 정확한가에 대한 물음에만 근거하여서는 대답될 수 없다. 오히려 우리는 루터가 바울 신학의 개념들을 16세기 초의 일반적으로 꽤 상이한 사상 구조들로 번역하였는지 여부를 검사해야만 한다. 루터는 비록 어떤 강조점들은 다를지라도 실제로 정확한 방법으로 그렇게 했을 것이다.

현재의 연구상황. [33] 그 때 이후로 논의는 근본적으로 어떤 새로운 관점도 제시하지 못했다. 물론 이내 학문적 연구들을 특징짓는 급변하는 어색한 상황에도 불구하고 어떤 견해들은 끊임없이 재출현한다는 것은 놀랄 만한 것이다. 우리가 이 문제들에 관하여 일반적으로 만족할 만한 어떤 해결점에 도달하리라는 것은 거의 가능성이 없어 보인다.

그러나 동시에 루터의 종교개혁 통찰이 분명한 사건으로서 이해되지 않고 오히려 루터의 신학적 작업에 깔려있는 전제들의 유형으로서 이해되어야 한다는 견해는 이제 분명하게 그에 따르는 매우 큰 어려움들을 가져온다. 그의 생애 말년에 루터는 자주 그 통찰이 언급할 수 있는 특별한 사건으로서 자신에게 다가왔다고 말했다. 우리가 이 견해를 받아들인다면 루터의 이 주장들은 잘못되었다고 생각할 수 있다. 그리고 우리는 그런 의미심장한 기억의 착오를 루터에게 돌릴 아무런 근거도 갖지 못한다. 다른 말로 하면 우리는 단순히 루터 자신의 주장에 대한 심원한 재해석을 수행해낼 어떤 적법한 방법론적인 근거도 갖지 못한다. 그러한 재해석이 수용될 수 있는 유일한 근거는 누군가가 루터는 다른 회고를 하기도 했다는 것을 증명해 내는 것이다. 아직껏 아무도 이것을 하지 않았기 때문에 학자들은 그 상황이 아무리 어려워 보여도 어쩔 수 없이 이 문제를 다루어야만 한다.

루터의 종교개혁 통찰의 시기를 설정하는 것은 우리가 그 내용을 규정하는 것과 마찬가지로 루터의 로마와의 갈등의 시작 단계를 평가하는데 상당한 의미를 갖고 있다. 그 시기를 이르게 설정하는 사람들은 또한 그럼으로써 루터가 그의 로마와의 논쟁 이전에 이미 근본적으로 새로운 신학을 가지고 이 필연적인 새 신학은 결국 로마와의 갈등으로 이르게 하였다고 주장한다. 종교개혁의 출범 시기를 늦게 설정하는 사람들은 그럼으로써 또한 루터가 로마와의 갈등을 통하여서 처음으로 그의 종교개혁 신학이 실제적으로 결정적인 단계에 이르렀다는 견해에 공감한다. 이러한 이유에서 시기 설정을 빠르게 혹은 늦게 잡는 것은 아마도 루터가 실제로 95개 조항을 내걸었느냐 그렇지 않았느냐는 질문에 대한 우리의 답변보다도 더 중요한 문제일 것이다.[34] 그러나 이 나중의 문제에 대한 우리의 답변은 루터가 대중적인 인물이 된 방법을 평가하는 데에 중요한 결과를 가져온다.

5. 4 성경의 권위

5. 4. 1 성경과 전통의 문제

종교개혁은 일반적으로 모든 인간적 권위보다도 성경의 권위를 주장하였다고 묘사된다. 종교개혁의 이러한 성경적 원리는 당시 로마 가톨릭의 전통에 대한 타당성 주장과 대립되었다. 이러한 표어상의 요약은 분명히 정확한 것은 아니다. 그러나 우리가 개별적 주제들을 주목해 보면 그 문제들은 약간 더 복잡하다.

만약 우리가 종교개혁의 성경의 권위에 대한 강조를 적절하게 평가하고자 한다면 우리는 다양한 질문들을 염두에 두어야만 한다.

우리가 현대적인 신학논쟁들 속에서 접하는 성경과 전통이라는 주제는 현재의 토론에서 공식화된다. 그 자체로서 그것은 종교개혁의 결과이지 전제는 아니었다. 종교개혁자들의 견해도 그들의 적대자들인 로마주의자들도 단지 이전의 견해를 지속시키고 있는 것은 아니었다. 초대 및 중세 교회에서 성경과 전통에 대한 질문은 16세기에 취급된 것에 상응하게 취급된 것은 아니었다. 성경과 전통 사이의 예리하게 대립된 이해가 전개된 것은 오직 루터와 로마의 갈등의 과정에서였다. 16세기에 전개된 이 대립은 그 이후 오랫 동안 논의를 결정지었다.

초대 교회와 중세 교회는 비록 어떤 점들에서는 상이하게 보기는 하였지만 성경의 권위를 당연시하였다. 그러나 "오직 성경"이라는 원리는 루터 이전에는 결코 주창되지 않았다. 이 사실은 아주 중요하다. 즉 루터 이전까지는 전반적인 성경의 권위가 교회내에서 절대적으로 당연시되었고 성경과 전통 사이의 관계는 아직 문제로서 규명되지 않았다. 이 실재는 종교개혁자들로 하여금 성경의 내용과 권위에 근거하여 16세기 교회를 비판할 수 있게 만들었다. 그것은 또한 많은 사람들로 하여금 그들의 비판을 타당한 것으로 받아들이는 것을 가능케 하였다.

구 교회의 대변자들은 딜레마에 봉착하였다. 그들은 종교개혁의 표어인 "오직 성경"을 거부하기를 원하지 않았다. 왜냐하면 그들도 역시 성경의 권위를 받아들였기 때문이다. 동시에 그들은 종교개혁자들이 하고 있는 바를 비판적으로 평가할 수 없었다. 왜냐하면 로마의 전통을 결코 성경과 전통간의 관계를 통하여 생각한 적이 없었기 때문이다. 이것이 바로 궁극적으로 로마측 신학자들이 처음에 루터와 그의 지지자들에게 교황의 권위를 단순하게 주장한 이유이다. 그러나 교황의 권위에 대한 이러한 주장에도 불구하고 루터 이전의 신학자들은 일반적으로 성경의 의미를 교회의 전통적인 가르침의 전반적인 맥락과 조화된다고 이해하였다. 그리고 그것은 교회의 교리적 결정들과 조화되게 해석하였다. 실제로 이러한 접근은 초대 및 중세 교회의 신학자들로 하여금 성경과 전통의 관계를 논의하도록 요구하였다.

그러나 이 논의들은 결코 성경과 전통 사이에 대립이 있으리라는 결론에 이르지 않았다. 아무도 성경에 근거하여 전통을 비판적으로 재고찰하지 않았다. 오히려 종교개혁이 시작될 때에 유행하였던 전통과 성경 사이의 관계를 이해하려는 지속적인 운동은 있었다. 이것은 빈센트(Vincent of Lerins, 450년 이전에 죽음)와 같은 개별적인 신학자들에게도 적용된다. 빈센트는 초대교회의 모든 신학자들 중에서 그의 *Commonitorium*[35]에서 중세적인 의미에서 전통의 정의를 가장 진보적으로 발전시킨 사람이었다. 이것은 또한 공의회들(councils)이 그것들의 교리 결정을 이해하는 기초이기도 하였다.

그리고 아직은 중세의 신학자들조차도 성경의 근거 위에서 교회를 비판하였다. 이것은 대부분 특히 가난을 기독교적 미덕으로서 강조하였던 12세기와 13세기의 운동들 안에서와 존 위클리프나 요한 후스의 지도 아래 일어난 운동들 안에서 있었다. 이 비판자들은 성경의 권위를 단순한 인간적 전통보다 우월한 신적 법으로서 주장하였다. 그러나 이것은 성경과 전통간의 관계문제를 더 밀접하게 성찰하도록 만들지는 못했다.

성경과 전통의 문제를 탐구하는 데에 덧붙여서 우리는 신학적 작업에서 어느 정도의 의미가 실제로 성경에 돌려져야 하는지를 알아야만 한다. 이제 자신의 힘을 자각하기 시작한 새로운 운동에 대하여 모든 과격한 확신을 가진 종교개혁은 스콜라주의가 성경을 경멸하고 그 신학을 아리스토텔레스 철학에 기초하였다고 비판하였다. 이 고발은 신(神) 개념의 논의에서는 물론이고 죄론과 은총론의 논의의 맥락에서 가장 빈번하게 나타났다. 이 고발에는 약간의 진실이 있긴 하다. 최소한 종교개혁자들이 원본과 성경의 의미를 확립하려고 집약된 노력을 했다는 맥락에서 그러하다. 그러나 이 점에도 불구하고 특정한 입장이 성경의 실체와 근접하는가 아니면 동떨어진 것인가 하는 문제는 초기 종교개혁자들이 알 수 있었던 것보다 훨씬 더 복잡하였다.

이 문제는 종교개혁자 자신들이 16세기 중반 이후에는 점점 더 많은 아리스토텔레스 신학을 사용하기 시작하였다는 사실과 함께 우리로 하여금 약간 더 심사 숙고하여 판단을 내리도록 강한 요구를 한다. 어쨌든 우리는 종교개혁 자체 안의 이러한 변화를 가져온 원인들을 사려깊게 고찰하여야만 한다. 우리는 단순히 이런 실재들이 기본적인 종교개혁적 입장을 포기하는 것이라고 진술함으로써 스스로를 이 문제로부터 도피시켜서는 안된다.

만약 우리가 이 문제들을 조심스럽게 숙고하고자 한다면 우리는 종교개혁의 성경적 원리를 그 적절한 역사적 맥락 속에 자리매김할 수 있다. 게다가 우리는 또한 "근원으로"(*ad fontes*) 돌아가자고 하는 인문주의적인 주장을 비록 양자간에 상당한 의미의 차이가 있기는 하지만 종교개혁적인 성경적 원리의 선구자로서 보아야만 한다.

5. 4. 2 성경의 권위와 그리스도의 권위

루터 자신의 성경의 권위에 대한 이해에 관한 한 다음에 오는 중요한 요소들을 고찰해야 한다. 루터는 의심할 바 없이 성경의 말씀을 이전에는 알려지지 않은 정도로 강조하였다. 그가 면죄부 논쟁에서 교황의 권위에 대하여 그리스도의 권위를 주장했을 때 그는 성경을 통하여 우리에게 말씀하시는 그리스도를 생각하고 있었다. 이는 특히 회개와 신앙에 대한 그의 주장에서 분명하다. 마찬가지로 츠빙글리와의 논쟁에서 루터는 그가 츠빙글리의 "이다(is)"를 "의미한다(signifies)"로 해석하는 방법에 반대하여 제정의 말씀을 그대로의 의미로 언급하였다. 성경에 대한 특별한 주장들도 역시 루터의 다른 논쟁들, 예를 들면 칼슈타트나 뮌처와의 논쟁에서 중심적인 위치를 차지한다. 비록 이 논쟁들이 성경 전체의 이해에 대한 질문들과 특히 구약과 신약 사이의 관계에 대한 질문을 더 많이 다루긴 하였지만 말이다. 그러나 루터는 16세기 후반의 초기 정통주의 신학자들과는 달리 어떤 축자적 영감설(verbal inspiration)을 전개하지 않았다.[36] 사실은 그 정반대이다. 예를 들면 루터는 공개적으로 성경의 특정한 부분의 내용에 대하여, 특별히 야고보서에 대하여 비판적이었다. 이것을 비판하는 그의 규범은 바울적인 칭의론이었다.[37] 성경의 권위를 이해하는 루터의 전체적인 너비는 세 개의 인용구들에 의하여 나타낼 수 있다.

"공의회들도 교부들도 우리도 가능한 한 최대 최선의 성공에도 불구하고 성령처럼 즉 하나님 당신께서 행하신 것처럼 잘 행할 수 없다"[38]

아기 예수를 둘러 쌌던 의복은 "바로 성령이시며, 기독교 신앙은 성령에 둘러싸여 있다."[39] "하나님과 하나님의 성경은 다르다. 이는 창조주와 피조물이 다른 것과 마찬가지이다."[40]

그러므로 루터가 하나님과 성경의 관계를 세 가지 방법으로 기술하였다는 것이 명백해진다. ⑴ 그는 성경과 하나님의 말씀을 동일시한다. ⑵ 그는 또한 하나님의 말씀을 성경의 진정한 내용이라고 서술한다. 그러나 그는 이 내용을 우리가 그 안에서 그것을 발견하게 되는 외적인 형태와 동일시하지 않는다. (3) 그는 또한 하나님의 말씀을 창조주로, 성경을 피조물로서 기술함으로써 성경과 하나님의 말씀이 차별화되는 변증법적인 관계를 묘사한다.

5. 4. 3 성경의 명료성

성경의 명료성에 대한 루터의 이해도 또한 그의 성경 권위 이해에 중요한 역할을 한다. 루터는 「노예의지론」에서 이를 표현하였다. 이 책에서 루터는 한 구절이 신앙, 그리스도의 성육신, 십자가 및 부활 등의 중심적인 진리들을 증거하느냐는 측면에서 명료한가 불명료한가를 결정하였다. 그러나 루터는 성경이 모든 문제들에 대하여 분명한 해답을 준다고는 주장하지 않았다. 이 점에서 루터와 후대의 정통주의적 문자 영감설과는 기본적인 차이가 있다. 정통주의 시대에 신학자들은 점점 더 성경의 명료성을, 교리적 논쟁들이 성경의 명제적 증명에 의하여 결정될 수 있다는 것을 의미한다고 이해하게 되었다.

5. 4. 4 성경의 중심인 그리스도

루터는 교회사에서 가장 위대한 성경 번역자의 한 사람으로서 적절하게 기술될 수 있다. 이 점은 그의 석의적 작업의 범위나 그 의미의 측면에서 타당하다. 자신의 석의적인 작업 중에 루터는 성경을 그 중심으로부터 이해하는 데 성공하였고 또한 개별적인 증거들과 그것들의 독특한 증언을 통하여 이 중심을 그 다양한 굴절 안에서 재발견할 수 있었다. "성경에서 그리스도를 빼보라. 그러면 당신은 그 안에서 무엇을 발견하겠는가?"[41] 이는 루터를 직접적으로 성경이 자신을 해석한다는 결론에 이르게 만들었다. "성경의 본질상 자연스럽게 성경의 의미는 아주 분명하고 타당하며 명료하기에 성경은 스스로를 해석하며 모든 다른 것을 시험하고 판단하며 조명한다."[42]

5. 4. 5 율법과 복음

루터의 율법과 복음 사이의 중요한 구분은 또한 성경을 그 중심에 비추어서 해석하는 그의 방법과 밀접하게 연관되어 있다. 하나님의 말씀은 율법으로서 그리고 복음으로서, 즉 심판의 말씀으로서 그리고 은총의 말씀으로서 인간들을 접촉한다. 이는 우리가 율법을 구약과, 복음을 신약과 단순하게 동일시할 수 있다는 것을 의미하지 않는다. 구약에는 복음보다 율법이, 신약에는 율법보다 복음이 더 크게 차지하고 있다는 것은 분명 사실이다. 그러나 루터의 율법과 복음간의 구분은 성경의 주장을 정경의 두 부분으로 분리하는 것과 다른 것을 지칭하였다. 오히려 이 구분은 하나님께서 심판하시며 또한 자비로우시다는 사실을 서술한다. 그리고 하나님의 말씀의 이 이중적인 차원은 우리가 설교할 때에나 성경을 해석하는 데에 고려되어야만 한다.

신구약의 통일성은 신약 안에 복음이 내재한다는 사실은 물론이고 구약이 이미 감추어진 방식으로 복음을 담고 있다는 사실에서 표현된다. 구약내의 복음의 감추어진 현존에 관한 한 루터는 그가 성경의 모든 내용을 성경의 제일 첫장에서 보았다고 말할 수 있었다.[43] 루터는 제1 계명에 대한 주석에서 이 견해를 매우 명쾌하게 설명하였다.

한편으로 그는 제1계명을 십계명과 자연법의 요약으로 보았다. 그것은 하나님께서 우리에게 원하시는 모든 요구들, 즉 우리가 그 무엇이나 그 누구보다도 하나님을 두려워하고 사랑하고 신뢰하여야 한다는 요구들을 요약한다. 이런 한에서 제1계명은 심판의 말씀이다. 반면에 루터는 또한 제1계명을 하나님의 언약으로 보았다. 즉 "이제는 제1계명의 사역은 다음과 같은 명령에 있다. '곧 너희는 다른 신들을 지니지 말지니라.' 이 의미는 '오직 나만이 하나님이기 때문에 너희는 오직 나에게만 모든 신실함과 신뢰와 신앙을 두어야 하며 다른 아무에게도 두어서는 안된다.'는 의미이다. 만약 너희가 그 분을 너희 입술로 하나님이라고 부르며 무릎을 꿇거나 신체적 동작과 함께 그를 경배한다면 너희는 어떤 신도 섬기지 아니하는 것이다. 그러나 만약 너희가 일할 때나 고통받을 때나 살아있을 때나 죽었을 때나 기쁠 때나 슬플 때나 너희의 전심을 다하여 그를 신뢰하고 그에게서 선과 은총과 관심을 기대할 때에야 너희는 그를 경배하는 것이다."[44] 그러므로 제1계명은 또한 하나님께서 우리의 하나님이 되기를 원하신다는 약속을 포함한다. 제1계명의 의도는 사람들로 하여금 자신의 행위에 대하여 실망하고 하나님의 자비만을 신뢰하도록 가르치는 것이다.

물론 이 계명의 실제 의미는 구약에서 아직 계시되지 않았다. 구약시대에 제1계명은 주로 율법의 성격을 지녔다. 처음으로 언약으로서 하나님의 계명의 숨겨진 성격을 밝히 드러낸 사람은 그리스도였다. 하나님을 산 자의 하나님이요 죽은 자의 하나님이 아니라는 그의 메시지를 통하여(마 22:33) 그리스도는 제1계명의 실질적인 의미를 분명히 하였다. 더욱이 신약은 결국 그 것이 구약의 실질적인 의미를 열어준다는 사실을 떠나서는 아무런 의미도 없다. 어떤 의미에서 신약의 선포는 이전에 구약의 문자들과 환상들 속에 감추어져 있었던 것만을 나타내고 선포하는 것을 의도한다. "신약은 단지 구약의 발견과 계시에 불과하다 … "[45]

다른 한편으로 신약은 복음뿐만 아니라 율법도 담고 있다. 신약에서 율법은 예를 들면 산상수훈을 통하여 우리와 만난다. 바로 여기에서만 구약 계명들의 실질적이고 근본적인 의미, 즉 인간을 위한 하나님의 본래의 뜻이 벗겨진다. 심지어 그리스도의 십자가조차도 하나님의 사랑에 대한 고정된 상징일 뿐만 아니라 인간의 죄에 대한 하나님의 가장 예리한 심판이다. 이러한 관점에서 또한 구약의 실질적인 의미는 신약을 통하여 충분히 계시되었다.

율법과 복음간의 구분은 루터 신학에서 가장 중요한 주제의 하나이다. 그것은 그의 성경 이해뿐만 아니라 그의 기독론과 칭의론에도 밀접하게 연관되어 있다. 우리가 이것이 발생하는 형태를 보면 이 주제들은 초대 및 중세교회의 신학에서 상응하는 주제들과 상당히 차이가 난다.

율법과 복음 사이의 구분은 하나의 특별한 가르침이 아니라 단 한 가지 주제 안에서, 예를 들면 안셀름의 사상에 나타난 만족설이나 아벨라르드의 화해설이나 오캄주의를 특징지웠던 하나님의 절대적 능력(*potentia dei absoluta*)과 매개를 통한 능력(*potentia dei ordinata*)사이의 구분과 인식론과 같은 한 가지 주제에서 전통적인 견해들을 변형한 것도 아니다. 율법과 복음 사이의 구분은 다른 주제들에 덧붙여진 하나의 가르침이 아니다. 오히려 그것은 우리의 성경 해석 방법과 절대적으로 모든 교리에 대한 신학적 작업을 위하여 의미있는 것이다. 율법과 복음은 신론에서 특히 계명에 대한 해석과 성례전 교리와 윤리에서는 물론이고 성령론에서 구분되어야 한다. 우리도 역시 하나님의 행위의 이중적인 본질과, 심판을 받으면서 자비를 경험한 인간들로서 하나님에 대하여 가지는 이중적인 관계 안에서 율법과 복음을 적절하게 구분해 내지 않는 한 어떤 교리를 공식적으로 정확한 방법을 가지고 다룬다는 것만으로는 결코 충분하지 않다. 바로 여기서 우리는 가장 명확하게 루터의 신학 작업을 관통하는 강력한 역동성을 파악하게 된다.

　동시에 우리는 이제 성경만이 신학 내의 권위라는 단순한 이론적 주장은 실제로 별 의미가 없음을 이해하기 시작한다. "오직 성경"이라는 종교개혁의 기본적인 원리는 우리가 "오직 은총", "오직 신앙", 특히 "오직 그리스도"라는 원리들을 첨부할 때에만 바로 이해될 수 있을 것이다. "성경은 인간은 아무 것도 아니며 그리스도만이 모든 것이라는 것 이외에 다른 어떤 것도 의미하지 않는다."[46]

5. 5 이성과 신앙

5. 5. 1 루터의 독특한 이성 이해

　루터의 신학적 작업에서 이성의 의미는 아직도 많은 연구를 요하는 주제이다. 특별히 루터가 이성을 사용하는 방법이나 방식을 더 정확하게 서술하기 위해서는 특정한 신학적 주제들은 물론이고 개별적인 저술들도 분석하여야만 한다.

　무엇보다도 루터가 스콜라주의자들과 다른 방법으로 신학적 작업에 접근했다는 것은 뚜렷해진다. 이성에 대한 인식론적 정의나 이성과 계시나 자연과 은총간의 경계들을 정의하는 것에도 별 관심이 없었다. 이런 한도내에서 루터의 이성관은 아퀴나스주의자나 오캄주의자의 입장과 비교될 수 없다. 비록 루터가 오캄주의자로서 신학적 작업을 시작하였지만 말이다. 스콜라주의의 이성에 대한 취급과 대조되게 루터는 분명히 이성에 대한 특별히 예리한 비판자로서 우뚝 서 있었다. 물론 루터가 신앙과 관련된 문제들에서 이성을 "장님"이나 "악마의 매춘부"라고 묘사하였을 때 그는 단순히 꾸짖거나 이해나 통찰에 대한 고려없이 자기 자신의 신학적 개념들을 주장하는 것은 아니었다. 오히려 루터는 이미 아주 초기에 우리가 신 지식에 관한 문제들을 중립적으로 연구할 수 없다고 이해하였다.

죄도 역시 우리가 하나님을 알고자 시도할 때에 자신을 드러낸다. 더 예리하게 말하자면 우리는 단지 하나님에 대하여 우리가 알고자 하는 것만을 안다. 이성과 의지는 이 문제에서 서로 병행한다. 어떤 의미에서 앎의 행위도 역시 의지에 의하여 영향을 받는다. 왜냐하면 신적인 진리에 대한 우리의 앎은 우리의 신적인 진리에 대한 알지 못함과 마찬가지로 똑같이 실존적인 행위이기 때문이다. 우리는 이 점에서 루터의 율법과 복음의 이론에 나타난 역동성과 유사한 역동성을 다루고 있는 것이다.

5.5.2 자연적인 신 지식에 관한 질문

자연적인 신 지식 문제에 대한 루터의 응답은 불명료하였다. 루터는 자주 이성이 약간의 신 지식을 지닌다고 하는 스콜라주의와 동의하는 것처럼 보였다. 이와 같이 이성은 비록 그것이 신성에 대하여 정확하게 말할 수는 없다 하더라도 하나님이 존재한다는 것을 알고 있다. 루터는 또한 이성은 하나님의 선하심, 진노, 또는 의로움에 대하여 어떤 것을 알고 있다고 말했다. "이성은 이렇게 많은 것을 할 수 있다. 즉 이성은 무시무시하고 진노하시는 심판자로서 우리가 이 세상에서나 지옥에서나 어디로건 도망할 곳을 남겨 두지 아니하시는 하나님을 인식할 수 있다."[47] 이성은 하나님의 계명에 대하여 안다. 그리고 이성은 무엇이 옳고 무엇이 그른지 안다. 이성은 심지어 우리가 우리의 죄를 없이 하기 전까지는 천국에 들어갈 수 없다는 것까지도 안다. 이성은 하나님이 모든 것 가운데서 모든 일을 행하시며 모든 것을 예정하신다는 것도 안다. 그러한 지식은 우리 모두의 마음에 새겨져 있기 때문이다.[48]

다른 한편으로 루터는 또한 이성은 하나님에 관하여 아무 것도 이해하거나 알 수 없다고 했다. 이것은 특히 하나님에 관한 이성의 이해에 대한 이러한 부정적인 주장들이 자주 이성이 하나님에 대하여 무언가를 알고 있다고 하는 주장들 다음에 나타나기 때문에 주목된다. "당신이 이성을 의지하려고 하면 할수록 당신은 하나님으로부터 더욱 멀어진다."[49] 이성은 비록 우리가 바른 길을 걸어야만 한다는 것을 알고 있으나 하나님께로 가는 바른 길을 알지 못한다. 루터는 그것을 훨씬 더 예리하게 「노예의지론」에서 표현하였다. 거기서 그는 이성은 반드시 더 초월적 존재가 있다고 받아들이지 않으며 어떤 속성들을 이 존재에게 돌리지 않는다고 말했다. 이성은 또한 마찬가지로 하나님이 전혀 존재하지 않으며 최소한 하나님이 의롭지 않다고 쉽게 결론내릴 수 있다. [50]

인간 이성에 관한 한 하나님은 단지 이해할 수 없고 도달할 수 없는 것이다. 이 두 부류의 주장들은 단지 서로 대립하는 것처럼 보일 뿐이다. 그러나 그것들은 서로에게 귀속된다. 루터는 항상 하나님의 존재 여부와 우리가 하나님을 모시고 있는지의 여부를 함께 질문하였다. [51] 루터가 이성을 서술한 바에 의하면 이성은 항상 빨강이나 파랑 렌즈를 끼고 보며 그 렌즈를 자신의 눈에서 제거할 능력이 없다. 결과적으로 이성이 바라보는 모든 것들은 빨갛거나 파랗다. [52] 이와 같이 우리는 우리 자신의 바람이나 희망에 상응하는 우리 자신의 하나님상을 만들거나 창안해 낸다. 사실 루터는 심지어 이성이 잠자고 있어서 그 이성은 또한 잠자는 하나님만을 상상한다고 말했다. [53]

신 지식에 대한 이러한 주장들과 더불어 루터는 하나님이 아닌 것에 대하여(about what God is not) 알 수 있는 이성의 능력에 대한 아주 의미 있는 주장들을 많이 하였다. 그것이 이것을 할 수 있는 한에서 이성은 초월과 만날 수 있도록 자신을 개방시킬 수 있다. 루터의 책 「수도원 서약에 관한 마틴 루터의 판단」(The Judgment of Martin Luther on Monastic Vows, 1521)은 이 점에 대한 중요한 통찰을 제공한다. 왜냐하면 그것의 조직적인 구성은 그의 신학적 사고의 스타일의 한 유형이기 때문이다. "이성은 신적 실재(what God is)를 이해하지 않는다. 오히려 그것은 가장 분명하게 비신적 실재(what God is not)를 이해한다." [54] 비록 이성은, 신앙만이 하나님 보시기에 옳고 선한 것임을 알지 못하지만 그것은 여전히 불신앙, 살인, 그리고 불순종이 죄악이라는 것을 안다. 그리스도께서도 이러한 이성의 통찰을 사용하셔서 스스로 나뉜 모든 왕국은 멸망하리라고 지적하셨다. [55]

루터는 그럼으로써 이성의 도움으로 하나님께 근접하려는 모든 시도를 명백히 거부하였다. 이성의 "긍정들"(affirmations)은 오류 투성이다. 이 점에도 불구하고 루터는 여전히 이성의 "부정들"(negations)이 비신적 실재 (하나님 아님)에 대한 참된 주장들이 될 수 있다고 말했다.

루터는 마치 이성이 부정적 진술들을 우회함으로써 하나님에 관한 긍정적인 주장들을 할 수 있다고 생각하는 일종의 부정 신학(*via negationis*)을 생각하지 않았다. 이 선언에서 루터가 말하고자 한 것은 이성이 적절하게 적용되고 그 자체의 한계들을 인식한다면 계시의 가능성을 유지하며, 그럼으로써 초월과 관련하여 이성이 계속 열려 있다는 것이었다. 또한 루터는 아마도 진리의 통일성을 지키려고 하였을 것이며, 그리하여 이중적인 진리라는 이론을 회피하려고 하였을 것이다.

5.5.3 루터와 철학

철학에 대한 루터의 태도는 하나님에 관한 자연적 지식이라는 문제에 대한 그의 대답과 비슷하다. 이 문제에서도 역시 루터는 아주 많은 예리하고 비판적인 판단을 내렸는데, 그것들은 그 판단이 내려진 상황을 고려해서 이해하여야 한다. 루터는 신학이 철학에 의존하는 것을 거부하였으며, 특히 하나님에 대한 철학적 개념을 거부하였는데, 왜냐하면 철학적 개념은 우리와 하나님과의 관계에 대하여 전혀 주목하지 않기 때문이다. 루터는 스콜라주의의 은혜에 관한 교리와 특히 성례들에 관한 교리에 철학의 영향력이 점점 더 커지게 되어 결국 성경의 선언들에서 멀어지게 되었다고 생각하였다. 루터는 예수 그리스도를 통한 구원뿐 아니라 죄의 실체와 죽음에 대한 속박을 언급하지 않고서 사람들에 관하여 설명하는 철학에 대하여 특히 비판적이었다.

5.5.4 보름스에서 제시한 루터의 답변

물론 루터가 철학을 거부한 것은 아니었다. 루터는 철학이 자체의 한계들을 존중하는 한에서는 완전히 받아들일 수 있다는 사실을 알았다. 이성에 관한 한 루터는 앞서 지적한 한계들 안에서 땅 위에서 가장 높은 권위를 이성에 부여하였다. 세속적인 문제들에서는 이성의 권위에 대한 제한이 전혀 없다. 영적인 문제들에서도 루터는 이성을 상당히 많이 이용하였다. 이런 사실은 특히 그가 보름스에서 제시한 답변에서 잘 드러난다. "성경의 증언이나 또는 명백한 이성에 의하여 납득하지 못한다면(교황이나 공의회들이 자주 오류를 저질렀고 그들 자신이 서로 모순되므로 나는 교황이나 공의회들을 신뢰하지 않기 때문에), 나는 내가 인용한 성경에 매어 있으며 또한 나의 양심은 하나님의 말씀에 사로잡혀 있습니다. 나는 아무 것도 철회할 수 없으며, 철회하지도 않을 것입니다. 왜냐하면 양심에 거슬려 행하는 것은 안전하지도 않을 뿐 아니라 옳은 것도 아니기 때문입니다."[56]

여기서 루터는 세 가지 요소를 언급하였다. 성경의 증거, 이성의 명백한 기초, 하나님의 말씀에 매어 있는 양심, 루터의 진술의 세부적인 내용 하나하나에 관한 해석에 있어서는 아직도 의견이 일치하지 않는 부분들이 많이 있다. 확실히 이성이란 단순히 성경을 기초로 하여 이끌어낸 결론들을 언급하는 것으로 이해될 수 있다. 그러나「수도원 서약에 관한 루터의 판단」에 나타난 루터의 진술들을 살펴보면, 좀더 포괄적인 이해도 가능하다. 어떤 경우든, 이성이나 양심에 관한 루터의 진술은 현대적인 의미에서 이성이나 양심의 자율성을 주장하려는 의도는 결코 아니었다.

루터가 자신의 양심이 "하나님의 말씀에 사로잡혀 있다"고 말하였을 때, 그는 이성도 그것과 비슷하게 잡혀있다고 주장하였다. 루터는 자신의 자아(自我)에 의하여 결정되는 자율적인 이성에 관하여 이야기한 것이 아니라, 신앙을 통하여 자신의 권리와 기능을 수행하도록 자유롭게 풀려난 이성에 관하여 이야기하였다. 그렇다면 루터의 의도는 명백하게 자신의 가르침이 불합리하다는 주장을 부인하려는 것이었다.

양심에 관한 한, 루터는 어떤 독립적인 실체에 관하여 말하지 않았고 오히려 그 무엇도 우리의 인격적인 신앙을 대신할 만한 것은 아무 것도 없다는 사실을 설명하였다. 루터에게 양심은 도덕의식(道德意識)의 기관(organ)이 아니었다. 오히려 양심은 "하나님에 대한 우리의 관계를 담고 있는 것"(bearer of our relationship to God)[57]이었다. 그러므로 그 양심은 또한 인격적인 기능이며, 그 기능을 통하여 우리는 복음의 위로와 치유하시는 능력을 체험한다. 일단 양심이 하나님의 말씀에 복종하게 되면, 그 양심은 더 이상 우리가 그것을 통하여 자신의 행위들을 평가하거나 혹은 스스로 정당화하려고 시도하는 통제 기관이 아니다. "왜냐하면 양심은 행위들을 하는 능력이 아니라, 행위들을 판단하는 능력이기 때문이다."[58] 그러므로 루터가 자신의 양심에 호소한 것은 종교개혁의 성경 이해에 근거한 것이다.

5.5.5 신학 연구에서 이성의 중요성

앞에서 논의한 관점에서 이성을 이해한다면, 루터의 신학적 연구에 있어서도 이성은 상당히 중요하다. 이성은 눈이 멀었고 하나님의 말씀을 볼 수 없기 때문에 신앙이 이성을 죽인다고 루터는 당연히 말할 수 있다. 그러나 루터는 이성이 하나님에 의하여 그렇게 조명되어 우리의 갱신에 대단히 큰 의미를 갖게 된다고 설명하였다. 이런 사례들에서 루터는 신앙은 너무나 높아서 이성만으로는 파악할 수 없지만, 계시는 특수한 방법들로 이성에 빛을 비추어준다고 말하였다. 그렇게 조명된 이성은 이제 "자신이 원하는 바와는 반대로" 하나님의 사역을 완전히 이해할 수 없다는 사실을 고백한다.[59] 그러므로 이성까지도 적어도 부분적으로는 새롭게 된다. 사람들이 신앙에 이르거나 칭의를 체험하는데 이르는 과정은 이해라는 관점에서도 역시 설명될 수 있다.

우리가 인간의 이성에 관한 루터의 긍정적인 혹은 부정적인 진술들 가운데 어느 한 가지만을 논의의 전면에 내세운다면, 일방적인 해석이 될 것이다. 그보다는 두 종류의 진술들이 서로 나란히 제시되어야 하며, 서로 어떤 관계를 가지고 있는가 하는 관점에서 이해해야 한다. 그러나 동시에 우리는 루터가 신학과 철학의 차이점을 강조하였음에도 불구하고 이중적 진리 이론을 결코 승인하지 않았다는 사실을 잊어서는 안된다.

마찬가지로, 루터는 또한 그리스도인들의 이성을 명백하게 역설적인 용어들로 설명하였다. 한편으로 그는 이성과 신앙이 항상 갈등관계에 있다고 말하였다. 왜냐하면 우리가 신앙에 이를 때에도 이성은 그 독립적인 성격과 교만한 본성에서 해방되지 않기 때문이다. 심지어 신자들도 여전히 자신의 욕망에 부합하는 하나님의 형상을 만들려는 유혹에 빠진다. 다른 한편으로 루터는 신앙은 사람들을 변화되지 않은 채로 남겨두지 않는다는 점을 반복하여 강조하였다. 오히려 신앙은 전인(全人)이 변화되는 과정의 시작이다. 물론 이 과정은 이성의 갱신도 포함하고 있다.

이 새로운 이성은 그리스도인이 소유하고 통제하는 어떤 타고난 재능이 아니다. 그것이 존재한다는 사실은 입증될 수 없다. 그리고 그것은 상실되지도 않는다. 또한 그것은 예전의 이성과 대조하여 명백하게 규정될 수도 없다. 루터는 ― 후대의 정통주의 신학자들이 구분한 것처럼 ― 자연인의 이성과 중생한 사람의 이성을 구별하지도 않았다. 그러나 루터는 더 이상 자신을 정당화하려고 노력하는 사람들의 목적에 봉사하지 않는 이 새로운 이성의 첫 단계가 신자들에게 이미 현존하고 있다고 계속 주장하였다.

이런 이유들 때문에 우리는 루터가 그리스도인의 신앙과 이성을 전면적인 갈등 관계로 설명하였다고 단순하게 말할 수 없으며, 또한 완전히 조명된 이성의 기능들에 대해서도 설명할 수 없는 것이다. 루터는 신앙과 이성이 상반되는 관계라고 설명하는 동시에 서로 봉사하면서 공존하기 시작하는 관계라고 설명한다. 이런 역설의 밑바닥에 깔려 있는 변증법적 논리는, 율법과 복음간의 긴장과 통일의 저변에 흐르는 변증법적 논리와 비슷할 뿐만 아니라 신자들이 전적으로 죄인이면서 동시에 전적으로 의로운 자로 존재하는 것에 관한 루터의 진술들의 논리와 유사하다.

이런 변증법적 논리는 신학에서 이성의 작용에 관한 루터의 이해에도 중요한 역할을 담당하였다. 무엇보다도, 루터가 이해한 신학에 있어서 이성이 대단히 큰 의미를 가지고 있었다는 점은 의심할 여지가 없다. 루터 자신의 신학적 업적, 특히 루터가 학문적 논쟁들에서 도구로 사용한 비판적이고 날카로운 논증 방법은 루터 자신이 지식을 습득하고 이해하는 인간의 능력을 신학적 작업에 탁월하게 적용하였음을 드러내고 있다.[60] 루터의 다른 저작들, ― 특히 성만찬 교리에 관한 열광주의자들이나 츠빙글리와의 논쟁에 관련된 저작들을 자세히 조사해보면 이런 모습이 상당히 풍부하게 나타날 것이다. 마찬가지로, 루터의 정치적 진술들이나 견해들에 나타난 '합리적'(rational) 주장들을 연구해보아도 그와 같은 결과를 얻을 것이다.

5. 6 교회의 전통에 대한 루터의 태도

5. 6. 1 신앙과 교리

우리는 루터에게 있어서 전통적인 교의의 중요성을 아무리 강조하여도 지나치지 않을 것이다. 그러나 학자들은 일반적으로 이 점을 과소평가한다. 루터가 벌인 수많은 강렬한 논쟁들, 특히 로마 가톨릭과의 논쟁들 때문에 우리는 그의 반대자들과 그가 공유하고 있는 점들을 간과하게 되었다. 그리고 루터는 때때로 비판적인 논평을 가하였지만, 초대 교회의 교리상의 결정 사항들을 전면적으로 완전히 받아들였다. 중세 공의회들의 결정 사항들에 관해서는, 화체설 교리를 규정한 제4차 라테란 공의회(1215)의 교령(敎令)을 루터는 거부하였다. 또한 그는 아르메니아 교회에게 7 성례의 교리를 받아들이도록 요구하였던 1430년의 피렌체 공의회의 교령도 거부하였다. 16세기에는 교황의 위치와 마리아에 관한 교리에 대하여 아직 아무런 결정도 내려지지 않았다. 이런 교리들에 관하여 로마 가톨릭과 프로테스탄트 교회 사이에서 날카로운 의견 불일치가 일어나게 된 것은 훨씬 최근의 일이다.

루터에게 있어 교리의 기본적인 중요성은 이따금씩 나타나는 언급들로 잘 설명된다. 루터는 「그리스도의 몸과 피의 성례 ― 열광주의자들에 반대하여」(*The Sacrament of the Body and Blood of Christ ― Against the Fanatics*, 1526) 를 다음과 같은 서론으로 시작한다.

이 성례에서 선포되고 알려져야 할 두 가지 사항이 있다. 첫째, 믿어야 할 내용, 이것은 라틴어로는 '신앙의 대상'(*objectum fidei*), 즉 사람이 믿어야 할 혹은 고수하여야 할 일 또는 사항을 말한다. 둘째, 믿음 그 자체, 또는 자신이 믿는 것에 대하여 적절하게 이용하여야 할 용도(use). 첫번째 것은 우리의 마음 밖에 있으며 우리 눈으로 보기에 외형적으로 제시되는 것이다. 즉 성례 자체이다. 그 성례에 관하여 우리는 그리스도의 몸과 피가 참으로 그 빵과 포도주에 현존한다고 믿는다. 두번째 것은 내부적인 것이며, 마음 속에 있는 것이며, 외형적으로 표현될 수 없는 것이다. 그것은 겉으로 드러나는 성례에 대하여 마음에 갖는 태도이다. 이제까지 나는 첫번째 부분에 대해서는 그다지 많이 설교하지 않았으며, 두번째 부분만을 다루었다. 두번째 부분은 가장 뛰어난 부분이기도 하다. 그러나 지금 첫번째 부분이 많은 사람들, 심지어 가장 뛰어난 인물로 여겨지는 사람들에 의하여 공격을 받고 있으며, 그 문제를 둘러싸고 분파로 갈라지고 있기 때문에 … 시대적 상황의 요구에 따라 나는 이 주제에 관해서도 무엇인가 말할 필요를 느낀다. [61]

루터는 성만찬 교리를 언급하면서 이 원칙을 진술하였다. 그러나 다른 교리들에서도 그는 항상 이런 유형을 따랐다. 신앙고백이나 신조들을 작성할 때마다 루터는 규칙적으로 삼위일체의 형식에 따른 신론에서 시작하였다. 이런 이유로, 루터의 신학을 소개할 때에 신론에 핵심적인 위치를 부여하는 것이 적절할 것이다.

5. 6. 2 루터 신학의 소개에서 삼위일체 교리에 대한 루터의 태도 평가

루터 신학을 설명한 여러 저자들은 삼위일체 교리가 루터에게 얼마나 중요하였는가에 관한 평가에서 크게 다른 입장을 보이고 있다. 또한 그들은 루터 저서에 포함되어 있는 교훈적 요소들도 아주 상이한 방식으로 평가한다. 예를 들어, 라인홀드 제베르크(Reinhold Seeberg)는 자신의 교리사[62]에서 77 단원에 이르러서야 루터의 하나님에 대한 이해를 논한다. 그것에 뒤이어 78 단원에서는 죄에 관하여 논의하며, 79 단원은 기독론과 삼위일체론과 그리스도의 사역을 논의한다.

베르너 엘레르트(Werner Elert)도 비슷한 유형을 따랐다. 그는 루터 신학의 실존적 상황을 이해하기 위하여 직면해야 했던 기본적인 문제들을 논하는 것으로 종교개혁 신학에 대한 연구를 시작하였다. 이런 문제들은 소위 '근원적 체험'(*Urerlebnis*, primal experience), 죄, 율법, 하나님의 진노, 불안, 그리고 자연신학을 포함한다. 그러나 신론은 '교의와 교회'라는 제목을 달고 있는 제2장에 와서야 다루어진다. [63]

에리히 제베르크(Erich Seeberg)도 그와 같은 방향으로 훨씬 더 나아갔다. 그는 「루터 신학 개요」(*Luthers Theologie in ihren Grundzügen*)[64]의 제4장에서 루터의 '신관'을 설명하였다. 그는 감추어진 하나님, 하나님과 악, 하나님과 죄, 그리고 그리스도 안에서 자신을 계시하고 우리에게 실제적인 존재가 되시는 '초월적인' 하나님이라는 제목으로 논하였다. 그 다음 장은 '그리스도'를 다루는 항목이다. 이 장은 일차적으로 "그리스도에 대한 우리의 신학적 헌신에서 영적인 요소들"에 치중하고 있다. 그러나 에리히 제베르크에게는 삼위일체 교리를 길게 다룬 부분이 하나도 없다.

루터 신학에 관한 게르하르트 에벨링(Gerhard Ebeling)의 논문도 마찬가지이다.[65] 에벨링은 삼위일체 교리를 언급하지 않았다.

파울 알트하우스(Paul Althaus)는 「마틴 루터의 신학」에서 '하나님에 대한 일반적이고 고유한 지식'을 먼저 다루고, 그 다음에 '하나님의 존재(God in himself)와 자기를 계시하시는 하나님'을 다루었다. 앞 부분에서 삼위일체 교리에 대하여 언급한 부분들이 있지만, 그러나 책의 중반부에 와서야 그 교리가 명백하게 논의된다. 그나마 두 페이지도 안되는 분량만을 할당하고 있다.[66]

루터의 삼위일체 교리를 그토록 제한적으로 다루는 것은 만족스럽지 못하다. 여하튼 루터 신학에 대한 이러한 제시들은 왜 이 교리가 루터에게 그토록 중요하였는가를 설명하지 못한다. 또한 루터의 신관과 그의 삼위일체가 자주 구별되며 심지어는 분리되기도 하는 점에 대해서는 좀더 설명되어야 한다. 바로 이 점에서 여러 문제가 있다는 것은 명백하지만, 루터가 삼위일체를 고려하지 않고서 하나님에 관하여 생각한 적이 결코 없다는 점도 마찬가지로 명백한 사실이다.

5.6.3 삼위일체 교리에 관한 루터의 비판적 논평들

루터는 삼위일체 교의에 관하여 비판적인 논평들을 많이 하였다. 그는 전통적인 '삼중성'(threefoldness, *Dreifaltigkeit*) 개념에 관하여 유보적인 입장을 표명하였는 데, 그 이유는 하나님은 지고의 단일체(*summa concordia*)이기 때문이다. 루터는 '삼중성'이라는 용어가 '위험스럽다'고 생각하였으나, '삼신론'(threeness, *Dreiheit*)은 '신성모독적' 용어라고 생각하였다. [67] 또한 루터는 삼위일체의 삼위를 세 천사들 혹은 세 사람들과 비교하면 오류에 빠지게 된다고 생각하였다. 삼위일체 교리는 세 신들을 묘사하는 것이 아니라 한분 하나님을 설명하는 것이다. "삼위일체를 일종의 삼인조라고 불러라. 나는 그에 관한 적절한 용어를 가지고 있지 않다." [68] 루터는 그런 모든 용어를 단순히 하나님의 실재를 설명하려는 시도들로 여겼다. [69]

5. 6. 4 루터 신학에서 삼위일체 교리의 실제적 중요성

그와 동시에 루터는 삼위일체 교리가 나타내고 있는 실체를 여전히 전적으로 완전히 긍정하였다. 예를 들어, 그는 삼위일체 교리가 성경적이라고 말하였다. [70] 성경에는 삼위일체의 교리를 '명백하게' 가르치는 부분들이 많이 있다. [71] 루터는 명백하게 삼위일체 교리가 성경적이라고 여겼다. 그는 삼위일체라는 용어를 하나님에 관한 성경의 진술들의 요약이라고 보았고 이런 요약에 대한 가르침이 교회의 구속력 있는 책임이라고 여겼다. 다음의 진술은 이런 점에서 아주 명백하다. "일부 공의회들, 그 가운데 특히 니케아 공의회가 신조들을 명확하게 밝혔으며 성경의 기초 위에서 그 신조들을 형성하였다. 이런 교리들을 인정하는 것은 하나님의 말씀을 인정하는 것과 마찬가지이다." [72]

그러나 루터는 삼위일체 교리를 가르치는 데 사용된 철학적 용어들이 부적절한 것들이라고 비판할 수 있었다. 그렇게 함으로써 그는 어거스틴의 모범을 따랐다. 어거스틴은 '위격'(person)이라는 개념의 유용성에 대하여 상당히 유보적인 입장이었으며, '관계'(relationship)라는 개념을 선호하였다. 그러나 루터에게 삼위일체 교리의 실질적인 중요성은 「그리스도의 만찬에 관한 고백」(1528)의 말미에 다음과 같은 삼위일체 교리를 긍정하는 말로써 그의 개인적인 신앙고백을 시작하였다는 사실에서 잘 드러난다. "첫째, 나는 아리우스주의자들과 마케도니아파와 사벨리우스주의자들과 그와 유사한 이단들과는 정반대로, 하나님의 장엄하심에 관한 숭고한 신앙

조항, 즉 성부와 성자와 성령은 세 분의 구별되는 인격이지만, 본성상 한 분이신 참되고 진정하신 하나님이며 천지의 창조주이심을 온 마음을 다하여 믿는다. … 이 모든 것은 오늘에 이르기까지 로마 교회와 전세계의 기독교회들에서 유지되어 왔다."[73] 여기서 루터는 또한 삼위일체 하나님이 자신의 외부에 있는 모든 것들과 관련하여 하신 사역들은 분리되지 않는 채로 남아 있다(opera trinitatis ad extra sunt indivisa)라는 어거스틴의 원리의 내용을 인정하였다.

　슈말칼덴 신앙조항에서 루터는 그와 비슷한 진술을 하고 있다.

　신조의 첫 부분은 하나님의 위엄에 관한 숭고한 조항들을 다룬다. 즉,
　1. 하나의 신적인 본질과 본성을 가지셨으나 구별되는 세 위격이신 성부와 성자와 성령은 한분 하나님이시며, 하늘과 땅과 그 밖의 것들을 창조하셨다.
　2. 성부는 다른 사람에 의하여 출생하시지 않으셨고 성자는 성부에 의하여 출생하셨으며 성령은 성부와 성자로부터 발출하셨다.
　3. 오직 성자만이 인간이 되셨으며 성부와 성령은 인간이 되시지 않았다.
　4. 성자는 이런 방식으로 인간이 되셨다. 그분은 인간의 협력 없이 성령으로 잉태하였으며 순전하고 거룩하게 태어나셨으며 또한 동정녀 마리아에게서 태어나셨다. 그후에 그분은 수난을 당하시고 죽으시고 장사되었으며 지옥에 내려가셨다가 다시 죽은 자들로부터 일어나셔서 하늘에 올라가셨다. 그리고 그분은 하나님의 우편에 앉아 계시고 산 자와 죽은 자와 그 밖의 모든 것을 심판하러 오실 것이다. 이것은 사도신경과 아타나시우스 신경과 어린이들을 가르치기 위하여 공통적으로 사용되는 요리문답의 내용과 같다.
　이 조항들은 논쟁이나 논전의 문제가 아니다. 왜냐하면 양 측이 모두 그것들을(믿으며 그리고) 고백하기 때문이다. 그러므로 그 내용을 더 길게 다룰 필요가 없다. [74]

　위의 인용한 내용 가운데 괄호 안에 들어가 있는 "믿으며 그리고"라는

두 단어는 슈말칼덴 신앙조항의 인쇄본에는 포함되어 있지 않다. 그 두 단어는 루터의 원래 원고에는 들어 있었으나, 루터 자신이 선을 그어 그 단어들을 지웠다. 그 결과 이 점에서 인쇄본은 로마 가톨릭과 프로테스탄트들이 삼위일체 신앙을 고백하는 데 동의한다는 사실만을 확인해준다. 당연히 루터는 로마교회가 삼위일체 교의를 확고하게 지지하지 않는다는 뜻을 포함하여 말하려고 하지 않았다. 그러나 삼위일체 하나님에 대한 신앙은 루터에게 인간에 관한 특별한 교리와 구원에 관한 특별한 교리를 요구하였다. 즉 삼위일체 하나님에 대한 믿음은 종교개혁의 칭의 교리를 필요로 하였다. 단순히 교의들을 진리로 받아들이는 것은 루터에게는 충분하지 않았다.

이것은 루터가 구원 교리의 빛에 따라 초대 교회의 교의들을 이해하였다는 사실을 명백하게 밝혀 준다. 이런 한에서 루터는 아타나시우스에 의하여 시작된 신학적 발전의 연속선 상에 서 있었다. 아타나시우스는 성자가 성부와 동일본질(homoousios)이라는 교리에 대한 아리우스의 거부가 구속의 전체 의미를 의문에 빠뜨린다고 생각하였다. 그러나 루터는 교의와 구원론의 이런 연관관계가 훨씬 더 밀접하다고 생각하였다. 적어도 루터에게는 교의들이 기독교의 진리를 객관적으로 표현할 뿐만 아니라 그 진리의 실존적인 중요성을 명백하게 설명한다는 사실이 중요한 것이다. 이런 이유로 루터는 로마 교회의 권위 때문에 — 물론 루터는 로마 교회와 크게 다투고 있었다 — 그 교의들을 받아들인 것이 아니라 그 교의들이 실제로 말하고 있는 내용 때문에 받아들였다.

5.6.5 하나님의 형상과 신론

그러므로 루터는 구원에 관한 자신의 가르침에 기초하여 전통적인 교의를 해석하였을 뿐만 아니라 또한 그것을 바로 그 구원 교리에 대한 하나의 해석으로서 규정하였다. 그리하여 루터는 그 교의들에서 초대 교회가 강조하였던 측면들과는 다른 측면들을 강조하였다. 우리는 루터가 하나님의 형상이라는 사상에 신론과 동등한 위치를 부여하였다고 말할 수 있다. 루터는 하나님의 형상이라는 개념을 신론에 대비되는 개념으로 다루려고 하지 않았다. 오히려 그는 두 개념을 서로 나눌 수 없을 정도로 밀접하게 연결하였다. 우리가 생활 속에서 체험하는 것은 삼위일체 하나님의 현존과 활동이지 이름을 알 수 없는 어떤 운명의 활동이나 현존이 아니다.

이것을 고려할 때 우리는 루터가 하나님을 항상 활동하시는 분으로 생각하였다는 점을 강조하여야 한다. 루터는 하나님을 "역동적인 힘이며 끊임없이 역사하고 작용하는 계속적인 활동"으로 묘사하였는데, "왜냐하면 하나님은 쉬지 않으시고 중단없이 계속 사역하시기 때문이다."[75] 하나님이 세상을 창조하셨다는 것은 세상이 움직이도록 하시고 그 다음에는 세상이 스스로 돌아가도록 내버려두셨다는 의미가 아니다. 오히려 하나님이 끊임없이 세상에서 역사하시고 활동하신다는 의미이다. 하나님으로 계시는 것과 창조주로 계시는 것은 근본적으로 하나이며 같은 것이다. 하나님이 창조주이며 또한 만물을 유지하시는 자인 이유가 바로 이것이다. 하나님은 하나님이시다. 바로 그런 이유에서 나라들을 일으키시고 소멸하시며 모든 사람들을 생명으로 부르시고 또한 그들의 수한(壽限)을 정하시며 역사 속에서 활동하시는 분도 하나님이시다.

물론 하나님은 감추어진 방식으로 활동하신다. 우리는 결코 하나님을 직접적으로 체험할 수 없다. 「요나서에 대한 해석」(1526)에서 루터는 그것을 다음과 같이 아주 대담한 방식으로 말하였다. "이 모든 것은 우리에게 신뢰와 위로를 주는 원천이다. 그것은 하나님에게 의지하도록 우리를 가르치는데 하나님에게는 생명과 죽음이 매한가지이다. 생명과 죽음은 둘 다 하나님에게는 대수롭지 않은 것이며, 말하자면 장난감과 같은 것이다. 왜냐하면 하나님은 그 하나를 수여하고 다른 것을 취하여 가지며, 혹은 그 하나를 다른 것으로 바꾸시기 때문이다. 그러나 우리에게는 이런 것들이 중요한 일이며 또한 불가능한 일이다. 하나님은 그런 것들을 사용하셔서 우리에게 자신의 능력과 기술을 보여주신다."[76]

이런 진술들에서 루터가 사용한 용어들 가운데 많은 것들이 신비주의자들의 용어와 관련되어 있다. 그래서 루터는 다음과 같이 말하였다. "나는 하나님의 전능하신 능력은 … 어느 한 장소에만 국한될 수 없다고 말한다. 한 장소를 차지하는 모든 것들이 그 자리에 제한되어 측정될 수 있게 존재하는 것처럼, 만일 하나님의 능력이 어떤 특수한 장소에 있다면 그것은 제한되고 한계가 있는 방식으로 존재하여야 할 것이다. 그러나 하나님의 능력은 제한되거나 측량될 수 없다. 왜냐하면 그 능력은 한정되지도 않으며 측량할 수도 없으며, 또한 존재하고 있는 혹은 존재하게 될 모든 것을 초월하여 그 위에 존재하기 때문이다."[77]

나중에 그는 다음과 같이 썼다. "하나님 자신의 신적인 본성은 모든 피조물들과 모든 개별적인 존재들 속에 전적으로 그리고 전반적으로 존재하실 수 있는데 피조물의 그 자신에 대한 관계보다 훨씬 더 깊고 내면적으로 존재하신다. 그러나 다른 한편으로 하나님의 신적인 본성은 어떤 장소나 어떤 존재에 의해서도 제한받지 않으시며 그 결과 하나님은 실제로 만유를 포용하시면서 만유 안에 계신다. 그러나 다른 어떤 존재도 하나님을 포용하거나 하나님 안에 존재할 수 없다."[78] "어떠한 작은 것보다도 하나님은 훨씬 더 작게 존재하시며 어떠한 넓은 것보다도 하나님은 훨씬 더 넓게 존재하신다. 어떤 짧은 것보다도 하나님은 훨씬 더 짧으시며 어떤 긴 것보다도 하나님은 훨씬 더 길다. 어떤 넓은 것보다도 하나님은 훨씬 더 넓으시며, 어떤 좁은 것보다도 하나님은 훨씬 더 좁다. … 하나님은 말로 표현할 수 없는 존재이며 설명하거나 상상할 수 있는 차원을 넘어서는 분이다."[79]

또한 루터는 하나님에 관하여 이야기하는 전통적인 용어, 예를 들어 제일원인[80]과 같은 용어도 사용하였다. 그러나 루터는 이런 용어들이 전통적으로 갖고 있었던 것과는 다른 사상들을 의미하였다. 루터는 인간관계의 연쇄를 제일원인에까지 추적하여 결국에는 제일원인으로서 하나님을 만난다는 것이 불가능하다고 생각하였다. 루터는 하나님이 피조물들을 이용하여 자신의 활동을 수행하신다는 확신을 표현하기 위하여 이 용어를 사용하였다. 피조물과 대상들은 하나님이 자신의 신적인 계획을 수행하는 수단이다. 그것들은 하나님이 쓰시는 가면들이며 그 배후에 하나님이 숨어 있는 형식들이다. "모든 피조물은 하나님의 가면이며 위장이다. 하나님은 피조물들이 자신과 함께 활동하시도록 허용하시며 자신을 도와 많은 일들을 일으키는데 협조하도록 하신다. 물론 하나님은 그들의 협력이 없이도 이런 모든 일들을 행하실 수 있으며, 때때로 그렇게 하신다."[81]

5.6.6. 감추어진 하나님과 계시된 하나님 간의 구별

감추어진 하나님(*Deus absconditus*)과 계시된 하나님(*Deus revelatus*)의 구별을 루터가 새롭게 형성한 것은 상당히 중요하다. 그 구별은 주로 「노예의지론」(*The Bondage of the Will*)[82]에서 그 내용이 발견되며 그 용어까지도 어느 정도 나타나지만 루터의 다른 저서들에서도 그것을 볼 수 있다. 이 구별은 전통적인 삼위일체 교리를 실제적으로 대체하려는 의도로 그 구분이 제시된 것은 명백히 아니다. 오히려 루터는 그 구분이 삼위일체 교리에 어울리는 것이며 자신과 에라스무스 간에 제기된 문제들을 다루기 위해 필요한 도구라고 생각하였던 것이 틀림없다.

그러므로 이 구분은 우리가 알 수 없는 하나님의 뜻에 관하여 사색하려는 시도에 대하여 경고하며 또한 우리의 관심을 하나님의 자기 계시로 돌리려고 하는 한에서, 삼위일체 교리에 대한 루터의 특유한 해석이라고 할 수 있다. 또한 루터가 하나님에 대한 철학적 개념에 기반하여 이런 구별에 도달한 것이 아니라 오히려 엄격하게 하나님의 계시에 근거하여 그것을 발전시켰다는 점에서 또한 그 구분은 삼위일체 교리에 대한 루터의 독특한 해석이다.

학자들은 감추어진 하나님과 계시된 하나님을 구별한 루터의 구분의 자세한 내용들을 아주 상이한 방식으로 이해하였다. 오토 리츨(Otto Ritschl)[83]에 따르면 "루터가 하나님에 대한 개념을 이원론적으로 구성한 일은 두 분의 하나님이 존재한다는 마르키온 이단의 교리를 우리에게 고통스럽게 상기시켜 준다." 라인홀드 제베르크[84]는 루터가 하나님의 절대적인 능력(*potentia Dei absoluta*)과 하나님의 간접적인(매개를 통한) 능력(*potentia Dei ordinata*)[85]에 관한 스코투스주의자들과 오캄주의자들의 교리를 개인적으로 수용한 데서 이런 구분이 나왔다고 보았다. 베르너 엘레르트[86]에 따르면 감추어진 하나님에 대한 체험은 하나님의 능력에 대한 '근본적인 체험'을 구성하며, 그리스도가 없는 운명의 능력으로서 체험된다고 한다.

루터의 감추어진 하나님과 계시된 하나님 간의 구별을 올바르게 이해하려면 무엇보다도 「노예의지론」에 나타난 사상의 흐름을 고려해야 하며, 그 다음에는 주석적인 문맥을 고려해야 한다. 그 첫번째 과제에 관해서는,

루터의 구분은 그것을 이해하는 필수적인 기반으로서 그리스도에 대한 신앙을 전제한다는 사실이 「노예의지론」의 결론부에서 명백하게 나타난다.[87] 더구나 루터는 에스겔 18:23을 해석하는 과정에서 이런 구분을 한다. "나 주 여호와가 말하노라. 내가 어찌 악인의 죽는 것을 조금인들 기뻐하랴. 그가 돌이켜 그 길에서 떠나서 사는 것을 어찌 기뻐하지 아니하겠느냐."[88] 에라스무스는 이 구절이 인간 의지의 제한된 자유에 관한 자신의 주장을 지지한다고 해석하였다.

　　나중에 루터가 때때로 감추어진 하나님과 계시된 하나님 간의 구별을 삼위일체 하나님의 각 위에 직접적으로 적용하였다는 사실을 주목하는 것은 흥미로운 일이다.

　　　그러므로 우리는 본성과 본질에서 하나님이신 성령과 우리에게 주신 바 된 성령을 구별한다. 그 본성과 위엄에서 하나님은 우리의 적이다. 왜냐하면 그 분은 우리가 율법을 완수할 것을 요구하시기 때문이다. … 이것은 성령에게도 역시 사실이다. 성령의 손가락이 모세의 석판에 율법을 기록할 때에 성령은 그 위엄을 지닌 모습으로 나타나시며, 우리들의 죄를 고발하시고, 우리의 마음에 공포를 불러 일으키신다. 그러나 성령이 방언과 다른 영적인 은사들로 우리에게 오실 때는 성령 자신이 '은사'라고 불린다. 왜냐하면 그분이 우리를 거룩하게 만드시며 우리에게 생명을 주시기 때문이다. 성령 자신의 이 '은사'가 없이는 율법은 우리 죄를 정죄한다. 왜냐하면 율법은 결코 '은사'가 아니라 언제나 영원하고 전능하신 하나님의 말씀이기 때문이다.[89]

　　그러나 대체로 이러한 진술들은 루터의 저서 속에서 고립된 진술들로 나타난다. 루터는 삼위일체 교리가 어떻게 그의 감추어진 하나님과 계시된 하나님 간의 구별과 연결되는가 하는 문제를 더 이상 상세하게 논의하지 않았다. 그러나 이것은 루터의 신론과 하나님에 관한 그의 개인적인 관점은 서로 밀접하게 연결되어 있다는 사실을 명백하게 증명한다.

　　덧붙여 말할 것은, 우리가 「노예의지론」에서 발견하는 감추어진 하나님과 계시된 하나님간의 구분은 따로 떼어내어 고찰해서는 안되며 오히려 루터의 하나님에 대한 개념의 전체 맥락 속에서 다루어져야 한다는 점이다. 그러면 이 구분은 하나님의 거룩하고 범접할 수 없는 위엄이 하나님의 자기 계시 속에도 남아 있다는 것을 의미한다. 아무리 루터가 자신의 구원론을 기초로 하여 신학적 문제들을 생각하였다고 하더라도, 또한 아무리 루터가 하나님의 사죄하심에 근거한 오직 믿음을 통한 칭의를 자신의 사상의 중심에 두었다고 하더라도 하나님의 심판의 실재성과 심각성은 결코 사라지지 않는다. 오히려 그것들은 그리스도 안에서 계시된 은혜로우신 하나님에 대한 신뢰를 통하여 항상 끊임없이 극복되고 있다. 그리스도인은 결코 "율법과 복음을 넘어설 수"없다. [90]

하나님의 진노는 우리의 상상력이 만들어낸 허구가 아니다. 오히려 그것은 역사 속에서 활동하실 뿐 아니라 인생 가운데서도 활동하시는 하나님의 능력이다. 우리는 이 진노에서 벗어나서 그리스도 안에서 나타난 하나님 사랑으로 피해야 할 필요가 있다. 예수 그리스도 안에 있는 하나님의 계시는 하나님의 진노의 능력이 계속 활동하고 있음에도 불구하고 그것을 뚫고 나간다. 그러므로 루터에 따르면, 자기 계시 속에서도 하나님은 여전히 헤아릴 수 없는 위엄으로 계시며, 그리스도 안에서 계시된 은혜로우신 하나님에게서 피난처를 찾지 못한다면 우리들은 그 하나님 앞에서 파멸당할 것이다. 우리가 항상 하나님에게서 벗어나 하나님에게로 피해야 한다고 말하는 것은 역설적인 논설이다. 그러나 루터의 생각 속에서는 그것이 타당하며 결코 극단적인 논설이 아니다. 이런 점에서 감추어진 하나님과 계시된 하나님을 구분하는 루터의 구별은 율법과 복음에 관한 그의 가르침에 부합한다. 이 가르침은 오직 루터의 신론에 근거해서만 이해될 수 있다는 점을 우리는 가능한 한 명백하게 말하여야 한다. 루터가 이해하였듯이, 이런 기초 위에서 구원을 위하여 신앙이 절대적으로 필요하다는 사실이 명백하게 드러난다.

지난 세기의 루터 신학의 해석사를 개관하면서 이제 우리는 1889년에 사망한 알브레흐트 리츨(Albrecht Ritschl)이 하나님의 진노의 실체를 간과하였다는 사실을 볼 수 있다. 역시 1889년에 사망한 테오도시우스 하르낙(Theodosius Harnack)은 루터 신학의 한 요소로서 하나님의 진노를 올바르게 주목하였다. [91] 좀더 최근에 바르트(Karl Barth)와 바르트

주의자들은 다시 한번 하나님의 진노가 루터에게 가졌던 중요성을 과소평가하였다. 베르너 엘레르트와 그 밖에 에를랑겐 학파의 다른 사람들처럼 의식적으로 '고백주의적'이라고 말하는 루터 해석자들은 때때로 루터 신학에서 하나님의 진노와 사랑이라는 이중적인 측면을 지나치게 강조하였던 것이 명백하다.

진노와 사랑 간의 이런 긴장이 바로 하나님에 대한 루터의 개념의 동력(動力)을 이루고 있다. 이런 역동성은 단순히 신론을 주의주의(主意主義)적으로 논설한 것에 불과한 것이 아니다. 그런 역동성은 루터보다 훨씬 이전에 스코투스주의와 오캄주의 전통에서도 가능하였다. 루터는 새로운 접근방식으로 신학을 제시하였다. 비록 신비주의자들의 하나님 개념이 루터 신학의 전반에 그리고 특수한 부분들에 중요한 방식으로 영향을 주었지만, 하나님의 진노와 하나님의 사랑간의 이런 긴장이 존재하는 것은 또한 루터와 신비주의자들 사이에 본질적인 차이점을 만들어 내었다. 루터와 신비주의자들이 공유하고 있는 요점들과 또 서로 의견을 달리하고 있는 요점들을 특별히 주목하면서, 하나님에 대한 이런 서로 다른 사상들을 자세히 비교를 할 때에, 하나님에 관한 오래된 개념들뿐 아니라, 예를 들어 토마스 뮌처(Thomas Müntzer)와 같은 루터와 같은 시대에 살았던 인물들이 제시한 하나님에 대한 사상들도 고려하는 것이 유용할 것이다.

루터의 하나님 개념의 역동성에 관한 한, 여기서 몇 가지 요점들을 주목할 수 있다. 무엇보다도 루터는 소위 하나님의 속성들이라고 불리는 다양한 면들을 구분하지 않았다는 사실을 주목하는 것이 중요하다. 하나님의 한 속성을 다른 속성들과 구별하는 것이 실제로 가능한 일이 아니라는 점을 인정함으로써 루터는 속성들을 논의하는 의도에 도달하였다고 말하는 것이 좀더 도움이 될 것이다. 오히려 이른바 하나님의 속성들 하나하나는 끊임없이 하나님의 활동의 전체를 표현하고 있다. 하나님의 전능하심과 전지(全知)하심은 하나님의 부분적인 일면들에 불과한 것이 결코 아니다. 오히려 각각의 속성들은 항상 하나님의 총체성을 표현한다. 루터가 말하였듯이 하나님이 말씀하신다고 말하는 것은 하나님이 창조하신다고 말하는 것과 동일하다.[92] 또한 루터는 하나님으로 존재하는 것과 창조주로 존재하는 것은 기본적으로 하나이며 같은 것이라고 강조하였다. 이런 방식으로 하나님은 항상 적극적으로 창조하시는 데 루터는 이것을 하나님께서는 항상 창조하시면서 활동하신다는 의미로 이해하였다.

5. 6. 7 창조주 하나님

다비드 뢰프그렌(David Löfgren)[93]은 루터의 창조에 대한 언급은 루터가 창조를 완결된 행위가 아니라 지속적인 사건으로 보았음을 의미한다고 해석하였다. 루터는 창조를 현재적 실재로서 이해하였다. 이런 이유에서 피조 세계의 아주 현실적인 선(goodness)은 그 내재적인 본성이나 그 자신의 역량의 일부로서 이해되어서는 안되고 반대로 끊임없이 하나님의 실제적이고 지속적인 창조적 간섭에 의존한다. 이런 해석은 지나치게 멀리까지 전개될 수도 있을 것이다. 사실 우리가 루터의 하나님의 행위에 대한 주장들의 상이한 측면들을 분리시킬 수 없는 것은 정확하다. 그러나 그럼에도 불구하고 피조 세계의 하나님으로부터 독립이 의심된다면 지속적 과정으로서 창조를 강조하는 것은 지나치게 멀리 전개한 것이다.

뢰프그렌은 하나님께서도 끊임없이 새로운 자연법들을 창조하신다고 주장하였다. 그래서 뢰프그렌은 말하기를 인간 이성은 항상 이 자연법들보다 한 걸음 뒤져 있다고 한다.[94] 이에 대하여 우리는 루터가 분명하게 비록 "정의"가 항상 "하나님의 피조물"이기는 하지만 인간 이성은 자연법들을 환기시키고 이론화할 수 있다고 말했다는 사실을 기억하여야 한다.[95] 어떤 통찰력도 서로간에 대립시켜서는 안된다. 우리는 또한 루터의 하나님의 창조에 대한 이해와 피조 세계의 보존(preservation)과 하나님의 행위를 구별하여야 한다. 그렇게 함으로써 하나님의 이 행위들의 각각이 항상 하나님의 전체성을 묘사한다는 것을 분명하게 지적하는 것이 매우 중요하다. 루터의 신론이나 다른 이론에 대한 어떤 재진술도 정통주의적 도식화의 위험과 모든 것을 동일한 의미로 환원시켜버리려는 위험을 모두 피해야만 한다.

이 맥락에서 고려되어야 하는 것은 부가적 관점 위에서 언급한 신비주의적 전통이다.[96] 루터의 「두번째 시편강의」(1518-21)에서 발췌한 다음 본문은 이 점에서 매우 흥미있다.

당신이 하나님 안에서 희망을 가질 때, 당신은 당신 자신의 "없음" (無: nothingness)으로 향하는 외에 달려갈 곳이 어디 있겠습니까? 그리고 당신이 당신 자신의 없음으로 들어갈 때면 당신은 당신이 왔던 곳으로 향하는 이외에 어디로 가겠습니까? 그렇지만 당신은 바로 이 동일한 없음으로부터 왔습니다. 그러므로 당신이 당신 자신의 없음으로 돌아갈 때 당신은 하나님께로 복귀하는 것입니다. 비록 당신이 당신 자신을 벗어나고 모든 창조의 밖에 있다 할지라도 당신은 여전히 하나님의 손에 떨어지게 됩니다. 이사야가 말하듯이 (40:12) 그 분은 자신의 손에 전세계를 쥐고 계십니다. 당신이 원한다면 온 세상을 질주해 보십시오. 어디로 달려갈 것입니까? 당신은 언제나 하나님의 손과 가슴으로 달려가게 될 것입니다. 이와 같이 의인들의 영혼은 하나님의 손에 있습니다. 그것들은 세상의 바깥에 있기 때문입니다.[97]

루터는 시편 5:12을 라틴어 불가타역에 근거하여 해석하였다. 이 번역은 그런 극단적인 해석을 위한 어떤 근거도 거의 제공하지 않는다. 본문 자체는 하나님께서 하나님께 소망을 두는 자들 안에 "거하실 것"이라고 주장한다. 그러나 이는 우리의 하나님께로의 회귀라고 해석한 루터의 석의 (exegesis)와는 상당히 다른 방향을 가리킨다. 본문의 원래 의도를 루터가 개선한 것 (revision)은 의미 있는 것이었다. 루터가 비록 하나님은 없음이라고 확언할 정도까지 가지는 않았더라도 하나님과 인간의 없음을 동일시한 것처럼 보인 것은 훨씬 더 의미가 있다. 그와는 반대로 그는 인간의 없음 (the nothingness of human person)과 하나님의 있음 (the being of God) 혹은 하나님의 손을 동일시하였다. 만약 인간의 말의 문자적 의미대로 멸망한다면 그는 그럼으로써 하나님께로 간다. 마치 우리 모두가 하나님께로부터 그리하여 우리 자신이 비존재 (nonbeing)에서 온 것처럼 말이다.

물론 신비주의적 전통이 이 주장의 밑바닥에 깔려있다고 단순히 주장하는 것만으로는 충분하지 않다. 오히려 루터와 신비주의 사이에는 결정적인 차이점들이 있다는 것이 사실이다. 루터는 신비주의자들과는 달리 신적 2인칭과 인간적 1인칭 사이의 (between the divine Thou and the human ego) 신비적 연합이나 교환에 대하여 이야기하지 않았다. 대신에 루터의 과

정 묘사에서는 인간 자아는 그것이 하나님께 이르면 파괴된다. 그러한 주장
에서 루터는 신비주의적 전통에다가 거의 실존적인 해석을 부여하였다. 어떤
유의 신화론적 사고도 배제되었다. 그러나 루터는 하나님과 인간 사이의 이
원성(duality)을 보존하였다. 이것을 그가 신비주의로부터 취한 것이다. 이
이원성은 인간의 멸망에서 적절하게 그 최상적인 표현을 얻게 된다. 이보다
더 대담한 주장을 상상하기는 어렵다. 그러나 분명히 우리가 그런 본문들이
나 혹은 심지어 그의 창조 이해로부터 루터의 신 개념의 전체성을 추출하려
고 시도한다면 그것은 일방적인 것이 될 것이다.

5.6.8 하나님은 하나님이시다.

그러나 루터의 신론의 중심 초점은 또 다른 관점들로부터 서술할 수 있
다. 파울 알트하우스는 "하나님은 하나님이시다"는 루터의 칭의론을 의미한
다고 말한 적이 있다.[98] 알트하우스는 루터가 우리가 실제로 결코 성공할 수
도 없을 뿐만 아니라 도덕주의나 율법주의가 종국적으로 우상숭배이며 하나
님의 본성에 위배되기 때문에 도덕주의적이거나 율법주의적인 신적 계명의
수행에 반대하였다는 것을 증명하였다. 하나님의 본성에 상응하는 인간의 태
도는 하나님의 자비만을 신뢰하는 수용자의 태도의 이상이다. 그러므로 루터
의 행위적 의(works-righteousness)에 대한 비판은 기본적으로 신 중심적
이다(theocentric). "하나님을 모신다"는 것과 율법의 충족에 기초하여 칭의
받기를 원하는 것은 그러므로 두 개의 모순된 입장들이다. 신앙만이 하나님
과의 관계에서 적절한 인간의 태도이다. 물론 알트하우스가 아주 설득력있게
극단적으로 전개하였던 개념들을 우리가 가져가는 것도 잘못일 것이다. 그것
은 우리에게 요청하시고 우리를 심판하시는 이가 바로 하나님이시라는 사실
은 물론이고 우리가 그럼으로써 하나님의 요구의 실재를 간과하는 결과를 가
져올 수 있다.

우리가 루터의 신 이해를 다루기를 원할 때 어디에서 시작하든지 간에
우리는 항상 신론과 신의 형상(image of God)의 통합을 향해서 나아간다.
루터 사상에서 이 통합은 분명히 그가 항상 그의 전 신학을 그리스도의 십자
가에 기초하였다는 사실에서 기인한다.

5. 7 교회론, 교역의 직제, 교회의 구조

5. 7. 1 루터 사상에서 교회론적 프로그램의 부재

루터의 교회론을 연구할 때 우리는 다시 우리가 따르는 다양한 방법들 중에서 결정해야만 한다. 우리는 또한 루터가 자신의 대적자들과 공유하였고 토론하지 않았고 그래서 논쟁의 요점이 되지 않았던 어떤 가르침들에 대하여 어느 정도의 비중을 두어야하는지도 결정하여야만 한다. 여기서 다시 루터 신학에 대한 다양한 가능한 해석들이 상당히 의미있는 방식들로 상호간에 갈라져 나갔다.

루터의 교회론에 대한 어떤 체계적인 취급도 심각한 불이익을 겪는다. 특별히 그것이 그의 교회 구조관을 다룬다면 그렇다. 루터의 주장들에다가 그것이 지닐 수 없는 의미를 부여하는 것은 아주 쉬운 일이다. 이것은 바로 그 주장들 모두가 루터의 무수한 논쟁들의 맥락에서 전개되었기 때문이다. 이 주장들은 우리에게 교황주의와 교회 일반의 이단에 대하여 루터가 점점 신랄하게 비판한 것에 대하여 더 많이 이야기해 준다. 게다가 루터가 교회를 위하여 확정된 구조를 제한하고 있었다고 추정하는 것은 너무 쉽다. 사실 루터는 그런 이상(vision)을 전혀 갖지 않았다. 특히 종교개혁 초기에 중세 교회내의 어떤 남용들에 대한 그의 비판과 그의 교회에 관한 자신의 사상은 논쟁의 주제였던 상황들의 맥락에서만 의미가 있다. 교회에 관한 루터의 주장들을 그 논쟁들로부터 분리시키는 것은 거의 불가능하였다.

16세기의 이 논쟁들 가운데 양편 모두가 논쟁 초기부터 갈등 상태에 있었던 개념군으로부터 작업을 하지 않았다. 루터는 그 가장 분명한 예이다. 반대로 다양한 교회관들이 처음에는 갈등 과정에서 예리하게 정의되었다. 물론 다양한 파들이 절대적으로 본질적이라고 여겼던 어떤 개념들은 양측에 처음부터 있었다. 우리는 다양한 교회에 대한 이해에서 이 결정적인 요소들을 아주 분명히 알아야만 한다. 그러나 우리는 연이은 논쟁들이 실제로 전개되었던 대로 전개되어야 할 필연성이 있었다고 추정할 아무런 근거도 갖지 않는다. 이 동일한 전제들은 아주 다른 결과들로 이끌어 갈 수 있다.

그리고 또한 이 교회론이 삼위일체론이나 그리스도의 위격과 사역의 이론보다도 훨씬 덜 발달하였다는 것을 주목하는 것도 중요하다. 스콜라주의자들의 위대한 업적들에 어떤 교회론도 포함되지 않았다. 당연히 키프리안의 "교회의 통일에 관하여"(On the Unity of the Church)나 어거스틴의 반도나투스파적 작품들과 같은 개별적인 저술들은 있었다. 이것들은 상당히 중요하며 교회에 관하여 간접적으로 많은 언급이 있었다.

교회법은 여러 방향에서 교회에 대한 이해에서 상당한 의미가 있다. 교황제(papacy)에 관한 한 교회 안에서의 권위와 지도력의 역할은 일반적으로 인정되었다. 비록 15세기의 공의회주의운동(the conciliar movement)이 얼마동안 최상의 권위는 교황(pope)인가 공의회(ecumenical council)인가라는 질문을 제기하였음에도 이것은 사실이었다. 그러나 16세기에는 공의회주의운동이 더 이상 큰 의미를 갖지 못하였다. 그럼에도 불구하고 우리가 16세기 초의 논쟁들을 연구할 때 우리는 수많은 질문들이 개방되어 있다는 사실을 고려해야만 한다. 이 시점에서는 교회론에 대하여 마치 삼위일체와 그리스도의 위격과 사역의 교리에 해당하는 것과 같은 어떤 확립된 규범들도 구할 수 없다.

교회의 통일에 관한 한 우리는 16세기의 사람들이 두 가지 중요한 분열들(schisms)을 알고 있었다는 것을 기억하여야만 한다. 그 하나는 동방과 서방 기독교간의 분열이었다. 그것은 1054년 이래로 줄곧 내려온 실재였다. 비록 동방 정통 기독교인들이 아주 멀리 떨어져 있긴 했지만 터키인들에 의한 지속적인 위협은 1453년의 콘스탄티노플의 함락을 그리고 그와 함께 16세기에도 존속하고 있던 동방 교회를 계속 상기시켜주었다. 이 분열로부터 제기된 교회내의 교황의 권위의 필연성에 대한 질문은 종교개혁사의 초기에 대단히 의미있는 것이었다. 그러므로 동방정교회의 존재는 곧 루터를 중심으로 터진 논쟁 특히 1519년에 있었던 논쟁(라이프치히 논쟁 - 역주)에서 중요한 의미를 갖게 되었다.

종교개혁 초기에 중요한 두번째 분열은 후스파 운동(Hussite Movement)이었다. 요한 후스(John Huss)는 1415년의 콘스탄스 공의회에 의하여 정죄를 당하고 처형되었다. 그러나 1433년 콘스탄스 공의회는 소위 프라하의 협약(Compactata)에 동의하였다. 이것은 후스파(Hussites)에 대한 특정한 동의들을 담고 있다. 그러나 이 동의는 교황에 의해서 결코 용인되지 않았다. 이처럼 비록 후스 자신은 계속해서 이단으로 여겨졌고 후스파 전쟁이 그 광범위한 파괴와 함께 여전히 백성들 사이에서 생생한 기억이 되고 있었으나 후스파는 계속해서 기독교 세계의 몸에 하나의 노골적인 상처를 대변하였다.

루터 당시의 사람들이 교황제 자체에 있었던 공포스런 분열(1378-1415)을 아직도 잘 기억하고 있었다는 것 또한 교회의 통일에 대한 의문에 매우 중요하였다. 이 모든 것은 교황에 대한 순종이 더 이상 다른 시대에서처럼 당연시될 수 없었다는 것을 의미하였다.

게다가 우리는 다음을 고찰하여야 한다. 첫째로, 아무도 교회내의 분열을 일으키려고 꾀하지 않았다. 루터의 의도는 하나님의 말씀에 의거한 교회의 개혁이었다. 그는 구체적인 개혁 조치들의 목록에 관심이 있었던 것이 아니라 하나님의 순수한 말씀의 선포를 회복하고 명백한 남용들을 끝장내는 것을 원했다. 비록 종교개혁이 도시에서는 물론이고 많은 다른 지역들에서도 도입되었지만 아무도 새로운 교회를 건설하는 가능성에 대하여 생각하지 않았다. 반대로 세속 권세자들에 의해서 많은 지역들에서 도입된 후기 중세적 개혁 조치들의 예에 호소하였다. 16세기의 상황은 많은 사람들이 성경의 저자와 교회의 권세 사이에 대립이 있다고 여겼기 때문에 더 어려웠다. "로마 가톨릭"과 "개신교"간의 분리선을 가장 쉽게 추적할 수 있는 곳이 바로 이 점이다. 그러나 교회의 분열이라는 어떤 주관적인 의식은 전혀 없었다.

둘째로, 이러한 상황 묘사는 교회가 심지어 1555년의 아우그스부르크 종교 평화 협정(the Religious Peace of Augsburg) 때까지도 제국의 법적 권위자들에 의해서 여전히 통일체로서 취급되었다는 사실에 의해서 확인된다. 교회내에 실질적으로 존재하는 분열이 제국의 법에 의하여 실재로서 인가되고 받아들여진 것은 1648년의 베스트팔리아 평화협정(the Peace of Westphalia)에서였다. 그때까지 사람들은 교회의 지속적인 통일성을 가정하면서 "종교적 분파들"에 대하여 말했다. 그러나 황제는 개신교 지역들 내에서 로마 가톨릭교회의 수호자로서 작용할 수 없었다.

셋째로, 종교개혁 당시의 토론은 교회내의 분열이나 그것을 극복하는 방법들에 관한 것이 아니었다. 의미있는 논제는 어디서 참 교회를 발견하는가였다. 이와 같이 사람들은 교회의 통일을 위하여 일하였으나 참 교회와 거짓 교회의 존재의 기준들을 확립함으로써 그렇게 하고자 하였다. 이는 상호간

논박의 심각성은 물론이고 모든 것에도 불구하고 오랫동안 지속되었던 동의도 또한 설명해준다. 삼위일체와 그리스도의 위격과 사역의 교리들의 경우와 마찬가지로 양측이 의심없이 받아들였던 공통된 기초는 상당한 의미가 있다. 이 점은 비록 그들이 이 공통의 동의의 중요성에 대하여 거의 전혀 생각하지 않았음에도 불구하고 사실이다. 그러나 아마도 보통 인식하는 것보다도 상당히 더 많은 동의가 교회론 안에서 있었으리라는 것이 사실이다.

5.7.2 루터의 교회론에서 전통적 요소들과 새로운 요소들

우리는 모험적으로 루터 안에서 교회론의 모든 전통적인 요소들을 발견한다고 말할 수 있을지도 모른다. 그 차이점들은 루터가 이 다양한 요소들에 부과한 강조점에 놓여있다. 그러나 루터가 참된 그래서 유일한 교회가 존재하는가의 규범으로서 복음과 신앙을 확립하였다는 점에서 근본적으로 새로운 출발을 하였다는 것 또한 사실이다. 이 두 가지 주장들은 상호간에 밀접한 관련 속에서 보아야만 한다. 루터의 교회론의 한 측면을 다른 것에다가 대립시키는 것은 타당하지 않다.

5.7.3 교황에 대한 루터의 초기의 태도

면죄부 논쟁의 초기에 루터는 절대로 교회의 권위, 교황, 혹은 주교들을 문제삼을 의도가 전혀 없었다.[99] 물론 루터의 대적자들은 그의 가르침들이 결국엔 교황과 공의회들의 권위에 미치게 될 어떤 결과들에 주의를 집중하였다. 그들은 그렇게 하는데 잘못을 범하지는 않았다. 그러나 루터 자신은 진지하게 교황을 기독교 세계의 목자요 교사라고 여겼다. 교황에 대한 루터의 복합된 감정은 교황 레오 10세에게 자신의 「95개 조항 해설」을 헌정하기 위하여 1518년 5월 30일에 쓴 편지에 잘 표현되었다.

이 서신에서 루터는 한편으로는 "거룩하신 아버지(가톨릭에서는 '신부'를 Father라고 부른다), 나는 당신 발 앞에 나를 내던져서 나 자신과 나의 모든 인격과 재산을 다 드립니다. 나를 살리시든지 죽이시든지, 〔내가 기록한 것을〕 용납하시든지 취하하시든지 동의하시든지 거부하시든지 마음대로 하십시오. 당신이 무엇을 결정하든지 나에게는 받아들일 만한 것입니다. 나는 당신의 음성을, 당신을 통해서 [교회를] 이끄시고 당신을 통하여 말씀하시는 그리스도의 음성처럼 듣겠습니다. 만약 내가 죽음에 합당하면 나는 죽기를 거부하지 않겠습니다."[100] 다른 한편으로 루터는 바로 몇줄 전에 이렇게 말했다. "나는 취소할 수 없습니다."[101] 이 두 주장들을 나중에 같이 읽는 사람이라면 누구나 그것들이 상호 모순된다고 볼 것이다. 그러나 루터는 그것들을 상호 대립된다고 보지 않았다. 그의 교황에 대한 복종의 말들은 전술적으로 씌어진 것이 아니었다. 루터는 그리스도께서 스스로 실제로 교황을 통하여 교회를 이끄신다는 것 이외에는 어떤 것도 상상할 수 없었다. 동시에 루터는 성경 연구를 통하여 논쟁되고 있는 문제들에 대한 통찰력을 얻었다. 이 통찰력들은 그의 사상 안에 견고하게 확립되어서 그는 그것들을 포기할 수 없었다.

물론 그 바로 뒤 수년 동안 루터는 이 태도를 유지할 수 없었다. 교회법 아래서 그의 출교선고, 주제토론도 없이 주장을 철회하라는 단순한 도전, 점차 더 신랄해지는 논증들, 그리고 명백한 남용들을 폐기하도록 교직 권위자들을 부정한 것 등은 마침내 루터로 하여금 1518-1519년에 교황이 적그리스도라는 확신으로 이끌었다. 그리하여 그 결론의 결과로서 루터가 교황의 권위에 복종하는 것은 더 이상 불가능하였다. 이제 루터는 교회가 지상의 우두머리를 지녀야 할 필요성을 부인하였다.

이 점은 명시적으로 교회를 다룬 그의 첫 저서인「로마 교황제에 관하여」(On the Papacy in Rome, 1520)에서 가장 예리하게 일어났다.[102] 루터는 여기서 신조의 의미로서 그리스도를 믿는 지상의 모든 사람들의 모임으로서 기독교세계와 외부적인 형태에 초점을 두고 있는 한 주택, 한 구역, 한 교구, 한 대교구 혹은 교황청 안에서 모이는 모임으로서 기독교 세계를 구분하였다. 전자나 후자에 있어서 루터의 관심은 외형적인데 있지만 말이다. 그러나 성경이 교회에 관하여 언급할 때 그것은 오직 그리스도를 믿는 자들의 모임만을 언급한다. 바로 이 성령 속의 모임만이 진정한 기독교이기 때문에 그것은 지상에 머리도 가지지 않는다. 그러나 이 기독교는 그 천상의 머리이신 그리스도만이 다스리신다.[103]

5. 7. 4 "두 교회들"

이 맥락에서 루터는 심지어 "두 교회들"을 이야기하였다. "그러므로 더 나은 이해와 간결성을 위해서 우리는 두 교회들을 두 가지 뚜렷한 이름으로 부르자. 첫째는 자연적이고 기본적이며 본질적이고 진정한 교회인데 우리는 그것을 '영적, 내적 기독교'라고 부를 것이다. 둘째는 인간이 만든 외형적인 것으로서 우리는 그것을 '물리적, 외적 기독교'라고 부를 것이다. 우리는 그것들을 서로 분리시키고자 하는 것이 아니다. 오히려 그것은 내가 마치 한 사람에 관하여 이야기하면서 그의 영혼에 근거하여 그를 '영적'이라고 부르고 그의 몸에 근거하여 그를 '육체적'이라고 부르는 것과 같은 것이다."[104]

이러한 "영적" 기독교와 "육적" 기독교 사이의 구분은 다양한 의미를 지닌다. "육적" 그리고 "외형적"이란 말은 (1) 외형적 교회와 교회의 참된 영적인 본질간의 대조를 함축한다. 이 구분은 특히 교황청에 적용된다.[105] (2) 이 용어는 교회의 이중적 본질을 몸과 영혼을 지닌 인간에 비교하여 묘사한다. 몸과 영혼은 서로 구별되지만 항상 그 인간 안에 있다. 영혼은 본질적인 요소이나 우리는 몸과의 관련에서 동떨어진 영혼을 생각할 수 없다.[106]

루터의 교회론을 요약적으로 서술하고자 시도해 본 학자들은 이 책이나 이 용어가 나타나는 루터의 다른 책들을 읽으면서 "육체적"(leiblich)이라는 용어의 다양한 용법을 항상 적절하게 고려한 것은 아니었다. 결과적으로 루터의 교회론에 관한 절대적으로 부적당하고 형편없는 기술이 당연시되었고 심지어는 오늘날에도 여전히 빈번하게 그런 일이 일어난다. 이 오류투성이의 해석은 루터가 진정한 교회를 단지 내적 속성의 측면에서만 기술하였고 때로는 "불가시적 교회"로서 기술하였다고 제시한다. "물리적인" 교회의 대변자로서 교황에 반대한 자신의 논증에서 루터는 그 시대의 교황청이 어떤 식으로 교회 안에서 복음을 제쳐두었는가에 대하여 항거하였다. 그러나 루터는 교회 자체의 외적인 본질에 대하여 항의한 것은 아니었고 기독교를 "불가시적"이라고 이해한 것도 아니었다. 이런 면에서 루터는 그의 동일한 저서에서 세례, 성만찬, 그리고 복음이 "교회의 존재를 외형적으로 파악할 수 있는 판단 근거"가 되는 표지들(signs)이라고 말한 것과 일치하고 있다.[107]

5. 7. 5 주교직에 대한 루터의 태도

루터가 분명하게 교황의 권위를 거부하긴 했지만 그는 결코 주교직에 대하여 동일한 방식으로 논박하진 않았다. 그와 정반대로 학자들은 루터 자신이 교회의 감독제 구조를 보존하는 것을 중요하게 생각하였다는 것에 일반적으로 동의한다. 루터는 어떤 식으로든 사도적 계승의 문제에 대하여 생각하지 않았다. 논쟁의 어느 쪽도 그 문제를 전혀 제기하지 않았다.

루터는 또한 주교직이 교회사에서 전개된 것처럼 단순하게 전통적 주교직에 대하여 생각하지 않았다. 오히려 루터는 주교직이 복음의 사역에 책임을 지는 것으로 이해하였다. 당시에는 주교가 영적, 세속적 권위를 행사하는 것이 관습적이었다. 마찬가지로 주교들은 또한 예컨대 혼인과 관련된 문제들에 관한 사법권도 가지고 있었다. 루터는 영적 권위와 세속적 권위의 통합에 반대하였다. 그러나 그는 자주 교회 안에는 주교가 있어야 한다는 자신의 견해를, 예를 들면 「작센 선제후령내 교구 목사들의 순회 시찰 방문자들을 위한 훈령서」(Instruction for the Visitors of Parish Pastors in Electoral Saxony, 1528)[108] 에 대한 그의 서문에서 표현하였다.

독일내 루터교회들은 감독(superintendent)의 직제를 발전시켰는데, 이는 "감독"(superattendent)이라고 불렸다. 교회 예배모범과 생활 내규(Kirchenordnungen)에서 기술된 것처럼 이 직책은 기본적으로 주교의 직책이다. 주교의 의무에는 복음 선포, 성례전 집전, 그리고 목회자 시찰 등이 포함된다. 후에 루터는 루터교 주교제를 도입하려고 몇번 시도하였다.[109] 물론 여기서도 역시 복음은 루터의 비판적 규범이었다. 전통적인 문제들에 관한 한 주교직은 본질에(esse) 속한 것이 아니다. 그러나 그것이 있으므로써 더 좋은것(bene esse)이었다. 슈말칼덴 신앙조항은 루터가 어떻게 단순하게 주교직을 당연시하게 되었는지를 예시해 준다.

"교회는 우리 모두가 한 우두머리이신 그리스도 아래서 있게 되고 동등한 직위에서 교리, 신앙, 성례전, 기도, 및 사랑의 행위의 통일성 안에서 성실하게 연합된 주교들을 가질 때에 가장 잘 유지되고 다스려질 수 있다." 루터는 성 제롬(St. Jerome)의 주장을 언급하면서 바로 이 주장을 따르고 있다는 것을 주목해야 한다. 일반적으로 종교개혁자들은 이 주장이 원래 주교와 목사들간에 아무런 구분이 없었다는 것을 의미한다고 해석하였다.[110] 주교직의 역사적 발전에 대한 이 해석은 본질적으로 맞다. 루터의 이상적인 교회구조는 노회(synods)들과 함께 사역하는 주교들로 가장 잘 묘사될 수 있다.[111]

5. 7. 6 구원에 대한 교회의 필연성

더욱이 루터는 교회가 구원에 필수적이라는 전통에 반대하지 않았다. "그러므로 그리스도를 발견하기를 원하는 자는 먼저 교회를 찾아야 한다. 교회는 목석이 아니라 그리스도를 믿는 사람들의 모임(assembly)이다. 우리는 이 교회에 연결되어야 하며 어떻게 사람들이 믿으며 생활하고 가르치는지를 보아야 한다. 그들은 분명히 그리스도를 자신들의 중심에 모시고 있다. 왜냐하면 기독 교회 밖에는 아무 진리도 없으며 그리스도도 없고 구원도 없기 때문이다."[112] 물론 루터는 교회 밖에는 구원이 없다는 주장을 중세 신학자들이 이해했던 것과 똑같은 의미로 이해하지 않았다. 루터는 또한 성례전들이 필수적이라고 여겼지만 말씀과 성례전을 통해 우리에게 제공되고 분여되는 구원에서 결정적인 요인은 신앙이다.

5. 7. 7 교회의 표지들

우리는 교회의 영적인 본질과 육적인 본질간의 관계에 대한 루터의 이해를 논의하였다. 이 동일한 관계는 그의 "교회의 표지들"(*notae ecclesiae*)의 이해의 바탕을 이룬다. 전통적으로 신학자들은 교회의 표지를 네 가지로, 통일성, 거룩성, 보편성, 그리고 사도성을 들었다. 여기에 반대하여 루터는 자신의 의견을 예리하게 주장하였다. "하나의 영원하고 오류 없는 교회의 표지는 말씀이며 또한 항상 그래왔다."[113]

그러나 다른 곳에서 루터는 스스로 표지들의 전체 목록을 열거했다. 「공의회들과 교회에 관하여」(*On the Councils and the Church*, 1539)에서 그는 (1) 말씀, (2) 세례, (3) 성만찬, (4) 권징의 직책(Office of the Keys) (5) 목사와 주교의 소명과 안수, (6) 하나님께 드리는 기도와 찬미와 감사, (7) 영적 시험과 십자가를 견디는 것 등을 들었다.[114]

「어릿광대에 반대하여」(*Against Hanswurst*, 1541)에서 제시한 그의 목록은 (1) 세례, (2) 성만찬, (3) 권징의 직책, (4) 하나님의 말씀을 선포하는 직책, (5) 사도신조, (6) 주기도문, (7) 세속 정부에 돌려지는 존경, (8) 하나님이 창조하시고 하나님께서 받으실 만한 질서로서 혼인의 찬미, (9) 참 교회의 고난, (10) 복수를 구하지 않은 채 핍박을 견뎌내는 자원함 등이다. 게다가 루터는 루터파들이 금식하지 않는다는 고소를 부정하였고 자기들이 선택한 자체적인 방법으로 금식하는 대신에 그들은 하나님이 그들에게 부과하는 고난을 견딘다고 강조하였다.[115] 그러나 루터가 이 목록들을 다음과 같은 주장으로 마친 것은 의미 심장하다. "이와 같이 우리는 우리가 새로운 잘못된 교황주의 교회에 대립하여 참된 고대의 교회임을 증명하였다." [116] 그럼에도 불구하고 루터가 교회의 표지들을 교회의 물리적 존재로 추적해간 것은 중요하다. 이것은 다시 루터가 교회의 영적인 면을 단순히 불가시적이라는 의미에서 생각한것이 아니라는 점을 지적한다.

　루터가 교황주의자들이 교회라는 것을 부인하긴 하였지만 그는 교황제 아래 기독교적인 것이 많이 존재한다는 데에 동의하였다. "우리는 솔직히 교황제에서 기독교적이며 선한 것이 많이 있다는 것을 고백한다. 사실 기독교적이고 선한 모든 것은 거기에서 발견될 수 있고 이 원천으로부터 우리에게로 온 것이다. 예를 들면 우리는 교황제 교회들 안에 참된 거룩한 성경, 참된 세례, 참된 제단의 성례, 죄사함에 대한 참된 열쇠들(하늘의 문을 열기도 하고 닫기도 하는 – 역주), 참된 교역직, 주기도문과 십계명과 신조의 조항들에 있는 참된 교리문답 등이 있음을 고백한다." [117] 이와 같이 그의 교황제 교회에 대한 근본적인 비판에도 불구하고 루터는 로마 교회도 역시 교회의 표지들을 지니고 있다고 동의하였다.

　"교회는 비록 그것이 언제나 확인될 수는 없었지만 항상 존재하였다. 그러나 교회의 참된 표지들은 어디에서 보존되었는가? 하나님의 오묘한 계획 속에서 참된 성경은 교황제 교회들 안에서 지켜지고 보존되었다. 세례, 제단의 성례, 사면도 또한 기적적으로 하나님에 의하여 보존되었다. 이와 같이 많은 사람들이 참 신앙 안에서 죽었다." [118]

　다른 한편으로 우리는 로마 교회에 대한 루터의 예리한 저주가 이 긍정적인 견해와 대립하여 솟아 있다는 것을 인정하여야 한다. 루터는 출교로써 위협하는 교황의 교서를 소각시킴으로써 응수하였을 뿐만 아니라 그의 세례 안에서 그에게 부여된 권위를 행사하여 교황과 추기경들을 출교하였거나 최소한 그들이 출교되었다고 선언하였다. [119] 나중에 루터는 이 저주를 다양한 방식들로 반복하였다. 분명히 루터는 로마에 대한 자신의 태도의 이러한 두 측면을 서로 상반된다고 보지 않았다.

　5. 7. 8 교역과 안수례 받은 직책

　　당시의 교회 조직에 대한 루터의 태도에서 뿐만 아니라 교역과 안수례 직책에 대한 그의 이해에서도 긴장이 있었다. 어쨌든 학자들은 교역과 안수례 받은 직책에 대한 루터의 이해를 각기 상이한 방식들로 평가하였다. 일반적으로 우리는 루터가 초기에 특히 1520년부터 1523년쯤까지 세례받은 자들의 보편적 사제직을 강조하였음을 볼 수 있다. 그는 가끔 그가 만인사제직으로부터 특별한 교역의 직책을 끌어낸 것처럼 보이는 방식으로 이 일을 하였다. 이와는 대조되게 루터는 그의 후년에 일반적으로 교역 직책의 특별하고 독립적인 사명에 더 강조점을 두었다.

　　루터 연구자들은 하나의 결과로서 후기 루터의 입장이나 초기 루터의 입장의 한 쪽에만 기초하여 교역 직책에 대한 루터의 이해를 기술하였다. 예를 들어 빌헬름 브루노테(Wilhelm Brunotte)는 교역직책을 이 직책의 기초에 대한 "회중주의적"(congregational) 이해와는 독립된 것으로 주장하였다. 그가 옳았다. 루터가 그의 초기에 실제로 교역 직책을 세례받은 자들의 보편적 사제직으로부터 끌어오지 않았다는 한에서 그렇다. [120] 반대로 헬무트 리베르크(Hellmut Lieberg)는 루터의 "양극적인"(bipolar) 교역론에 대하여 말한다. [121] 그의 생애의 한 시점에서 루터는 세례받은 자들의 보편적 사제직으로부터 교역직을 이끌어 내었다. 이 견해는 회중에 의한 목사의 소명의 중요성을 강조하였다. 다른 시점에서 루터는 그리스도에 의한 이 직책의 제정으로부터 교역직을 이끌어냈다. 이 견해는 안수(ordination)의 중요성을 강조하였다.

　　피터 만스(Peter Manns)의 증거를 주목하는 것도 중요하다. 그는 루터가 결코 심지어 종교개혁 초기의 폭풍 같은 때에도 개인 주택에서 성만찬을 기념하는 것을 용납하지 않았다고 하는 자신의 명제를 증명하려 하였다. [122] 사실은 그 정반대이다. 루터는 거듭해서 성만찬의 기념을 그것의 교역직과 회중에 대한 관계로부터 분리시키려는 모든 시도를 반대하였다. 이는 분명히 우리가 단순히 그의 명시적인 주장들에 근거하여서만 루터의 교역론을 전개할 수 없다는 것을 보여준다. 반대로 우리는 그의 관행도 고려하여야만 한다.

　　루터의 교회론 전반의 경우에서처럼 우리는 항상 루터의 주장이 갖는 의미들을 해석하는 데에 그가 특별히 주장한 특정한 상황과 논쟁을 고려하여야만 한다. 이런 이유 때문에 우리는 그의 초기 주장들을 지나치게 많이 읽는 것을 피해야 한다.

예를 들어 루터는 몇번의 임시적인 시도를 거친 후에 1520년에 세례받은 자들의 보편적 사제직의 개념을 이론화하였다. 그것을 교회의 조직을 위한 구성 원리라고 이해해서는 안된다. "보편적 사제직"은 분명히 루터의 종교개혁적 칭의관과 신앙관은 물론이고 모든 신앙인의 하나님과의 직접적 관계와도 상응한다. 동시에 우리는 이 이론이 형성된 논쟁적 상황을 간과해서는 안된다. 「기독교 제후국의 개혁에 관하여 독일 민족의 기독교인 귀족들에게 드림」(*To the Christian Nobility of the German Nation Concerning the Reform of the Christian Estate*)에서 루터는 세례받은 자들의 보편적 사제직의 명제를 강조하였다. 이 맥락에서 그는 그것을 사용하여 "로마의 세 개의 벽들"을 부순다.[123] 그러나 다른 곳에서 루터는 항상 주교들이 목사들을 돌보아야 한다는 것을 유지하였다. 만약 주교들이 자신들의 책임을 수행하지 않으면 그럴 때에만 회중들은 주도권을 취할 수 있다고 하였다. 그러나 나중에 루터는 세속 정부가 개입하여야 한다고 느꼈다.

5.7.9 루터의 교역론에서 상이한 강조점들

다음의 논쟁들은 교역과 안수례 받은 직책에 관한 루터의 다양한 주장들의 맥락들이다. 각각은 특정한 강조 유형을 낳았다. 1517년부터 1520년까지 루터는 교회의 권위자들과 갈등에 있었고 그의 세례받은 자들의 보편적 사제직의 개념을 전개하였다. 1520년부터 1523년까지의 기간은 루터와 로마 사이의 관계가 단절되면서 시작되었다. 이 기간은 루터의 사제직과 미사의 희생에 대한 루터의 논박으로 특징지어진다. 1524년부터 루터는 지속적으로 열광주의자들과 대립하였다. 1530년 이후 종교개혁은 갈등이 덜한 상황들 아래서 전개되었다. 이런 맥락에서 루터는 개신교회의 포괄적인 구조를 발전시켰고 점점 그것을 실현시킬 수 있었다. 이제 그는 교역의 직책, 안수례 받은 직책, 그리고 교회의 동등성을 강조하였다.

5.7.10 교역과 보편 사제직

게다가 루터의 용어들이 보통 안수례 받은 교역직과 세례받은 자들의 보편적 사제직을 구별하였다는 것을 기억하는 것도 중요하다. 그는 보편적 사제직을 논의할 때에 "sacerdotium"이라는 용어를 사용하였다. 그러나 "ministerium"이라는 용어는 안수례 받은 교역직을 위하여 유보하였다. 안수 (서임, ordination)에 관한 한 루터는 1520년 이후로 일관되게 그것이 성례라는 것을 부정하였다. 그러나 루터는 또한 말씀 선포와 성례전 집행의 직책은 그리스도에 의하여 직접 교회내에 제정되었다고 일관되게 주장하였다.

교회의 표지들에 대한 루터의 목록은 [124] 분명히 그가 안수례 받은 교역직이 교회에 필수적이라고 생각했다는 것을 나타낸다. 안수의 성례전적 성격에 대한 그의 부정은 1520년에 그가 처음 주장했던 성례에 대한 그의 엄격한 정의에서 출발한다. 안수에는 세례의 물이나 성만찬의 빵과 포도주와 같은 아무런 외적인 표시가 없다. 그러나 루터는 목사가 목회적 임무에 따라서 행동할 때 하나님께서 말씀하시고 행동하신다는 약속과 더불어 신성한 교역의 사명도 계속하여 강조하였다. 루터는 또한 안수가 목사에게 교역을 수행하기 위한 원천으로서 성령의 은사를 수여한다는 전통적인 이해에 기본적으로 동의하였다.

루터의 교역과 안수례에 대한 견해를 논의할 때에 우리는 종교개혁자들이 목사의 안수를 위해서 준비한 예배의 순서들을 고려해야만 한다. 물론 루터의 출판물이나 서신들에 나타나는 주장들도 고려해야 한다. 병자들의 성만찬, 세례시의 축사(逐邪, exorcism) 그리고 어린이가 이미 세례받았는지의 여부에 대한 의심이 있을 경우에 집례하는 소위 조건적 세례 등을 포함하는 부차적인 중요한 문제들도 역시 고려되어야만 한다.

교회의 조직화 전반에 관한 한, 아무도 실제로 16세기 교회내의 분열이 영속적이 되리라고 예상하지 않았다는 것은 사실이다. 이는 우리가 종교개혁자들이 기초적 문제들에 관련된 질문들을 제기하거나 답변하였다고 추정할 수 없다는 것을 의미한다. 교회가 개혁되리라는 희망 혹은 적어도 개신교도들이 복음을 선포할 자유를 부여받으리라는 희망이 아직 남아 있는 한 거기에는 교회에 대한 기본적 인식에 관하여 생각할 아무런 이유가 없었다.

루터의 초기의 주장들은 거의 예외없이 종교개혁의 복음 선포에 대해 가해지는 제한들이나 심지어 압박들을 제거하는데 목표를 두고 있었다. 이런 노력들이 성공하였더라면 교회 조직에 의미있는 변화들이 거의 확실하게 뒤따랐을 것이다. 그것이 훨씬 더 루터적인 주교직에 대한 이해를 가져왔을 것이다. 그러나 그러한 변화들에도 불구하고 독일 종교개혁은 거의 확실히 영국 종교개혁처럼 감독제적 교회 구조를 존속시켰을 것이다.

당시에 어떤 주교도 독일 종교개혁을 지지하지 않았고 회중들은 교회와의 관계에 대한 광범위한 불확실성과 그 관계 속의 무질서에서 고통을 당해야 했기 때문에, 종교개혁자들이 어떤 종류의 질서를 창안하는 것은 절대적으로 필요하였다. 수도원과 수녀원은 거의 모든 곳에서 해산되었다. 그리고 아직 종교개혁적 가르침을 간결하게 요약하지 않았기 때문에 전적으로 모순되는 개념들이 종교개혁의 가르침들로 가끔 진술되기도 하였다. 종교개혁 초기에는 새로운 예배 수행 절차에 대한 요구가 없었다.

농민전쟁은 다양한 장소에서 종교개혁의 이름으로 선포되고 있던 많은 견해들이 개개인이나 사회에 아주 위험스러웠다는 것을 분명하게 보여준다. 교회를 위하여 명확성과 질서를 회복하는 것은 분명 종교개혁자들의 의무였다. 그것은 또한 최고 질서에 대한 정치적 필연이었다. 아무도 이를 논박하지 않았다. 당시의 조건에선 오직 하나의 권위만이 그 상황에서 필요한 바를 수행할 수 있었다. 그것은 세속 정부였다. 누구든 뒤늦은 깨달음에서 루터와 다른 종교개혁자들이 세속 정부의 도움을 요청하는 것을 피할 수 있을 것이라고 생각하는 사람은 그들이 일하면서 겪었던 제한된 가능성들을 이해하지 못한 것이다.

종교개혁이 시작될 때 루터는 회중들에게 그들은 그들의 주교들의 협력이 없이도 혹은 심지어 그 주교들에게 대립이 되더라도 스스로 목사를 자유로이 임명할 수 있다고 말한 적이 있었다. 그는 「기독교 공동체 또는 회중이 모든 가르침을 판단하고 교사들을 부르고 임명하고 면직시킬 수 있는 권리를 지녔다는 것은 성경에 의해 확립되고 증명된다」(*That a Christian Assembly or Congregation Has the Right and Power to Judge All Teaching and to Call, Appoint, and Dismiss Teacher, Established and Proven by Scripture*, 1523)[125]에서 이 점을 매우 분명하게 말했다. 같은 해에 루터는 이미 세속 정부들이 이전에는 때때로 주교나 교황의 인가없이도 목사들을 임명했다고 주장하였었다. 루터는 이 사실이 종교개혁자들이 자유롭게 추종하는 선례를 확립해 준다고 보았다. 게다가 1520년에 루터는 세속 정부가 에큐메니칼 회의들을 소집하는데 주도하여야 한다고 제안하였다. 종교개혁자들은 그것이 교회의 진정한 개혁을 있으킬 것으로 희망하였다.[126] 그러나 1526년과 그 직후의 몇년간 루터와 다른 종교개혁자들은 그들이 1523년에 이미 취했던 입장을 상당히 벗어나는 보조를 취하였다.

우리가 그들이 작업하였던 매우 불안정한 법적 상황을 염두에 두는 것은 중요하다. 종교개혁을 제도화하는데 실제적인 법적 책임을 지고 있던 신학자들과 세속 관리들 사이에서 1526년의 슈파이에르 국회에서 체결된 협정에 의거하여 그런 행위들이 정당화되었다. 그 국회에서 제국의 모든 제후국들은 그들이 하나님과 황제 모두에게 책임을 질 수 있는 방식으로 행동하기로 협정하였다. 이 협정은 명백히 이전의 보름스 국회의 칙령을 강요하는데만 적용되었고 개신교 제후국들에게 교회를 개혁할 권리를 주려고 의도된 것은 아니었다. 이와 같이 종교개혁자들이 1526년의 슈파이에르 국회의 법령을 인용하여 세속 정부가 교회 생활에 간섭할 기본적 권위를 부여하기 하였지만, 그들은 절대적으로 그것의 (슈파이에르 국회의 법령) 원래 의도와 어순에 반대되는 방식으로 그렇게 한 것이다.[127]

5. 8 교회와 국가: 루터의 두 왕국론

5. 8. 1 두 왕국론: 역사적 의미

루터의 두 왕국론은 의심할 바 없이 최근 수십년 동안 가장 많이 논의된 루터 신학의 단일 주제이다. 이 과정에서 루터가 무비판적으로 세속 권위를 받아들이는 것에 대하여 이미 심판을 받았고 유죄를 선고받았다고 가정하는 것이 오랫동안 많은 사람들의 관습이 되어왔다. 이와 함께 그는 그 정부의 신복들에게 절대적인 복종으로 응할 것을 가르쳤다고 고발당했다. 그래서 그는 수세기 동안 독일내에 존재하였던 권위주의적 정부 형태에 대해 큰 책임이 있다고 묘사되었다. 최소한 루터는 농민전쟁 중의 그의 태도 때문에 독일내의 민주주의의 발달을 방해했다고 해서 정죄를 받았다. 그런 고발들은 주로 로마서 13장에 대한 그의 일방적인 해석에서 묘사된 바에 근거하고 있다.

현대 세속 문학도 역시 빈번히 루터에 대한 정죄를 표현한다. 디터 포르

테(Dieter Forte)의 희곡 「마틴 루터와 토마스 뮌쳐 혹은 복식부기의 도입」
은 1971년에 처음 출판되었을 때에 그리고 이후의 얼마 동안 매우 인기가 높
았다. 그리고 그것은 이 해석의 징후를 띠었다. 루터에 대한 마르크스주의적
비판은 그것이 마르크스와 엥겔스 이래로 명백히 많은 변화를 겪긴 했지만
상당히 오래되었다. 루터에 대한 현대의 마르크스주의적 태도는 이전의 비판
들보다 훨씬 더 분별력이 있다.

현대 교회의 사람들과 신학자들은 두 가지 관점들로부터 루터의 태도를
예리하게 공격하였다. 한편으로 루터는 창조의 질서들을 영화롭게 하는데 간
접적으로 공헌하였고 그리하여 최소한 루터파들이 제3제국(the Third
Reich), 즉 1933년부터 1945년까지의 나치 정권에 대한 비판적 태도를 취
하는 것을 어렵게 만들어 버렸다고 고발을 당했다. 다른 한편으로 루터는 또
한 많은 루터교회들의, 제3세계의 국가들 안에서 정치적 상황이나 자유를 위
한 혁명적 운동들에 대한 "보수적" 태도에 대한 책임을 지고 있다.

루터의 두 왕국론이 역사에 장구한 영향력을 미치며 오늘날에도 영향력
이 남아있다는 주장에는 어떤 반박도 있을 수 없다. 그러나 루터에 대한 다
양한 20세기 태도들 가운데 어느 것이 옳건 그르건 간에 루터 연구자들이 루
터의 견해를 표어나 편견의 관점에서 서술해야 할 이유는 전혀 없다. 루터에
대한 그러한 용인될 수 없는 일반화나 단순화된 평가는 가끔은 심지어 학자
들 가운데서도 발견된다. 그렇지 않았으면 그들은 우리의 루터 이해에 중요
한 공헌들을 했을 것이다.

5.8.2 교회 전통 내에서 두 왕국론의 배경사
만약 우리가 두 왕국론이라는 제목으로 요약될 수 있는 복잡한 이론군을
탐구해볼 것을 제안한다면 우리는 이 이론과 동일시되는 문제가 전통적으로
장구한 선역사를 지니고 있다는 것을 인식함으로써 시작하여야만 한다. 지금
도 세속적 삶의 영역과 영적인 삶의 영역의 대립 혹은 조화에 대한 질문은
유대 - 기독교적 전통의 독특한 요소인 것같다. 어쨌든 분명히 다른 문화들
은 이 둘을 유대 - 기독교적 전통에서처럼 상호간에 대치시키지 않는다. 오
히려 그것들은 이러저러한 방식으로 상호간에 훨씬 더 밀접하게 묶여 있거나
심지어는 일종의 통합체로서 융해되어 있다. 이와 같이 고대의 고전 시대에

는 이 두 영역 사이의 구분에 상응하는 것이 없었다.

이는 로마의 황제숭배에서 특히 분명하다. 비록 그것이 종교적 의식의 맥락에서 일어나긴 했지만. 로마의 이교도들은 그러한 예배를 기본적으로 정치적 충성심의 행위 이상의 아무것도 아니라고 보았다. 확실히 기독교인들은 충성스런 시민들로서 기꺼이 살았다. 그러나 이것을 황제에게 정해진 의식적인 희생(ritual sacrifice)을 드림으로써 증명하려고 하지는 않았다. 영적 생활 영역과 세속적 생활 영역 사이의 기본적 구분은 국가교회의 시대에 전반적으로 재출현하였다. 비록 때때로 이 두 영역의 선기독교적인 통합도 역시 재출현하였지만 말이다.

그러므로 세속적인 것에 대한 영적인 것의 관계 혹은 제국과 교회 사이의 관계라는 기본적 주제는 신학의 모든 시대 안에서 다루어졌다. 울리히 두흐로우(Ulrich Duchrow)는 우리에게 가장 방대한 이 전통의 역사에 대한 연구를 제공하였다. 그러나 그의 연구는 결코 모든 것을 남김없이 다룬 것은 아니다.[128]

어거스틴의 두 도성들, 즉 하나님의 도성과 사탄의 도성에 대한 이해는 이 개념들에 대한 미래의 발전에 특히 영향력을 미쳤고 중세기의 역사적 발전에 다중적인 효력을 미쳤다. 11세기와 12세기의 서임권 논쟁도 역시 이 주제의 역사의 일부이다. 또한 14세기의 루드비히(Ludwig of Bavaria)와 교황청간의 논쟁들도 역시 그렇다. 윤리학이나 교회론에서 영적 영역과 세속적 영역간의 구분과 관계라는 주제와 같이 풍부하고 다양한 역사를 가진 다른 어떤 주제도 거의 존재하지 않는다. 그러므로 소위 두 왕국론은 무엇보다도 먼저 기독교 전통의 한 중요한 주제를 성경의 가르침에 비추어서 이해하고 그것들을 종교개혁 시대의 문제들과 관련되게 하는 방향에서 진술하려는 시도로서 이해되어야만 한다. 이것은 그 이론의 새로운 체계화를 요구하였다.

5. 8. 3 "두 왕국론"이라는 용어

루터 자신은 결코 "두 왕국론"이라는 개념을 사용하지 않았다. 이는 단지 이 이론에 대한 최근의 논의의 결과로서 나타난 것이다. 이 용어는 1922년에 처음으로 사용된 것같다. 그러나 그리고 나서 그것은 신속하게 일반적으로 통용되었다. 이 개념은 훨씬 더 복잡한 이론들을 서술하는데 유용할 만한 간결한 공식을 의미한다. 분명히 그런 간결한 공식은 허용할 수 없는 방식으로 쉽사리 체계화되어버리는 위험에 처해 있다. 루터에 관한 한 우리는 그가 세속적 영역 혹은 이 세상의 왕국을 국가나 정부에 국한되는 것으로 이해하였다는 것을 기억할 때, 그러한 위험의 실재를 볼 수 있다. 오히려 그는 이 용어에서 자연, 가족, 예술 및 모든 학문들을 포함하는 전반적인 세속 영역을 포함하였다. 이처럼 교회와 세속 정부간의 관계는 비록 매우 중요한 부분이긴 하지만 이 이론의 단 한가지 작은 부분이다. 그러나 두 왕국론의 현대적 토론들은 보통 그 문제가 절대적으로 교회와 세속 정부간의 관계라는 것을 전제하는 것 같다.

5. 8. 4 세속적 영역은 자율적인가?

오랫동안 루터의 견해는 그것이 세속 영역에 "자율권"을 돌렸다고 하는 전제에서 오해되었다. 이는 심지어 라인홀드 제베르크와 같은 학자의 입장이었다. 제베르크는 세속 영역에 대한 루터의 견해가 독일의 영적 및 정치적 발전에 매우 중요한 역할을 하였다고 강조하였다. 결과적으로 세속 생활의 자율과 국가의 문화 통제는 잘 확립되었다.[129] 제베르크의 결론은 우리가 칼빈주의에서보다 루터주의에서 훨씬 덜한 "율법주의"(legalism)와 접한다는 한에서 정당하다. 그리고 적절하게 이해하자면 자율의 개념은 이것을 묘사할 수 있다. 그러나 1945년 이후의 이런 문제들에 대한 집중적인 토론들은 이 요인을 "자율"보다도 "독립"이라는 측면에서 진술하는 것이 더 낫다는 것을 보여주었다. 1933년 이후의 기간에, 자율에 관한 루터의 견해에 대한 서술은 쉽게 세속 정부의 행동 조치들을 무비판적으로 수용하도록 이끌었다.

5. 8. 5 루터의 두 왕국론에 대한 최신의 연구 조사들

루터의 견해에 대한 평가에서 근본적 변화는 학자들이 두 "왕국들"과 함께 두 "정부들"이라는 용어에 초점을 맞추기 시작하면서 나타났다. 그러한 노력의 첫번째 인물은 에른스트 킨더(Ernst Kinder)였다.[130] 구스타프 퇴른발(Gustav Törnvall)의 작품은[131] 상당히 방대하고 의미가 있었다. 루터가

두 왕국들 혹은 영역들을 근본적으로 구분하였다는 일반적 주장에 반대하여
퇴른발은 루터가 두 정부들에 대해서도 이야기하였다고 증명하였다. 하나님
은 이중적 방법으로, 즉 세속적 방법과 영적인 방법으로 다스리신다 ─ 한편
으로는 세속 정부의 검을 통하여, 다른 한편으로는 교회에서 선포하는 말씀
을 통하여. 이 두 정부들이 언급된 틀은 어느 정부도 그 자율성을 주장할 여
지를 남겨두지 않는다. 퇴른발은 그의 책의 기본 명제를 지나치게 강조하였
다. 물론 그가 제3제국(1933-45)에서 교회의 투쟁 기간에 일어난 많은 문제
들을 토론하는데 기여한 비판적인 공헌들은 매우 가치있는 것들이었다. 그러
나 루터가 두 왕국과 두 정부의 측면에서 생각하였다는 것은 사실이다. 이
개념들은 단순히 상호 교환적이 아니라 오히려 각각이 아주 분명한 관점을
표현한다.

　　요하네스 헤켈(Johannes Heckel)은 그의 다양한 연구들 안에서 매우
예리하게 정의된 입장을 진술하였다.[132] 헤켈의 기본 명제는 루터의 두 왕국
론이 하나님의 왕국과 악마의 왕국간의 오랜 대립과 동일한 성격이라고 하는
것이다. 그러므로 헤켈은 루터가 하나님의 이중적인 통치 방식을 중심에 두
었다고 이해하지 않았다. 오히려 루터가 어거스틴의 두 도성들에 대한 이해
를 심화 발전시킨 것이라고 보았다. 그럼으로써 헤켈은 전에는 학구적 논의
에서 정당하게 고려되지 않았던 관점을 강조하였다. 그러나 동시에 헤켈이
그의 명제의 근거로서 제시한 인용문들이 주로 초기 루터(1520-23)의 작품
들로부터 발췌된 것이 적절하게 지적되었다. 후기 루터의 주장들은 다른 강
조점들을 전달한다. 그러나 그의 연구에서는 이 주장들이 적절하게 고려되지
않았다.[133] 이는 루터의 이론에 대한 어떤 연구도 그의 관점들의 발전을 고려
하여야만 한다는 것을 의미한다.

　　파울 알트하우스는 한번 더 하나님의 이중적 통치 방식을 루터의 다른
주장들에서 뿐만 아니라 두 왕국론의 중심에 두어야 한다는 필요성으로 우리
의 관심을 이끌었다.[134] 루터의 주장들을 단순하게 하나님의 왕국과 사탄의
왕국간의 신약적인 대립의 측면에서만 정의하는 것은 적절하지 못하다. 오히
려 우리에게는 루터가 상이한 상황들에 자신을 맞추었고 상황내의 변화들이
견해들 자체내의 분명한 변화를 가져왔던 것을 고려하는 것이 필요하다. 신
약 개념들의 실제적 의도가 보존될 수 있었던 것은 바로 이런 방식 안에서이

다. 실제로 알트하우스는 비록 그가 루터의 두 왕국론을 변호하긴 하였지만
루터의 견해는 기독교 공동체로 하여금 그 행위로서 사회적 비판에 참여하도
록 하는 아무런 여지를 남겨두지 않았고 그래서 또한 그 공동체가 사회를 형
상화하고 형성할 수 있도록 돕고자 하는 행위들에 참여하는 것을 허용하지
않았다는 것에 동의한다. [135]

프란츠 라우(Franz Lau) [136] 와 하인리히 보른캄(Heinrich Born-
kamm) [137] 은 모두 이 두 왕국론에 대한 균형잡힌 연구를 제시하였다. 보른
캄은 어거스틴과 루터 사이의 병행구들과 차이점들을 검토하였다.

두 "왕국들"에 관하여 이야기하면서 루터는 교회와 국가 즉 선포와
법제정이라는 두 영역뿐만 아니라 또한 동시에 기독교인이 살아가는 두
부류의 관계들을 기술하고 있는 것이다. 한편으로는 그 자신의 경험, 그
의 동료들에 대한 그의 개인적 태도, 그의 복음을 위한 증거 등이 있다.
이 영역에서는 용서, 인내 그리고 희생 등의 무조건적 계명들이 압도적
이다. 다른 한편으로는 인류 일반의 공동적인 "더불어 삶"이 있다. 여기
서는 실정법이 필연적으로 악에 대한 한계를 확고하게 설정한다. 여기에
서 기독교인은 누구도 불의를 겪거나 다른 사람의 희생물이 되지 않도록
돌보아 주어야 한다. [138]

게르하르트 에벨링은 우리가 만약 복음과 진정 일치하는 방식으로 구원
의 메시지를 선포하고자 한다면 두 왕국론이 필수라고 주장하였다. "복음은
율법(lex)에 동조하고(eingeben auf) 율법과 우발적으로 경쟁하는 일종
의 부가적 요인으로 나타나지 않는다. 그리스도의 왕국(regnum Christi)
은 어떤 이유없이 세상의 왕국(regnum mundi)을 벗어나서 존재하지 않는
다. 왜냐하면 그리스도의 왕국의 필연성은 세상의 왕국의 불경건함에 관여하
는 것이기 때문이다." [139] 이와 같이 에벨링은 루터의 두 왕국론을 그의 "하나
님의 심판"(coram Deo)과 "세상의 심판"(coram mundo) 사이의 구분
과 밀접한 관계에 있다고 이해하였다. 에벨링은 그럼으로써 루터의 두 왕국
론과 그의 칭의론 사이의 긴밀한 관계를 강조할 수 있었다.

1970년 이래로 학자들은 새로운 일련의 토론들에 참여하였다. 이 논의

들은 루터 자신에 대하여는 덜 관심을 두고 두 왕국론이 역사의 과정에 영향을 미친 방식에 더 관심을 두었다. 이 논의들은 간접적으로 루터 연구에 상당한 의미가 있었다.[140] 비록 그것이 거의 명시적인 것은 아니지만 이 출판물들은 일반적으로 루터에 대해 암시적으로 비판적이고 부정적인 재평가를 담고 있다.

5.8.6 두 왕국론 개념의 의미와 그 본질성 문제

물론 루터는 모든 시대의 어떤 비판에 대해서도 보호받을 수 있는 역사적 기념비가 아니다. 그러나 루터의 입장에 대한 최근의 비판적 평가들에는 문제의 소지가 되는 많은 점들이 있다.

두호로우는 루터의 이론에 선행하는 전통의 역사를 탐구하였고 또한 초기 루터를 고려하였다.[141] 더욱이 그는 1520년대 중반 이후 루터의 입장에 대한 적절한 탐색과 19세기와 20세기의 신학이 두호로우 자신의 거의 이데올로기적인 두 왕국론 이용의 배경 속으로 후퇴하도록 허용하였다. 루터 자신은 결코 두 왕국론의 개념을 사용하지 않았다. 이제는 잘 알려진 이 사실에도 불구하고 그것은 루터에 대한 현대적 비판을 표현하기 위한 손쉬운 구호가 되어 왔다. 여기는 이런 비판들이 정확한가 아닌가라는 것을 조사할 곳이 아니다.

19세기와 20세기의 루터교 신학자들과 교회들에 대하여 우리가 어떻게 평가하든지간에 두 왕국론을 가지고 그들의 입장을 서술하는 것은 단순히 불가능하다. 방법론에 관하여는 루터의 두 왕국개념에 대한 전통적인 해석의 역사와 루터교의 실제적인 정치적 입장을 구별하는 것이 필요하다. 루터교의 정치적 입장은 단지 부분적으로만 루터의 개념에 의해 결정되어왔다. 두 왕국론은 훨씬 더 포괄적이고 복잡한 사실들의 묶음을 묘사하는 데는 더 이상 사용될 수 없다. 두 왕국론의 간결한 표어는 또한 그것이 루터가 그의 세속 왕국 이해를 정부와 국가에 국한시키지 않았고 오히려 모든 세속적 기능들을 다 포함시켰다는 사실을 은폐하는 한 오도하고 있다.

국가의 "자율성"에 대한 루터의 이해를 비판하고자 하는 사람은 누구나 그들이 기꺼이, 이성이 당연히 우리가 이 세상 삶에 대한 문제들에 반응하고 취급하는 방식에서 최상의 권위라고 하는 루터의 입장을 거부하려고만 한다면 아주 정직하게 비판할 수 있다. 이 세상 왕국에 대한 중요하지만 단순히 제한된 측면을 선택하는 학자들은 루터나 루터파 교회들을 정당하게 평가하지 않는 것이다.

이 간결한 표어는 또한 그것이 루터와 루터교회의 실제적 행동의 복잡하고 다양한 유형을 표현할 수 없다는 면에서 적절하지 못하다. 자연히 16세기와 19세기와 20세기 사이에는 의미있는 차이점들이 있기 때문에 이 점에서 우리의 비판은 루터에 관련된 두 왕국론 표어의 사용에 제한시켜야한다. 루터의 실천적 제안들에 관한 최근의 토론들에 주의가 집중되어야 한다. [142]

그러나 위의 어느 것과도 동떨어져서 많은 비평가들이 선한 이성을 가지고 두흐로우의 본문 선택이 주관적이며 논의되고 있는 관점들을 실제로 대변하지 못한다고 비판하였다.

5. 8. 7 열린 질문들과 더 진전된 과제들

방법론에 관한 한 학생들은 지금까지 제한된 논의의 초점을 넘어서 두 왕국론에 대한 고찰에 이르기 위해서 다음의 문제들에 주의를 기울이는 것이 특히 중요하다.

루터 이전의 이 이론의 발전에서 이전의 연구들을 계속하고 심화하는 것이 필요하다. 그런 연구들은 중세 신학자들을 두 왕국의 주제를 다루도록 이끌었던 특정 상황, 특히 세속적인 세상의 정치적 상황과 교회와의 관계를 분석해야 한다.

소위 두 왕국론의 루터 신학의 다른 주제들에 대한 관계도 역시 탐구되어야 한다. 장차 좀더 많은 관심이 루터의 종말론에 대한 그것의 관계에 주어져야만 한다. 루터의 역사관은 물론이고 신론과 창조론에도 주의깊은 관심이 주어져야 한다. [143]

루터의 주장들과 그가 대면하고 있었던 당시의 특정한 상황 사이의 관계는 지금까지보다 훨씬 더 주의깊게 탐구되어야 한다. 루터가 두 왕국들이나 두 정부들을 언급할 때면 언제나 어떤 기본적 구조들을 가지고 일했다는 것은 분명한 사실이다. 그러나 동시에 당시의 현재 상황의 맥락에서 그가 실제로 말한 바를 이해하는 것이 매우 중요하다. 어떤 주장이 1521-22년의 비텐베르크 소요 때에 발표된 것인지, 1522년과 1523년에 작센 공작령에서 권위의 본질을 토론할 때에 바쳐진 것인지, 농민전쟁에 대한 반응인지, 남동유럽에 대한 터키 침입의 다양한 국면들에 대한 것인지, 슈말칼덴 동맹 혹은 개신교 제후국들이 군사적 갈등 상태에 있는 황제에 대항하는 권리에 관한 끊임없이 변하는 질문들에 대하여 씌어진 것인지의 여부를 아는 것은 우리가 특정한 주장을 이해하는데 상당한 차이를 가져오게 된다.

만약에 루터가 무력을 사용함으로써 자신의 종교적 입장을 견고히 하라고 개신교도들에게 강요하였다면 그들이 황제에게 대항할 권리 혹은 심지어 의무를 가졌는지에 대한 질문은 우리의 루터에 대한 분석을 시작하기에 안성맞춤의 장소이다. 이 토론들에서 두 왕국론과 결부된 모든 문제들이 매우 기초적인 형태로 나타난다. 이 논의를 분석할 때 우리는 정부의 권세자들이 황제나 다른 권세자들에게 저항할 권리에 관한 문제와 신복들의 입장에서 권위에 대한 저항의 권리에 관한 문제들을 주의깊게 구분하여야 한다. 루터가 저항은 권리일 뿐만 아니라 의무이기도 하다고 주장하였다는 것을 주목하는 것이 중요하다. 그러나 그는 세속 세계와 교회내에서의 저항에 관하여 다르게 생각하였다. 이 차이점의 근거를 탐구하는 것은 매우 흥미있을 것이다. 또한 당시의 견해들과 대조하여 루터의 저항에 대한 이해를 공부하는 것도 필요할 것이다. 통치자들의 권리와 의무에 관한 루터의 견해는 특별한 주목을 받을 만하다.

사실 루터의 견해는 아직 지방 제후국들의 점증하는 권력을 고려하지 않았다. 그럼에도 불구하고 루터가 통치자의 과제를 백성의 보호, 평화 유지, 정의 수호, 즉 생명 보존의 관점에서 정의한 것은 여전히 중요하다. 이런 이유에서 루터는 오직 통치자가 미쳤을 경우에만 "혁명"이 가능하다고 여겼다. 그는 결코 명시적으로 정부의 권세자가 그릇되었거나 악할 수 있다는 가능성을 논하지 않았다.

또한 우리는 루터의 세속 권위자들이었던 특별한 인물들에게 주목하여야만 한다. 투박하게 말하자면, 루터의 세속 권위에 대한 견해는 분명히 그의 현자 프리드리히와 작센 선제후국 정부와의 경험에 의해 결정되었다. 이런 맥락에서 루터는 정부가 백성들을 돌보고 그들의 실제적인 상황들을 고려하는 방식으로 평화 유지 기능을 발휘할 수 있다는 것을 경험하였다. 우리는 루터가 만약 다른 경험을 하였다면 두 왕국론에 관한 문제들에 다르게 반응하였을 것이라고 확실히 말할 수 있다. 우리는 또한 토마스 뮌처와 같은 사람들의 전혀 다른 경험이 반대로 중요한 질문들에 대하여 전혀 다른 반응을 결정하였다고 주장할 수도 있다.

5. 9 루터의 역사관

5. 9. 1 역사의 신학적 측면

루터 사상의 유형과 방법은 그의 역사이해에 근거할 때 가장 잘 연구할 수 있다. 그의 역사 해석은 다른 모든 사상처럼 수많은 신학적 주제들에 밀접하게 관련되어 있다. 우리는 단지 몇 가지만 열거하겠다. 역사와 계시, 역사 속의 하나님의 행위, 역사의 의미에 대한 질문, 역사 속에서 고난과 십자가, 우리의 제어를 벗어난 사건들의 필연성과 인간적 계획과 행위의 한계, 그리고 역사 안에서 개인의 위치 등.

루터의 역사관은 그의 신학에 의하여 전적으로 결정되었다. 삶에서 인간 이성의 정당한 역할을 최초로 주장한 사람이 바로 루터였다는 사실에도 불구하고 루터는 여전히 아무런 고려도 없이 하나님이나 마귀 중의 하나가 모든 역사 가운데서 역사하고 있다고 말할 수 있다. 오늘날 우리는 그런 주장에 관한 고려가 결핍된 것이 이상한 것임을 발견한다. 그러나 당시의 맥락에선 그에 관해 이상한 것은 아무 것도 없다. 다른 많은 사람들은 역사 속에 활동하는 하나님이나 악마에 대하여 이야기하였다. 그렇게 하는 데에 그들은 성경에서 사용된 개념들과 용어들을 사용하였다.

5. 9. 2 하나님의 행위의 감추어진 의미: 'sub contrario'

그러나 루터는 하나님과 마귀가 직접 역사적 사건들 속에 개입한다고 하는 독특한 이해를 하였다. 이 원리는 루터가 십자가의 의미를 이해하는 데서 따랐던 원리와 동일하다. 하나님은 자기 은폐(self-veiling)를 통하여 계시된다. 하나님은 결코 전적으로 우리 마음대로 다룰 수 없고 우리의 통제하에 있지도 않는다. 하나님의 사역은 예언될 수 없다. 이런 범위에서 우리는 하나님의 계시가 역사의 사건들 속에 감추어져 있기에 이것을 인식하기 위하여 신앙이 필요하다.

이 점에서 루터의 견해는 뮌처나 소위 열광주의자들의 그것과는 상당히 다르다. 그들은 자신들이 절대적으로 특정한 사건들을 하나님의 역사로 파악할 수 있다고 생각하였다. 그들은 자신들을 임박한 하나님 왕국의 대변자들로서 하나님을 위하여 말할 예언적 권리를 지녔다고 보았다. 루터는 이런 접근은 영적인 유혹과 신앙에 대한 전반적인 질문을 무시하였으며 그들의 잘못된 자기 인식의 결과라고 생각하였다. 이런 이유 때문에 루터는 농민전쟁의 결과와 특히 뮌처의 비극적 죽음을 하나님의 심판으로 보았다. 그러나 관련된 사람들이 열광주의자들과 같은 종류의 주장들을 하지 않은 다른 경우들에서 루터는 의사를 표시하기를 더욱 주저하였다.

그러나 그럼에도 불구하고 루터가 역사의 사건들과 시대들을 기술하기 위해 사용한 범주들은 오늘날 사용되는 범주들과는 전혀 다른 것들이다. 역사 해석자로서 루터는 전적으로 오직 성경 해석자였다. 동시에 그는 예리하고 분별력 있는 눈으로 사건들을 관찰하였다. 그가 그의 자료들을 자연적이고 합리적인 방법으로 수집하긴 하였지만, 그의 가치 판단들은 성경에 의하여 형성되었다. 이 점은 특히 국제 관계, 정의, 통치자의 의무, 그리고 역사상 위대한 백성들에 관한 그의 주장들 속에서 분명하다. 구약의 역사적 기록들은 역사적 사건들에 대한 루터의 견해에 주된 모형을 제공하였다. 그는 그와 그의 동시대인들이 살았던 전혀 다른 상황들에 대해서는 별로 생각하지 않았다.

5.9.3 하나님과 사탄의 전투인 역사

루터의 중심적 전제는 역사가 궁극적으로 하나님과 사탄이 싸우는 전쟁터라는 것이었다. 이 전제는 어거스틴의 「하나님의 도성」(*City of God*)에서 주로 해명된 역사 해석의 위대한 전통 안에 있다. 루터의 자신에 대한 이해뿐만 아니라 교황에 대한 비판은 이 역사관의 측면에서만 이해될 수 있다. 우리는 이것을 기억하는 데에 매우 의도적이어야 한다. 왜냐하면 루터 자신이 이 연관성들을 어떤 분명한 방법으로 전개한 적이 전혀 없었기 때문이다.

이 배경에 대하여 우리는 그가 교황주의 교회와 종교개혁 교회 사이의 갈등을 하나님과 사탄 사이의 싸움이라고 묘사할 때 그가 의미했던 바를 이해할 수 있다. 신앙을 위하여 핍박과 순교를 당했던 종교개혁의 지지자들은 초대교회의 순교자들처럼 그리스도를 위한 순교자들로서 이해되었다. 루터는 루터파들이 1530년에 아우그스부르크 국회에서 그리스도에 대한 새로운 고백을 진술하였다고 확신하였다. 비슷하게 교황 지지자들이 개신교인들에게 가한 공격은 마귀의 침략으로서 이해되었다.

5.9.4 역사관의 맥락에서 본 루터의 자기 이해

이 역사관도 역시 루터의 자기 이해를 결정하였다.[144] 루터는 자기 자신이 하나님과 사탄의 전투 한가운데에 자리잡고 있다고 생각하였다. 1521년의 보름스 국회 이후에 프리드리히 선제후는 그로 하여금 안전을 위하여 바르트부르크에 은신하고 있으라고 명하였다. 1522년 3월 5일에 씌어진 편지에서 루터는 비텐베르크로 돌아갈 수 있는 허락을 요청하였다. 그는 다음과 같이 주장하였다. "마귀는 내가 두려움 때문에 숨지 않았다는 것을 잘 압니다. 그는 내가 보름스로 들어갔을 때 나의 마음을 보았기 때문입니다. 그때 만약 내가 지붕의 기왓장 수만큼 많은 마귀들이 숨어서 나를 기다리고 있는 것을 알았더라도 나는 기쁨 가운데서 그들 속으로 뛰어들어갔을 것입니다."[145]

하나님과 마귀는 우리의 마음 속에서 진행되는 것을 알 뿐만 아니라 우리 심령 속의 전투들에 참여한다. 우리는 하나님은 결국 모든 것들 안에서 활동하신다는 이 의식이 루터가 자신의 행위를 제한하도록 만들었을 것이라고 생각할 수도 있을 것이다. 사실은 정반대였다. 루터는 하나님이 궁극적으로 일을 처리하시는데 그 자신에게만 의존하지 않는다는 것을 앎으로써 정력적으로 일을 해나가는 데에 자유와 신뢰감을 가지게 되었다. 그가 연관된 일이 무엇이건간에 루터는 그것을 하나님 자신의 일로서 보았다.

이 의식은 우리가 루터의 자기 이해를 이해하는 데에 그가 때때로 자신을 "종교개혁가"나 "독일 민족의 예언자"라고 언급할 수 있었다는 사실보다도 더 중요하다. 그런 용어들을 사용하는 데에 루터는 당연히 교회와 역사 속에서 그 자신의 역할을 자각하였다. 그러나 이 자각은 그가 자신에게 특정한 호칭을 부여하려고 했다는 것을 의미하지는 않는다. 그리고 그가 실제로 자신을 "종교개혁가"라고 불렀는가에 대하여 의심스럽게 여길 수 있을 만한 증거들은 충분하다. 이런 점에서 루터는 뮌처와 전혀 다르다. 뮌처는 그의 마지막 편지들에 "토마스 뮌처, 하나님의 종" 혹은 더 특색있게 "토마스 뮌처, 기드온의 검을 든 자"라고 서명하였다. 그런 언급들은 분명히 불경건한 자들을 멸절시키는 결과를 낳을 종말론적 전투를 이끄는 뮌처의 주장을 표현하였다.

루터와 달리 뮌처는 자기 자신을 쉽사리 다른 사람으로 대체될 수 있는 하나님의 손 안에 있는 도구로서 볼 수 없었다. 반대로 그는 자신의 개인적인 행동적 참여가 하나님 왕국의 도래에 필수적이라고 느꼈다. 루터는 반면에 자신을 말씀의 해석자로서 보았다. 말씀은 그보다 앞서 그리고 그와 독립되어 존재하셨고 그가 없어도 마찬가지로 동등하게 효력을 발휘하신다.

루터는 하나님의 권능만이 모든 일을 하신다고 아주 일관되게 주장하였기에 모든 사건을 하나님의 역사하심의 결과로서 보았다. 분명히 하나님이 하시는 바의 대부분은 그 적대자에게 감추어져 있다. 결과적으로 역사는 결코 하나님의 역사로서 분명히 인식될 수 없다. "은폐"(hiddenness)의 범주는 이처럼 루터의 십자가의 신학이나 그의 역사관에서 특별히 중요하다. 하나님은 우리를 사망에 처하게 하심으로써 생명을 창조하신다. 우리를 심판하실 때 하나님은 우리에게 자비를 베푸신다. 이것은 분명히 우리가 단지 우리의 경험들의 명백한 의미들을 역전시킴으로써 하나님을 발견할 수 있다는 것을 의미하지 않는다. 어떤 부정의 길(via negationis)도 어떤 부정의 신학(negative theology)도 존재하지 않는다. 계시와 은폐는 변증법적 통일로서만 접근할 수 있다. 오직 예수 그리스도 안에서만 우리는 구세주로서의 하나님을 만난다.

하나님의 행위는 감추어져 있다는 주장은 사람들이 이 세상의 삶에서 하나님의 동역자들(co-workers)이라고 본 루터의 확신과 연관되어 있다. 우리는 심지어 우리가 행하는 것 안에서 제한된 독립을 이야기한다. 하나님의 행위와 인간의 행위는 상호 대립시켜서는 안된다. 그것들은 경쟁 상태에 있지 않다. 이것은 루터가 성만찬에서 그리스도의 몸과 피의 임재를 빵과 포도주 "안에, 함께, 그리고 아래에" 임재하는 것이라고 한 진술에 깔려 있는 원리와 동일한 원리이다. 역사를 하나님과 마귀의 전쟁으로 보는 루터의 견해와 하나님의 사역이 은폐되어 있다고 보는 그의 견해는 역사의 더 긴 시대들보다는 개인들과 이들의 상황들에 대한 그의 초점을 결정하였다. 루터는 모든 역사를 바라보기를 원했다. 그러나 그의 관점은 전적으로 고대의 원래적인 묵시적 역사관으로부터 이끌어온 것이었다. 이 역사는 세계 창조로부터 최후의 심판으로 마감되는 드라마로 이해되었다. 그러나 루터는 결코 그것을 다양한 시대들로 세분하지 않았다. 기껏해야 우리는 단지 루터가 역사의 일정한 국면들을 알고 있었다고 말할 뿐이다. 예를 들어서 로마와의 논쟁에서 그는 교황의 수위권과 의무적인 성직 독신주의는 상대적으로 늦게 발전한 것들이라고 지적하였다. 그러나 그는 그 역사 자체의 과정을 이해하는 데는 아무런 흥미도 갖지 않았다.

5.9.5 믿음으로 호출하는 역사

루터에게 정말로 중요한 것은 역사가 궁극적으로 모든 사람들이 믿도록 호출한다는 것이다. 우리는 거듭해서 우리가 실제로 하나님의 말씀을 듣기를 원하는가 아닌가에 대한 시험을 받는다. 왜냐하면 오직 신앙만이 역사의 어두운 시기를 견뎌낼 수 있고 오직 신앙만이 그것들을 그리스도의 십자가의 빛 안에서 볼 수 있기 때문이다. 그러므로 각 사람은 우리의 역사 경험을 통하여 하나님에 대한 견실한 신뢰를 가지고 우리에게 다가오는 영적인 유혹에 맞서도록 호출받는다.

5.9.6 루터는 문명의 불가피한 쇠퇴에 관한 아무런 이론도 가지지 않았다.

루터의 역사 이해에서 출발점은 문명이 불가피하게 쇠퇴한다는 어떤 이론에도 이르지 않았다. 이 점에서 그는 그의 동시대인들 즉 인문주의자들뿐만 아니라 뮌처와 같은 좌경화 종교개혁측 사람들과도 전혀 달랐다. 그러한 이론의 전개는 루터에게 유익할 수도 있었을 것이다. 그 도움으로 그는 로마와의 싸움을 위한 부가적인 논리를 전개할 수도 있었을 것이다. 그러나 그는 기껏 그러한 개념을 암시하였을 뿐이다. 그러나 대부분 루터는 그런 개념을 스스로 전개하지 않았을 뿐만 아니라 오히려 그는 그것을 명시적으로 거부하였다. 그는 역사 안에서 실제로 역사하시는 이는 하나님이시며 하나님의 말씀이 언제나 임재하시고 효력이 있다고 확신하였기 때문에 그렇게 하였다. 교황주의 교회의 최악의 시대에서도 이 말씀은 항상 존재하였다. 루터는 하나님의 말씀을 교황주의 교회 안에서 들을 수 없다고 결코 주장하지 않았다.[146] 교황의 권위에 대한 그의 부인은 그로 하여금 은총의 수단이 로마교회 안에서 계속 존재하고 효력이 있었다는 것을 부인하도록 이끌지는 않았다. 루터는 마치 하나님의 말씀이 더 이상 전통 속에 있지 않다는 듯이 결코 교회의 전통과 단절하지 않았다.

5.9.7 특정한 문제들에 대한 루터의 생각

루터의 역사관에 접하는 좋은 방법은 「마리아의 찬가」(*The Magnificat*, 1521)[147]나 「율법폐기론자들을 반대함」(*Against the Antinomians*, 1539)[148]을 읽는 것이다. 이것들 중의 어느 것도 일차적으로 역사라는 주제에 헌정되지는 않았다. 그러나 이 둘은 모두 연관된 내용을 많이 담고 있다. 「율법폐기론자들을 반대함」은 그 논증적인 주장들이 당대의 상황에 대하여 빈번하게 언급을 하고 있기 때문에 특히 유용하다. 이 독서 자료들은 루터가 역사를 특이하고도 정확하게 생각하였던 방식을 생동감있게 알 수 있도록 한다. 루터는 여기저기서 활동하는 하나님과 마귀를 묘사하였다. 그는 또한 자신의 자기 이해를 기록하였다.

교회사에 대한 루터의 언급의 하나는 대단히 유용하다. 먼저 하나님의 말씀이 세상에 비추이기 시작했다. 그의 빛 안에 한 무리가 모여들었다. 그러나 마귀는 곧 그 빛을 주시하였고 그것을 꺼버리려는 노력 속에서 모든 방향으로부터 그에 대항하였다. 이것이 바로 마귀가 최후의 심판 때까지 일할 방식이다. 최후까지 마귀는 결코 빛에 대항하기를 포기하지 않을 것이다.[149] 루터는 교회에 관하여 이렇게 말했다. "결국 우리는 교회를 보존할 수 있는 자들이 아닙니다. 우리의 조상들도 그렇게 할 능력이 없습니다. 우리의 후계자들도 이런 능력을 지니지 못할 것입니다. 절대 불가능합니다. 바로 그 능력은 과거에도 현재에도 미래에도 '내가 너희와 세상 끝날까지 항상 함께 하리라' 말씀하시는 그분이십니다."[150]

6

루터 해석사

6. 1 과제, 전망, 문제들

이 장은 여기에 있는 제목과 소제목들에 설명되어 있는 주제들을 포괄적으로 다루어 제시하지는 않는다. 이 입문적 성격의 연구에서 이용 가능한 제한된 공간은 내게 자료들을 요약하도록 요구하여 그것이 왜곡되도록 할 염려가 있다. 오히려 나는 여기서 독자 여러분에게 루터 해석사의 매우 포괄적인 주제들을 소개하려고 한다. 그 방법으로 나는 여러분의 관심을 가장 기본적인 문제들에 끌어들이고 독자적인 연구를 위한 여러 가지 가능성들을 제안하려고 한다.

6. 1. 1 후대 세대들에 의해 루터에게 놓인 문제들로서 루터 해석사

루터 해석사 연구의 중요성을 말해주는 다양한 이유들이 있다. 우선, 이 연구는 우리로 하여금 종교개혁자들의 다양한 활동 수준과 그들의 광범위한 중요성을 볼 수 있도록 돕는다. 물론, 루터에 대한 편향적인 해석들과 그 유용성이 의심스러운 해석들이 많이 있다. 그러나 의심할 여지 없이 각각의 다양한 루터 해석의 시기들은 우리의 관심을 그 인물과 저작들에 대한 다양한 측면에 집중시킨다. 결과적으로 더욱 가능한 사실은, 서로 다른 해석들이 언제나 배타적이라기보다는 오히려 상호 보충적이라는 것이다.

　실제적으로, 루터는 원래 신학자였으며 성서해석가였다. 그러나 동시에 그는 개혁가이며 독일 민족의 선지자였다 — 비록 그 스스로 다른 범주들 속에서 자신을 이해한다 할지라도. 또한 루터는 독일 민족 국가의 발전에 광범위한 중요성을 갖는다. 우리는 사회 발전에 대한 루터의 영향을 인정해야만 하는 것과 마찬가지로 정치와 정부 발전에서 그의 영향력을 부정할 수 없다. 뿐만 아니라 루터는 — 좀더 폭넓은 시간 속에서 이해할 때 — 문화와 지성사의 더 나은 발전에 강한 영향을 끼쳤다. 예를 들면 그는 독일어와 그 어휘와 표현된 사고의 문체들에 대한 역사에 강한 영향력을 행사했다. 그럼으로써 그는 표현 형식들과 개념들을 형성하였는데 이러한 것들은 독일어를 사용하는 후대의 사상가들에게는 유용한 것이었다. 그의 독일어 성경 번역은 바울의 칭의론뿐만 아니라 신(神) 개념의 새로운 용어를 많은 세대들에게 전했다.

　오늘날 루터가 끼친 영향력에 대한 역사적 연구는 우리로 하여금 독일의 경계와 독일어권의 지역적 한계를 뛰어넘도록 한다. 스칸디나비아와 같이, 공식적으로 루터의 종교개혁을 받아들인 국가들은 특별히 중요하다. 그는 남동부 유럽에 강한 영향력을 미쳤다. 프랑스, 영국, 이탈리아, 스페인 그리고 — 최근의 — 북아메리카에서 루터 상(像)은 또한 중요성을 지닌다. 루터가 긍정적 또는 부정적으로 서술되든, 또는 어떤 편견들과 영웅숭배 또는 부정적 비판들이 그의 상을 결정하든 왜곡하든 그것은 문제되지 않는다. 그 형태가 무엇이건 간에, 루터 상은 그의 영향력에 대한 역사에 중요한 부분이며, 우리의 연구에서 우리는 이러한 부분을 쉽게 무시할 수는 없다. 적어도 우리는 기꺼이 다음의 가능성을 고려해야 한다. 즉, 심지어 가장 부정적인 왜곡도 우리로 하여금 루터라는 인물과 그의 활동에서 문제있는 요소들을 인식하도록 한다는 것이다.

　어느 누구도 참되고 유일한 루터 상이 발견되었다고 쉽사리 결론지어서는 안된다. 누군가를 연구하는 데에 우리 자신이 이해할 수 없는 그들의 성격이나 요소들에 대하여 문제있는 측면들을 마주 대하게 되리라는 것은 기본적인 사실이다. 그러나 우리가 그 인물을 변호한다는 이유로 이러한 측면들을 쉽게 무시해서는 안된다.

　루터 상(像)의 역사에 관련한 연구는 학계의 연구로부터 점증하는 문제들에 관심을 갖는 모든 이들에게 루터에 대한 다양한 해석들의 유용성을 시험할 수 있는 기회를 제공할 것이다. 몇가지 예를 든다면 그의 신학에 대한 연구들은 그가 실제로 행한 것들과 일치하는가 하는 시험대에 올라야 한다. 루터의 견해에 따르면, 사람들의 정신을 조정하는 것이 아니라 질서와 평화를 유지하는 것이 정부의 우선 과제인데, 이러한 견해는 칼슈타트 (Karlstadt)나 뮌처(Müntzer)와의 관련 속에서 이해되어야만 한다.

루터가 그 두 사람을 어떻게 생각했느냐와 마찬가지로 칼슈타트와 뮌처가 루터를 어떻게 생각했느냐를 아는 것도 중요하다. 교황권에 대한 그의 견해에서도 마찬가지로 적용된다. 루터를 좀더 정확히 이해하기 위하여 우리가 그 자신의 동기나 의도들을 발견하는 것이 중요하듯이, 그의 적대자들에게 공정한 귀를 기울이는 것도 동일한 중요성을 갖는다. 그러는 가운데 우리는, 사람들이 주어진 상황의 제한 속에서 할 수 있는 것보다 더 나은 다른 동기들을 때때로 갖게 될 것임을 결론짓게 된다. 특별히 이러한 시점에서 개신교의 루터 연구는 개방성을 가지고 가톨릭 신학자들이 지난 수십년 동안 루터 연구를 통하여 얻어낸 결과들을 살펴볼 필요가 있다. 마찬가지로 우리는 16세기 로마 가톨릭 적대자들에 대한 이해에 개방적일 필요가 있다.

모든 시대에 이르는 루터 상들은 루터 자신에 대하여 우리가 알고 있는 모든 것들에 의하여 비판적으로 평가되어야 한다. 루터를 좀더 집중적으로 연구해온 오늘날의 학자들은, 루터 해석사는 우리에게 일련의 근본적인 오해를 제공해준다고 결론짓는다. 그리하여 비록 루터 상에 대한 우리의 연구가 "진정한" 루터의 다양한 측면들을 반영한다 할지라도, 대부분 그것은 여전히 오해의 역사이다.

6.1.2 개신교회의 아버지로서의 루터

다만 방법론적인 이유에 있어서 우리는, 최근까지 다양한 정치적 동향뿐 아니라 거의 모든 신학적이며 교회적인 운동들이 자신들을 루터의 상속자들로서 주장해 왔다는 사실을 의심해야 한다. 예를 들면, 신학에 있어서 17세기 정통주의, 경건주의, 계몽주의, 많은 낭만주의자들, 19세기 보수주의 신학, 자유주의 신학, 변증법적 신학, 독일 기독교인 등과 같은 다양한 학파들에게도 이것은 적용된다. 마찬가지로 다양한 정치적 운동의 경우도 그러하다. 20세기의 루터의 권위에 대한 호소도 공산주의자들뿐만 아니라 바로 국가 사회주의자들(나치)에 의해서도 이루어졌다 ─ 비록 후자는 마지못해 몇 가지 제한을 가지고 그에게 호소하였지만 말이다.

이런저런 식으로 루터의 제자들이고자 했던 보편적인 호소들은 그의 광범위한 중요성을 드러내 준다. 심지어 루터 자신의 목표와는 상당히 다르고 모순된 목표를 가진 운동들도 그의 영향을 전적으로 피할 수는 없다. 그의 중요성은 너무도 커서 혁명적 운동들까지도 결국에는 그의 영향력을 벗어날 수 없었다. 그가 잘못 이해되고 그 자료들이 잘못 해석될 때조차, "진정한" 루터는 언제나 점차적으로 자신을 주장했다. 어떤 경우에도 우리는 종종, 루터를 이용하려고 그를 붙잡는 노력들과 "참"(real) 루터를 알고자 하는 노력들 사이에 놓인 투쟁을 관찰하게 된다. 여기서 우리가 루터의 해석사는 단지 그를 의도적으로 잘못 읽어가는 역사라고만 결론짓는다면, 그것은 잘못된 것이다.

6.1.3 루터 상에 대한 연구

루터 해석사에 대한 훌륭한 연구들을 담은 총서가 있다. 호르스트 스테판(Horst Stephan)[1], 에른스트 발터 제덴(Ernst Walter Zeeden)[2], 하인리히 보른캄(Heinrich Bornkamm)[3]의 작품들은 특별히 중요하다. 여기에 더하여, 개인적 문제들과 주제들에 대한 루터의 관계성을 연구한 것들이 많이 있다. 발터 폰 뢰베니히(Walter von Loewenich)[4]는 우리의 루터 이해와 현대신학을 통하여 계몽주의 이래로 신학의 발전사 연구의 중요성을 분석했다. 그러나 이와 유사한 연구들이 아직 루터 해석의 다른 시기들에 대해서는 이루어지지 못하였다. 요약하면, 우리가 말할 수 있는 것은 루터 상의 역사에 대한 많은 세부적인 연구들이 여전히 필요하며 따라서 만족할 만한 개관을 제공하는 것은 현재로서는 불가능하다는 것이다. 이 분야의 연구에 많은 주제들이 유용하다.

6. 1. 4 루터 상의 초기 원형

다음에 나오는 루터 해석사의 개략적 설명은 단지 몇가지 중요한 발전과 견해들에 주의를 기울이게 할 뿐이다. 나는 각각의 시대가 지니는 기본적 특성들을 논의하려 하나 그 시대들 사이에 있는 모든 중요한 차이점들을 기록하려고 하지는 않을 것이다. 우선적인 관찰로서 후대의 많은 루터 상의 원형이 종교개혁 초기에 나타났다는 사실에 주의하여야 한다. 우리는 이러한 시기들 동안의 루터 상을 간략하게 살펴보지 않을 것이다. 오히려 그러한 연구는 그에 대한 다른 사람들의 견해들 속에 반영된 모습으로서 초기 루터를 우리들에게 보여줄 수 있다. 그것은 아마도 우리에게 그에 대한 가능한 모든 범위의 견해들을 보여줄 것이다.

이러한 견해의 범주 가운데 한 극단적 견해 위에서 우리는 일단의 사람들이 루터에 대한 열광적인 지지자들임을 발견할 수 있다. 그러나 그들 자신의 입장은 다른 사람들 그리고 때로는 루터의 입장과 매우 동떨어져 있다. 이러한 사람들은 루터에 대하여 폭넓은 다양한 기대들을 가지고 있다. 또 다른 극단에서 우리는 그에 대하여 격렬한 반대를 나타내고 있는 로마 가톨릭의 적대자들을 발견하게 된다. 이러한 적대자들 역시 개인에 따라 루터에 대한 매우 다양한 개인적 입장을 지니고 있다.

한편, 이들 두 극단 사이에서 우리는 인본주의자들을 발견하게 되는 데, 그들 중 일부는 조심스런 경의를 표하며, 다른 사람들은 루터에 대한 거절을 행사한다. 루터와는 아주 다른 전제에 의해 자신들을 전개시켜 나가는 사람들은 처음에는 긍정적으로 반응하나 그후 차차 그들의 반대 입장들을 표현하기 시작한다. 반면에 어떤 사람들은 처음에는 비텐베르크 소요의 시기에 대한 이러한 반대들을 인식하게 되고 선제후의 작센 정부에 협력하였음을 자신들이 인정하지 않을 수 없게 됨을 알게 된다. 그러나 곧 아그리콜라와의 논쟁은 초기 루터(아그리콜라를 지원한)와 후기 루터(아그리콜라가 보기에는 초기 루터와 반대되는) 사이를 처음으로 구분하게 된다.[5]

루터의 상에서 이러한 요소는, 비록 그것이 다른 형태 속에서 나타난다 할지라도, 오늘날 매우 중요하다. 초기 루터와 후기 루터 사이에 대한 이러한 구분은 그의 신학이 끊임없이 열광주의자들과의 대립 속에서 더욱 더 명료하게 되는 과정을 토론하는 데에 사용되었다. 이는 또한 거의 혁명적인 운동으로부터 권력에 밀접하게 협력하는데 이르는 발전 과정을 설명하기 위해 사용된다. 게다가 종교개혁의 초기 역동적인 시대와 후기의 강화된 시대 혹은 경직된 시대 사이의 매우 일반화된 대조로서 이용될 수 있다.

개신교 국가 교회들의 발전과 그들 종파들의 확립 발전 그리고 로마 가톨릭 개혁의 발전은 루터 상에 다분화를 야기시켰으며 이러한 다분화는 오랫동안 미래의 발전을 결정지었다. 로마 가톨릭은 그를 제1의 이단자와 반역자로 여겼다. 개신교 중에서도 루터에 대한 비판은 1520년 이래 지속되었는데 오늘에 와서야 잠잠하게 되었다. 오랜 시간이 지나서야 이러한 루터 상은 극복되었다.

6. 2 17 세기 정통주의에서 루터 상

6. 2. 1 정확 무오한 교사로서 루터

일평생 루터는 교회의 교사로서 개신교도들 중에서 특별한 권위를 가졌다. 이러한 권위는 1550년대와 1560년대의 개신교 내부의 논쟁 과정 중에서 더욱 높아졌으며 1577년 일치신조(Formula of Concord)의 채택을 통하여 더욱 권위가 부여되었다. 예를 들어, 일치 신조는 루터를 해석함으로써가 아니라 루터의 신학에 의하여 초기 고백들을 해석함으로써 성만찬과 그리스도의 인격과 활동에 대한 논쟁을 결정했다. 결국 루터도 이러한 고백들에 동의했다. 이러한 과정에서 비교적 제한된 수의 루터 사상들이 채택되었다 ─ 루터교 정통주의 발전의 첫 단계.

이러한 과정의 결과로서, 17세기 루터교 정통주의에서 루터의 특징적 상이 발전했다. 루터교 신학자들은 거의 전적으로 루터의 신학에 관심을 가졌고, 그 인물에는 별로 관심을 갖지 않았다. 그는 어느 누구도 공유할 수 없는 교회의 아버지로서 역할을 부여받았다. 이는 그에 대한 거의 모든 문헌들이 신학자들에 의해 쓰여졌다는 사실과 부합된다. 그러나 신학자들은 거의 무오한 교도직(teaching office) ─ 그들이 교황에게 거절한 자리와 필적할 만한 ─ 의 행사를 그에게 돌렸다.

이들 루터파는 하나님은 개인적으로 루터를 부르셔서 교회의 개혁을 이끌도록 하셨다고 절대적으로 확신하였다. 그들은 이 부름이 그에게 직접적으로 일어났는지 수단을 통하여 일어났는지는 확신할 수 없었다. 만약 그들이 직접적이었다고 말한다면 그들은 그에게 가능한 모든 권위들을 부여할 수 있게 된다. 한편 그들이 수단을 통하여 이루어진 것이었다고 말한다면, 그들은 열광주의자들의 위치를 거부하면서 루터를 자신들의 가장 좋은 예로서 사용할 수 있게 된다. 열광주의자들은 자신들이 성령으로부터 직접적인 계시를 받는다고 믿었는데 루터는 이러한 주장을 거부했다는 것이다.

루터교 정통주의자들의 이러한 입장은 루터신학에 대한 거의 전폭적인 관심을 야기시켰으나, 그 인물에 대해서는 거의 관심을 불러일으키지 않았다. 요한계시록 14:6은 루터를 파송하는 성경적 예언으로 해석되었다: "또 보니 다른 천사가 공중에 날아가는데 땅에 거하는 자들 곧 여러 나라와 족속과 방언과 백성에게 전할 영원한 복음을 가졌더라." 이는 또한 종말론적 요소들을 나타내는데 그들은 종교개혁이 다가오는 세상 종말에 중요한 사건이라고 추정하였다. 그러한 성경적 증거 본문들은 기본적으로 루터를 성경 저자들의 수준에까지 올려 놓았다. 루터에 대한 이러한 권위 부여의 정당성은 매우 상세한 해석들을 통하여 증명되었다. 그러한 태도들은 전적으로 그에 대한 어떠한 비판적 검토의 가능성도 배제시켰다.

그러나 루터에 대한 이와 같은 지고한 평가에도 불구하고 루터 상에 대한 세밀한 부분에서는 차이점들이 있다. 이러한 차이점들은 우선적으로 여러 정통주의 체계의 다양한 구조들로부터 연유한다. 각각의 정통주의 신학자들은 자신들을 위해 루터의 전적인 권위를 주장한다. 그러나 그들이 제시한 견해와 방법들은 때로 다르기 때문에 그들은 결국 다른 방법론을 발전시키게 되고 이는 곧 루터 해석의 다분화를 야기시킨다.

16세기 말 이후, 루터의 종교개혁은 "제2차 종교개혁"에 의해 완성될 필요가 남아있는가 하는 질문과 관계된 문제는 더이상 중요하지 않았다. 비록 "제2차 종교개혁"이 있을 것인가 하는 많은 질문들이 있었을지라도, 1580년 일치를 위한 신앙고백서들의 모음(the Book of Concord)은 또 다른 종교개혁은 불필요하다는 "공식적인" 선언이었다.

6. 2. 2 종교개혁 경축일의 도입

정통주의 시대에 또한 종교개혁 기념 축제를 기리는 관습이 도입되었다는 사실은 특징적인 것이다. 물론 초기부터 종교개혁을 특별히 기억하는 날들이 있었다. 1528년 브라운슈바이크(Braunschweig)에서 소개된 규정을 시작으로 하여, 북부 독일에서 교회생활을 위한 규정은 종교개혁을 소개하거나 또는 새로운 교회 규정의 채택에 관한 연례적 기념식을 지시하고 있다. 그러한 지시들은 또한 16세기 후반에도 나타난다. 이곳저곳에서 루터의 생애에서 특별한 날들을 기념하는 관습들이 발전되었다. 그리하여 포메라니아(Pomerania)에서 루터의 세례일인 성 마틴의 날(St. Martin's day, 11월 11일)은 그 개혁가를 기념하기 위한 날이었다.

루터는 아이스레벤(Eisleben)에서 2월 18일에 죽었는데, 그곳에서는 그 날을 루터를 기념하는 날로 지켰다. 몇몇 곳에서 특별한 날들이 제정되어 성만찬 가운데 평신도들에게 포도주 분잔이 도입된 것을 기념하게 되었다. 그러나 이러한 날들은 상당히 다른 내용을 지닌 개별적 성일(聖日)들이었다. 그때까지도 여전히 종교개혁을 기념하기 위한 날로서 일반적으로 지켜지는 날은 없었다.

이 모든 것들이 17세기 초가 되자 변하였다. 회중들은 지도를 통하여 루터의 95개 조항의 공포 100주년 되는 해를 경축일로 지켰다. 이러한 행동의 시발이 종교개혁자들로부터 나왔다는 것은 의의가 있다. 1617년이 되면서 몇몇 유명한 개혁신학자들은, 특별히 하이델베르크, 팔츠(독일 라인강의 서안 지역 — 역자주)의 선제후의 왕궁 수석 설교가였던 아브라함 스쿨테투스(Abraham Scultetus)는 루터의 교회 정화 시작 100주년을 기념하였다. 그의 생각은 팔츠의 선제후인 프리드리히 5세에 의해 받아들여졌다. 어떻든 간에 그는 1617년 4월 하일브론(Heilbronn)에서 동맹 회담의 날을 이용하여 개신교인들에게 다가오는 백주년 기념일을 기억하게 했다.

그는 루터교회와 개혁교회가 연합하여 축제를 기념하는 것은 개혁자들이 아우그스부르크 고백(the Augsburg Confession)에 따른다는 사실을 강조하는 것이라고 지적했다. 이는 1555년 아우그스부르크 종교 평화(the Religious Peace of Augsburg)의 조항에서 관용할 권리를 증명해준다. 게다가 일반적인 경축은 개신교가 함께 로마 가톨릭교회에 대항하는 전투 중에 있다는 인상을 만들어냈다. 하일브론 회의는, 1617년 4월 23일에 그러한 응답으로 모든 동맹 회원들은 1617년 11월 2일을 경축일로서 준수할 것을 결의하였다. 그들의 예배에서 그들은 하나님께서 루터와 "다른 하나님의 사람들"을 통하여 종교개혁을 일으키셨다는 것을 기억하고, 따라서 그들은 하나님께 개신교회들을 계속적으로 보호하여 주시고 축복하여 주심을 바라며 기도해야 했다. 이 기억의 날은 또한 개신교 비동맹회원들 간에도 지켜졌다.

선제후 지역인 작센은 자신의 독자적인 뜻대로 했다. 하일브론 회담이 그들의 결정을 통과시켰던 시간과 대략적으로 동일한 때, 즉 1617년 4월 22일에 비텐베르크 대학의 신학과 교수단은 작센의 선제후인 요한 게오르그 2세(Johann Georg II)에게 비텐베르크에서 경축일을 개최하자고 요청했다. 그러나 그 선제후는 1617년 10월 31일부터 11월 2일까지 작센의 모든 지역에서 기념하도록 하였다. 몇몇 이웃 지역들은 이러한 경축기념일에 함께 참석하였다. 그러나 다른 지역들은 날짜를 선택하였다. 브라운슈바이크 - 볼펜뷔텔(Braunschweig-Wolfenbüttel)은 1617년 11월 9일을, 헤세(Hesse)는 1618년 1월 4일을 각각 경축일로 지켰다. 반면에 브란덴부르크(Brandenburg)는 다른 몇몇 지역과 마찬가지로 전혀 경축기념일을 지키지 않았다.

이러한 경축일에 선포되는 설교의 음조는 그 당시 일반적인 루터 상과 전적으로 일치하였다. 이러한 경축일은 일종의 루터 신성화였던 것이다.

6. 2. 3 새로운 루터 상의 시작

정통 루터주의자들의 루터 상은 그 시기 말 — 경건주의가 이미 넓은 독일 개신교 지역에 영향력을 미치기 시작한 시기 — 에 가서야 비로소 변하기 시작하였다. 그러한 변화들은 학식있는 법학자이자 정치학자인 바이트 루드비히 폰 제켄도르프(Veit Ludwig von Seckendorf, 1626-92)에 의해 처음으로 일어나게 되었는데, 그 당시 그는 「루터교 또는 종교개혁에 대한 역사 변증적 주석」(Commentarius historicus et apologeticus de Lutheranismo seu de Reformatione)이라는 책의 첫판을 냈다(1688-92). 제켄도르프가 루터 정통주의의 관습을 따르지 않았으며 후기 루터의 가르침의 행동들을 종교개혁의 가장 중요한 부분으로 보지 않고 오히려 종교개혁의 처음 7년을 "루터의 참된 역사"로서 보았던 것은 이미 흥미있는 일이다.

다시 한번, 루터의 인격과 종교개혁운동의 시작이 주목의 중심이 되었다. 제켄도르프는 강조점을 바꾼 후에 루터는 평범한 인간이었다는 사실에 또한 다른 가치를 두었다. 그는 종교개혁의 가르침의 중심과 사상으로부터 이탈하지 않고, 온건하게 루터를 비판하는데 서슴지 않았다. 또한 제켄도르프는 교회의 공통적 요소들을 강조함으로써 대부분의 루터교 정통 신학자들과 달랐다, 그는 기독교의 일치를 위한 기도로써 그의 책을 끝맺었다.[6]

6. 3 경건주의 속에서 루터 상

6. 3. 1 루터 상의 변화

경건주의는 일곱가지 면에서 루터 해석사에 중요하다. 첫째, 경건주의는 루터교 정통주의 신학자들에게 보편적이었던 엄격한 루터 상을 변화시켰다. 루터가 교회의 주요한 교사라는 지위를 의심함 없이, 경건주의는 그의 영성에 더 많은 강조점을 두었다. 그가 말한 모든 것은 더 이상 차별없이 또한 아무 생각없이 받아들여지지 않았으며, 오히려 경건주의자들은 어떤 진술들은 다른 진술보다도 더욱 가치있는 것임을 인정하였다. 루터의 권위에 대한 그러한 독자적인 태도들은 그때까지는 잘 알려지지 않은 것이었다. 비록 루터교 정통주의자들이 가진 루터 상들 중에는 차이점들이 있을지라도 우리는 여전히 전형적인 루터교 정통주의의 상을 말할 수 있다. 그러나 우리는 경건주의에 대하여는 그러한 주장들을 할 수 없다. 물론 슈페너, 프랑케, 진젠도르프와 특별히 고트프리드 아놀드 같은 급진적 경건주의자들 모두는 로마 교회에 반대되는 루터의 활동들에 대한 긍정적인 평가에 동의하였다. 그러나 열광주의에 대한 루터의 거부에서 그들의 평가는 서로 상당한 차이가 있다. 그 이후 개신교인 안에서도 보편적인 루터 상은 사라져버렸다. 반대의 경우도 마찬가지이다. 1700년 이래 루터의 다양한 상과 해석들 가운데 놓인 차이점들은 빠른 속도로 더욱 광범위해지고 더욱 깊어지게 되었다.

6. 3. 2 필립 야콥 슈페너 (Philip Jacob Spener)

필립 야콥 슈페너는 독일 경건주의에서 중요한 첫 대표자이다. 그는 당시 압도적인 루터교 정통주의 신학의 형식과 근본적으로 단절하려는 의도는 없었다. 따라서 그는 결코 루터에 대한 비판가는 아니었다. 심지어 기독교인의 생활에 대한 그의 경건주의적 접근이 공격을 받을 때에도, 슈페너는 그의 적대자들과 공통의 토대를 세울 수 있는 길을 찾으려고 노력했다. 따라서 루터에 대한 슈페너의 상은 루터교 정통주의의 상과는 전적으로 대치되지 않는다. 그러나 강조점에서는 부인할 수 없는 변화가 있다.

그의 저서 「경건한 열망」(*Pia Desideria*, 1675)[7]과 그밖의 저술들에서 슈페너는 반복해서 중생과 영성에 대한 루터의 입장을 지지하면서 그에게 호소하고 있다. 그러나 루터에 대한 이러한 인용의 빈번함 때문에 우리는 슈페너가 항상 루터의 동일한 구절들을 언급하고 있다는 사실을 간과해서는 안된다. 이러한 구절들은 우선적으로 루터의 「신약성경 서문」(1522)[8], 「독일 미사와 예배의 직제」(1526)[9] 그리고 루터의 편집된 저술들에 나타난다. 이러한 제한된 선별의 중요성은, 우리가 그것을 루터의 작품들로부터 매우 다양한 다른 사상들과 비교해볼 때 분명해진다.

슈페너는 단순히 루터에게서 그의 입장을 지지하는 것처럼 보이는 구절들을 언급하지는 않았다. 또한 슈페너는 루터교 정통주의의 루터에 대한 상과 그 자신의 상 사이에 있는 차이점들을 드러내며 루터라는 인물에 대한 몇 가지 비판을 가했다. 슈페너는, 루터에게 "인간적인"(human) 것과 "자연적인"(natural) 것 그리고 여전히 극복되어야 할 필요가 있는 것들이 있다고 말한다. 특별히 중요한 것은 슈페너가 신앙과 칭의 같은 개념들을 사용할 때 그는 새로운 내용을 그들에게 부여하지 않으나, 루터교 정통주의 신학자들에 의해 토론될 때는 그들이 갖는 것과는 다른 음조를 가진다는 것이다. 그는 언제나 인물적 특성들, 경험, 새 삶의 고양, 성화 그리고 심지어 중생까지도 논한다. 결과적으로 그는 더 이상 순수한 교리를 강조하지 않고 오히려 기도, 하나님 사랑과 이웃 사랑 그리고 제자도 속에서 신앙을 실현할 것을 강조한다. 이러한 조망하에서 슈페너와 그밖의 많은 경건주의자들은 루터의 종교개혁은 여전히 완성될 필요가 있다고 확신하였다. 이러한 결론에 도달하는 과정 속에서 슈페너는 조심스럽게 종교개혁의 "좌익"이 지녔던 생각들을 채택하였다.

6.3.3 니콜라우스 루드비히 진젠도르프(Nikolaus Ludwig Zinzendorf)

다른 경건주의 지도자들도 슈페너와 근본적으로 유사한 방식으로 루터의 인격과 그 활동의 특별한 측면을 강조하였다. 그러나 그들 각각은 다른 근거 위에서 이러한 선택을 하였다. 니콜라우스 루드비히 진젠도르프는 특별히 이 점에서 흥미롭다. 한편으로, 진젠도르프는 그리스도의 인격과 활동의 관계뿐만 아니라 종교개혁의 칭의론의 기본적 특징을 슈페너보다도 훨씬 더 잘 이해하였다. 또 다른 한편으로 진젠도르프는 감정의 영역으로부터 개념들과 환상들을 이용하여 기독교에 대한 그의 이해를 표현하였다. 이러한 과정에서 그는 종종 그 도를 넘어섰다. 따라서 슈페너의 경건주의와의 비교 속에서 진젠도르프는 종교개혁 기독교의 총체를 더 잘 이해하였으며 또한 이를 더 큰 왜곡 속으로 빠뜨렸다.

에리히 바이로이터가 진젠도르프의 신학적 사고 방법 속에서 동일시한 기본적 변증법에 일치하는 일종의 이중적 경향이 있다.[10] 진젠도르프는 그의 변증법을 당대 최고의 변증가인 피에르 베일(Pierre Bayle)로부터 배웠다. 그러나 그가 루터에 동화되고 그를 받아들이게 되는 독특한 방법은 새롭고 독자적인 접근을 증명하는 것이었다.

6.3.4 고트프리드 아놀드(Gottfried Arnold)

우리가 지금 막 루터로 향하는 진젠도르프의 접근에 대해 말한 것은 고트프리드에게 더욱 적용된다. 그의 대작 「비당파적 교회사와 이단사」1699-1700)[11]는 처음으로 이단을 관심의 중심에 놓았다. 아놀드는 모든 논쟁에서 바른 위치는 승리한 정통주의가 아니라 교회가 정죄한 이단들에 의해 설명되어야 한다고 결론지었다. 아놀드는 공식적인 교회가 세속적 권력과의 제휴 속으로 빠져들면서 신앙의 참된 본질을 배반하였다고 공언하였다. 이러한 상황 속에서 이단들은 참된 신앙을 보존하였다. 아놀드는 성령과 성령의 열매로써 이러한 진리를 정의하였으나 그는 결코 후자 속에서, 즉 교회의 정통주의적 교리와 생활의 외적 형식 속에서 이 진리를 발견하지는 못하였다.

이러한 접근은 루터 상에서 결정적인 중요성을 지닌다. 아놀드는 그의 선조들에 의해 그렇게도 자주 사용되었던 초기 루터와 후기 루터 사이의 구분에 매우 날카로운 경계를 두었다. 그리하여 아놀드는 교회의 정화를 위한 루터와 종교개혁의 중요성을 좀더 주의깊게 평가했다. 그러나 그는 또한 루터에 대한 비판에서도 매우 날카롭다. 아놀드는 루터에 관하여 여전히 인간적인 많은 요소들이 많다는 것을 유감스럽게 생각했을 뿐 아니라 루터가 교의의 영역에서 정확 무오한 권위를 소유하고 있다는 어떠한 주장에 대해서도 반대하였다. 그는 특별히 종교개혁이 세상 정부와 제휴함으로써 기독교를 외형화했다는 것에 대하여 비판하였다. 결과적으로 회중들은 성숙하지 못하였고 교회는 국가에 의해 파괴되었다. 이러한 근거하에 아놀드는 여기서 루터가 로마에 대항하였다고 날카롭게 비판하며 그것을 루터교 국가 교회에 적용한다. 즉, 인간의 교리들과 인간의 활동들은 기독교의 본질을 타락시켰다는 것이다.

그러나 아놀드는 루터를 그러한 비난들로부터 면제한다. 그는 루터의 의도들과 그 활동의 실제적 결과들 사이를 구분한다. 더욱이 아놀드는 그 자신의 기독교에 대한 이해를 우선적으로 루터의 근거에 둔다. 그는 그 고백들을 일종의 종이 교황(paper pope)으로서가 아니라 "우리 신앙의 증언과 고백" 같은 루터의 용어들 속에서 그것들을 설명한다. 그러므로 그것들은 신앙 가운데 교훈으로서 이해되어야 한다. 그러한 내면화된 범주들 속에서 기독교를 해석할 때 아놀드는 또한 루터가 필연적으로 결합되어야 하는 것으로 생각한 서로 다른 요소들을 강력히 분리하였다. 루터는 열광주의자들과 가진 논쟁 속에서 특별히 그러한 것들의 결합을 주장했다.

상당히 다르고 심지어는 모순되는 방법들로써 정통주의와 아놀드는 처음으로 루터에게 접근하였는데, 이러한 접근 방법들은 루터가 영향을 준 어떤 역사 속에서도 설명되어야 하는 상당한 범위를 드러낸다. 서로간에 열정적으로 대립되는 사상가들과 운동들은 동일한 권리로써 루터에게 호소할 수 있다. 그러나 이러한 다양한 접근법들이 조화를 이루는 것은 불가능하다 — 비록 오늘날의 루터 학자들은 양면이 루터의 진정한 상을 말해준다고 확신할지라도. 어떤 것들은 역사적 발전 과정 속에서 나뉘고 본래적인 결합은 결코 다시 발견될 수 없다. 이 상황은 본래적 결합을 이루기 위하여 우리로 하여금 새로운 근거를 찾아 나서도록 요구한다. 그러나 그러한 시도는 18세기에 이루어지지는 못했다. 오히려 우리는, 아놀드의 루터 해석은 루터와 칼슈타트, 슈벤크펠트 같은 사람들 사이의 논쟁 속에서 풀리지 않고 남아있는 문제들에 새로운 표현들을 주었다고 단지 말할 수 있다. 아놀드의 루터 해석은 루터에 대해 질문되어야만 하는 진지한 물음을 제기했다.

6. 4 계몽주의 속에서 루터 상

계몽주의는 일반적으로 루터에 대한 상당한 존경의 감정을 공유하였으며, 이러한 태도는 지배적이었다. 그러나 다시 한번 루터라는 인물과 그 활동의 새로운 측면들이 발견되었으며 주의가 집중되었다. 반면에 다른 부분들은 다만 뒷전으로 물러나도록 허용될 뿐이었다. 루터라는 인물과 관계되는 계몽주의는 하나의 분화된 견해를 제시하였다. 초기 루터와 후기 루터 사이의 가장 단순한 대조는 더욱 사려깊은 평가에 의해 대치되었다. 또한 결과적으로 루터의 대적자들도 공정하게 다루어질 수 있었다. 그러나 비록 이러한 전망 속에서 진보는 대단한 것이었지만, 계몽주의의 대표자들은 루터의 신학에 대하여, 즉 초기 루터의 신학이나 후기 루터의 신학 양자 중 그 어느 하나도 거의 이해하지 못하였다.

6. 4. 1 이성과 양심의 자유를 위한 투쟁의 지도자로서 루터

계몽주의에서 루터와 로마 교회 투쟁의 어떤 측면들은 하나의 새로운 방법에서 관심의 중심이 되었다. 교황에게 복종할 것을 루터는 거절하였는데 이러한 거절은 이성과 양심의 자유를 위한 투쟁으로 보였다. 루터는 중세의 어두운 미신 속에서 우리를 자유롭게 하였다. 이러한 해방에 그 자체의 새로운 종교적 해석이 주어졌고 그 당시 이 해방은 하나님의 섭리의 결과로서 여겨졌다. 그와 함께 루터교 정통주의를 그 안에 종교개혁이 담겨지고 보존되는 컨테이너로서 본 신학사의 맥락 속에서 이루어진 좀더 초기의 종교개혁에 대한 해석은 진행중인 계몽주의 신앙의 맥락 속에 있는 해석에 의해 대체되었다. 이는 또한 종교개혁이 여전히 계획되거나 완성될 필요가 있다는 옛 생각에 새로운 의미를 부여한다. 극복되어야 할 필요가 있는 것은 더 이상 교황 교회의 유물들이 아니다. 오히려 그것은 이성에 동의하지 않는 모든 것들이다. 이러한 견해와 일치하여 각각은, 자신들이 느끼기에 루터와 종교개혁으로부터 취할 수 있는 것들과 그들 자신들의 시기에 사용할 수 있는 것들을 자신들을 위해 선택하였다.

6.4.2 역사적·비평적 방법의 출발: 요한 잘로모 제믈러(Johann Salomo Semler)

종교개혁에 대한 계몽주의의 접근은 폭넓은 분야에 적용되었다. 그 일부분으로서 몇몇 사상가들은 역사 - 비평적 방법의 발전에 영향을 주기 시작하였으며 그럼으로써 루터와 종교개혁에 대한 학문적 접근을 위한 토대를 놓았다. 모든 계몽주의 신학자들 중에서 요한 잘로모 제믈러(1725-91)는 이러한 점에서 가장 중요한 인물이다.

제믈러는 일반적으로 성경 연구에서 역사 - 비평적인 방법의 설립자로서 여겨진다. 이와 관련하여 그는 또한 루터 상과 종교개혁에서 상당한 중요성을 지녔다. 제믈러가 비평적 성경연구의 토대를 세울 때, 그는 또한 신앙 고백문들(the confessions)은 정확무오하고 실수가 없다는 주장을 타파했다. 제믈러는 결론짓기를, 단순히 그렇게 주장될 수 없는 까닭은 루터가 말하고 활동한 상황은 고유한 것이었으며 같은 형태로 반복해서 일어날 수 없기 때문이다. 제믈러는, 위의 사실은 마찬가지로 초기 기독교에도 적용되며 따라서 초기 기독교의 고백문들 역시 후대의 규범 안으로 들어올 수 없다고 주장했다.

이러한 조망으로부터 그 일은, 현재의 고유한 특성을 먼저 이해하는 것이면서 또한 그후 어떻게 우리가 성경의 메시지를 우리의 상황 속에서 의미 있게 만들 수 있는가 하는 물음을 진지하고 책임있게 던지는 것으로 생각되었다. 제믈러는 그 당시 신학과 교회에서 던지는 중요한 질문들에 관련한 중요한 성서적 사고들에 대하여 새로운 해석을 함으로써 그 자신이 본보기를 보였다. 이 작업은 성경 해석이나 이 자료들의 당시 상황의 적용에 매우 의미있는 것이었다. 이러한 과정 속에서 제믈러는 교회 내의 다른 다양한 움직임들 모두가 약간의 제한된 유용성을 가지고 있다는 사실을 깨달았다. 계몽주의의 좀더 급진적 대표자들과는 대조적으로, 제믈러는 이 점에서 독자적인 자신의 입장을 주의깊게 유지하고 있었다. 그는 예를 들어, 국가와 교회 사이의 관계나 양심의 자유와 같은 문제들을 토론하는 가운데 이러한 입장을 드러냈다. 모든 편파성와 급진적 해결들을 피하는 학자로서 제믈러는 많은 점에서 균형있고 분별력 있는 학자적 자세로서 종교개혁을 설명한 첫 학자였다. 그러므로 제믈러는 새로운 루터상의 발전을 상당히 자극하였다.

6.4.3 고트홀트 에프라임 레싱(Gotthold Ephraim Lessing)

고트홀트 에프라임 레싱(1729-81)은 비록 다른 방법으로 루터에게 접근하였지만, 그 또한 루터에 대한 구별된 견해를 발전시켰다.[12] 레싱은 루터를 전적으로 한 인간으로서 그리고 한 종교개혁자로서 받아들였으며 ― 비록 그가 루터의 초기 학도들보다 더욱 분명히 그러했지만 ― 루터가 많은 약점들을 가지고 있었으며 그가 살던 시대에 의해 제약되어 있다고 보았다. 그러나 모든 결정적인 문제들에서 레싱의 루터 상은 이성과 계시에 관한 그의 견해에 의해 결정되었다. 이에 대해 간결하게 설명하기란 매우 어렵다.

한편으로, 레싱은 그 당시 루터교 정통주의 신학자들이 주장한 이성과 계시의 동등성(coordination)에 대해 날카롭게 논박했다. 그는 종종 계시는 언젠가 구시대의 유물이 되어 사라져버릴 것이라고 말하였다. 다른 한편으로, 레싱은 자주 이성과 계시 사이의 투쟁의 결과가 여전히 결론지어지지 않을 것처럼 말하였다. 루터는 이러한 관점들 모두에 매우 중요한 것이었다. 자연적으로 레싱이 루터교 정통주의 입장을 거절했을 때, 그는 또한 루터가 교회를 최종적으로 개혁했으며 루터가 지녔던 것보다 더 높은 정도의 영성을 얻고자 할 필요는 없다는 경건주의자들의 견해를 거부하였다. 레싱은 교황권에 대한 루터의 투쟁은 매우 중요한 것이라고 보았다. 그것은 앞으로 계속되는 그의 저작들의 유형을 결정하였다.

　레싱이 절대적으로 확신한 것은 루터의 권위에 호소할 수 있는 권리는 오직 현재 종교개혁의 투쟁을 계속해 나가는 사람들에게 속한 것이며, 루터를 넘어서기를 꺼려하는 사람들에게 속한 것이 아니라는 것이다. 레싱은 루터가 전통의 속박으로부터 우리를 자유하게 했다는 점에 대해 그를 높이 평가한다. 동시에 그는 문자의 참을 수 없는 속박으로부터 우리를 건져낼 자가 누구인가 묻는다. 17세기 교황권의 위치는 18세기 "문자"(letter)에 의해 대치되었다. 레싱은 우선적으로 성경과 루터교의 신앙고백문의 "문자"에 대해 생각했다. 결과적으로 루터의 활동을 지속해나가는 길은 관용과 자유를 위한 투쟁과 루터교 정통주의에 대한 싸움에 참여하는 것이라고 그는 결론 내렸다. 레싱은 루터교 정통주의 신학자들이 루터의 저술들의 문자에 호소할 수 있을지라도 루터의 정신에는 호소할 수 없을 것이라는데 동의했다. 레싱은 이러한 정신을 바로 자유의 정신으로서 이해했다. 그리하여 레싱은 자신이 종교개혁의 유산 관리자임을 주장했다. 그는 루터를 그의 적대자인 루터교 정통주의자들에게 넘겨주려고 하지 않았다.

　레싱의 입장은 루터 상이 발전되고 있는 맥락에 변화를 주었다. 이러한 맥락은 이제 폭넓은 의미에서 참된 문제가 되었다. 동시에 레싱을 포함한 어느 누구도 루터에 대해 중립적인 위치를 차지할 수 없다는 사실이 명백해졌다. 루터에 대해 말하는 사람은 누구나 17세기 종교와 세계관에 대한 질문들이나 그 시대의 문제들에 관련된 질문들 중 어느 하나에 대한 개인적 입장을 필연적으로 취해야만 하였다.

　계몽주의의 다른 대표자들은 레싱보다도 더욱 날카로운 방법으로 또한 그 본질의 다양한 요소들의 한층 세밀한 구별 없이 종교개혁의 유산들을 관리하였다. 예를 들면, 프리드리히 대제는 루터를 그 자신의 개화된 시기에 비유하였으며 그를 불쌍한 악마라고 불렀다. 그는 개혁자들이 성직자들의 속박으로부터 자유를 가져다 주었으며 게다가 교회 재산의 압수를 통하여 국가의 수입을 증가시킨 것에 관하여 그들을 높이 평가한다. 그러한 견해는 명백히 전적으로 종교개혁의 핵심을 놓치고 있다. 더욱이 그 당시 대다수의 지도

자들은 자신들을 로마 가톨릭교회의 제자라기보다는 오히려 루터의 제자들로 간주하였다. 이러한 시기에 "개신교"(저항자, Protestant)라는 개념은 계몽주의와 주관주의를 내포하였으며, 이러한 의미들은 여전히 오늘날까지도 그 개념을 규정하고 있다.

6. 5 독일 고전주의 시기의 루터 상

6.5.1 클로프스토크, 칸트, 하만, 헤르더

18세기 말, 루터 해석에서 증가하는 변화들은 클로프스토크, 칸트, 하만, 헤르더 등과 같은 대조적인 인물들과의 관련 속에서 설명될 수 있다.

그의 동시대인들과 비교하면, 프리드리히 고트립 클로프스토크 (Friedrich Gottlieb Klopstock)는 루터 신학의 중심 문제들을 매우 잘 이해하였다. 비록 그가 그 시대의 정신에 너무 많은 찬사를 보냈지만, 어쨌든 그는 죄와 구속의 문제에 접근하였다.

임마누엘 칸트(Immanuel Kant)는 아마도 소요리문답(the Small Catechism)을 제외한 루터의 어떤 저서들도 읽지 않았을 것이다. 흔히 주장하는 바와 같이 종교개혁 신학과 칸트의 철학 사이에 깊은 관련성이 있다는 것이 사실이라 할지라도, 칸트 자신은 이 사실에 대한 어떠한 암시도 하지 않았다.

소위 북부의 마구스(Magus of the North)라고 불리는 요한 게오르그 하만(Johann Georg Hamann)은 루터 신학의 중심 주제들, 특히 "말씀"의 개념에 대한 상당한 이해를 가지고 있었다.[13] 하만의 루터 해석은 일반적으로 그 시대의 정신에 의해 결정되지 않았다. 동시에 그는 합리주의자들과 그밖의 다른 계몽주의자들의 편향적인 해석을 분명히 인식하고 있었다.

하만과는 대조적으로 요한 고트프리드 폰 헤르더(Johann Gottfried von Herder)는 하만과 계몽주의자들 모두와는 상당히 거리가 있는 루터에 대한 해석을 제시하였다.[14] 간단히 말하자면, 헤르더는 천재라는 새로운 개념을 루터에게 적용하였고 루터를 민족사의 새로운 질서의 맥락 속에서만 이해될 수 있는 종교적 영웅으로 보았다. 그 근거 위에서 헤르더는 루터를 "인물"(personality)로서 제시할 수 있었고, 바이마르(Weimar)에서 발전하고 있던 새로운 지적 시기에 밀접하게 관련시킬 수 있었다. 헤르더가 이러한 중재적인 기능을 감당하였기 때문에 루터에 대한 그의 해석은 불균형적으로 하만의 해석 — 비록 하만의 해석이 그의 모든 동시대인들보다는 훨씬 월등하였지만 — 보다 더욱 영향력이 있었다.

6.5.2 요한 볼프강 폰 괴테(Johann Wolfgang von Goethe)

헤르더가 제시한 루터 해석의 새로운 방향들은 독일 고전주의 시대에는 결코 그들의 가치있는 효과를 얻어내지는 못하였다. 예를 들면, 요한 볼프강 폰 괴테는 루터를 잘 알지 못하였다. 계몽주의와 마찬가지로 그는 루터의 해방하는 활동들을 높이 평가했으며 특별한 가치를 루터의 독일어 성경 번역에 부여하였다. [15] 이에 더하여, 몇몇 괴테의 작품 속의 인물들은 괴테가 루터에 대해 알고있는 바 그의 특징들을 구체화하였으며 또한 괴테의 작품들에서는 루터에 대한 간접적인 언급이 나타난다. 그러나 루터는 괴테에게, 그리고 괴테의 기독교 신앙의 이해에서조차 논의될 만한 중요성을 가지고 있지 않다. 심지어 괴테가 그의 생애 중에서 기독교에 매우 가까이 접근했던 시기에도 그는 종교개혁자들보다는 경건주의자들에게 반응하였다.

괴테의 교회사에 대한 이해는 기본적으로 아놀드에 의해 결정되었다. [16] 괴테는 종종 교회 안에서 이단들이 지니는 역할에 대한 아놀드의 견해에 근거하여 판단하곤 했다. 그러나 괴테가 결코 루터와 관련되어 있지 않다는 사실은 아놀드의 영향이라기보다는 오히려 그의 삶에 대한 전혀 다른 접근 때문이다. 누구나 인정하는 바와 같이 우리는 괴테의 전 생애의 모든 기간동안 그리고 특별히 그의 이탈리아 방문 동안 그에게서 "저항자"(Protestant)의 어조를 발견할 수 있다. 괴테는 다른 많은 낭만주의자들에 대한 로마 가톨릭의 호감과 관계된 어떤 것도 원하지 않았다.

1817년과 1830년의 종교개혁 경축일의 경우에서 괴테는 루터에 대한 경의와 감사를 표했다. 그러나 이러한 것들에도 불구하고, 죄와 은총에 대한 루터의 근본적 신학과 인간에 대한 괴테의 사상 사이에는 중요한 차이점이 있다. 루터에 대한 엄청난 존경과 그의 위대한 활동에 대한 감사도 이러한 현실을 덮을 수는 없었다. 그리고 그 가장 위대한 독일 시인이 루터와 매우 밀접한 관계를 가질 수 없었다는 사실은, 의심할 여지 없이 괴테 이후 독일의 문화적이며 지적인 세계의 지도자들은 루터와 일정한 거리를 유지하였다는 사실에 대한 원인을 제공하였다.

6.5.3 프리드리히 쉴러(Friedrich Schiller)

프리드리히 쉴러는 루터와 그의 저서에 대한 의미있는 이해를 가지고 있지 못하였다. 그는 그 당시 이미 보편적이고 광범위하게 받아들여진, 루터의 해방하는 행동들과 이성의 등극에 대한 언급들을 반복하였다.[17] 인생의 비극적 실체와 죄책감에 대한 피할 수 없는 관련을 쉴러 자신은 깊이 인식하였으며, 실제로 이러한 인식은 오랫동안 잊혀진 루터의 많은 사상들을 재발견할 수 있도록 하는 근거를 제공하였다. 분명히 그러한 일은 일어나지 않았다. 그러나 쉴러의 역사에 관한 저술들은 루터의 종교개혁의 결과로서 발생한 혁명적 사건들에 대한 간결하고도 통찰력 있는 이해를 밝혀주었다. 그러는 가운데 쉴러는 동기와 관심의 다양성을 분명히 인식하였는데 그러한 다양성은 로마 가톨릭과 개신교 영역들 사이에 첨예한 분할을 가져왔을 뿐만 아니라 유럽 국가들와 민족들의 새로운 동맹으로 이끌었다. 물론 괴테와 마찬가지로 쉴러는 영적인 유혹의 한가운데 놓여 있는 신앙이나 혹은 인간이 보기에는 정반대의 방법으로 여겨지나 하나님 자신께서 친히 그의 활동을 수행해 나가시는 방법들에 대하여 결코 언급하지 않았다. 비록 지리적으로는 매우 밀접하나 비텐베르크와 바이마르는 서로 매우 멀리 떨어져 있었다.

6.5.4 요한 고트립 피히테(Johann Gottlieb Fichte)

우리가 위대한 시인들에 관해 언급한 것들은 독일 고전주의 시기의 철학자들에게도 적용된다. 칸트는 실제로 루터를 공부하지 않았다. 요한 고트립 피히테는 루터에 대해 단지 약간 더 알고 있었으며 또한 자신의 영혼을 구원하기 위한 루터의 투쟁을 이해하였다. 그러나 근본적으로 피히테는 루터에 대한 일반적인 계몽주의 견해의 한계 속에 머물렀다. 즉, 루터는 기독교를 그 속박으로부터 외부적 형태들로 해방하였으며 관심의 초점을 내적 생활로 옮겼다는 것이다. 명백하게 피히테 자신은 그의 입장과 루터와 종교개혁의 입장 사이에 놓인 거리를 잘 인식하고 있었다. 어찌되었든 간에 그는 그의 종교철학을 발전시켜 나가는데 루터의 권위에 호소하지 않았다. [18]

6.5.5 게오르그 빌헬름 프리드리히 헤겔(Georg Wilhelm Friedrich Hegel)

게오르그 빌헬름 프리드리히 헤겔만큼이나 종교개혁에 세심하고 조심스런 주의를 기울인 19세기 초의 중요한 철학자는 달리 없다. [19] 그 과정 속에서 헤겔은 계몽주의 시대 이래로 너무도 당연하게 간주되어온 종교개혁에 대한 잘못된 해석들을 광범위하게 극복하였다. 확실히 헤겔은 또한 자유라는 관념에 대하여 매우 감정적으로 받아들일 수 있었으며, 이러한 경향은 그의 주관주의(subjectivity)라는 개념으로써 강화되었다. 그러나 헤겔은 루터의 종교개혁은 자유를 매우 특별한 의식 속에서 이해하였다는 것을 강하게 강조하였다. 루터의 종교개혁은 자유를 하나님과의 관계 속에서 언급하였다. 또한 헤겔은 자유에 대한 이해가 신앙에 기초하였다는 사실을 인식하였다. 그러나 한편으로 헤겔은 이를 재해석하여 기독교의 하나님과 헤겔 철학의 "절대 정신"(absolute spirit)을 동일시하였다. 그리하여 루터의 신앙에 대한 이해는 그 정신이 자신의 자유를 인식하게 되는 과정이었다. [20] 신적 정신을 부여받은 주관적 정신은 신적 정신 그 자체가 되는 것으로 이해되었다. 신앙과 신적 정신의 수용은 따라서 그 자체와 관계된 정신으로 보였다. 그러므로 신앙은 신적 정신에로 빠져들어가는 참여로서 이해되었다.

이러한 사고들로 인하여 헤겔은 루터파 기독교의 형식에 대한 좀더 나은 방향 설정을 얻을 수 있었다. 특별히 신앙은 교회 안에서 획득되었다. 성직자와 평신도들 사이의 구별에 대한 종교개혁의 극복은 성만찬에서처럼 여기서도 중요한 의미를 지녔다. 이러한 모든 것들은 신적 정신에 의하여서 그리고 정신이 현재적 실체가 되는 방법을 통하여서 이해되었다. 모두가 인정하듯이 이것은 종교개혁 신학에 대한 하나의 새로운 왜곡이었으며, 계몽주의나 괴테의 왜곡과는 또 다른 것이었다. 반면에, 루터 자신은 우선적으로 창조자와 피조물들 사이의 정확한 구분에 관심을 두었는데 이러한 구분은 죄에 대한 이해뿐 아니라 인간의 창조에 대한 이해에도 중요하였다.

6. 6 낭만주의의 루터 상

6.6.1 노발리스(Novalis)

독일의 고전주의 시대와 낭만주의 시대는 일반적으로 동시적인 시기였으며 또한 상호 영향을 주고받은 시기였다. 가장 전형적인 낭만주의의 두 작품은 18세기에 출판되었다. 노발리스의 「기독교 혹은 유럽」(*Die Christenheit oder Europa*), 그리고 슐라이에르마허의 「종교론 : 교양있는 종교 경멸자들에 대한 강연」(*Über die Religion, Reden an die Gebildeten unter ihren Verächtern*)[21]은 1799년에 출간되었다. 노발리스는 루터에 대한 특별한 지식이 없었다. 그리고 그는 루터나 종교개혁에 대해 알지 못하였다. 그가 그의 책에서 종교개혁은 후기 교회의 부패에 의해 일어났다고 말한 부분은 사실이다. 그러나 그의 참된 이상은 우선적으로 교황과의 이상적인 중세적 결합의 복구였다. 그는 종교는 단지 중세 기독교의 부흥을 통해서만 재발견될 수 있다고 생각했다. 그러나 노발리스에게 이러한 생각은 중세 시기가 단순히 반복되어야 한다는 것을 의미하지는 않았다. 오히려 그는 새롭고 좀더 포괄적인 종교개혁을 구상하였는데 이는 곧 기독교의 연합 ― 중세시대의 경우보다 더 높은 수준의 기독교 ― 을 회복하는 것이었다.

노발리스는 종교개혁의 초기는 하늘을 가로지르는 유성의 불빛과 같은 것이라고 인정하였다. 그러나 곧 기독교는 끝난다. "그 이후로부터 더 이상 아무 것도 남지 않는다."[22] 노발리스는 종교개혁이 바로 현대의 불신앙 시대의 원인이라고 생각했다. 그러는 가운데 그는, 종교개혁에 반대하여 기록한 로마 가톨릭의 논쟁적인 문헌들로부터 끄집어낸 기본적 견해들을 받아들였다. 그러나 노발리스는 모든 면에 걸친 중세교회로의 회복을 찬성하지는 않았다. 이와 더불어 이해할 수 있는 사실은 낭만주의자들의 지도적인 대표자들이 차례로 로마 가톨릭으로 개종하였으며 낭만주의는 로마로 되돌아간다는 보편적인 인상을 주었다는 것이다.

6.6.2 프리드리히 슐라이에르마허(Friedrich Schleiermacher)

자연히 개신교 신학자인 프리드리히 슐라이에르마허에 의해 만들어진 루터 상은 훨씬 달랐다. 종교개혁에 대한 어떠한 부정적인 평가가 전혀 나타나지 않았다고 하는 것은 이해될 만하다. 동시에 슐라이에르마허는 루터와 더 긴밀한 관계를 가지지 않는다. 루터는 슐라이에르마허의 그 유명한「종교론」속에서 종교에 대한 그의 숙고들에서 어떠한 중요한 역할을 감당하지 않았다. 슐라이에르마허는 루터가 말한 어떠한 것도 사용하지 않았으며 루터에 반대하여 그의 입장을 정의하지도 않았다.

슐라이에르마허의 종교에 대한 강좌 속에서, 루터는 단지 "종교개혁의 영웅"으로서 명명되어 있을 뿐이다.[23] 기본적인 내용에서도 루터는 낭만주의자인 슐라이에르마허를 그리 흥미롭게 하지 못하였다. 슐라이에르마허의 후기 저술들에서도 역시 루터에 대해 특별한 중요성은 부여하지 않았다. 물론 슐라이에르마허는 그가 개신교도임을 매우 분명히 하였고 그 사실에 대해 자랑스럽게 여겼다. 그리고 루터는 로마 교회에 대항하는 것과, 그의 더 나은 지식을 거슬러 로마의 권위에 항복하는 것을 거부함을 통하여 결정적인 공헌을 하였다. 이 점에서 종교개혁은 슐라이에르마허에게 중요하였다. 동시에 슐라이에르마허는 종교개혁 신학에 반대되는 자신의 입장을 정의하지도 않았는데 이 종교개혁 신학은 그 자신이「기독교 신앙」(*The Christian Faith*)[24]에서 제시한 신학과는 매우 다른 것이었다.

대부분의 중요한 신학적 주제들에서 슐라이에르마허와 루터는 일치하지 않는다. 철학과 신학 사이의 관계에 대한 기본적 이해에서도 그러하다. 루터는 양자를 날카롭게 구분 ― 비록 그가 주의깊게 이들 관계의 성격을 정의하고 있지만 ― 하는데 반하여 슐라이에르마허는 이들을 조화롭게 결합된 것으로서 본다. 죄와 은총에 대한 기본적인 접근에서도 그들은 마찬가지로 중요한 차이점을 가진다. 결국 그들은 교의적 가르침의 위치와 그 중요성을 다르게 보았다.

루터와 슐라이에르마허 사이에 하나의 유사점이 있다. 그 둘은 전격적으로 새로운 상황 속에 살면서 활동하였고 그들 시대의 요구에 응답하려고 노력하였다. 이러한 이유로 하여 우리는 그들에 대한 비교를 그들의 교리들의 세밀한 분석에만 제한해서는 안된다. 오히려 우리는 그들의 총체적인 면에서 신학적 접근들을 비교해야 한다. 이와 같은 비교들은 또한 그들 각각의 시기에 따라 삶을 이해하는 기본적인 가능성들을 고려하는데, 연구는 아직까지 책으로 출간되지 못하였다. 파울 자이퍼(Paul Seifer)는 이러한 비교의 간략하나 중요한 개략을 기록하였다.[25] 그러나 어떤 것도 슐라이에르마허가 종교개혁 신학의 연구로부터 더 이상 얻을 수 있는 것이 없다고 느꼈던 사실의 중요성을 감소시키지는 않는다.

이 사실은 19세기와 20세기 초의 신학에 끼친 슐라이에르마허의 특출한 영향력으로 볼 때 더욱 중요하다. 따라서 우리는 결코 슐라이에르마허가 어느 누구도 루터에 대한 새로운 연구를 하도록 자극하지 않았다고 말할 수는 없다. 이는 슐라이에르마허뿐 아니라 모든 낭만주의자들에게도 적용된다. 비록 낭만주의 운동의 다양한 신학자들의 종교적이고 종파적인 입장들이 아무리 다르다고 하여도 독일 고전주의 신학자들만큼 새로운 루터 연구에 공헌하지 못하였다.

6. 7 학술적 루터 연구의 시작

6. 7. 1 에를랑겐 판(The Erlangen Edition)

루터 전집의 에를랑겐 판(*EA*)[26]의 출판은 루터 연구를 위한 새로운 토대를 창출했다. 비록 우리가 이 판에서 많은 부적당한 점들을 ― 예를 들면, 가장 유용한 원본이 사용되지 않았고, 편집에, 그리고 학문적 장치들에 ― 발견할 수 있지만, 이 판은 이용 가능한 다른 어떤 판들보다 월등했다. 그것은 루터 전집의 완결된 판의 첫 시도였으며 본문을 편집하는 데에 비평적 방법들을 적용한 첫 판이었다. 시간이 흐름에 따라, 원본을 재구성하는 방법들이 상당히 향상되었다 — 그러나 이는 이 판 편집자들의 경험의 근거에서 이루어졌음을 기억해야 한다. 결과적으로 몇몇 책들은 다른 책들보다 더 낫다. 엔더스(E. L. Enders)가 편집을 도운 책들은 특별히 두드러진다. 또한 주목할 만한 사실로서 에를랑겐 판을 통하여 처음으로 넓은 영역의 사람들이 자신들의 밀도있는 개인적 루터 연구에 몰두할 수 있게 되었다.

6. 7. 2 레오폴드 랑케(Leopold Ranke)

레오폴드 랑케는 에를랑겐 판의 출판 이전에 이미 루터에 대한 학문적 연구에 역동적인 자극을 주었다. 라이프치히 대학의 학생으로 있는 동안, 이미 랑케는 분명히 새롭고 다른 방법으로 루터를 연구하기 시작했다. 당시 그의 연구의 단편적인 글들은 1926년에 출판되었다.[27] 이 새로운 루터 연구의 첫 작품은 그 이래로 당연히 읽어야할 것으로 여겨졌다. 이 단편들은 어떻게 랑케가 루터와 그밖의 16세기 자료들로부터 발췌하여 수집하였는지를 보여준다. 그 후 그는 자신의 생각들을 첨가하였다. 가장 중요한 것은 1817년 10월 31일에 그가 기록한 메모이다. 여기에서 그는 루터에게 대단한 찬사를 보냈다. 동시에 그는 루터의 95개조 반박문 300주년 기념을 준비하면서 출간된, 기본적으로 부당한 문헌에 대한 불만족을 토로했다. 이러한 불만은 그로 하여금 루터와 다른 자료들에 대한 자신의 직접적인 밀도있는 연구를 시작하도록 인도했다. 가장 중요한 자료들을 구별하기 위한 명석한 의식을 가지고 랑케는 자신의 독자적인 시각으로써 그 자료들을 읽은 뒤, 그 자신의 독자적인 결론에 도달했다.

이러한 랑케의 초기 루터 연구의 단편은 중요한데, 왜냐하면 이 연구가 특정한 철학적 전제들이나 혹은 미리 의도된 가정들의 터 위에 그들의 생각과 관심을 두지않은, 루터와 종교개혁에 대한 첫 분석의 글이기 때문이다. 더 나아가 랑케는 그 자료들로부터 직접적으로 루터 상을 발전시켜 나가려고 하였다. 랑케는 또한 루터의 신앙고백문의 해석에 중요한 진보를 이루었다. 그는 배경과의 대립 속에서 그리고 종교개혁사의 맥락 속에서 루터를 보았다. 그리하여 그는 처음으로 세계 역사의 범주에서 그 개혁가의 종교적 중요성을 인식하였다. 루터의 글을 읽으면서 랑케는 루터의 시편 101편의 주석 (1534/35)[28]에 특별한 관심을 기울였다. 이 시편 주석에서 루터는 자신의 신학적 역사 이해를 전개시켰다. 비록 랑케가 루터의 진술들을 피히테 철학의 범주로 전환시키긴 하였지만, 이러한 견해들은 랑케 자신의 사고 발전에 중요한 영향을 끼쳤다.

1817년에 랑케는 21살의 학생이었다. 그 당시 루터에 대한 연구로부터 발전된 발견들과 통찰들은 그의 「종교개혁 시기의 독일 역사」(Deutsche Geschichte im Zeitalter der Reformation)라는 글로 구체화되었다. 이 글은 20년이 지난 후인 1839-47년 사이에 비로소 처음으로 출판되었다. 그것은 역사 연구에 신기원의 시작을 의미했다. 그것은 루터의 해석사뿐만 아니라 종교개혁사 연구에도 근본적으로 새로운 토대를 세웠다. 비록 랑케가 여전히 낭만주의 속에서 루터 해석의 영향을 어느 정도 받았을지라도, 어느 누구도 로마와의 논쟁 속에 그리고 그의 신학 전반에 걸쳐 자리한 루터의 동기들에 대한 그의 이해에 다가가지 못했다. 신학자들은 그들이 랑케의 루터에 대한 깊은 통찰에 동화하고 그 통찰들을 그들 자신의 루터 연구의 토대로 구체화시킬 수 있기까지 상당한 시간이 필요했다.

이 책의 범위는 우리로 하여금 19세기 독일 역사가들에 의해 제안된 매우 다양한 루터 해석들의 흔적을 찾아나서도록 허용하지는 않는다. 또한 우리는, 정치적 문화적 경향들이 루터에 대한 다양한 상들의 끊임없는 수정에 영향을 주게 된 독특한 방법들을 탐구할 수 없다. 다만 우리는 역사적 연구 ― 대개 랑케의 영향에서, 그러나 때로 그와의 명백한 불일치 속에서 ― 가 끊임없이 그 자신의 루터 상을 전개시켜 나갈 것임을 발견할 수 있을 것이다. 그러는 가운데, 학자들은 그들 시대의 다양한 정치적 긴장과 갈등에 의해 중요한 영향을 받을 것이다. 이러한 영향들 중 가장 중요한 것 하나는 보수적 정치인들과 진보적 혁명주의 세력들 간의 갈등이었다.

이러한 갈등은 1848년에 절정에 달했다. 이 갈등은 우리에게 중요한데 왜냐하면 그것은 모순되는 다양한 루터 해석을 만들어내기 때문이다. "반동주의자들"(reactionaries)은 루터가 권위에 순종할 것을 주장했다는 사실에 호소할 수 있었다. 마르크스와 엥겔스와 같은 "좌익주의자들"(leftiest)은 루터를 제후에 대한 비굴한 아첨꾼으로 보았다. 후자는 루터의 신학을 이해하지 못하였으며 오히려 루터의 신학을 16세기 초 사회 상황의 한 현상으로 해석했다. 그들은 종교를 사회에 만연하는 상황의 한 부산물 이상으로 여길 수 없었다. 그러나 루터의 권위를 정부나 사회에 있는 자신들의 특권적 지위를 지지하기 위하여 행사하려는 사람들은 그들의 해석에서도 여전히 편향되었다. 예를 들면, 그들은 루터를 "가장 위대한 독일인"으로서 제시하였으며 그의 활동은 결국 비스마르크에 의해 완성되었다고 확신하였다. 그 당시에 어느 누구도 이러한 모든 다양한 루터에 대한 해석들이 그들의 상반된 이데올로기에 종속되어 몹시 왜곡되었다는 사실을 깨닫지 못하였다.

6. 7. 3 알브레히트 리츨(Albrecht Ritschl)

학자적인 연구에 기초하고 가능한 한 외부적인 전제들로부터 자유로운 루터 상을 발전시키고자 하는 랑케의 노력은 단지 그러한 시도로만 그치지는 않았다. 두 명의 신학자들이 그 작업에 착수하였는데 각각은 ― 비록 중심 문제들에서 서로가 상당히 차이가 있었지만 ― 우리가 진지하게 받아들일 필요가 있는 루터 해석을 제시하였다. 이들 양 작품들은 후대의 루터 연구에 강한 영향을 주었다.

이러한 주도적 루터 해석의 하나는 바로 알브레히트 리츨(1822-89)에 의해 전개되었다. 교리에 대한 그의 체계적 제시[29]와 경건주의에 대한 역사적 연구[30] 모두에서 리츨은 루터에 대한 중요한 상을 발전시켰다. 이것은 랑케의 해석과는 다른 방법으로 이루어진, 이전의 루터 해석들보다 월등한 것이었다. 리츨은 그의 노력을 통하여 랑케를 뛰어 넘어 중세 후기로부터 근세를 꿰뚫는 신학사의 맥락 속에서 루터와 종교개혁 전체를 보고자 했다. 리츨의 생각으로 볼 때, 루터의 위대한 업적은 그가 신비주의의 영향 뿐만 아니라 사변적인 형이상학의 영향을 극복하였던 것이었다. 리츨은, 루터가 종종 자신은 유명론에 의해 영향받았음을 명백히 하였다는 사실을 기꺼이 인정하였다.

그는 「노예의지론」(The Bondage of the Will)[31]의 경우가 그러했다고 보았다. 그 책에서 루터는 유명론의 입장을 가지고 하나님의 다양한 힘들 사이를 구분하였다. 그러나 근본적으로 리츨은 루터를 자유와 독립을 선언하고 이를 가져다준 사람으로 보았다. 계몽주의는 루터가 던져준 자유를 관용 (tolerance)의 첫 단계로 이해하였다. 리츨이 강조한 자유의 의미는 바로 우리가 세상을 지배할 수 있는 내적 과정의 토대로서 자유이며 자연법칙과 역사법칙에 대한 자유라는 것이다. 리츨이 즐겨 인용한 루터의 진술 중에서 하나는 "죄 용서가 있는 곳에서는 또한 생명과 구원이 있다"[32]는 것이다. 리츨은 철학뿐만 아니라 근대 자연과학에 대립되는 기독교 신앙을 해석하고 정치적 윤리문제들에 대하여 토론함으로써 중대한 공헌을 남겼다. 그는 언제나 루터를 그의 가장 중요한 선생으로 여겼다.

그의 루터 이해와는 대조적으로 리츨은 경건주의를 신비주의로부터 파생되고 근본적으로 개신교 전통에서보다는 중세 가톨릭에서 더 많이 일어났던 한 운동으로서 설명하였다. 그 때문에 리츨은 또한 19세기에 일어난 대각성운동의 다양한 형태들에 대하여 반대 입장을 표명했다.

리츨의 루터 해석의 가장 중요한 결과는 신학자들이 루터 신학의 중요성을 인식하기 시작했다는 것이다. 리츨 이전에 루터는 다만 교회의 성직자로서 그의 글들은 경건하게 인용될 뿐 거의 읽혀지지는 않았다. 그러나 리츨 이후 루터는 신학자로서 19세기 후반의 상황에 결정적 공헌을 하게 되었다 — 비록 이것이 16세기의 상황과는 상당한 차이가 있었지만. 동시에 리츨의 루터 상은 심각한 약점들로 인해 어려움을 당했다. 테오도시우스 하르낙보다 더 분명하게 그러한 약점들에 주의를 기울인 사람은 없었다.

리츨은 루터 신학의 기본적인 요소들을 축소하거나 전적으로 간과하였다. 이러한 것들 중에 루터의 죄와 은총에 대한 좀더 근본적인 언급들 외에도 하나님의 분노, 심판, 율법과 복음 사이의 변증법적 구분 등과 같은 사상들이 있다. 리츨은 실제적으로 루터에게 신학적 개념들이었던 개념들을 받아들인 후, 그들을 내면적 자유와 윤리에 의해 다시금 정의내린다. 그리하여 루터 해석에서 리츨의 매우 높은 업적들과 그의 커다란 한계들은 밀접하게 관계된다. 그는 종교개혁 신학을 시대 상황에 적합하도록 하였으나, 그러는 가운데 그에 대한 잘못된 해석의 대가를 치러야만 했다.[33]

6. 7. 4 테오도시우스 하르낙(Theodosius Harnack)

19세기에 다른 선도적인 루터 해석은 테오도시우스 하르낙의 루터에 대한 신선한 접근의 결과였다. 그는 루터 신학에 대한 광범위한 첫 연구서인 「화해론과 구원론에 대해 특별한 관계를 지닌 루터의 신학」(*Luthers Theologie mit besonderer Beziehung auf seine Versöhnungs-und Erlösungslehre)*을 저술하였다.[34] 이 책이 1927년에 재판되었다는 사실은 이 연구서의 중요한 가치를 나타내준다. 그리고 루터에 대한 이 개관은 여전히 루터를 해석하려고 하는 노력들 가운데 그 고유한 영역을 차지하고 있다.

하르낙의 저서는 리츨에 대한 반대 입장으로 특징지어진다. 그는 특별히 제2권에서 리츨을 거부하는 데에 열정적이었다. 하르낙은 리츨이 율법과 복음 사이의 구분을 간과하였으며 심판과 은혜가 나란히 나온다는 사실을 쉽게 지나쳐버렸다고 비판하였다. 그 결과 하르낙은, 리츨이 십자가 위의 그리스도의 죽음을 이해할 것을 요구하는 루터의 칭의론에 대해 그 중심 의미를 이해하지 못했다고 말하였다. 하르낙 저서의 부제는 중요하다. 그것은 화해론과 구원론을 중심에 두었다. 이들 교리는 율법과 복음 사이의 관계 ─ 이것은 루터의 모든 신학 저서의 중요한 요소였다 ─ 를 이해하기 위하여 절대적으로 필요한 근거가 된다.

이로 인하여 하르낙은 리츨이 매우 부당하게 무시했던 주제들에 대해 특별한 우위를 부여했다. 이 주제의 하나는 하나님의 감추어짐에 대한 문제이다. 하르낙은 처음으로 이 개념의 의미를 밝혔는데 이는 「노예의지론」에서 중심되는 것이었다.[35] 하르낙은 우리가 단순히 하나님의 사랑이라는 토대 위에서만 루터의 사고를 이해할 수 없다는 것을 명백하게 보여주었다. 이 사랑과는 별도로 하나님의 진노의 현실이 놓여있다. 하르낙에 의해 보여지는 루터는 근본적으로 정통주의자 루터이다 ─ 그러나 정통주의 자체가 잊어버렸고 하르낙에 이르러서야 토론되는 루터 사상의 많은 참된 특징들에 의해 그 상은 풍요롭게 되었다.

물론 하르낙의 상은 또한 중요한 약점들로 인해 어려움을 겪었다. 리츨과는 달리 하르낙은 중세 후기와 근세 초기의 신학사 속에서 루터의 위치를 이해하고자 시도하지 않았다. 결과적으로 그의 해석은 역사에 닻을 내리지 못하였으며 하르낙은 루터의 업적에 대한 한계점에 대하여 의식하지 못하였다. 더욱이 하르낙은 루터의 저작들을 철저하게 읽었으나 그것이 씌어진 역사적 상황들에 대해서는 거의 주의를 기울이지 않았다. 그 대신 그는 루터의 작품들로부터 상당히 많은 인용구들을 모았으며 체계적인 주제들의 묶음에 기초하여 그들을 조직화하였다. 그 앞에 놓인 이러한 자료들로서 그는 루터 신학에 대한 설명을 기록하였다. 결국 하르낙은 루터의 신학을 19세기의 문화적이고 신학적인 운동들과 연결시키지 못하였다. 이는 독자들에게 루터 신학이 외부적인 시대 맥락 속에서 전개되었다는 인상을 준다. 이것은 아마도 본질상 그리고 자연히 중요하게 된 하르낙의 저술이 보수적인 루터파 신학자들의 영역 밖에서는 그리 큰 주의를 끌지 못한 이유일 것이다. 단지 오랜 후에야 루터 학자들은 하르낙의 책이 무시되어서는 안되는 중요한 내용들을 담고 있다는 사실을 발견하게 되었다.

물론 이 두 방법들 사이의 중요한 긴장은, 그 하나는 루터를 근본적으로 무비판적인 방법으로 제시하며 또 다른 하나는 루터를 당시 상황의 논쟁들이 된 것들과 연관시키는데, 리츨과 하르낙의 대조적인 두 저작들에 제한되지 않는다. 오히려 이러한 긴장은 오늘날에도 나타난다. 어떤 의미에서는 양자에 대한 각각의 선택들은 편향적인 것이다. 한쪽의 선택은 역사로부터 루터를 추상화시켜 현재의 논쟁들에 어떠한 도움도 주지 못하게 되는 위험성이 놓인다. 다른 한 선택은 기껏해야 루터를 현대적으로 의의있게 만드는 정교한 시도로 이끄나 또한 그 과정에서 루터의 입장을 심각하게 왜곡시키게 된다.

6. 7. 5 포이에르바하, 부르크하르트, 니체, 키에르케고르

루드비히 포이에르바하(Ludwig Feuerbach)는 루터를 매우 세상적인 방법으로 해석하고자 시도했다.[36] 그는 루터가 포이에르바하 자신의 무신론적 철학의 정신적 아버지라고 주장했는데 그 철학은 하나님에 대한 신앙을 인간 영혼의 영원자로 향한 투사로서 설명하였다.[37] 야콥 부르크하르트(Jacob Burckhardt)는 출판된 그의 저술들에서 종교개혁에 대해 결코 다루지 않는다. 그러나 그의 강의들뿐만 아니라 개인적인 기록들은 루터의 비인본주의적이며 급진적인 문체에 대한 깊은 거부감을 나타내준다.[38] 프리드리히 니체(Friedrich Nietzsche)는 루터를 더 혹독하게 비난하였다. [39] 쇠렌 키에르케고르(Søren Kierkegaard)는 아마도 루터가 도입했을 것이라고 생각되는 기독교의 안락한 중간 계층의 형성을 공격했다. [40]

6. 7. 6 에른스트 트뢸체(Ernst Troeltsch)

빌헬름 딜타이(Wilhelm Dilthey), 그라프 요크 폰 바르텐부르크(Graf York von Wartenburg), 그 밖의 다른 이들은 루터 상에 대한 전혀 새로운 강조점에 공헌하였다. 이들 중 가장 중요한 인물이 에른스트 트뢸치였다. [41] 트뢸치는 우주적 역사 연구에 중요한 공헌을 하였고 역사 연구에 대한 사회학적 접근을 전개시켜 나갔다. 이러한 연구의 과정에서 그리고 독일 학자들이 특별히 루터를 국가적 영웅으로 찬양하던 시기에 트뢸치는 루터에 대한 접근에 중요한 요소들로서 자유와 민주주의의 전통들과 앵글로색슨 자유교회들의 중요성에 주의를 기울였다. 그러한 맥락에서 보면 루터는 여전히 그 자신이 중세에 살고 있는 듯이 인생에 대해 사고하였다. 예를 들면 그는 신앙고백 문서들의 시기에 발을 디뎠고 따라서 옛 교리들이 재배적이던 시기에까지 활약하였다.

트뢸치는 특별히 루터를 그의 사적인 정치 행동들뿐만 아니라 정치윤리에서도 비판하였다. 트뢸치는 이것들이 정부의 힘을 강화하여 편향된 기능을 감당하게 한다고 생각하였다. 루터는 따라서 정부의 절대적 권력들을 ― 후대에는 더욱 발전한 ― 야기시킨 것에 대해 책임이 있었다. 더욱이 루터의 기독교인과 세상 사람들 사이의 구분은 두 측면의 윤리 개념을 지지하는데, 이 윤리는 또한 독일의 정치적 발전에 해로운 영향을 주었다. 동시에 트뢸치는 종교에 대한 루터의 특출한 공헌을 잘 인식하고 있다. 비록 루터가 중세 부분에 머물러 있었지만 그의 깊은 기독교 신앙에 대한 이해는 해방을 낳았으며 그러한 것들이 전적으로 함축하는 바는 단지 점차적으로 또한 예기치 못하게 개신교 속에서 현실화되어 갔다.

트뢸치의 거대한 저술은 신학의 경계를 넘어서까지 영향을 끼쳤다. 사상사와 사회학에서 그것은 특별히 중요했다. 나는 트뢸치의 루터에 대한 많은 비판들에 대해 전심으로 동감하고 싶다. 그러나 우리는, 또한 트뢸치의 주제들은 일반적인 역사적 조망뿐만 아니라 신학사의 조망으로부터 매우 진지한 문제들에 종속된다는 것을 간과해서는 안된다. 많은 트뢸치에 대한 평가들은 쉽게 잘못되었으며, 그것들은 오늘날에도 많은 학자들의 사고에 영향력을 행사하고 있다. [42]

6. 8 루터 연구에서 칼 홀의 중요성

우리는 20세기의 시작 이후로 루터 연구라는 말이 지니는 참된 의미 속에서 루터 연구에 대해 말할 수 있다. 중요한 비약적 발전은 칼 홀(Karl Holl, 1866-1926)에 의해 이루어졌다. 모든 다양한 현대의 루터 연구들은 홀에게 그의 기본적 공헌들에 대한 감사의 빚을 지고 있다. [43]

6. 8. 1 바이마르 판

루터 연구에서 이루어진 위대한 전진들은 바이마르 판(the great Weimar Edition, *WA*) [44] 이 없이는 불가능했을 것이다. 1883년에 그 첫 권이 출간되었을 때 아직 에를랑겐 판은 완결되지 못하였다. [45] 그러나 처음부터 바이마르 판이 에를랑겐 판보다 월등했다는 것은 분명한 사실이다. 에를랑겐 판과는 달리, 바이마르 판은 루터의 독일어 저작들과 라틴어 저작들을 분리하지 않았으며 오히려 연대기적 순서 속에서 루터의 출판물들과 원본들을 구분하려고 하였다. 루터의 편지들, 탁상 담화, 성경 번역들은 개별적인 단락으로 묶여 간행되었다. 그리하여 한 본문에 대한 최상의 판을 발전시키기 위해 들인 커다란 관심은 그만한 노력의 가치가 있다는 사실이 명백하게 되었다. 그러나 바이마르판이 출판된 뒤 곧이어 종교개혁의 초기 시기에 루터가 쓴 원고들이 발견되었다. 이들 중에는 시편 강의(1513-15)와 로마서 강의(1515-1516)가 있었다. [46]

이러한 강의서들의 출판은 초기 루터, 즉 1517년 이전의 루터에 대한 연구에 전혀 새로운 토대를 제공하였다. 오늘날 학자들은 루터가 수도원에 들어간 시기부터 시작해서 그의 교사활동의 시작을 통하여 공개적 인물이 될 때까지 루터에 뒤따라 나오는 길들의 흔적을 찾아낼 수 있다. 이제는 수세기 동안 루터 연구를 지배해온 이념적 편견으로 질질 끌어온 전쟁으로부터 루터의 동기들이나 본래적 의도들에 대한 연구를 벗어나도록 하는 것이 가능하게 되었다. 이러한 속박에서 일단 자유로워지면 루터 연구는 루터에 대한 질문들에 대한 좀더 정확한 대답을 기꺼이 줄 것이다.

6.8.2 루터 연구에 대한 홀의 공헌들

20세기가 시작될 무렵의 루터 학자들 중에서 칼 홀의 연구는 다른 어느 누구보다도 높은 수준의 것이었다. 그 이유는 홀은 교회사의 모든 측면들을 잘 알고 있었고 다른 누구보다도 신학사의 맥락에 루터를 두고 있기 때문이었다. 게다가 그는 기독교 신앙을 학적이고 정확한 자세 속에서 이해하였으며 어떻게 자신의 자료들을 흥미있는 방법으로 제시할 수 있는지 알았다. 끝으로 그는 종교개혁 신학에 관한 새로운 책을 출판하여 그것이 당시의 신학적 토론의 중심이 되도록 했다. 이는 루터에게 귀기울이게 한 새로운 방법이었다.

홀은 결코 루터 신학의 개괄적인 요약을 서술하지 않았다. 오히려 그는 일련의 학술 논문들 속에 자신의 연구를 발표하였다. 그러나 이들 소논문들은 홀이 언제나 특정한 주제들에 어울리는 조망들 속에서 제시한 루터의 단일한 견해를 반영하기 때문에, 이러한 소논문들은 우리에게 상당히 포괄적인 루터의 견해를 제시해 준다. 홀은 처음으로 그의 루터 연구에서 역사적 조망과 체계적 조망을 결합하였다. 또한 그는 그 문제의 역사적 기원을 조사하였으며 그 후 루터의 특정한 사상적 측면에 대한 역사적 발전의 흔적을 추적하였다. 그러나 홀은 동시에 조직신학의 질문에 관심을 가졌다. 그는 어떻게 이것들을 당시 신학적 논의들에 적합하게 제시하느냐 하는 것을 이해하고자 하였다.

홀은 다양한 방법으로 그의 논문들을 출판하기 시작했다. 가장 중요한 것은 "구원의 확실성에 대한 질문을 특별히 고려하면서 로마서에 대한 루터의 강의에서 칭의론"(1910년)[47], "루터와 지방을 통치하는 교회정치 "(1911년)[48], "루터의 교회개념의 성립(1915년)"[49], "종교에 의해 루터는 무엇을 이해하였는가?"(1917년 10월 31일 베를린 대학에서 행한 경축일 기념강좌)[50], "도덕의 재확립"(1919년 출판)[51], "루터와 열광주의자들"(1922년).[52] 이러한 시기 동안 독일 역사에 친숙한 독자들은 홀이 언제나 당시의 논의들에 적합한 주제들을 선택했다는 사실을 이해할 것이다.

6. 8. 3 양심의 종교로서 루터의 종교

홀은 그의 루터 해석을 하나님과 우리의 관계문제에 집중하였다. 인간으로서 우리는 우리들 스스로가 성취할 수 없는 절대적인 요구에 직면하게 된다는 것을 알고 있다. 우리는 이러한 절대적인 요구와 우리 양심 속에 있는 자신들의 부족함 모두를 경험한다. 이 양심이 우리가 하나님을 만나는 장소이다. 하나님의 윤리적 요구와 그 요구를 충족시킬 수 없는 우리의 좌절의 경험이, 심판하시고 한편으로는 은혜로우신 하나님을 경험하는 기초가 된다.[53] 이러한 경험들이 바로 특별한 종교적 경험이다.

홀이 루터의 종교를 "양심의 종교"[54]로서 이해한다는 것은 그의 해석의 특징이다. 어거스틴과 중세 대부분의 종교와는 달리, 루터의 종교도 "의무"(Pflicht)적 요소를 포함한다.[55] 그런데 여기서 어거스틴과 중세 사람들의 종교를 홀은 구원의 종교 혹은 축복의 종교로 특징지웠다. 홀은 루터의 종교는 또한 신비주의 종교나 낭만주의보다 비할 수 없이 심오하다고 생각하였다. 루터는 처음으로 바울에게서 직접 자료를 끌어들인 사람이었다. 그러나 동시에 루터는 정치적 윤리뿐만 아니라 개인적 윤리를 위하여 필요한 근거를 세웠다.

특별한 본문들에 대한 홀의 상세한 분석과 그의 주의깊은 역사적 해석은, 조직신학에 대한 그의 연구 결과를 분명히 이해하는 것과 동일하게 결합되어 루터에 대한 그의 논문들로 영향력있게 하였다. 더욱이 홀은 매우 유능한 학문적 선생이었다. 어찌되었든 많은 우수한 루터 학자들 ― 예를 들면 에마누엘 히르쉬, 하인리히 보른캄, 한스 뤼커르트(Hanns Rückert) ― 은 그로부터 교육을 받았다. 제1차 세계 대전 이후의 시기는 신학적 갱신의 시간들이었다. 홀은 그러한 과정에 근본적인 공헌을 하였다.

6. 8. 4 홀의 루터 해석이 지니는 한계들

그러나 홀의 루터 해석은 또한 자체의 한계를 가진다. 우선, 루터가 "양심의 종교"를 가르쳤다는 그의 주장이나 종교개혁의 급진전이 윤리적 재건으로 인도되었다는 그의 논제는 어느 하나도 루터가 그것들을 제시한 것처럼 주장될 수 없다. 홀의 윤리에 대한 초점은 사실상 루터에게 부합되는 것은 아니었다. 더욱이 좀더 이른 시기의 종교에 대한 비판은 — 특히 행복론적 종교로서 어거스틴의 종교 이해 — 유용하지 못하다. 루터와 교회의 전통적 가르침 사이의 차이들을 정의하는 것은 홀이 생각한 것보다 훨씬 어렵다. 후기 중세의 입장에 대한 홀의 재정립은 정확하지 않았다. 루터 자신에 관계되는 한, 종교개혁에 이르는 길은 심판과 회개에 대한 질문을 둘러싼 신앙의 새로운 이해로 마련된 것이지, 그 어떤 새로운 정신적 분위기(ethos)로 시작된 것은 아니었다. 홀은 더 심각한 실수를 범했는데 그때 그는 "루터의 경건은 그의 전체적 신앙이 전적으로 그리고 유일하게 그리스도에 기초하고 있다는 생각에서 그리스도 중심적이 아니다"[56]라고 주장하였다. "그리스도를 잊는 것"[57]에 대한 이러한 논제는 모든 종파의 루터 학자들에게서 적절하게 포기되었다. 이 점에서 확실히 홀에 대한 거부가 필요하며 루터의 신학은 십자가에 달리시고 부활하신 주로서 예수 그리스도에게 초점이 맞추어져 있다고 주장해야 할 필요가 있다.

이것은 마지막 질문으로 이끈다 : 루터의 시기와 그가 말하는 상황들이 홀의 시기와 상황들과 매우 다르다는 것을 충분히 검토하지 않고 현대판 루터를 제시한 것이 아닌가? 홀의 유명한 강의 "루터는 종교를 어떻게 이해하였는가?"는 제1차 세계대전의 끝 무렵 위험한 상황의 맥락에서 읽은 사람들에게는 쉽게 이해된다. 비록 이러한 진술들이 홀의 상황적 맥락에서 의미는 있었지만, 그것들은 루터의 입장을 공정하게 제시해 주지는 않았다.

마찬가지로 비텐베르크에서 홀의 강의 "루터와 열광주의자들"에도 적용된다. 홀은 에른스트 블로흐(Ernst Bloch)가 최근 출간한 토마스 뮌처에 대한 부정확한 연구서에 반응하고 있었다.[58] 홀은 신학자들로서 뮌처와 다른 신령파(Spiritualists)들에 대한 심오한 통찰들을 전개하였다. 그러나 그는 매우 편파적인 방법으로 전개해 나갔는데 그는 그들을 루터의 관점에서 연구했기 때문이다. 열광주의자들은 원래는 떨어져나간 종교개혁의 후예들이라는 홀의 논제는 여전히 오늘날에도 널리 받아들여진다. 그러나 이러한 논제는 역사적으로 받아들일 수 없다. 일부 홀의 주장들도 문제가 된다. 그는 또한 루터를 독일 역사의 원형으로서 제시한 반면에 뮌처는 앵글로 색슨 역사의 원형으로 간주했다. 홀은 루터와는 달리 매우 부당하게 열광주의자들을 "창조적인 종교적 진리를 제시해주는" 자로 묘사되는 단순한 선동자들로 보았다.[59]

이러한 논문들이 씌어진 상황에서 그러한 진술들은 단지 홀이 국가 보수주의 정치운동을 공개적으로 지지하는 가운데 루터의 권위를 사용하였다는 것을 의미한다. 그것은 또한 분명히 홀의 의도였다. 그러나 그 속에서 홀의 루터 해석은 루터 사상에 대한 허용가능한 현대화의 한계를 넘어버렸다. 결과적으로 홀의 루터에 대한 견해는 국가주의 정치가들의 오용에 대항하여 정확히 수호되지 못하였다. 여기서 이 정치가들은 자신들의 입장을 지지하기 위하여 루터의 권위를 주장하려 하였다. 이것은 1933년 이후에 나쁜 결과를 낳고 말았다. 그러므로 우리는 자신들을 "독일 기독교인" ─ 국가사회주의 당(나치)의 메시야적 요구들을 주창하는 단체 ─ 이라고 부르는 무리의 몇몇 지도자들이 홀, 특별히 에마누엘 히르쉬(Emanuel Hirsch)에 의해서 훈련받았다는 사실에 놀라서는 안된다.

홀은 불행하게도, 루터의 중요성에 대한 트뢸치의 몇 가지 제안들이 매우 유용할 수도 있을 것이라고 볼 수 없었다. 홀은 광범위한 논제들에 대해 트뢸치에 대한 그의 반대적 입장을 표명했다. 홀은 루터 학자로서 그리고 루터 연구에서 트뢸치보다 훨씬 뛰어났다. 그러나 홀이 트뢸치의 주장에 대한 단지 방어적인 반응 이상을 보일 필요가 있었다. 트뢸치의 논제들과 루터의 종교개혁에 대한 그의 비판적 질문들은 매우 중요하여 단순하게 다루어질 수 없다. 그러므로 트뢸치의 공헌은 후대 시대에 새로운 의미를 부여할 것이라는 사실은 피할 수 없다.

6. 9 루터 연구에서 최근의 흐름들

홀은 그의 나의 60세인 1926년에 죽었다. 그후 그 당시 발전하기 시작한 신학적이고 정치적인 논쟁들 속에서 왕성한 역할을 감당할 수 없었다. 심지어 1933년 이전, 그리고 히틀러가 권력을 잡은 이후에는 신학자들과 교인들은 세 부류로 첨예하게 나뉘었다. 세 부류란 "독일 기독교인들", 폭넓은 중간 배회자들, "고백 교회"였다. 고백 교회의 많은 회원들은 바르트로부터 영향을 받았다.[60] 홀은 개인적으로는 그의 루터 해석을 이러한 논쟁들에 적용시킬 수 없었다. 만약 그가 시도했더라면 신학적 토론은 상당히 다른 길을 걸었을 것이다. 홀의 루터 상은 매우 폭넓게 형성되고 의미 있어 바르트의 신학만큼이나 중요한 역할을 감당했다는 것은 당연했는지 모른다.

6. 9. 1 에마누엘 히르쉬(Emanuel Hirsch)

홀 학파의 가장 중요한 대표자는 에마누엘 히르쉬(1888-1972)였다.[61] 불행히도 히르쉬의 정치적 신학적 입장은 1933년 이후로 홀의 유산을 불신하게 만들었다. 결과적으로 루터에 관한 교회와 신학에서의 대화들은 홀의 루터 해석과 관계있는 사람이 아닌 다른 사람들과 관점들에 의해 주도되었다. 이 사실은 또한 히르쉬 자신이 종교개혁의 특별한 전통들 가운데 활동했다고 하는 사실을 은폐시켰다. 물론 그는 자기 나름대로의 인위적인 방법으로 이 전통들을 취급했지만 말이다.

6. 9. 2 칼 바르트(Karl Barth)

칼 바르트(1886-1968)는 개혁신학자이자 방대한 양의 「교회교의학」(Church Dogmatics)[62]의 저자이다. 중요한 것은 그의 모든 신학 저술과 특별히 그의 교회 교의학의 저술에서 그가 이전의 신학이 했던 것보다 더 심도있는 폭넓은 신학적 전통에 몰두하였다는 것이다. 바르트에게 루터는 과거의 가장 중요한 신학자였다. 홀의 루터 해석법과는 대조적으로 바르트는 후기 루터에 대해서만큼 초기 루터에 대해 관심을 갖지는 않았다. 1530년 이후의 후기 루터야말로 어떤 의미에서 교회의 교사가 되었다. 루터교 정통주의 신학자들과는 달리 바르트는 다른 신학적 접근을 거부하고 자신의 신학적 접근을 세우는데 관심을 두지 않았으며, 오히려 책임있고 포괄적인 교회 가르침의 해석을 추구했다. 루터교 정통주의의 시대 이래로 여느 다른 신학자들도 바르트가 했던 것처럼 후기 루터에 대해 동일한 중요성을 부과하지 않았다. 그러한 가운데 바르트는 루터의 제한점으로 여겨진 것들에 대해 계속적으로 주의를 기울였다.

바르트는, 숨겨진 하나님과 계시된 하나님 사이에 놓인 루터의 구분이 하나님의 일체성을 파괴할 우려가 있다고 생각했다. 바르트는 또한 인간의 본성에 따라 부활하시고 영화롭게 되신 그리스도가 편재하신다는 루터의 주장은 부당하게 예수가 지닌 인간적 본성의 실체를 제한하였다는 오랜 개혁주의의 관심을 공유하였다. 그리고 바르트는 루터주의자들의 율법과 복음 이해를 비판하였다. 많은 루터주의자들이 율법과 복음의 구분을 변증법적 상호관계로서가 아니라 하나는 이 시간에, 다른 하나는 저 시간에 언급될 수 있는 것과 같은 분리로서 이해하였다는 사실은 분명코 인정해야만 한다. 이러한 왜곡에 대하여 바르트는 율법에 대한 복음의 우선성을 강조하였다. 율법은 동시에 복음 자체가 표현되는 필요한 형식이다. 바르트는 기독교와 세상 공동체 사이의 관계를 동일한 방법으로 정의내렸다. 기독교는 세상 공동체의 내부적 핵심이다.[63]

바르트는 루터 자신에 대해서 뿐만 아니라 루터주의에 대하여 많은 관심과 비판을 나타냈다. 이러한 것들은 루터교 전통이 국가뿐 아니라 창조의 질서에 자율성을 부여하였다는 주장 속에서 대부분 날카롭게 표출되었다. 바르트는, 거의 필연적인 결과들은 복음으로부터 율법의 분리였으며, 은혜로부터 자연의 분리였으며, 영적 정부로부터 세상 정부의 분리였다고 생각했다. 바르트는 루터주의가 피하고자 한 율법주의의 위험을 인식하였으나 그는 항상 다른 방법으로 이러한 위험에 대해 경계하려고 노력했다. 그는 루터주의는 이러한 그리스도의 주권의 중요성을 충분히 강조하지 않았다고 생각했다.

6.9.3 프리드리히 고가르텐(Friedrich Gogarten)

프리드리히 고르가텐은 루터를 바르트의 방법과는 전혀 다른 방법으로 해석했다.[64] 그는 변증법적 신학의 초기 대표자의 한 사람이었지만 후기에는 바르트에 반대하였으며 그 자신의 입장을 더욱 주의깊게 정의해 나갔다. 고가르텐은 또한 홀의 루터 해석을 수정했다. 그가 강조한 것은 그리스도의 인격과 사역에 대한 교리가 루터 신학의 중심에 놓인다는 것이었다. 고가르텐은 홀과 트뢸치 사이에 있었던 논쟁과의 관련 속에서 이러한 수정을 내세웠다.

트뢸치와 홀 사이에 있었던 이 논쟁은 고가르텐 자신의 윤리에 대한 접근의 발전에 큰 의의를 지닌다. 트뢸치는 루터의 신학이 이중적 윤리를 선전한다고 비난했던 반면에, 고가르텐은 루터가 외부적 권위들에 의존하도록 기만당한 사람들을 자유롭게 해 주었고 그들에게 매우 적절한 자율성을 부여했다는 사실을 보여주려고 노력했다. 이는 루터가 사람들을 해방했다는 오래된 논제에 새로운 의미를 던져주었다. 즉 루터는 우리를 자유하게 하여 우리가 자신의 생활을 통제할 수 있는 성숙한 책임을 갖도록 하였다. 다른 말로 표현하자면, 종교개혁은 비로소 세상이 참으로 세상적일 수 있는 자유를 세상에 부여하였다.

그러나 고가르텐은 이러한 자유를 얻은 뒤 종교개혁이 과도하게 되었다고 의도적으로 말하지는 않았다. 이성은 신앙이 살아있는 한, 다양한 권위들이나 이데올로기들에 잘못 의지하도록 빠뜨리지 않고 세상에서 자신의 과제를 수행할 수 있다. 신앙은 이성으로 하여금 마땅히 누릴 가치가 있는 자유를 즐길 수 있도록 한다. 이성에 자유를 주는 것이 바로 신앙이라는 주장은 역사적 사실에 대한 설명 이상이다. 사실은 이성이 신앙을 통하여 유지되지 않을 때 이러한 자유를 잃어버린다. 참으로 세상적인 것들은 서양 역사에서 역사적으로 가능성있는 것이 되었으며 이것은 신앙과 이성이 서로 그들의 능력과 임무들 속에 있는 차이들을 존중해 주는 시기에 발생했다는 사실은 우연한 것이 아니다. 위의 사실을 고려해 보면 세속화(secularization)는 종교개혁의 기독교 신앙에 대한 정당한 이해의 결과였다. 반면에 세속주의(secularism)는 인간의 이성이 유일하고 절대적인 권위가 될 때 야기되는 것이다.

고가르텐의 생각으로 신앙은 이성 또는 정치적 윤리들이 삶의 질문에 답하는 해답들을 직접적으로 결정하지는 않았다. 따라서 고가르텐은 특별한 기독교 윤리를 전개시켜 나갈 수 있는 가능성을 거부했다. 이와 반대로 윤리는 이성의 활동에 근거한다. 신앙의 역할은 이성의 자유를 확립하여 이성으로 하여금 참으로 이성적일 수 있도록 하는 것이었다.

고가르텐의 루터 해석은 학자들에게 종교개혁과 근대 세계의 발전 사이의 관계를 심도있게 탐구하는 논의를 불러일으켰다. 이러한 연구들은 이 관계성이 고가르텐이 생각한 것보다 훨씬 더 복잡하다는 것을 드러내주었다. 근대 세계가 중세 후기에 시작된 발전의 넓은 기류에 의해 이루어진 것이라는 사실은 더욱 분명해졌다. 종교개혁은 이 과정을 형성하는데 도움을 주었으며 몇몇 공헌들을 남겼지만 근대 세계는 종교개혁 없이 발전하고자 했다. 루터해석에 대한 특정한 질문들에 관련하여서, 고가르텐은 분명코 루터의 윤리에 대하여 올바로 평가하지 못하였다. 고가르텐의 기독교와 합리주의의 구분은 루터 자신의 생각과는 일치되지 않는다. 그가 정치적인 문제를 언급할 때조차 루터는 "기독교인"의 원칙의 근거 위에 논지를 전개했다. 그는 공적인 행동과 사적인 행동의 동기가 되는 힘을 사랑으로 간주했다.

독일어권에서 고가르텐과 바르트에 의해 제기된 루터 해석들은 ─ 홀의 해석은 별도로 두고라도 ─ 매우 예리하고 강한 영향력있는 것들이었다. 비록 바르트나 고가르텐 중 어느 누구도 자신들의 주요 저작들에 있어서 근본적으로 루터와 종교개혁 연구에 몰두한 루터 연구 학자들이 아니었음에도 그러했다.

6.9.4 스웨덴 학자들의 루터 해석

독일 외부에서 발전된 루터 해석 중에서 스웨덴의 접근은 특별히 중요했다. 어쨌든 지난 수십년간 이 접근은 그 자체의 독특한 특성을 발전시켰다. 스웨덴의 루터 상의 독특성은 그 방법론적인 것에 있는데 주로 다양한 신학적 질문들을 분석하는 방법에 있어서 "갈등의 동기"(motif of conflict)에 초점을 맞추었다.

1920년에 시작한, 루터 해석을 주도적으로 이끌어 갔던 스웨덴 학파[65]에는 구스타프 아울렌(Gustaf Aulen)[66], 안더스 니그렌(Anders Nygren)[67], 라그나르 브링(Ragnar Bring)[68], 구스타프 빙그렌(Gustaf Wingren)[69]과 같은 학자들이 포함되었다. 이러한 연계 속에서 루터 연구의 피니쉬 학파(Finnish School)가 역시 언급되어야만 하는데 특히 레나르트 피노마(Lennart Pinomaa)[70]가 그렇다. 이미 언급되었듯이, 창조의 질서들에 관한 질문들보다 "갈등의 동기"가 스칸디나비아에서 더 중요한 역할을 감당했다. 이리하여 하나님과 사탄 사이의 갈등과 인간의 육에 대한 영의 투쟁에 특별한 집중했다.

니그렌은 "에로스"와 "아가페"라는 기본적인 주제들로서 기독교 교리의 역사를 발전시켰다. 니그렌은 루터를 아가페 종교의 가장 명백한 옹호자로서 소개했다. 스웨덴 신학자들은 율법과 복음의 질문을 토론하는데 특히 관심을 가졌다. 더욱이 스웨덴 학자들은 두 왕국에 대한 편중된 견해를 피하기 위하여 하나님의 두 왕국이라는 용어를 특별히 강조했다. 그 때문에 그들은 이들 두 왕국 사이의 갈등에도 불구하고 하나님이 이들 두 나라 각각에 대하여 궁극적으로 역사하시며 두 가지 방법으로 세상을 통치하신다는 사실을 분명하게 했다. 피노마는 하나님의 진노에 대한 루터의 개념에 특히 관심을 가지고 성 바울에 의해 발전되어 왔던 이 개념이 루터에게도 상당히 중요한 개념이었음을 보여주었다.

갈등이라는 주제에 대한 스칸디나비아 학자의 강조는 칭의와 구원의 확실성에 대한 편중된 강조에 대한 하나의 필요한 평형추였다. 스웨덴 학자들의 루터 해석은 바르트가 비판했던 종류의 결론에 이끌리지 않았다. 그러므로 이 해석은 바르트 신학에 관한 비판적 질문을 가지고서 바르트의 비판적 공격들을 논박한 독일의 루터 해석보다 더 체계화되었다.[72]

6.9.5 루터 해석에 관한 구 학파들의 종말

루터 해석에서 분명한 차이는 다양한 학파들의 서로 다른 전망(perspective)으로 설명될 수 있다. 이 관심의 초점과 출발점들은 조직신학자들에게 그러한 것처럼 교회사가들에게도 동일하지 않다. 일반적으로, 독일에서 루터 연구는 교회사가들에 의해 지배되고 있으나 스웨덴에서는 조직신학자들에 의해 지배되고 있다. 이는 스웨덴 학자들이 독일 학자들과는 달리 초기 루터에 대해서는 상대적으로 덜 관심을 가지고 있는 이유의 하나이다. 그러나 스웨덴 학자들은 특별한 동기나 주제의 역사적인 발전에 관련된 질문들에 더 많은 관심을 가지고 있다.

개인차의 다양성을 인정하는 스웨덴과 핀란드에서 가능했던 특별한 접근과 방법을 생각할 때 다른 나라들에서 루터 연구는 그렇게 넓게 특징지을 수 없다. 이러한 현상은 모든 루터 연구에서 증가되고 있는 경향이다. 시간이 지남에 따라, 루터 해석에 대해 어느 정도 접근했던 초기 신학자 집단들은 상당히 다양한 방법을 찾았다. 이런 이유로 해서, 이제 더 이상 무엇이라 할 수 없게 되었고 이러한 학파들이 감당하는 역할은 점차적으로 경미해져 가고 있다. 그렇다고 이것이 칼 홀 이후에 행해진 루터 신학을 집약적으로 서술하려 했던 위대한 노고들이 어떤 영향력도 발휘하지 못한다는 것을 의미하는 것은 아니다.

   루터 신학을 가장 의미 심장하게 그리고 포괄적으로 서술한 학자들로는 에리히 제베르크(Erich Seeberg)와 파울 알트하우스 (Paul Althaus) 등이 있다. 라인홀드 제베르크(Reinhold Seeberg)[73]는 에를랑겐 학파가 대표하는 루터교 전통 입장에 근거를 두고 루터에 대한 "보수적인" 평가를 견지하고 있다.

   에리히 제베르크는 루터 신학[74]을 개관하면서 이것을 세 권의 책에 담으려 했는데 — 이중 2권만이 출판됨 — 그는 이 책들에서 매우 독특한 방법으로 신비주의의 의미와 루터의 성령 이해에 초점을 맞추고 있다. 이러한 작업을 통해 그는 그리스도를 "하나님의 원초적 이미지"로 이해하게 되었을 뿐 아니라 믿음의 본질에 관해서도 특별한 이해를 갖게 되었다. 미간행된 세번째 책이 의도하는 바는 루터의 성령 이해에 대한 비중을 고양하는 것이었는데 이는 루터의 성령 이해가 그의 신학의 발전적 형태라는 견해를 시사하는 것이다. 이 책이 완결되었다면 아마도 루터 해석에서 이러한 접근 방식의 의미들을 발전시켰을 것이다.

   알트하우스의 루터의 신학 [75]과 윤리에 대한 서술[76]은 다른 어떤 학자보다도 더욱 다양하고 풍성하게 루터 자신의 진술에 의존하고 있다. 알트하우스에 의해 이루어진 매우 다양한 인용들과 루터에 대한 뛰어난 통찰력을 통해 자주 입증되는 것은 루터 신학을 단일 체계로 정리하기에 충분한 어떠한 체계적인 접근도 이전에 이루어지지 않았다는 것이다. 루터는 계속해서 엄격하게 도식화된 개념의 틀에서 깨쳐 나오고 있다.

   루돌프 헤르만(Rudolf Hermann)은 루터의 신학을 체계화하려 하지 않았다.[77] 그보다는 신앙과 회개, 육과 영, 율법, 믿음과 같은 매우 중요한 역동적 대비 개념들에 초점을 맞추었다.

6. 9. 6 게르하르트 에벨링(Gerhard Ebeling)

최근 몇 년 사이에 에벨링은 루터 연구에 매우 중요한 공헌을 하였다.[78] 그는 성경해석에 대해 특별한 언급을 하면서 집중적으로 루터와 그리스도의 인격과 사역 그리고 해석학 사이의 수많은 상호 관련성을 밝히고자 했으며 또한 그러므로써 루터의 신학 발전 단계를 더욱 명확하게 짚어볼 수 있었다. 게다가 에벨링은 자신의 독특한 방법으로 루터와 현대 사상과의 관련성에 대한 질문들을 제기했다. 에벨링은 이 질문에 대해 단순하게 대답할 수 없다고 결론지었다. 한편 현대 사상의 발전은 매우 복잡한 과정을 밟고 있으며, 또 다른 한편으로는 현대 세계가 완전히 잊고 있는 — 그리고 그 자체의 약점에 대해서 망각된 — 루터 신학 사상의 여러 차원들이 존재한다는 것이다. 그리하여 에벨링은 루터와 현대세계의 관계성이라는, 중요하지만 매우 복합적인 문제를 새로운 수준의 학문적 시야에 등장시켰다.

6. 10 로마 가톨릭의 루터 상

20세기에 로마 가톨릭의 루터 이해의 변화는 가히 혁명적이라 할 수 있겠다. 16세기 초 이래로 로마 가톨릭 교회는 교회와 유럽세계의 통일을 파괴한 이단의 괴수로 루터를 이해했다. 루터 교회는 교황 제도를 적 그리스도적이라고 생각했고 로마 가톨릭도 이런 식으로 반응했다. 그리고 양측이 서로를 저주하는 일반 법칙에 놀랍게도 예외 조항들이 있었다. 그러나 대부분의 경우, 루터교와 로마 가톨릭의 관계는 엄청난 선입견과 의혹들로 가득 차 있었는데, 이러한 관계는 20세기 초까지 지속되었다. 이러한 상황을 더욱 악화시킨 것은 독일의 "문화 투쟁"(Kulturkampf)[79]이라는 거센 갈등이었다. 제2독일제국 통치 기간 동안 로마 가톨릭은 "교황권 지상주의자들"(Ultramontanists)이라는 비난을 면치 못했는데 그 내용은, 정치적 이해관계가 로마 가톨릭에 의해 반게르만적, 개신교 국가를 반대하는 방향으로 결정되었다는 것이다.

6. 10. 1 하인리히 데니플레(Heinrich Denifle)와 하르트만 그리 자르(Hartmann Grisar)

20세기 초, 도미니크 수도회에서 하인리히 데니플레[80]와 예수회의 하르 트만 그리자르[81]는 루터에 대한 매우 포괄적인 저술을 하였다. 두 사람 모두 루터에 대한 로마 가톨릭의 전통적인 편견을 예시하고 있다. 하지만, 데니플 레 역시 그의 책에서 매우 중요한 방법들로 루터 연구를 촉진시켰다. 그는 종 교개혁을 중세에 비교해서 새로운 것들을 학적으로 설명한 최초의 신학자였다.

그러나, 데니플레는 역시 주장하기를 오직 은혜로, 오직 믿음을 통한 루 터의 칭의 교리가 루터에 의해 고안된 목적은 마음껏 방탕한 생활을 하며 그 러한 생활의 결과들에 대해서 어떤 죄의식도 갖지 않으려는데 있었다는 것이 다. 이러한 주장은 근거 부재로 인해 고려할 만한 가치가 없다. 데니플레가 행한 루터에 대한 변증은 매우 신랄하고 감정적인 것이어서 데니플레의 참된 공헌을 희석시키는 역할을 했다. 개신교 신학자들 가운데 홀(Holl)은 데니플 레와 그리자르에 응답하는 선두적 자리에 섰다. 그러나 그는, 두 사람의 변증 의 지나친 과장과 루터 연구에서 그들의 실질적 공헌을 구별하는데 실패했다.

6. 10. 2 프란츠 자베르 키이플과 세바스찬 메르클레 (Franz Xaver Kiefl and Sebastian Merkle)

1910년경, 로마 가톨릭의 여러 신학자들이 루터를 다른 식으로 생각하 기 시작했다. 이러한 변화 과정에 중요한 공헌을 한 학자들로서 프란츠 자베 르 키이플[82] 과 세바스찬 메르클레[83] 를 들 수 있다. 그들은 매우 의미 심 장한 단계를 밟았는데, 이는 루터 자신이 종교 제의와 교회의 삶에 대해 의 도했던 바로 그 견지에서 루터를 이해하려 했다는 것이다. 그들은 더 큰 관 심사는 루터에 대한 과거의 판단이 아니라 바로 루터 그 자체를 이해하는 것 이었다. 이를 통해 우리가 생각해 볼 수 있는 것은 이전의 학자들이 그랬듯 이 그들이 실제 그렇지 않으면서 더 나은 것처럼 가장하려 하지 않고 중세 말기의 교회의 삶을 있는 그대로 검토하려 했다는 것이다. 이러한 학자들의 업적은 특별히 중요한 의미를 갖는다. 왜냐하면 로마 가톨릭교회는 이러한 접근 방법을 찬성하지 않았기 때문이다. 실로 그들의 작업은 주의깊게 검토받았고 간혹 오해를 받기도 했고 어떤 때는 로마 교황청의 이단심문서[檢邪聖省] ─ 그 당시에 로마 가톨릭교회의 공적인 가르침을 확정하며 실제적인 과오나 심지어 가능성있는 과오들을 밝히는 책임을 맡았다 ─ 로부터 경징계를 받기도 했다.

6. 10. 3 조셉 롤츠(Joseph Lortz)

로마 가톨릭의 루터 연구는 조셉 롤츠(1889-1975)가 「독일의 종교개혁」(Die Reformation in Deutschland)[84]이라는 책을 출판하면서 새로운 시대를 맞게 되었다. 롤츠는 그 이전에 다수의 소논문들을 출판했다. 그런데 이것은 완전히 새롭고 충분한 연구를 통해 형성된 루터에 대한 이미지를 반영했다. 만약 개신교와 로마 가톨릭이 나치를 반대하는 연대성 속에서 서로가 적극적으로 만나지 않았다면 이 책은 저술되지 못했을 것이다. 이유야 어떻든 간에 롤츠는 루터의 위대함과 더불어 그의 편협함과 한계 모두를 보려고 노력했다.

롤츠는 후기 중세교회를 비판하는데 매우 철저했는데 그 내용을 살펴보면 면죄부 발행, 종교 제의 남용, 신학적 작업의 비효능성 그리고 교황청의 영적이지 못한 성격 등이었다. 롤츠는 주장하기를, 루터는 더 이상 완전히 가톨릭적이지 못한 중세 가톨릭주의에 등을 돌렸다는 것이다. 이러한 정도로 롤츠는 루터가 감행한 로마교회에 대한 공격을 옹호할 수 있었다. 롤츠는 루터가 바울에 대해 특별하게 심오한 통찰을 소유하고 있었으며 루터가 회개에 대해 갖는 진지한 태도와 믿음의 확실성에 대한 강조는 단지 예증적인 의미를 갖는다고 생각했다.

그러나 롤츠는 여전히 루터의 믿음에 대한 해석이 편협하다고 생각했다. 루터는 성경을 전체적으로 보지 못했다. 그는 바울을 다른 성경 저술들에서 분리시켰을 뿐만 아니라 바울을 단지 제한된 방법으로만 이해했다. 롤츠는 그 원인을 루터의 "주관주의"(subjectivism)에서 발견해 냈다. 루터는 교회의 전체적인 삶으로부터 그의 사고를 견지한 것이 아니라 그의 개인적인 경험을 절대화하여 매우 심오하지만 여전히 한계성을 가진 신앙 이해를 견지하고 있다는 것이다. 그 결과, 루터 종교개혁은 순수한 신앙 경험과 결합되었는데, 이는 전에 이단적 과오로 알려진 것보다 더 깊고 풍부한 것이었다. 그러므로 종교개혁이 로마 가톨릭의 교리를 갱신하고 풍요롭게 한다 할지라도 그것은 거대한 분열을 초래했다. 롤츠는 그리하여 루터의 도덕성에 대한 이전 로마 가톨릭교회의 비판을 루터 신학에 대한 비판적 분석으로 대치했다. 후기 작품에서 롤츠는 그의 견해를 어느 정도 수정했다.

예를 들어, 1939년에 그는 주장하기를 루터의 로마서 강해(1515-1516)[85]는 결정적인 점에서 더 이상 로마 가톨릭 전통에 서 있지 않다고 했다. 그 후에 그는 또 이 강해에서 본질적으로 가톨릭적이지 않은 것은 없다고 말했다. 그런데 이로 말미암아 새로운 문제가 제기되었는데 그것은 진짜 가톨릭적인 것이 무엇이고 종교개혁적인 것이 무엇이냐는 것이다. 롤츠의 입장 역시 아직 불안한 긴장 상태에 놓여 있는데 이 긴장은 그가 후기 중세교회의 부패를 인정하지만, 한편 로마교회를 변호하려 하고 그와 함께 로마교회의 이단 심문서가 행하는 루터에 대한 비판을 변호하려 하기 때문에 형성되었다.[86]

6.10.4 에르빈 이절로(Erwin Iserloh)

수많은 로마 가톨릭 신학자들이 학자로서 롤츠의 교육을 받았거나 혹은 그의 지대한 영향을 받았다. 그들은 그의 작업을 확장시켰을 뿐 아니라, 그의 기본적 문제들과 결론들을 수정했다. 이절로는 수많은 논문들을 출판했는데 이러한 논문들에서 그는 조심스럽게 후기 중세 신학의 쇠퇴를 고증하고 있으며 그와 함께 종교개혁가들 사이에 존재하는 차이점들을 확신있게 기술했다.[87] 예를 들어, 멜랑히톤은 주교의 직책을 고수하려 했으나 결국 성공하지 못했다. 이절로는 이러한 그리고 이와 유사한 연구들을 행했는데 이는 교회의 재통일을 용이하게 하기 위함이었다. 만약 종교개혁 교회가 사도적 계통과 함께 주교직 제도를 채택했다면, 교회 일치의 주요한 장애물 하나가 극복될 수 있었을 것이다.

6. 10. 5 스테판 퓨르트너(Stephan Pfürtner)와 오토 헤르만 페쉬(Otto Hermann Pesch)

다른 로마 가톨릭 신학자들은 이러한 신학적 논의를 더 전진시켜 왔다. 퓨르트너(S. Pfürtner)[88]와 페쉬(O.H. Pesch)[89]는 그들의 의도와 그들의 교정하려고 하는 과오들을 고려해 본다면 우리는 토마스 아퀴나스와 루터 사이의 절대적인 불일치를 발견할 수 없을 것이라고 주장했다. 이 학자들은 칭의와 신앙의 확실성에 대한 연구를 통해 이를 확신있게 논증했다. 그러나 이것은 16세기 종교개혁이 일어났던 시점에 제기되었던 기본적인 질문들이다. 그러므로 우리는 이제 종교개혁의 의미에 대한 토론을 재개하고 완전히 다른 방법으로 그에 근접한 자리에 서 있다.

그러나 우리가 주목해야 할 사실은 오직 몇몇 신학자들만이 이러한 통찰의 수준에 이를 수 있었다는 것이다. 그러므로 우리는 여전히 이러한 작업의 결과가 실제적으로 어떻게 나타날 것인가에 대해서는 알 수 없다. 그러나 이 시점에서, 로마 가톨릭이 가지고 있던 루터 상에서 이와 같은 변화가 예시하는 것은 학적 연구에는 심각한 편견들까지도 극복할 수 있는 방법론이 존재한다는 것이다. 어쨌든 가톨릭과 개신교 사이의 관계는 너무나 손상되어서 진실로 서로를 이해함으로써만 서로를 반목하는 일로부터 벗어날 수 있을 것이다.

6. 11 루터 연구의 문제점과 관점들

6. 11. 1 종교개혁가에 대한 새로운 접근

일반적 루터 상에 관한 한, 우리는 오늘날 그에 대한 신선한 접근 방법을 찾아야 할 의무가 있다. 독일인들은 이 점에서 특별한 문제점을 가지고 있는데, 많은 이유에서 그들의 과거 역사와의 관계가 감정적으로 매우 억눌려 있기 때문이다. 루터에 대한 실제적인 상을 창조하는 어려움은 우리의 역사 의식에서 이 위기와 연관되어 있다. 초기의 루터 상들은 대부분 진부한 것들이다. 루터가 독일 민족의 영웅이라는 생각을 장기간에 걸쳐 오용함으로써 루터 상을 독일 민족주의자로 불신하게 되었다. 우리가 루터의 작업을 사람들을 여러 가지 속박에서 해방시키며 종교개혁에서 기인한 문화적 관용의 시대를 열게 했다고 평가한다 할지라도, 사람들은 기꺼이 루터의 한계에 초점을 맞추며 종교개혁에 전제국가의 발전에 대한 책임을 지우려 할 것이다. 그리고, 루터가 개혁가이며 저술가였다 할지라도 진리를 아는 가능성에 대해서 불가지론적 비관주의를 갖는 사람들에게는 루터가 그러한 사실을 근거로 하여 이해될 수 없을 것이다.

6.11.2 새로운 과제들

현대적 루터 상을 발전시키는 임무는 우리가 루터와 같은 어떤 사람에 대한 잘 형성된 상을 제시하기 위해 완수해야만 하는 모든 새로운 임무들을 생각할 때 더욱 어려워진다. 그러한 임무의 하나는 종교개혁에 대한 마르크스주의의 관점과 타협하는 것이다. 프리드리히 엥겔스(Friedrich Engels)와 칼 마르크스(K. Marx)는 루터를 신랄하게 비판하는 하나의 형식을 수립했다. 수십 년간의 주목할 만한 역사 연구의 결과로 루터에 대한 좀더 달라진 반응이 생겨났다. 이 반응이 이념적 숙고에 의해 규정되고 있음에도 불구하고 말이다.

예를 들어, 오늘에 이르기까지 마르크스주의자들은 종교를 인간의 삶의 독립된 영역으로 인정하려 하지 않았고 오히려 그들은 언제나 종교를 인간의 삶의 의미와 잠재적으로 총체성을 다루는 모든 질문들과 같이, 다른 경제적 그리고 사회적인 실재들의 부산물 정도로 간주해 왔던 것이다. 마르크스주의자들이 이러한 입장을 견지하는 한, 그들은 루터에 대한 어떤 충분한 이해에 이를 수 없다. 동시에 마르크스주의자들이 신학에 대해서 묻는 난해한 질문들이 진지하게 받아들여져야 한다는 것도 사실이다. 이는 물질적으로 변호될 것은 아니다.

또다른 그들의 임무는 정당하게 논의된 임무들에 관계한다. 우리는 사회 역사에 대한 연구 결과들을 고려할 필요가 있다. 이러한 새로운 방향의 연구는 기본적으로 역사적 사건과 인물들에 대한 좀더 신성한 견해에 이르게 된다. 경제적·재정적·사회적 요소들이 그 용어들의 가장 넓은 의미에서 주목을 받게 된다. 이러한 분야는 이제 막 발전의 단계에 들어섰다. 그러므로 우리는 오랫동안 16세기에 대한 작금에 우리가 갖고 있는 상을 확실하게 변화시킬 중요한 연구들에 참여하게 될 것이다. 만일 루터에 대해 존경스러운 상을 창조하려 한다면 루터 연구가들은 이러한 방법들과 또한 그것의 결과들을 고려에 넣어야만 한다.

이 어려운 임무는 신학과 사회 역사의 관계를 수립하는 것이 될 것이다. 현실 문화 상황으로부터 '종교적' 혹은 '신학적'인 요인들을 따로 떼어놓고 연구하는 일은 가능한 일이 아니다. 오히려 그것들은 언제나 다른 인간적 요인과 활동들과 밀접한 연관을 이루고 있다. 여전히 우리는 종교적인 그리고 신학적인 동기들이 어떤 특정한 시점에서만 결정적인 역할을 하는지 그렇지 않은지를 질문해야만 한다. 다른 요인들이 지배적인 것 같을 때에라도 우리는 여전히 종교적·신학적 차원의 현존을 부인할 수 없을 것이고, 또한 조심스럽게 그 의미를 평가해야만 한다.

루터에 관한 한, 이러한 사실들이 의미하는 것은 우리 시대에 신뢰할 만하고 설득력있는 개혁가인 루터에 대한 이미지를 새롭게 발전시켜 나가기 전에, 우리는 총체적으로 다양한 논점들을 고찰해야만 한다는 것이다.

첨가해서, 우리는 두 가지 다른 질문들에 답해야 할 필요가 있는데, 이 질문들은 이전에 논의되었으며 또한 그에 대한 해답이 이미 수차례 제시되어 왔다. 루터와 중세와의 관계는 어떠한가? 루터와 현대 세계와의 관계는 어떠한가? 우리는 불행하게 오늘날 당연시되는 많은 부분들에 대해서 의문이 제기될 수 있다는 사실을 예상할 수 있을 것이다. 고백 교회들 사이에서 형성된 관계를 새롭게 이해함으로써 우리가 가지고 있는 루터 상에 영향을 주게 될 것이다. 그리고 우리는 또한 다양한 초기 종교개혁 운동에 대한 통찰들 — 오랫동안 사용할 수 있도록 되어 있으나 폭넓게 사용되지 않았던 통찰들 — 을 우리 시대에, 우리가 루터에 대해 갖는 상으로 통합할 필요가 있다.

특별히 중요한 이러한 작업들과 더불어 우리는 세밀한 문제들에 대한 연구도 수행할 필요가 있다. 전문적 신학적 연구가 지나치게 많은 탓에 갖는 근심에도 타당한 이유가 있긴 하지만 그러한 연구가 필요한 영역도 좀처럼 찾아보기 힘들다. 이러한 연구들은 새롭고 좀더 복합적인 루터 상을 형성하는데 가치있는 공헌을 하게 될 것이다.

우리는 또한 루터에 대한 폭넓은 전기적 이해를 가질 필요가 있다. 그의 전기를 통해 우리는 당시의 정치적·문화적 배경에서 그를 볼 수 있으며 신학자로서, 목회자로서, 논증가로서 다중적인 역할을 어떻게 수행했는지를 볼 수 있고 또한 그의 개인적 삶에 대한 정보들을 획득할 수 있다. 그토록 오랫동안 아무도 그렇게 포괄적인 전기를 시도하지 못한 것은 그러한 작업의 범위와 어려움 때문만이 아니라 우리가 우리 자신의 루터 상을 확신할 수 없기 때문이기도 하다.

7

간행물, 학술지,
루터 연구 참고 문헌

16세기 이래로 출판된 중요하고도 완전한 루터 저작을 세세하게 개관한 것은 쿠르트 알란트(Kurt Aland)에 의해 이루어졌다.[1] 알란트는 루터 작품들을 연대순으로 배열한 목록을 우리들에게 제공했다. 가장 광범위한 목록은 출판 지역을 병기한 알파벳 순서에 따른 루터 저작목록이다. 이 목록들을 종합정리함으로써 우리는 비교적 쉽게 인용문의 출처를 확인할 수 있다.

〔알란트의 언급들은 루터 저작의 미국판(*LW*)에 합쳐질 수 있는데 이는 Heinrich J. Vogel의 *Vogel's Cross Reference and Index to the Contents of Luther's Works*을 사용함으로써 이루어진다. 〕[2]

이제부터 가장 중요한 간행물들만 수록하도록 하겠다.

7. 1 바이마르판 (The Weimar Edition , *WA*)

이것은 루터 저작을 가장 방대하게 그리고 가장 잘 편집 간행한 것이다. 바이마르판은 다음 네 부분으로 구성된다. 논문들(*WA*), 서신들(*WA* Br),

토론집(*WA* TR), 독일 성경(*WA* DB). "논문들"을 담고 있는 첫번째 부분만이 미간행 상태에 있다. 이것도 가까운 미래에 간행될 것으로 보인다.

원래 계획은 연대 순으로 출판하는 것이었다. 첫번째 책들이 출판된 후 루터의 초기 원고들과 학생들의 강의노트가 발견됨으로써, 연대기적 순서는 1518년을 전후로 해서 엄격하게 지켜지지 않고 있다. 그리하여 특정시대에 속하는 모든 루터 저작을 접하고자 하는 사람들은 *WA*의 연대순에만 의존하면 안된다. 오히려 알란트의 연대기 목록을 참조해야만 한다. 빈번히 후기 루터의 논문들과 서신들을 담고 있는 간행물들은 초기 간행물의 본문을 교정하거나 보충하고 있다. 알란트의 연대순에 따른 목록화 작업을 통하여 이러한 보충적 자료에 대한 필수적인 도움말을 확보할 수 있게 되었다.

원래 *WA* 3과 4에 출판된 "첫번째 시편 강해"가 *WA* 55에서 재편집된 것은 특기할 만하다. 이러한 새로운 편집은 꼭 필요한데, 왜냐하면 루터의 난해한 필사본을 언제나 정확하게 판독할 수 있는 것은 아니기 때문이며 직접 인용 내지는 간접 인용에 대한 언급이 불분명하기 때문이다. 바이마르판에 속한 어떤 책도 새롭게 편집할 계획을 갖고 있지 않다.

새로운 자료들은 보충판인 「바이마르판을 위한 고문서」(*Archiv zur Weimarer Ausgabe*)(*AWA*)에 실리게 된다. 이러한 부정기적 출판물에는 새로운 편집, 보충적 출판물 그리고 *WA*에 수록된 본문과 직접적인 영광을 갖고 있는 새로 출판된 본문들이 포함된다. 첫번째 책들에는 루터의 시편 강해의 두번째 시리즈인 「시편 주석」(*Operations in Psalmos*)(1518-21)의 새로운 편집이 포함되어 있다. 초기에 발간된 *WA*의 책들은 불충분한 것들이 있으므로 추가적인 재편집이 분명히 이루어질 것이다. 그러나 오랫동안 *WA*의 새간행물이 출판되지 않는 데에는 많은 이유가 있다.

7. 2 에를랑겐판 The Erlangen Edition (*EA*)

*WA*이후에 에를랑겐판(*EA*)은 가장 쉽게 접할 수 있고 가장 질 높은 것이다. 이 판은 독일어와 라틴어 저작의 두 개의 별개 시리즈로 출판되었다. 독일어 저작은 1826년과 1857년 사이에 출판되었다. 첫번째로 발간된 26권

의 책은 1862년과 1885년 사이에 개정판으로 출간되었다. 성서 주석에 관한 라틴어 저작들(*Exegetica opera latina*)은 1829년과 1886년사이에 출판되었으며, 나머지 라틴어 저작(*Opera latina varii argumenti*)은 1865년과 1873년 사이에 그 모습을 드러냈다.

에를랑겐판은 그것이 출판될 당시 엄청난 진보였다. *EA*의 본문들은 종종 *WA*에 수록된 본문들보다 열등한 것으로 인정되었다. 그러나 더 후대의 책들은 좀더 충실하게 편집되었다. 라틴어 저작과 독일어 저작 사이의 구별(차별)은 불행한 것인데, 왜냐하면 그것은 이 저작들의 공통 본문들을 무시하는 것이기 때문이다. *EA*는 이제 학문적 연구의 1차적 자료로서 사용되어서는 안된다. 책 66과 67에 주제의 색인을 수록하고 있는데 이것은 루터 저작들에 대해 방향을 잡아가는데 유용하게 그리고 일반적으로 쓰일 수 있는 것이다. 18권의 책들에 수록된 루터의 서신들은 원래 *EA*의 일부로서 의도되었는데 이것은 엔더스(E. L. Enders)에 의해 편집되었다. 1909년 이후 엔더스의 서신 편집은 그것만 독자적으로 출판되었다. 엔더스의 편집은 매우 훌륭해서 *WA* Br.과 더불어 매우 유용하다.

7. 3 발크 판 (Walch)

루터 저작에 대한 요한 게오르그 발크(Johann Georg Walch)의 첫번째 편집은 1740년과 53년 사이에 출판되었다. 그 당시 상황에서 본다면, 그것은 의미심장한 업적이었다. 루터의 라틴어 저작들은 독일어로 번역되었는데, 이 번역본은 비교용으로 오늘날에도 가치있는 것이다. Walch 개정판은 1880년과 1910년 사이에 세인트 루이스에서 출판되었다. 몇몇 예를 통해서 볼 때, 이 개정판은 더욱 질 높은 원고에 기초를 둔 것이며, Walch판의 향상을 가져왔다. 이 판의 수많은 복사본들이 제2차 세계대전 후 독일에서 널리 유포되었다. 독일학자들 ― 예를 들어 Aland [3] ― 은 세인트 루이스판이라고 하기보다는 두번째 Walch판으로 더 자주 언급했다. 이것은 오늘날에도 여전히 중요한 자료로 사용되고 있는데 이것이 라틴어 본문의 독일어 번역판임에도 불구하고 그렇다.

두 개의 Walch판에서 책 15-17권은 특별히 중요한 자료이다. 이 책들은 종교개혁 역사로부터 온 많은 문헌들을 포함하고 있는데, 이 문헌들은 발견하기가 쉽지 않거나 너무 산재해 있어서 어디에서 찾아야 할지도 알기 어려운 지경에 있다. 모든 라틴어 문헌들은 독일어로 번역되었다. 학문적인 작업을 수행하기 위해서 다른 비평적인 편집들이 사용되어야 한다. 책 23권은 *EA*의 유사한 주제 색인보다 더 광범위한 색인을 포함하고 있다.

7. 4 브라운슈바이크 판 The Braunschweig Edition (Br)

이 판은 루터 연구 전문가들이 편집한 것으로 1889년과 1905년 사이에 준비되었다. 그 의도는 "그리스도인들이 집에서 읽도록" 하기 위한 것이었다. 기본 8권과 2권의 보충으로 루터 저작선집으로 훌륭하다. 수많은 편집자들의 논평들이 오늘날에도 학자들에게 유용하게 사용되고 있다.

7. 5 클레멘 판 혹은 본판 The Clemen(*Cl*) or The Bonn Edition(*BoA*)

이 판은 오토 클레멘(Otto Clemen)이 알버트 라이츠만(Albert Leitzmann)의 도움으로 편집한 것이다. 첫번째 판은 1921년과 1933년 사이에 출판되었다. 처음 네 권의 책은 완결판인 루터저작 선집을 포함하고 있다. 책 5-8권은 루터의 시편 강해, 서신, 설교, 토론집 등으로부터 뽑은 선집이다. Clemen 판의 본문은 때때로 바이마르 판보다 우월하다. 양쪽에 등장하는 본문들은 비교되어야만 한다. 각주는 훌륭하고 간결하며 수많은 편집자의 비평들과 근거자료에 대한 언급 등이 포함되어 있다. 이 점에 있어서도 때때로 클레멘 판은 바이마르 판보다 우월하다.

7. 6 뮌헨 판 The Munich Editin (*Mü*)

첫번째 판은 1914년과 그 이후에, 두번째판은 1934년과 그 이후에, 세 번째판은 1948년과 1965년 사이에 출판되었으며, 몇번의 재인쇄가 있었다. 이것은 6권의 책(*Mü*)과 7권의 증보판(*Mu Erg*)으로 구성되어 있다.[4] 라틴어 저작은 번역되었고 독일어 본문은 현대 어법에 맞추어 약간 수정되었다. 간결한 비평은 때때로 매우 훌륭하다.「노예의지론」의 번역과 로마서 강해, 루터의 저작인 「라토무스에 반대하여」(*Against Latomus*)[7]의 번역은 특히 주목할 만 하다.

7. 7 Luther Deutsch (*LD*)

쿠르트 알란트는 루터 독일어(*Luther deutsch*)라고 불리는, 루터가 펴낸 11권의 책(10권의 책과 한 권의 색인)을 편집했다.[8] 세 권의 주석서도 계획되었다. 루터의 독일어 사전(*Luther lexicon*)이라고 불리는 세번째 책은 이미 출판되었다. 나머지 두권은 아직 출판되지 않았는데, 이 책들은 역사의 평가에 따른 루터 연구와 루터 전기를 내용으로 하였다. 본문 선택에 있어서의 차이와 함께 이 판은 다른 판들과 다른데, 왜냐하면 다른 판들에 비해 좀더 현대화 하였기 때문이다. 색인 책과 "루터의 독일어 사전"은 학자들에게 유용하다. 그것들은 물론 알란트 판에 수록된 자료에 한하지만, 에를 랑겐판의 색인보다 더 유용하다.

7. 8 The New Calwer Edition[9]

처음 10권의 책은 현대 독일어로 된 루터 저작선집을 수록하고 있다. 이 선집은 평범한 독자들을 위한 것이다. 그 결과로 각주는 간결하고 매우 평이하다. 책 11,12권은 하인리히 파우젤(Heinrich Fausel)의 루터 전기를 포함하고 있으며, 이것은 매우 훌륭한 작품이다. 그것은 루터 생애에 대한 간결한 묘사와 함께 루터의 저작들로부터 온 많은 선집들을 수록하고 있다. 전기와 신학적 평가의 이러한 조합은 성공적이었는데, 그것이 더 상세한 전기를 대신할 수 없음에도 불구하고 말이다.

7. 9 Martin Luther Studienausgabe

이 판은 한스 울리히 델리우스(Hans Ulrich Delius)가 편집했다. 이 책은 루터 초기 강의록으로부터 온 본문들을 포함하고 있는데, 오늘날 쉽게 입수할 수 있는, 1518년에 행해진 하이델베르크 논쟁의 본문이 훌륭하게 재건되었고 1519년과 1520년 사이의 설교들, 그리고 성서에 관한 책들의 머리말들로부터 온 선집들이 여기에 속한다. 제2권은 「라토무스를 반대하여」를 포함한 종교개혁의 역사로부터 온 저작들이 수록되어 있다.

세번째 책은 세속권력과 농민전쟁에 관한 글들이고, 네번째는 주의 만찬에 관한 루터의 주요한 저작이고, 다섯번째는 「슈말칼덴 신앙조항」과 「율법 폐기론자들에 대한 첫번째 논쟁」을 싣고 있다. 여섯번째 책은 몇몇 라틴 저작들을 번역하고 있으며 또한 초기의 고(高) 독일어 소사전을 담고 있다. 정선된 루터 저작 선집은 흔하게 인쇄되지 않았어도 매우 중요한 몇몇 선집을 포함하고 있다. 라틴어 저작들을 독일어로 번역하기로 한 결정은 현대인들의 라틴어 수준을 감안한 현실적인 반응이다. 이 판은 Clemen 판만큼 중요하게 될 것 같다. 이 판이 수록하고 있는 하이델베르크 논쟁 본문은 오늘날 학문적 작업에서 사용되는 유일한 본문이다.

7. 10 루터 저작들의 미국판

The American Edition of Luther's Works (LW). 루터 저작의 많은 편집판들이 독일 밖에서 출판되었다. 54권으로 된 루터 저작의 미국판(LW)은 매우 뛰어난 것이다. 이것은 또한 매우 광범위한 루터 저작선집을 제공하고 있다. 독일인 독자들이라도 각주들이 매우 유용함을 발견하게 될 것이다. 이것은 특히 루터 서신들의 각주에 있어서 그렇다.

7. 11 바이마르판의 색인본

루터 저작에 있어서의 포괄적인 색인의 결핍은 깊이 절감되어 왔다. 에를랑겐 판과 Walch 판의 간결한 색인과 함께 바이마르 판의 몇권의 책들은 색인들, 특히 탁상담화를 포함한 책들 [14] 을 포함하고 있다. 루터의 서신들을 포함하는 바이마르 판의 주제와 신학개념 색인을 준비 중에 있다. 성서구절 색인도 계획 중에 있다. *WA Br* 15는 이미 인명과 지명 색인을 포함하고 있다. [15]

바이마르판 루터 저작의 완전한 색인은 튀빙겐 대학의 "후기 중세와 종교개혁 연구소"에 의해 준비되고 있다. 이 계획은 단순히 용어 색인만을 포함시키는 것이 아니라, 각 개념의 다양한 의미들을 분류하는 작업과 더불어 개념들의 색인을 포함시키는 것을 그 내용으로 하고 있다. 이렇게 해서 인쇄될 색인은 이 언급들중 대표적인 것만 뽑아서 포함시키게 될 것이다. 완전한 목록은 연구소로부터 구할 수 있을 것이다. 10권의 색인 출판을 계획하고 있는데, 이중 다섯권은 독일어 저작을 위한 것이고 다섯권은 라틴어 저작을 위한 것이다.

7. 12 루터의 독일어와 라틴어 사전들

루터의 라틴어 혹은 독일어 저작들에 사용되는 모든 단어들을 포괄하는 사전들은 존재하지 않는다. 라틴어 저작들을 읽을 때 우리는 표준 라틴어 사전에 의존하고 있다. 그리고 그것들은 언제나 유익한 것은 아니다. 이 독일어 사전들은 아주 좋지는 않을지라도 그래도 나은 편이다. 초기 근대 고(高)독일어 사전과 루터 독일어 사전도 존재하지 않는다.

7. 13 루터 연구를 위한 국제 회의 1956 -

이 회의는 1956년 발족되었는데, 불규칙한 간격으로 소집된다. 또한 이 회의는 점점 더 다양한 흥미를 가지고, 여러 나라들로부터 모인 루터 연구가 들을 위한 회합장소가 되어가고 있다. 여기에서 학자들은 루터 연구에 있어 서의 기본적이고 일반적인 문제들을 토론할 뿐 아니라 예를 들어 바이마르판 의 색인과 같은 특별한 연구 계획도 공유하고 있다. 본서를 쓸 때까지, 6번 의 회합이 있었고 보고서들이 출판되었다.

7. 14 학술지

다음의 학술지들은 루터와 종교개혁 연구에 그리고 루터 해석에 있어 전 적으로 혹은 광범위하게 공헌하였다 : *Luther-Jahrbuch; Luther. Zeitschrift der Luther-Gesellschaft;Archiv für Refomation sgeschichte; The Sixteenth century Journal.* 많은 중요한 논문들이 독일어 연구를 위한 학술지들 뿐 아니라 여러 신학잡 지나 역사학술지에 게재된다.

루터를 주제로 하는 최초 출판물들에 대한 뛰어난 개관이 *Luther - Jahrbuch*가 출판한 그 해의 도서목록에 수록되어 있다.

327

약 어 표

AKG	Arbeiten zur Kirchengeschichte
ARG	*Archiv fur Reformationsgeschichte*
AWA	*Archiv zur Weimarer Ausgabe*
BC	*The Book of Concord: The Confessions of the Evangelical Lutheran Church.* Translated and edited by Theodore G. Tappert. Philadelphia: Fortress Press, 1959.
BoA	Bonn Edition of Luther's Works
Br	Braunschweig Edition of Luther's Works
Cl	Clemen Edition of Luther's Works. Edited by Otto Clemen. 8 vols. 1st ed., 1912–33.
CR	*Corpus reformatorum*
EA	Erlangen Edition of Luther's Works
FKDG	Forschungen zur Kirchen- und Dogmengeschichte
HTR	*Harvard Theological Review*
JES	*Journal of Ecumenical Studies*
KLK	Katholisches Leben und Kämpfen. Münster, 1927–.
KIT	Kleine Texte für (theologische und philologische) Vorlesungen und Übungen. 1902–.
LCC	Library of Christian Classics. 26 vols.
LD	*Luther deutsch.* Edited by Kurt Aland.
LM	*Lutherische Monatshefte.* Hamburg, 1962–.
LuJ	*Luther-Jahrbuch*
LW	*Luther's Works.* Edited by Jaroslav Pelikan, Hilton C. Oswald, and Helmut T. Lehmann. Vols. 1–30, St. Louis: Concordia Publishing House, 1955–. Vols. 31–55, Philadelphia: Fortress Press, 1957–.
Mü	Munich Edition of Luther's Works
Mü Erg	Supplementary volumes of Munich Edition (7 vols.)
NF	Neue Folge
NS	New Series
QFRG	*Quellen und Forschungen zur Reformationsgeschichte*
RGG³	*Religion in Geschichte und Gegenwart.* 3d ed., 5 vols. Tübingen: J. C. B. Mohr (Paul Siebeck). 1957–65.

328 루터 연구 입문

SBAW.PPH	Sitzungberichte der bayerischen Akademie der Wissen-schaften in München—philosophisch-philologisch-historische Klasse. Munich, 1871–.
SF	Studia Friburgensia. NS 1: 1947–.
SVRG	Schriften des Vereins für Reformationsgeschichte
ThA	Theologische Arbeiten. 1954–.
ThLZ	*Theologische Literaturzeitung*
TThZ	*Trierer theologische Zeitschrift*
WA	*D. Martin Luthers Werke.* Kritische Gesamtausgabe. Weimar, 1883–.
WA Br	*D. Martin Luthers Werke.* Briefwechsel. Weimar, 1930–.
WA DB	*D. Martin Luthers Werke.* Deutsche Bibel. Weimar, 1906–61.
WA TR	*D. Martin Luthers Werke.* Tischreden. Weimar, 1912–21.
ZEE	*Zeitschrift für evangelische Ethik*
ZKG	*Zeitschrift für Kirchengeschichte*

주

서문

1. Heinrich Böhmer, *Luther in the Light of Modern Research*, trans. E. S. G. Potter (New York: Dial Press, 1930).

2. *Luther's Works*, ed. Jaroslav Pelikan, Hilton C. Oswald, and Helmut T. Lehmann (vols. 1–30, St. Louis: Concordia Publishing House, 1955–; vols. 31–55, Philadelphia: Fortress Press, 1957–).

3. Herbert Wolf, *Martin Luther: Eine Einführung in germanistische Luther-Studien* (Stuttgart: Metzler, 1980).

1. 루터의 당시의 세계

1. Karlheinz Blaschke, *Sachsen im Zeitalter der Reformation*, SVRG no. 185, vols. 75/76 (Gütersloh: Gütersloher Verlagshaus, Gerd Mohn, 1970), 39.

2. See, for example, Francis Griffin Stokes, trans., *Epistolae Obscurorum Virorum; The Latin Text with an English Rendering, Notes, and an Historical Introduction* (London: Yale University Press, 1925). A selection has been reprinted by Lewis W. Spitz, ed., *The Northern Renaissance* (Englewood Cliffs, N.J.: Prentice-Hall, 1972), 29–39.

2. 루터의 생애에 관한 문제들

1. Heinrich Bornkamm, *Luther in Mid-Career 1521–1530*, ed. Karen Bornkamm, trans. E. Theodore Bachmann (Philadelphia: Fortress Press, 1983).

2. *Explanations of the Ninety-five Theses, Cl* 1:57; *WA* 1:557–58; *LW* 31:129–30.

3. See the brief references in Heinrich Böhmer, *Luther and the Reformation in the Light of Modern Research*, trans. E. S. G. Potter (New York: Dial Press, 1930), 183–205, and in Bornkamm, *Luther in Mid-Career*, 553–64.

4. Preserved Smith, "Luther's Early Development in the Light of Psycho-analysis," *American Journal of Psychology* 24 (1913): 360–77.

5. Paul J. Reiter, *Martin Luthers Umwelt, Charakter und Psychose*, 2 vols. (Copenhagen: Leven & Munksgaard, 1937–41).

6. Ibid., 2:574.

7. Ibid., 1:383.

8. Ibid., 2:295.

9. Ibid., 21.

10. [For example, Erik H. Erikson, *Young Man Luther: A Study in Psycho-analysis and History* (New York: W. W. Norton, 1958), 206ff.—Trans.]

11. Ulrich Becke, "Eine hinterlassene psychiatrische Studie Paul Johann Reiters über Luther," *ZKG* 90 (1979): 85–95.

12. *LW* 10 and 11.

13. *LW* 25.

14. *LW* 27:151–410.

15. *LW* 29:107–241.

16. *CI* 5:320–26; *WA* 1:224–28; *LW* 31:9–16.

17. *CI* 1:3–9; *WA* 1:233–38; *LW* 31:25–33.

18. *CI* 3:94–293; *WA* 18:600–787; *LW* 33:15–295.

19. *CI* 4:292–320; *WA* 50:192–254; *BC,* 287–318.

20. Erasmus, *On the Freedom of the Will: A Diatribe or Discourse,* LCC 17:35–97.

21. See above, n. 18.

22. *CR* 1:753–56, no. 344; and *ZKG* 21 (1901): 596–98; Preserved Smith and Charles M. Jacobs, *Luther's Correspondence and Other Contemporary Letters,* 2 vols. (Philadelphia: Lutheran Publication Society, 1918), 2:324–27. [Note that there are two versions of this letter; both are translated by Smith and Jacobs.—Trans.] Cf. Bornkamm, *Luther in Mid-Career,* 409.

23. *WA* Br 3:541; *LW* 49:117.

24. "Accordingly, we (the imperial commissioners), also Electors, Princes, and Cities of the empire and embassies of the same, have here and now at this imperial diet reconciled and united ourselves with one accord until such time of the council or national assembly . . . that together with our subjects in such matters as may pertain to the edict—promulgated by imperial majesty at the diet of the empire held in Worms—each of us will so live, govern, and deport ourselves as we severally hope and trust will be answerable before God and the Imperial Majesty." W. Friedensburg, quoted in Bornkamm, *Luther in Mid-Career,* 616. Bornkamm contains an extensive discussion of the events related to the Diet of Speyer.

25. At this time, a technical term for those who protested against the declarations of the Diet of Speyer in 1529.

26. *CI* 4:104–43; *WA* 30²:268–356; *LW* 34:9–61.

27. *WA* 31¹:65–182, 588; *LW* 14:43–106.

28. *WA* 30²:435–507; 30³:584–88; *LW* 40:325–77.

29. *WA* 30²:517–88; *LW* 46:213–58.

30. *CI* 4:179–93; *WA* 30²:632–46, 694; *LW* 35:181–202.

31. *WA* 26:545–54.

32. *BC,* 571. Another English translation is provided by Henry E. Jacobs, ed., *The Book of Concord; or The Symbolical Books of the Evangelical Lutheran Church, with Historical Introduction, Notes, Appendices, and Indexes,* 2 vols. (Philadelphia: G. W. Frederick, 1883), 2:253–57. Bucer's interpretation of the Wittenberg Concord also appears in Jacobs's edition.

33. These are found in *WA* 39¹,²; some have been translated in *LW* 34:109–96.

34. *WA* Br 9:457, 460–63.

35. *CI* 4:194–228; *WA* 30³:276–320; *LW* 47:11–55.

3. 루터의 시대에 복잡한 논쟁에서 루터의 역할

1. *CI* 1:3–9; *WA* 1:233–38; *LW* 31:25–33.
2. *CI* 5: 320–26; *WA* 1:224–28; *LW* 31:9–16.
3. *CI* 1:7, 17–18; *WA* 1:236, 22–24; *LW* 31:31.
4. *Disputation Against Scholastic Theology,* *CI* 1:6, 3–31; *WA* 1:235, 20–38; *LW* 31:12.
5. *CI* 5:377–404; *WA* 1:353–74; *LW* 31:39–70. Recently the text of the Heidelberg disputation has been more accurately edited by Helmar Junghans, *Martin Luther: Studienausgabe,* ed. Hans Ulrich Delius, 6 vols. (Berlin: Evangelische Verlagsanstalt, 1979), 1:186–218.
6. *CI* 5:379, 5–6; *WA* 1:354, 21–22; *LW* 31:40 (thesis 21). *CI* 5:388, 33—389, 10; *WA* 1:362, 21–34; *LW* 31:68–69. Cf. *CI* 1:128, 29–38; *WA* 1:613, 21–28; *LW* 1:225.
7. *WA* 2:36, 26–30.
8. Cf. his letter to Wenzel Link of December 18, 1518, *WA* Br 1:121, no. 1.
9. *WA* 2:279, 11–17.
10. Ibid., 24–32.
11. [See Carl Mirbt, *Quellen zur Geschichte des Papsttums und das römische Katholizismus,* 2d ed. (Tübingen: J. C. B. Mohr [Paul Siebeck], 1901), 183–85. Also B. J. Kidd, ed., *Documents Illustrative of the Continental Reformation* (Oxford: Clarendon Press, 1911), 75–79.—Trans.]
12. *Why the Books of the Pope and His Disciples Were Burned by Doctor Martin Luther,* *CI* 2:28–37; *WA* 7:161–82; *LW* 31:383–95.
13. [E. G. Schwiebert, *Luther and His Times: The Reformation from a New Perspective* (St. Louis: Concordia Publishing House, 1950), 825 n. 266, says that the original text has been lost but that a later revision is available.—Trans.]
14. *CI* 1:363–421; *WA* 6:404–69; *LW* 44:123–217.
15. *CI* 1:426–512; *WA* 6:497–573; *LW* 36:11–126.
16. *CI* 2:2–27; *WA* 7:49–73; *LW* 31:333–77.
17. *CI* 2:188–298; *WA* 8:573–669; *LW* 44:251–400.
18. *Eight Sermons at Wittenberg 1522,* *CI* 7:366, 3–6; *WA* 10³:9, 10–13; *LW* 51:73.
19. *WA* Br 2:15–16, no. 312.
20. *CI* 2:300–310; *WA* 8:676–87; *LW* 45:57–74.
21. *CI* 2:302, 35–36; *WA* 8:679, 26–27; *LW* 45:61.
22. *CI* 2:360–94; *WA* 11:245–81; *LW* 45:81–129.
23. *CI* 2:379, 36; *WA* 11:265, 5–7; *LW* 45:109.
24. *CI* 2:365, 27–30; *WA* 11:250, 18–20; *LW* 45:89.
25. *CI* 2:366, 8–16; *WA* 11:251, 1–10; *LW* 45:90.
26. *CI* 2:366, 21–23; *WA* 11:251, 15–18; *LW* 45:91.
27. *LW* 46:8–16.
28. *CI* 3:47–68; *WA* 18:291–334; *LW* 46:17–43.
29. *CI* 3:69–74; *WA* 18:357–61; *LW* 46:49–55.
30. Cf. Johannes Wallmann, "Ein Friedensappell—Luthers letztes Wort im Bauernkrieg," in *Der Wirklichkeitanspruch von Theologie und Religion: Ernst*

Steinbach zum 70. Geburtstag, ed. Dieter Henke, Günter Kehrer, and Gunda Schneider-Flume (Tübingen: J. C. B. Mohr [Paul Siebeck], 1976), 57–75.

31. "Tumultus rusticorum: Vom 'Klosterkrieg' zum Fürstensieg," in *Deutscher Bauernkrieg 1525,* ed. Heiko A. Oberman, *ZKG* 85, no. 2 (1975): 172.

32. *Cl* 2:133–87; *WA* 7:544–604; *LW* 21:297–358.

33. Siegfried Bräuer, "Thomas Müntzers Weg in den Bauernkrieg," in *Thomas Müntzer: Anfragen an Theologie und Kirche,* ed. Christoph Demke (Berlin: Evangelische Verlagsanstalt, 1977), 65–85, esp. 71.

34. *Cl* 3:317–51; *WA* 19:623–62; *LW* 46:93–137.

35. *Cl* 3:317, 18—318, 2; *WA* 19:623, 20–22; *LW* 46:93.

36. *Cl* 3:318, 4–6; *WA* 19:623, 24–26; *LW* 46:93.

37. *Cl* 3:319, 17–24; *WA* 19:625, 3–9; *LW* 46:95.

38. *Cl* 3:319, 17–24; *WA* 19:625, 21–24; *LW* 46:95.

39. *Cl* 3:325; *WA* 19:632; *LW* 46:103.

40. *Cl* 3:331, 34–35; *WA* 19:639, 24–26; *LW* 46:112.

41. *Cl* 3:336, 15–16; *WA* 19:645, 9–10; *LW* 46:118.

42. *Cl* 6:2, no. 2; *WA* Br 1:70, no. 27; *LW* 48:24.

43. LCC 17:35–97.

44. Ibid., 47.

45. Ibid., 37.

46. [Erasmus of Rotterdam, *De libero arbitrio diatribe sive collatio (Gespräch oder Unterredung über den freien Willen). Hyperaspistes diatribae adversus servum arbitrium Martini Lutheri liber primus (Erstes Buch der Unterredung 'Hyperaspistes' gegen den 'Unfreien Willen' Martin Luthers),* trans. Winfried Lesowsky, vol. 4 of *Erasmus-Studienausgabe. Lateinisch und deutsch,* ed. Werner Welzig (Darmstadt: Wissenschaftliche Buchgesellschaft, 1969), 272.—Trans.]

47. *Cl* 3:101, 20–29; *WA* 18:606, 22–29; *LW* 33:26.

48. *Cl* 3:210, 41—211, 5; *WA* 18:715, 17—716, 1; *LW* 33:185.

49. *Cl* 3:177, 34–39; *WA* 18:685, 19–24; *LW* 33:140.

50. *Cl* 3:178, 2–4; *WA* 18:685, 27–28; *LW* 33:140.

51. *Cl* 3:291, 23—292, 4; *WA* 18:786, 3–20; *LW* 33:293.

52. *The Adoration of the Sacrament, WA* 11:431–56; *LW* 36:275–305.

53. See, for example, *The Holy and Blessed Sacrament of Baptism, Cl* 1:196–212; *WA* 2:727–37; *LW* 35:49–73.

54. *Cl* 1:299–322; *WA* 6:353–78; *LW* 35:79–111.

55. *Cl* 1:426–512; *WA* 6:497–593, 632; 9:801; *LW* 36:11–126.

56. *WA* 18:62–125, 134–214; *LW* 40:79–223.

57. *CR* 90:807, 11–14.

58. [For a detailed survey of this controversy and references to the publications of Luther's opponents, see Robert H. Fischer's historical introductions to *LW* 37 (xi–xxi) and to the individual documents in the same volume as well as Martin E. Lehmann's introductions to *LW* 38 and to individual documents. For a detailed running account of the controversy, see Heinrich Bornkamm, *Luther in Mid-Career 1521–1530,* ed. Karen Bornkamm, trans. E. Theodore Bachmann (Philadelphia: Fortress Press, 1983), 501–51.—Trans.]

59. [Luther's most important writings are *The Sacrament of the Body and Blood of Christ—Against the Fanatics (WA* 19:482–523; *LW* 36:335–61); *That*

These Words of Christ, "This Is My Body," etc., Still Stand Firm Against the Fanatics (*WA* 23:64–283; *LW* 37:13–150); *Confession Concerning Christ's Supper* (*Cl* 3:352–516; *WA* 26:261–509; *LW* 37:161–372); *Commentary on St. John's Gospel* (Chapters 6—8) (*WA* 33:1–675; *LW* 23).—Trans.]

60. See *The Marburg Colloquy and The Marburg Articles, LW* 38:15–89.

61. [For the text of the Augsburg Interim of 1548, see Kidd, *Documents,* 359–62. It was called an "Interim" because it was in effect until the final resolution of the controversy. The Protestants agreed to significant limitations on their teaching and practice. Many of them repudiated this agreement through the Leipzig Interim. For the text of this latter document, see *CR* 7:259ff.; for an English translation of the Leipzig Interim, see Henry E. Jacobs, ed., *The Book of Concord; or The Symbolical Books of the Evangelical Lutheran Church, with Historical Introduction, Notes, Appendices, and Indexes,* 2 vols. (Philadelphia: G. W. Frederick, 1883), 2:260–72. The matter was more finally resolved by the Peace of Augsburg of 1555, Kidd, *Documents,* 363–64.—Trans.]

62. *The Babylonian Captivity of the Church, Cl* 1:496, 18–19; *WA* 6:559, 20ff.; *LW* 36:104.

63. Rudolf Sohm, *Outlines of Church History,* trans. May Sinclair (Boston: Beacon Press, 1958), 169–75.

64. *Cl* 5:288, 31–37; *WA* 56:478, 26–32; *LW* 25:471.

65. *Cl* 1:363–421; *WA* 6:404–69; *LW* 44:123–217.

66. *WA* 26:195–240; *LW* 40:269–320.

67. The relevant texts have been reprinted by E. Sehling (ed.) in *Die Evangelischen Kirchenordnungen des 16. Jahrhunderts* (Leipzig: O. R. Reisland, 1902), 1:142–74.

68. *WA* 26:197, 15–29; *LW* 40:271.

69. *WA* 26:200, 29–34; *LW* 40:273.

70. Hans-Walter Krumwiede, *Zur Entstehung des landesherrlichen Kirchenregiments in Kursachsen und Braunschweig-Wolfenbüttel* (Göttingen: Vandenhoeck & Ruprecht, 1967), 52.

71. *Cl* 5:242, 11; *WA* 56:274, 14; *LW* 25:61.

72. *Cl* 4:322–78; *WA* 51:469–572; *LW* 41:185–256.

73. See the editors' introductions in *Cl* 4:321; *WA* 51:462; *LW* 41:182.

74. *Cl* 4:322, 1–13; *WA* 51:469, 3–16; *LW* 41:185.

75. *Cl* 4:322, 16–21; *WA* 51:469, 19–24; *LW* 41:185.

76. *WA* 7:835, 1–5; *LW* 32:111.

77. *Cl* 4:325, 19–20; *WA* 51:472, 16–17; *LW* 41:188.

78. For example, *Cl* 4:325, 27; *WA* 51:472, 24; *LW* 41:188.

79. *Cl* 4:344, 6–7; *WA* 51:510, 23–24; *LW* 41:212.

80. *Cl* 4:338, 35—339, 11; *WA* 51:498, 23—499, 20; *LW* 41: 204–5.

81. *Cl* 4:339, 8–9; *WA* 51:498, 33—499, 17; *LW* 41:206.

82. *Cl* 4:339, 26; *WA* 51:500, 18–19; *LW* 41:206.

83. *Cl* 4:346, 20; *WA* 51:515, 27; *LW* 41:219.

84. *Cl* 4:343, 12; *WA* 51:508, 23; *LW* 41:211.

85. *Cl* 4:340, 29; *WA* 51:502, 23–24; *LW* 41:207–8.

86. *Cl* 4:345, 11; *WA* 51:512, 28–29; *LW* 41:213.

87. *WA* 50:367, 25ff.; *LW* 34:284. See also *LW* 41:205 n. 29.

88. *Cl* 4:361, 21–35; *WA* 51:542, 28—543, 28; *LW* 41:235.

89. *WA* 54:206–99; *LW* 41:263–376.

90. *Cl* 1:422, 1—425, 17; *WA* 6:462, 12—465, 21; *LW* 44:207–12.

91. *WA* 54 contains these pictures in an illustrated supplement. For additional sources, see *LW* 41:260–61.

92. For the titles of Luther's writings about the Jews, see below, 4.7 under "Writings on the Jews."

93. *WA* 11:314–36; *LW* 45:199–229.

94. *WA* Br 1, no. 202, p. 35; Preserved Smith and Charles M. Jacobs, eds. and trans., *Luther's Correspondence and Other Contemporary Letters*, 2 vols. (Philadelphia: Lutheran Publication Society, 1918), 1:220.

95. *A Sincere Admonition by Martin Luther to All Christians to Guard Against Insurrection and Rebellion*, *Cl* 2:308, 5–17; *WA* 8:685, 4–15; *LW* 45:70–71.

96. *Receiving Both Kinds in the Sacrament*, *Cl* 2:333, 27–32; *WA* 10²:40, 7–12; *LW* 36:265.

97. *Cl* 1:20, 26–32; *WA* 1:528, 27–31.

98. *Commentary on the Alleged Imperial Edict*, *WA* 30³:386, 14—387, 4; *LW* 34:103–4.

99. *Eight Sermons at Wittenberg 1522*, *Cl* 7:369, 31—370, 1; *WA* 10³:18, 14–19; *LW* 51:77–78.

100. *Cl* 6, no. 255, 6–12; *WA* Br 5, no. 1635, 6–12; *LW* 49, no. 223, 367–68. This is Luther's letter to Justus Jonas of July 9, 1530.

4. 루터의 저작들

1. *WA* 50:657, 2–3; *LW* 34:283.

2. *WA* 50:660, 31—661, 3; *LW* 34:287–88.

3. Heinrich Bornkamm, *Luther als Schriftsteller*, reprinted in *Luther: Gestalt und Wirkungen*, SVRG no. 188 (Gütersloh: Bertelsmann, 1975), 39–64.

4. Ibid., 55.

5. Ibid., 59.

6. *Cl* 1:426–512; *WA* 6:497–573; *LW* 36:11–126.

7. *Cl* 2:188–298; *WA* 8:573–669; *LW* 44:251–400.

8. *Cl* 1:16–147; *WA* 1:525–628; *LW* 31:77–252.

9. *BC*, 291–92.

10. *WA* 50:509–653; *LW* 41:9–178.

11. See above, n. 7.

12. *WA* 5:19–673. Luther lectured on Psalms 1—22 in this series of lectures. *LW* 14:279–349 provides a translation of the lectures on Psalms 1 and 2.

13. Ulrich Nembach, *Predigt des Evangeliums. Luther als Prediger, Pädagoge und Rhetor* (Neukirchen-Vluyn: Neukirchener Verlag, 1972). Gerhard Krause's review of Nembach's book raises significant questions and disagrees (*ThLZ* 99 [1974]: 271–75).

14. Klaus Dockhorn, "Luthers Glaubensbegriff und die Rhetorik. Zu Gerhard Ebelings Buch 'Einführung in theologische Sprachlehre,'" in *Linguistica Biblica. Interdisziplinäre Zeitschrift für Theologie und Linguistik* 21/22 (February 1973): 19–39.

15. *WA* 31¹:552–615; *LW* 14:41–106.

16. For example, see *WA* 39¹,²; some have been translated, *LW* 34:105–96, and 38:235–77.

17. At this point, we should refer to the recent rediscovery of the text of an early disputation in which Luther participated and which illuminates a number of problems in the early controversies: Gerhard Hammer, "Militia Franciscena seu militia Christi. Das neugefundene Protokoll einer Disputation der sächsischen Franziskaner mit Vertretern der Wittenberger theologischen Fakultäat am 3. und 4. Oktober 1519," *ARG* 69 (1978): 51–81, and 70 (1979): 59–105.

18. *WA* 1:158–220.

19. *Cl* 2:133–87; *WA* 7:544–604; *LW* 21:295–355.

20. *Cl* 1:11–14; *WA* 1:243–46.

21. *Cl* 1:196–212; *WA* 2:742–58; *LW* 35:45–73.

22. *Cl* 1:299–322; *WA* 6:353–78; *LW* 35:75–111.

23. See above, n. 8.

24. *WA* 2:183–240.

25. See above, n. 7.

26. *WA* 11:431–56; *LW* 36:275–305.

27. *Cl* 4:180–93; *WA* 30²:632–46; *LW* 35:181–202. The full title is *Ein Sendbrief D. M. Luthers. Von Dolmetschen und Fürbitte der Heiligen*, that is, *An Open Letter: On Translating and on Intercessory Prayer Addressed to the Saints.*

28. *WA* 1:281–314.

29. *WA* 1:647–86.

30. See above, n. 6.

31. *WA* 6:579–94, 632.

32. *WA* 7:94–151. Cf. *Defense and Explanation of All the Articles of Dr. Martin Luther Which Were Unjustly Condemned by the Roman Bull*, *LW* 32:7–99.

33. *WA* 7:705–78.

34. *WA* 8:43–128; *LW* 32:137–260.

35. *WA* 18:62–125, 134–214; *LW* 40:79–223.

36. Cf. above, 3.29–35.

37. *WA* 54:206–99; *LW* 41:263–376.

38. *Cl* 2:427–41; *WA* 12:205–20; *LW* 53:19–40.

39. *Cl* 3:294–309; *WA* 19:72–113; *LW* 53:61–90.

40. *WA* 53:231–60. This is Luther's *Order for the Consecration of a Truly Christian Bishop.*

41. See below, 4.17.

42. *Cl* 1:362–425; *WA* 6:404–69; *LW* 44:123–217.

43. *Cl* 2:1–27; *WA* 7:42–73; *LW* 31:333–77.

44. *Cl* 2:395–403; *WA* 11:408–16; *LW* 39:305–14.

45. *WA* 15:238–40.

46. *WA* 15:391–97; *LW* 40:65–71. See also *LW* 49:94–96.

47. *Cl* 2:442–64; *WA* 15:27–53; *LW* 45:347–78.

48. *Cl* 3:47–68; *WA* 18:291–334; *LW* 46:17–43.

49. *Cl* 3:69–74; *WA* 18:357–61; *LW* 46:49–55.

50. *Cl* 3:75–93; *WA* 18:384–401; *LW* 46:63–85.

51. *CI* 3:317–51; *WA* 19:623–62; *LW* 46:93–137.
52. *BC,* 358–61.
53. *BC,* 338–56.
54. *BC,* 288–318.
55. *WA* 7:784–91; *LW* 42:183–86.
56. *CI* 1:161–73; *WA* 2:685–97; *LW* 42:99–115.
57. *WA* 23:402–31; *LW* 43:145–65.
58. *WA* 53:205–8; *LW* 43:247–50.
59. *WA* Br 10:489–94.
60. *WA* 11:314–36; *LW* 45:199–229.
61. *WA* 15:741–58.
62. *WA* 53:417–552; *LW* 47:137–306.
63. *WA* 53:579–648.
64. *WA* 30²:107–48; *LW* 46:161–205.
65. *WA* 30²:160–97.
66. *WA* 51:585–625; *LW* 43:219–41.
67. Not in *WA.* For text, see *EA* 64:277–78.
68. *WA* Br 6:20–21, no. 1773; *LW* 50:5–6.
69. *WA* 15:146–54.
70. *WA* 30³:496–509. Luther added a preface, marginal notes, and commentary.
71. For a selection of these sermons, see *LW* 51 and 52.
72. *CI* 3:317–51; *WA* 19:658, 21–34; *LW* 46:135–36.
73. *WA* 35:632.
74. *WA* 51:608–10; *LW* 43:232–33.
75. *WA* Br 11:112, 16–25.
76. *WA* 35:569–70.
77. *WA* 35:577.
78. *WA* 35:601.
79. *WA* 35:589–90.
80. *WA* 35:590–91.
81. See *LW* 48, 49, and 50.
82. *CI* 7:20–38 and 8:1–354; *WA* Tr 1–6; *LW* 54.
83. *WA* Br 9:443–45.
84. *WA* 1:153. The author of this book was an unknown mystic, see *LW* 31:73–74.
85. *WA* 1:378–89; *LW* 31:75–76.
86. *WA* 53:22–184.
87. *CR* 12:712–1094.
88. *WA* 35:411–15, 487–88; *LW* 53:214–16.
89. *WA* 35:422–25, 493–95; *LW* 53:219–20.
90. *WA* 19, after 72; *LW* 53:82–83, cf. 60, 282.
91. *WA* 2:386–87.
92. *WA* 49:278–79.
93. Ricarda Huch, *Luthers Glaube, Briefe an einem Freund,* 1st ed. (1917), 160.
94. *CI* 1:213, 227; *WA* 6:63, 3, and 202, 2; *LW* 39:7 and 44:21.
95. *CI* 2:300, 2–8; *WA* 8:676, 4–10; *LW* 45:57.

96. *Cl* 2:310, 20–25; *WA* 8:687, 21–26; *LW* 45:74.

97. *Cl* 2:360, 5; *WA* 11:245, 6; *LW* 45:81.

98. *Cl* 2:404, 1–19; *WA* 12:11, 3–20; *LW* 45:169.

99. *Cl* 5:222–304; *WA* 56:3–528; *LW* 25:3–524.

100. *Cl* 1:161–73; *WA* 2:685–97; *LW* 42:99–115.

101. See Luise Klein, "Die Bereitung zum Sterben: Studien zu den frühen reformatorischen Sterbebüchern" (dissertation, University of Göttingen, theological faculty, 1959).

102. *Cl* 1:165, 13–22; *WA* 2:689, 3–11; *LW* 42:104.

103. *Cl* 1:173, 18–24; *WA* 2:697, 14–21; *LW* 42:114.

104. *Cl* 1:166, 27–28; *WA* 2:690, 16–17; *LW* 42:105.

105. *Cl* 6:103, 21—105, 11; *WA* Br 2, no. 455, pp. 455, 39—456, 85; *LW* 48:390–91.

106. Wilhelm Walther, *Die deutsche Bibel Übersetzung des Mittelalters,* 3 vols. (Braunschweig: H. Wollermann, 1889–92), as well as his *Luthers deutsche Bibel* (Berlin: Ernst Siegfried Mittler und Sohn, 1917).

107. Gustav Roethe, "Luthers Septemberbibel" *LuJ* 5 (1923): 1–21.

108. Hans Vollmer, "Die deutsche Bibel," *LuJ* 16 (1934): 27–50.

109. Heinrich Bornkamm, "Die Vorlagen zu Luthers Übersetzung des Neuen Testaments," in *Luther: Gestalt und Wirkungen,* SVRG, no. 188, (Gütersloh: Bertelsmann, 1975), 73.

110. Heinz Bluhm, *Martin Luther: Creative Translator* (St. Louis: Concordia Publishing House, 1965).

111. [Heinz Bluhm, *Luther: Translator of Paul* (New York: Peter Lang, 1984).— Trans.]

112. Siegfried Raeder, "Voraussetzungen und Methode von Luthers Bibelübersetzung," in *Geist und Geschichte der Reformation. Festgabe Hanns Rückert zum 65. Geburtstag,* AKG 38 (1966): 152–78.

113. *Cl* 4:180–93; *WA* 30²:632–46, 694; *LW* 35:181–202.

114. See below, 7.11.

115. See above, 4.7 under "The Translation of the Bible."

116. *WA* DB 10¹:400–401. In the 1524 edition the text reads: "Herr du bist unser zuflucht worden, Fur und fur." The text in 1531 and 1545: "Herr Gott du bist unser zuflucht, Fur und fur."

117. *WA* 40³:502, 4–5; *LW* 13:84, 87.

118. *WA* 40³:497–508; *LW* 13:83–91.

119. See below, 7.1.

120. See below, 7.5.

121. See below, 7.11.

122. See below, 7.6 and 7.8.

123. See below, 7.10.

124. See below, 7.2.

125. See below, 7.3.

126. Kurt Aland, Ernst Otto Reichert, and Gerhard Jordan, *Hilfsbuch zum Lutherstudium,* 3d ed. (Witten/Ruhr: Luther–Verlag, 1970).

127. Heinrich J. Vogel, *Vogel's Cross Reference and Index to the Contents of Luther's Works* (Milwaukee: Northwestern Publishing House, 1983).

128. *Cl* 2:188–298; *WA* 7:544–604; *LW* 21:297–358.

129. Since the documents referred to in the following paragraphs will be discussed in more detail in the following sections of this chapter, references to sources are usually not given here.

130. Theodore G. Tappert, ed., *Selected Writings of Martin Luther,* 4 vols. (Philadelphia: Fortress Press, 1967).

131. Translations of parts, and sometimes all, of these lectures are provided in exegetical sections of *LW.* A selection of the original texts is available in *Cl* 5.

132. Selections of these are found in *Cl* 5.

133. See also *LW* 10 and 11 (Psalms), 25 (Romans), 29 (Hebrews).

134. *Cl* 5:344–77; *WA* 57:3–238; *LW* 31:39–70. The text in volume 1 of Hans Ulrich Delius's *Studienausgabe Martin Luther* (vols. 1–3, Berlin: Evangelische Verlagsanstalt, 1979–83; vol. 4, forthcoming), 1:186–218, incorporates new findings and is the best text. See below, 7.9.

135. The necessary texts are available in Walter Koehler, ed., *Dokumente zum Ablass Streit von 1517,* 2d ed. (Tübingen: J. C. B. Mohr [Paul Siebeck], 1924).

136. *Sermon on Grace and Indulgences* (1518), *Cl* 1:11–14; *WA* 1:243–46.

137. *Cl* 1:3–9; *WA* 1:233–238; *LW* 31:25–33.

138. *Cl* 1:16–147; *WA* 1:525–628; *LW* 31:83–252.

139. Simply "15" in *LW. Cl* 1:53–58; *WA* 1:554–58; *LW* 31:125–30.

140. *Cl* 1:7, 31—8, 3; *WA* 1:236, 35—237, 6; *LW* 31:234–40. This is the discussion of theses 69–74. See Johannes Heckel, *Initia juris ecclesiastici Protestantium,* in SBAW.PPH. 1949, 5 (1950).

141. They are characterized by the fact that the title begins with *Sermo* or *Sermon*—which does not describe a preached sermon, but rather a written treatise. This term is not always preserved in the English translations of *LW.*

142. Published in 1519: *The Sacrament of Penance* (*Cl* 1:174–84; *WA* 2:713–23; *LW* 35:9–22); *A Sermon on Preparing to Die* (*Cl* 1:161–73; *WA* 2:685–97; *LW* 42:99–115); *A Sermon on the Estate of Marriage* (*WA* 2:166–71; *LW* 44:7–14); *Two Kinds of Righteousness* (*WA* 2:145–52; *LW* 31:297–306); *On Rogationtide Prayer and Procession* (*WA* 2:175–79 +; *LW* 42:87–93); *A Meditation on Christ's Passion* (*Cl* 1:154–60; *WA* 2:136–42; *LW* 42:7–14); *The Blessed Sacrament of the Holy and True Body of Christ, and the Brotherhoods* (*Cl* 1:196–212; *WA* 2:742–58; *LW* 35:49–73); *The Holy and Blessed Sacrament of Baptism* (*Cl* 1:185–95; *WA* 2:727–37; *LW* 35:29–43); *[Kleiner] Sermon von dem Wucher (Usury)* (*WA* 6:3–8 and 9:798).

Published in 1520: *Sermon on the Ban* (*Cl* 1:213–26; *WA* 6:63–75; *LW* 39:7–22); *A Treatise on the New Testament, That Is, the Holy Mass* (*Cl* 1:299–322; *WA* 6:353–78; *LW* 35:79–111 [See also *WA* 6:78–83, 630, and 9:799 and 21:161.]); *Treatise on Good Works* (*Cl* 1:227–98; *WA* 6:202–76; *LW* 44:21–114); *[Grosser] Sermon von dem Wucher* (*WA* 6:36–60, 630, and 15:314–20).

143. *Cl* 1:299–322; *WA* 6:353–78; *LW* 35:79–111.

144. *Cl* 1:324–61; *WA* 6:285–324, 631; *LW* 39:55–104.

145. See *LW* 39:51–54.

146. *Cl* 1:363–421; *WA* 6:404–69; *LW* 44:123–217.

147. *Temporal Authority: To What Extent It Should Be Obeyed* (1523), *Cl* 2:360–94; *WA* 11:245–80; *LW* 45:81–129.

148. *Cl* 1:426–512; *WA* 6:497–573; *LW* 36:11–126.

149. [For a thorough discussion of the process leading to giving only the bread to the laity, see James J. Megivern, *Concomitance and Communion: A Study in Eucharistic Doctrine and Practice*, SF NS 33 (Fribourg: The University Press, 1963).—Trans.]

150. Erwin Iserloh, *Der Kampf um die Messe im den ersten Jahren der Auseinandersetzung mit Luther*, KLK 10 (1952): esp. 56–60. [See also James F. McCue, "Luther and Roman Catholicism on the Mass as Sacrifice," *JES* 2.2 (Spring 1965): 205–33.—Trans.]

151. [Luther published this book both in Latin and German at the explicit request of his order. He first wrote and published it in Latin (*WA* 7:49–73; *LW* 31:343–77), and then made his own free translation of it into German (*Cl* 2:10–27; *WA* 7:20–38). A translation appears in Bertram Lee Woolf, *Reformation Writings of Martin Luther*, 2 vols. (London: Lutterworth Press, 1952–56), 1:356–79. Although the differences do not always come through clearly in the translations, a comparison of these two versions can be helpful in showing the difference between Luther's style of thinking in each of these languages. See above, 4.23.—Trans.]

152. *WA* 7:42–49; *LW* 31:333–43; the German version: *Cl* 2:2–10; *WA* 7:3–11; Woolf, *Reformation Writings of Luther*, 1:336–47, 888.

153. *Cl* 2:11, 6–9; *WA* 7:21, 1–4; *LW* 31:344.

154. *Admonition to Peace: A Reply to the Twelve Articles of the Peasants in Swabia*, *Cl* 3:64, 34—65, 14; *WA* 18:327; *LW* 46:39.

155. See below, 4.37 n. 176.

156. See Andreas Karlstadt, *Von Abtuhung der Bilder und das keyn Bedtler vnther den Christen seyn sollen, 1522*, ed. Hans Lietzmann, KlT 74 (Bonn: A. Marcus und E. Weber's Verlag, 1911). For a detailed study of the problems see Ronald J. Sider, *Andreas Bodenstein von Karlstadt: The Development of His Thought 1517–1525* (Leiden: E. J. Brill, 1974), 148–73; Bernhard Lohse, "Luther und der Radikalismus," *LuJ* 44 (1977): 7–27.

157. See particularly Luther's "Invocavit Sermons (March 9–16, 1522)," *Cl* 7:363–87; *WA* 10³:1–64; *LW* 51:70–100. A good survey over these discussions has been given by Helmar Junghans, "Freiheit und Ordnung bei Luther während der Wittenberger Bewegung und der Visitationen," *ThLZ* 97 (1972): 95–104; Mark U. Edwards, Jr., *Luther and the False Brethren* (Stanford, Calif.: Stanford University Press, 1975), 6–33.

158. *Cl* 2:133–87; *WA* 7:544–604; *LW* 21:297–358.

159. See above, n. 7.

160. *Cl* 2:257, 31–35; *WA* 8:632, 39—633, 4; *LW* 44:315–16.

161. *Cl* 2:300–310; *WA* 8:676–87; *LW* 45:57–74.

162. *Cl* 2:360–94; *WA* 11:245–81; *LW* 45:81–129.

163. *Cl* 2:424–26; *WA* 12:35–37; *LW* 53:11–14.

164. See above, n. 38.

165. See above, n. 47.

166. *Cl* 2:451, 25–26; *WA* 15:38, 7–8; *LW* 45:360.

167. *Cl* 3:1–46; *WA* 15:293–313. The second half of the book is a reprint of an earlier work on usury, published in 1520: this text is found in *WA* 6:36–60; *LW*

45:245–310. A brief addition was made in the 1524 reprinting, *WA* 15:15, 321–22; *LW* 45:308–10.

168. Günter Fabiunke has attempted to do this. (*Martin Luther als Nationalökonom* [Berlin: Akademie-Verlag, 1963]).

169. See, for example, Max Weber, *The Protestant Ethic and the Spirit of Capitalism*, trans. Talcott Parsons (New York: Charles Scribner's Sons, 1958), 84, 60, 126, 240.

170. See above, n. 48.

171. See above, n. 49.

172. *WA* 18:336–43.

173. *Cl* 3:75–93; *WA* 18:384–401; *LW* 46:63–85.

174. *Cl* 3:94–293; *WA* 18:600–787; *LW* 33:15–295. The most useful English translation is in *LW* 33. The best German translation is in the Munich Edition of Luther's Works, Supplementary Volume I—Hans Joachim Iwand's commentary is especially helpful. Klaus Schwarzwäller has presented a very useful analysis of the structure of Luther's book in *Theologia crucis; Luthers Lehre von der Prädestination nach De servo arbitrio, 1525* (Munich: Chr. Kaiser, 1970). For a description of the history of the doctrine of the freedom of the will, see Henry J. McSorley, *Luther: Right or Wrong? An Ecumenical–Theological Study of Luther's Major Work, The Bondage of Will* (Minneapolis: Augsburg Publishing House, 1969).

175. See above, 3.27.

176. LCC 17:35–97.

177. [*Loci communes* might be translated "common points" or "commonplaces"—although the latter has some negative connotations in English not intended by Melanchthon. Melanchthon's *Loci* appeared in various editions, beginning with the *Loci communes* of 1521. Two modern translations of this edition are available: *The Loci Communes of Philip Melanchthon*, trans. Charles Leander Hill (Boston: Meador Publishing Co., 1944), and *Loci Communes Theologici*, trans. Lowell J. Satre, ed. Wilhelm Pauck, LCC 19:18–152. The 1555 edition has also been translated: *Melanchthon on Christian Doctrine: Loci Communes, 1555*, trans. and ed. Clyde L. Manschreck (New York: Oxford University Press, 1965). The last edition of the *Loci* was that of 1559 and is somewhat more explicit in revising earlier thinking than even the 1555 edition. See Hans Engeland, "Introduction," in LCC 19:xxv–xlii.—Trans.]

178. See, for example, Articles II and IV of the *Apology of the Augsburg Confession*—a confessional document written by Melanchthon—or Article II of *The Formula of Concord, BC*, 102–13, 519–39.

179. *Cl* 3:352–516; *WA* 26:261–509; *LW* 37:161–372.

180. *Cl* 3:507–15; *WA* 26:499–509; *LW* 37:360–72.

181. *BC*, 358–461.

182. See Johann Michael Reu, *Dr. Martin Luther's Small Catechism* (Chicago: Wartburg Press, 1929) and *Quellen zur Geschichte des kirchlichen Unterrichts in der evangelischen Kirche Deutschland zwischen 1530 und 1600*, 9 vols. (Gütersloh: Bertelsmann, 1904–35). See also Carl Volz, ed., *Teaching the Faith* (River Forest, Ill.: Lutheran Education Association, 1967); Johannes Meyer, *Historischer Kommentar zu Luthers kleinem Katechismus* (Gütersloh: Bertelsmann, 1929).

183. *Cl* 4:104–43; *WA* 30²:268–356; *LW* 34:9–61.

184. *Cl* 4:104; *WA* 30²:268; *LW* 34:9.

185. See *LW* 49:280–437.

186. *Cl* 4:179–93; *WA* 30²:632–46; *LW* 35:181–202.

187. *WA* DB, 9 vols.

188. See above, 4.11–15.

189. *Cl* 4:194–228; *WA* 30³:276–320; *LW* 47:11–55.

190. See above, 4.40.

191. See above, 4.26.

192. *BC,* 302.

193. See above, 2.20.

194. *WA* 50:509–653; *LW* 41:9–178.

195. *Cl* 4:322–78; *WA* 51:469–572; *LW* 41:185–256. See above, 3.40.

196. See above, 3.40.

197. *Cl* 4:421–28; *WA* 54:179–87; *LW* 34:327–38.

198. See below, 5.2.

199. *Cl* 6; *WA* Br 1—11; *LW* 48—50.

200. It is almost impossible to draw a clear boundary around Luther's sermons in the *WA.* See, however, the selected sermons in *LW* 51 and 52 and *Cl* 7.

201. *Cl* 7:20–38 and 8:1–354; *WA* Tr 1—6; *LW* 54.

202. *WA* 39¹,²; *LW* 34:104–96 (a selection); unfortunately, *Cl* omits these entirely.

203. *WA* 39¹:485, 16–24. See Gerhard Ebeling, "On the Doctrine of the *Triplex Usus Legis* in the Theology of the Reformation," in *Word and Faith,* trans. James W. Leitch (Philadelphia: Fortress Press, 1963), 62–78.

204. *WA* 39¹:175–80; *LW* 34:137–44. See Gerhard Ebeling, *Lutherstudien,* 2 vols. (Tübingen: J. C. B. Mohr [Paul Siebeck], 1971, 1982), see particularly 2:1–22.

5. 루터 신학의 국면들과 문제들

1. Theodosius Harnack, *Luthers Theologie mit besonderer Beziehung auf seine Versöhnungs- und Erlösungslehre,* 2 vols., 1st ed. (vol. 1, Erlangen: Theodor Bläsing, 1862–66; vol. 2, Erlangen: Andreas Deichert, 1886; reprinted Munich: Chr. Kaiser, 1927); in one volume (Amsterdam: Rodopi, 1969).

2. Reinhold Seeberg, *Lehrbuch der Dogmengeschichte,* 4th ed., 5 vols. (Leipzig: A. Deichert, 1933), vol. 4/1. The English translation, *The History of Doctrines,* trans. Charles E. Hay (Grand Rapids: Baker Book House, 1952), was based on a special revision of the first edition; later German editions were substantially revised.

3. Erich Seeberg, *Luthers Theologie, Motive und Ideen,* vol. 1, *Die Gottesanschauung* (Göttingen: Vandenhoeck & Ruprecht, 1929); vol. 2, *Christus, Wirklichkeit und Urbild* (Stuttgart: Kohlhammer, 1937). This work was never finished. A summary volume was published, however, *Luthers Theologie in ihren Grundzügen* (Stuttgart: Kohlhammer, 1940; rep. 1950).

4. Paul Althaus, *The Theology of Martin Luther,* trans. Robert C. Schultz (Philadelphia: Fortress Press, 1966).

5. Lennart Pinomaa, *Faith Victorious: An Introduction to Luther's Theology,* trans. Walter J. Kukkonen (Philadelphia: Fortress Press, 1963).

6. Friedrich Gogarten, *Luthers Theologie* (Tübingen: J. C. B. Mohr [Paul Siebeck], 1967).

7. Rudolph Hermann, *Gesammelte Studien zur Theologie Luthers und der Reformation* (Göttingen: Vandenhoeck & Ruprecht, 1960), and idem, *Luthers Theologie,* ed. Horst Beintker (Göttingen: Vandenhoeck & Ruprecht, 1967).

8. Hans Joachim Iwand, *Luthers Theologie,* ed. Johann Haar (Munich: Chr. Kaiser, 1974).

9. Gerhard Ebeling, *Luther: An Introduction to His Thought,* trans. R. A. Wilson (Philadelphia: Fortress Press, 1970).

10. In *RGG*³, 4:495–520.

11. Iwand, *Luthers Theologie.*

12. Hans Joachim Iwand, *Rechtfertigungslehre und Christusglaube* (Leipzig: J. C. Hinrichs, 1930).

13. *Cl* 3:101, 23–28; *WA* 18:606, 24–28; *LW* 33:25–26.

14. Philip Melanchthon, *Melanchthon on Christian Doctrine: Loci Communes, 1555,* trans. and ed. Clyde L. Manschreck (New York: Oxford University Press, 1965).

15. John Calvin, *Institutes of the Christian Religion,* LCC 20 and 21.

16. *WA* 40²:328, 1ff.; *LW* 12:310.

17. See below, 5.3.1–3.

18. *WA* 1:158–220. A second edition appeared in 1525, *WA* 18:479–530. This second edition has been translated into English, *LW* 14:140–205.

19. *First Lectures on the Psalms, WA* 3:397, 9–11; *LW* 10:332–33.

20. *Cl* 5:38–221; *WA* 3, 4, and 55; *LW* 10 and 11. For the revised edition and additional notes, see *WA* 55. *Cl* contains a selection; *LW* translates only the scholia, with occasional translations of the glosses in the notes. *LW* incorporates some of the material in *WA* 55.

21. *Cl* 5:222–304 (selections); *WA* 56:3–528. (See also 57:127, 131–232; *LW* 25:3–524. In using *WA* 57, remember that there are three sets of page numbers in the volume.)

22. *Cl* 5:222, 1–6; *WA* 56:157, 2–6; *LW* 25:135.

23. *Cl* 5:239, 11—246, 20; *WA* 56:269, 21—291, 14; *LW* 25:258–78.

24. *Cl* 5:222, 7–11; *WA* 56:158, 10–14; *LW* 25:136–37.

25. Ernst Bizer, *Fides ex auditu. Eine Untersuchung über die Entdeckung der Gerechtigkeit Gottes durch Martin Luther* (Neukirchen: Neukirchener Verlag, 1958; 3d ed., 1966), 45–52.

26. For example, *Cl* 5:240–41; *WA* 56:272–73; *LW* 25:260–61. See also *WA* 56:46, 13–19; *LW* 25:39–40.

27. *Cl* 5:344–74 (selections); *WA* 57³:5–238; *LW* 29:107–241.

28. For example, Regin Prenter, *Der barmherzige Richter. Iustitia dei passiva in Luthers Dictata super Psalterium 1513–1515,* Acta Jutlandica 33, no. 2 (Copenhagen, 1961), 20.

29. For example, Heiko Oberman, "'Justitia Christi' and 'Justitia Dei.' Luther and the Scholastic Doctrines of Justification," *HTR* 59 (1966): 1–26.

30. *Preface to the Complete Edition of Luther's Latin Writings,* CI 4:427, 40; WA 54:186, 7; LW 34:336–37.

31. Luther does not himself use the term "causative," but he has often described the Hebrew way of thinking in such a way that the term "causative" does adequately render Luther's interpretation of the terms such as "justice or righteousness of God" and "love of God."

32. Large numbers of these statements have been collected by Otto Scheel, *Dokumente zu Luthers Entwicklung,* 2d rev. ed. (Tübingen: J. C. B. Mohr [Paul Siebeck], 1929). Since then, researchers have sometimes considered even more statements of Luther to be relevant to the discussion.

33. Many important studies of scholars have been gathered and reprinted in B. Lohse, ed., *Der Durchbruch der reformatorischen Erkenntnis bei Luther* (Darmstadt: Wissenschaftliche Buchgemeinschaft, 1968).

34. See above, 3.4.

35. *The Commentary of Vincent of Lerins,* trans. T. Herbert Bindley (London: S.P.C.K., 1914).

36. The doctrine of verbal inspiration was developed after the middle of the sixteenth century, mainly over against the Tridentine definition of the relation between Scripture and tradition.

37. WA DB 7:384–87; LW 35:395–98. WA prints the editions of 1522 and 1545 side by side so that it is possible to see the changes. The notes to LW quote Luther's statements in earlier editions that were much sharper in tone.

38. *Preface to the Wittenberg Edition of Luther's German Writings,* WA 50:657, 25ff.; LW 34:284.

39. *The Gospel for Christmas Eve, Luke 2[:1–14],* WA 10$^{1.1}$:75, 6–7; LW 52:21.

40. *The Bondage of the Will,* CI 3:101, 6–8; WA 18:606, 11ff.; LW 33:25.

41. Ibid., CI 3:101, 29; WA 18:606, 29; LW 33:26.

42. *Assertio omnium articularum M. Lutheri per bullam Leonis X. novissimam damnatorum* (1520), WA 7:97, 23–24.

43. WA Tr 3, no. 3043a.

44. *Treatise on Good Works,* CI 1:234, 21–27; WA 6:209, 24–30; LW 44:30.

45. *The Gospel for the Festival of the Epiphany, Matthew 2[:1–12],* WA 10$^{1.1}$:625–26, 3; LW 52:205.

46. WA 15:527, 35–37; a sermon preached in 1524.

47. WA 17^1:431, 2–4; a sermon preached in 1525.

48. CI 3:214–15; WA 18:719; LW 33:191.

49. WA 9:448, 37—449, 1; a sermon preached in 1520.

50. CI 3:290, 7–10; WA 18:784, 36–39; LW 33:290.

51. Ebeling, *Luther: Introduction to His Thought,* 249ff.

52. WA 16:143, 17–19.

53. CI 3:200, 38–41; WA 18:706, 22–24; LW 33:171.

54. CI 2:253, 32–33; WA 8:629, 26–27; LW 44:336.

55. CI 2:253, 33–37; WA 8:629, 27–30; LW 44:336.

56. WA 7:838, 4–8; LW 32:112.

57. Emanuel Hirsch, *Lutherstudien,* 2 vols. (Gütersloh: Bertelsmann, 1954), 1:127–28.

58. CI 2:226, 26–32; WA 8:606, 30–35; LW 44:298.

59. *WA* 28:608, 21–29.

60. See Gerhard Ebeling's extensive analysis of Luther's disputation on the human person *(de homine)* in *Lutherstudien*, 2 vols. (Tübingen: J. C. B. Mohr [Paul Siebeck], 1971–77), 2/1.

61. *WA* 19:482, 25—483, 19; *LW* 36:335.

62. Reinhold Seeberg, *Lehrbuch der Dogmengeschichte*, 4/1.

63. Werner Elert, *The Structure of Lutheranism*, trans. W. A. Hansen (St. Louis: Concordia Publishing House, 1962).

64. See above, n. 3.

65. See above, n. 10.

66. Althaus, *Theology of Martin Luther*, 199–200.

67. *WA* 46:436, 7–13.

68. *WA* 46:436, 71–72, a sermon preached in 1538; see *WA* 49:237, a sermon preached in 1541.

69. *WA* 41:270, 2–23; 272, 1–19; *WA* 52:338, 1–10.

70. *WA* 39²:304, 16. The statement was actually made by Georg Major in the course of theological disputation at which Luther presided.

71. *WA* 39²:382, 6–7; 323, 20–21. The second reference is to another statement by Major.

72. *Von der Beichte, ob der Papst Macht habe zu gebieten. Der 118. Psalm* (1521), *WA* 8:149, 34—150, 4.

73. *Cl* 3:508, 11–17; *WA* 26:500, 27–32; *LW* 37:361.

74. *BC*, 291–92.

75. *The Magnificat, Cl* 2:161, 21–23; *WA* 7:574, 29–31; *LW* 21:328.

76. *WA* 19:232, 21–25; *LW* 19:82.

77. *This Is My Body, WA* 23:133, 26–28; *LW* 37:57.

78. Ibid., *WA* 23:137, 31–36; *LW* 37:60.

79. Ibid., *Cl* 3:404, 33–38; *WA* 26:339, 39—340, 2; *LW* 37:228.

80. *WA* 40³:209–15.

81. A postil: on Matt. 4:1–11, *WA* 17²:192, 28–30. See also John Nicolas Lenker, ed., *Sermons of Martin Luther: On the New Testament*, 8 vols. (Grand Rapids: Baker Book House, 1983; reprint of 1904 edition—paging and volume number differ from earlier edition), 2:141.

82. See above, 3.23–27.

83. Otto Ritschl, *Dogmengeschichte des Protestantismus; Grundlagen und Grundzügen der theologischen Gedanken und Lehrbildung in der protestantischen Kirche*, 4 vols. (vols. 1–2, Leipzig: J. C. Hinrichs, 1908–12; vols. 3–4, Göttingen: Vandenhoeck & Ruprecht, 1926–27), 3:16.

84. Reinhold Seeberg, *Lehrbuch der Dogmengeschichte*, 4/1:182. For an English translation of an earlier version, see *The History of Doctrines*, 2:151, 243–45, 265.

85. See above, 1.18 and 3.27. *Potentia Dei ordinata* is frequently translated "the ordained power of God." It refers to God working through and limiting himself by the structures and processes of the created world.

86. Elert, *Structure of Lutheranism*, 24, see also 19.

87. *Cl* 3:291–93; *WA* 18:786–87; *LW* 33:293–95. See above, 3.26–27.

88. *Cl* 3:174–77; *WA* 18:682–84; *LW* 33:135–38.

89. *WA* 39¹:370, 12—371, 1.

90. Hans Joachim Iwand, "Um den rechten Glauben," in *Gesammelte Aufsätze* (Munich: Chr. Kaiser, 1959), 87–109.

91. See below, 6.7.3–4.

92. *WA* 31¹:445, 3–24; *LW* 14:124.

93. David Löfgren, *Die Theologie der Schöpfung bei Luther* (Göttingen: Vandenhoeck & Ruprecht, 1960).

94. Ibid., 83.

95. *WA* 40³:221, 6ff.

96. See above, 5.6.5.

97. *WA* 5:168, 1–8.

98. Althaus, *Theology of Luther,* 105ff., and "Gottes Gottheit als Sinn der Rechtfertigungslehre," *LuJ* 13 (1931): 1–28.

99. See above, 3.5.

100. *Cl* 1:21, 31–35; *WA* 1:529, 23–26.

101. *Cl* 1:21, 7; *WA* 1:529, 3.

102. *Cl* 1:324–61; *WA* 6:285–324; *LW* 39:49–104.

103. *Cl* 1:333, 28—337, 20; *WA* 6:295, 12—298, 36; *LW* 39:68–72.

104. *Cl* 1:335, 28ff.; *WA* 6:286, 35ff.; *LW* 39:70.

105. *Cl* 1:325, 28ff.; *WA* 6:286, 35ff.; *LW* 39:59.

106. *Cl* 1:333, 28ff.; *WA* 6:295, 12ff.; *LW* 39:68.

107. *Cl* 1:339, 16–17; *WA* 6:301, 3–4; *LW* 39:75.

108. *WA* 26:19, 195, 1—200, 21; *LW* 40:269–72.

109. Peter Brunner, *Nikolaus von Amsdorf als Bischof von Naumburg. Eine Untersuchung zur Gestalt des evangelischen Bischofamtes in der Reformationszeit,* SVRG, no. 161 (Gütersloh: Gerd Mohn, 1961).

110. *BC,* 300. [see Philip Melanchthon's *Treatise on the Power and Primacy of the Pope, BC,* 331.—Trans.]

111. Peter Brunner uses the term "Synodaler Episkopalismus." See "Von Amt des Bischofs," in *Pro Ecclesia Gesammelte Aufsätze zur dogmatischen Theologie* (Hamburg: Lutherisches Verlagshaus, 1962), 1:264.

112. *The Gospel for the Early Christmas Service, Luke 2[:15–20], WA* 10¹·¹:140, 8–17; *LW* 52:39–40.

113. *WA* 25:97, 32–33. The quotation is from Luther's scholia on Isaiah. *LW* 16:32 translates student notes of this lecture (*WA* 31²:22, 34–35): "By the Word alone, therefore, the church is recognized, and in the glory of the Word the reign of Christ is described."

114. *WA* 50:628ff.; *LW* 41:150–66.

115. *Cl* 4:330ff.; *WA* 51:479ff.; *LW* 41:194–99.

116. *Cl* 4:333–34; *WA* 51:487; *LW* 41:199.

117. *Concerning Rebaptism, WA* 26:147, 13ff.; *LW* 40:231–32. The statement was made in 1528 in a book condemning the practice of rebaptism.

118. *Luthers Bedenken über die Sequestration* (August 1532), *WA* 39²:167, 8—168, 1.

119. *WA* 6:604, 19–38.

120. Wilhelm Brunotte, *Das geistliche Amt bei Luther* (Berlin: Lutherisches Verlagshaus, 1959).

121. Hellmut Lieberg, *Amt und Ordination bei Luther und Melanchthon,* FKDG (Göttingen: Vandenhoeck & Ruprecht, 1962).

122. Peter Manns, "Amt und Eucharistie in der Theologie Martin Luthers," in *Amt und Eucharistie,* ed. Peter Bläser (Paderborn: Bonifacius–Druckerei, 1973), 68–173, esp. 72–76.

123. See above, 4.26.

124. See above, 5.7.7.

125. *CI* 2:395–403; *WA* 11:408–16; *LW* 39:305–14.

126. *CI* 1:372, 15—373, 20; *WA* 6:413, 1—414, 4; *LW* 44:136–37.

127. For a fuller discussion of the development of the state church and Luther's participation in this process, see above, 3.38.

128. Ulrich Duchrow, *Christenheit und Weltverantwortung. Traditionsgeschichte und systematische Struktur der Zweireichelehre* (Stuttgart: Ernst Klett, 1970). A parallel work in English is Karl H. Hertz, ed., *Two Kingdoms and One World: A Sourcebook in Christian Social Ethics* (Minneapolis: Augsburg Publishing House, 1976).

129. Reinhold Seeberg, *Lehrbuch der Dogmengeschichte,* 4/1:340–41. Compare *The History of Doctrines,* 2:273.

130. Ernst Kinder, *Geistliches und weltliches Regiment Gottes nach Luther* (Weimar: H. Böhlau, 1940).

131. Gustav Törnvall, *Geistliches und weltliches Regiment bei Luther. Studien zu Luthers Weltbind und Gesellschaftsverständnis* (Munich: Chr. Kaiser, 1947).

132. See especially Johannes Heckel, *Lex charitatis. Eine juristische Untersuchung über das Recht in der Theologie Martin Luthers,* SBAW.PPH, NF 36 (1953), and idem, *Im Irrgarten der Zwei–Reiche–Lehre. Zwei Abhandlungen zum Reichs– und Kirchenbegriff Martin Luthers* (Munich: Chr. Kaiser, 1957).

133. Paul Althaus, "Die beiden Regimente bei Luther. Bermerkungen zu Johannes Heckels 'Lex charitatis'," *ThLZ* 81 (1956): 129–36, and idem, "Luthers Lehre von den beiden Reichen im Feuer der Kritik," *LuJ* 24 (1957): 40–68.

134. Althaus wrote a number of very significant essays on this subject, particularly "Luthers Lehre von den beiden Reichen im Feuer der Kritik."

135. Ibid., 67.

136. Franz Lau, *Luthers Lehre von den beiden Reichen,* 2d ed. (Berlin: Lutherisches Verlagshaus, 1953).

137. Heinrich Bornkamm, *Luther's Doctrine of the Two Kingdoms in the Context of His Theology,* trans. Karl H. Hertz, Facet Books (Philadelphia: Fortress Press, 1966).

138. Ibid., 8.

139. Gerhard Ebeling. "The Necessity of the Doctrine of the Two Kingdoms," in *Word and Faith,* trans. James W. Leitch (Philadelphia: Fortress Press, 1963), 386–406; the quotation is on 390.

140. The discussion began with a series of publications—in which Ulrich Duchrow was most prominently represented. First, he published his extensive description of the history of the tradition of the doctrine of the two kingdoms (Duchrow, *Christenheit und Weltantwortung*). Then, he and Heiner Hoffmann jointly edited a collection of sources, *Die Vorstellung von Zwei Reichen und Regimenten bis Luther* (Gütersloh: Gütersloher Verlagshaus Gerd Mohn, 1972).

Then Duchrow, in collaboration with others, edited other volumes of sources—(with Wolfgang Huber) *Umdeutungen der Zweireichelehre Luthers im 19. Jahrhundert* (Gütersloh: Gütersloher Verlagshaus Gerd Mohn, 1975); *Die Ambivalenz der Zweireichelehre in lutherischen Kirchen des 20. Jahrhunderts* (1976). See also Duchrow's essay: "Zweireichelehre als Ideologie. Folgenreiche Umdeutungen Luthers im 19. Jahrhundert" *LM* 14 (1975): 296–300. Then Duchrow edited the volume *Lutheran Churches—Salt or Mirror of Society? Case Studies on the Theory and Practice of the Two Kingdoms Doctrine* (Geneva: Lutheran World Federation, Department of Studies, 1977). This volume begins with a brief historical and systematic summary written by Duchrow himself; then various contributors give critical evaluations of the effect of the doctrine of the two kingdoms on the attitude of the Lutheran churches in various countries.

141. Duchrow, *Christenheit und Weltverantwortung*.

142. For example, Hermann Kunst, *Evangelischer Glaube und politische Verantwortung. Martin Luther als politischer Berater seiner Landesherrn und seine Teilnahme an den Fragen des öffentlichen Lebens* (Stuttgart: Evangelisches Verlagswerk, 1976); Eike Wolgast, "Die Wittenberger Theologie und die Politik der evangelischen Stände," *QFRG* 47 (1977). Important contributions to the discussion of Duchrow's work were made by Trutz Rendtorff, Review of Ulrich Duchrow and Wolfgang Huber, eds., *Umdeutungen der Zweireichelehre Luthers im 19. Jahrhundert,* in *ZEE* 20 (1976): 64–70. Duchrow and Huber response, ibid., 144–53. See also Martin Honecker, "Zur gegenwärtigen Interpretation der Zweireichelehre," *ZKG* 89 (1978): 150–62.

143. For Luther's view of history, see below, 5.9.1–7.

144. See above, 3.43–45.

145. *Cl* 6, no. 54, 104, 7–11; *WA Br* 2, no. 455, 50–54; *LW* 48:390.

146. See above, 5.6.7.

147. *Cl* 2:133–87; *WA* 7:538–604; *LW* 21:295–358.

148. *WA* 50:468–77; *LW* 47:107–19.

149. *WA* 50:475–76; *LW* 47:15–118.

150. *WA* 50:476; *LW* 47:118.

6. 루터 해석사

1. Horst Stephan, *Luther in den Wandlungen seiner Kirche* (1st ed., Geissen: Töpelmann, 1907; 2d ed., Berlin: Töpelmann, 1951).

2. Ernst Walter Zeeden, *Martin Luther und die Reformation im Urteil des deutschen Luthertums. Studien zum Selbstverständnis des lutherischen Protestantismus von Luthers Tode bis zum Beginn der Goethezeit,* 2 vols. (Freiburg: Herder, 1950–52).

3. Heinrich Bornkamm, *Luther im Spiegel der deutschen Geistesgeschichte. Mit ausgewählten Texten von Lessing bis zur Gegenwart* (1st ed., Heidelberg: Quelle & Meyer, 1955; 2d rev. ed., Göttingen: Vandenhoeck & Ruprecht, 1970).

4. Walther von Loewenich, *Luther und der Neuprotestantismus* (Witten/Ruhr: Luther-Verlag, 1963).

5. See above, 5.2.1. Agricola did not yet use the terms "young Luther" and "old Luther." But he referred to earlier writings of Luther's in the years 1517 through 1519. For further details see Joachim Rogge, *Johann Agricolas Lutherverständnis*

unter besonderer Berücksichtigung des Antinomismus, ThA 14 (Berlin: Evangelische Verlagsanstalt, 1960), 104–10.

6. Zeeden, *Martin Luther und die Reformation,* 2:167ff.

7. Philip Jacob Spener, *Pia Desideria,* trans. Theodore G. Tappert (Philadelphia: Fortress Press, 1964).

8. *WA* DB 6:2–11; *LW* 35:357–62.

9. *Cl* 3:294–309; *WA* 19:72–113; *LW* 53:51–90.

10. Erich Beyreuther, "Theologia crucis. Zinzendorf und Luther," in *Studien zur Theologie Zinzendorfs. Gesammelte Aufsätze* (Neukirchen-Vluyn: Neukirchener Verlag, 1962), 235–47.

11. Published in many editions. For example, Gottfried Arnold, *Unparteyische Kirchen- und Ketzer-Historien, vom anfang des Neuen Testaments biss auff das Jahr Christi 1688,* 3 vols. (Schaffhausen: Emanuel und Benedict Hurter, 1740–42).

12. [See Bornkamm, *Luther im Spiegel der deutschen Geistesgeschichte,* 199–202.—Trans.]

13. [See ibid., 202–5.—Trans.]

14. [See ibid., 205–15.—Trans.]

15. [See ibid., 215–19.—Trans.]

16. See above, 6.3.4.

17. [See Bornkamm, *Luther im Spiegel der deutschen Geistesgeschichte,* 219–20.—Trans.]

18. [See ibid., 220–25.—Trans.]

19. [See ibid., 225–37.—Trans.]

20. [See ibid., 199–202. The specific reference is to Georg Friedrich Wilhelm Hegel, *The Philosophy of History,* trans. J. Sibree, vol. 46 of Great Books of the Western World, ed. Robert Maynard Hutchins (Chicago: Encyclopaedia Britannica, 1952), 353.—Trans.]

21. Friedrich Schleiermacher, *On Religion: Speeches to Its Cultured Despisers,* trans. John Oman (New York: Harper Torchbooks, 1958).

22. Novalis is a pseudonym for Friedrich von Hardenberg. Novalis, *Die Christenheit oder Europa* (1799), in Novalis, *Werke,* in einem Band, ed. Uwe Lassen (Hamburg: Hoffman & Campe, n.d.), 294. [Quoted by Bornkamm, *Luther im Spiegel der deutschen Geistesgeschichte,* 240.—Trans.]

23. Schleiermacher, *On Religion,* 269. [See also Bornkamm, *Luther im Spiegel der deutschen Geistesgeschichte,* 274–77.—Trans.]

24. Friedrich Schleiermacher, *The Christian Faith,* ed. H. R. Mackintosh and J. S. Stewart (Philadelphia: Fortress Press, 1977).

25. Paul Seifert, "Luther und Schleiermacher," *Luther* 40 (1969): 51–68.

26. See below, 7.2.

27. Leopold von Ranke, *Deutsche Geschichte im Zeitalter der Reformation,* ed. Paul Joachimsen (Meersburg and Leipzig: F. W. Hendel, 1926), 6:313–99. [For further information, see Bornkamm, *Luther im Spiegel der deutschen Geistesgeschichte,* 42 n. 2.—Trans.]

28. [For selections from Ranke, see Bornkamm, *Luther im Spiegel der deutschen Geistesgeschichte,* 249–58; Luther's explanation of Psalm 101 is in *WA* 51:200–264; *LW* 13:145–224.—Trans.]

29. Albrecht Ritschl, *Die christliche Lehre von der Rechtfertigung und Versöhnung,* 3 vols. (1st ed., Bonn: Marcus, 1870–74; 2d rev. ed., 1882–83). Two of the volumes have been translated into English. The first edition of vol. 1, in which Ritschl analyzed the history of the doctrine, was translated as *A Critical History of the Christian Doctrine of Justification and Reconciliation,* trans. John S. Black (Edinburgh: Edmonston, 1872). The second edition of vol. 3 was translated as *The Christian Doctrine of Justification and Reconciliation: The Positive Development of the Doctrine,* ed. H. R. Mackintosh and A. B. Macaulay (Edinburgh: T. & T. Clark, 1902).

30. Albrecht Ritschl, *Geschichte des Pietismus,* 3 vols. (Bonn: Marcus, 1880–86).

31. See above, 3.26–27 and 4.37.

32. *BC,* 352, 6 (explanation of the Lord's Supper).

33. [David W. Lotz, *Ritschl and Luther: A Fresh Perspective on Albrecht Ritschl's Theology in the Light of His Luther Study* (Nashville: Abingdon Press, 1974). Lotz has translated Ritschl's "Festival Address" celebrating the four hundredth anniversary of Luther's birth, 187–202.—Trans.]

34. Theodosius Harnack, *Luthers Theologie mit besonderer Beziehung auf seine Versöhnungs- und Erlösungslehre,* 2 vols. (vol. 1, Erlangen: Theodor Bläsing, 1862–66; vol. 2, Erlangen: Andreas Deichert, 1886; reprinted, Munich: Chr. Kaiser, 1927; and in one volume, Amsterdam: Rodopi, 1969).

35. See above, 3.26–27 and 4.37.

36. Ludwig Feuerbach, *The Essence of Faith According to Luther,* trans. Martin Cherno (New York: Harper & Row, 1967).

37. [See Bornkamm, *Luther im Spiegel der deutschen Geistesgeschichte,* 299–305.—Trans.]

38. [See ibid., 266–74.—Trans.]

39. [See ibid., 305–14.—Trans.]

40. [See ibid., 95–100.—Trans.]

41. [See ibid., 373–83.—Trans.]

42. [Three of Ernst Troeltsch's works on the Reformation have been translated into English: *The Social Teachings of the Christian Churches,* trans. Olive Wyon, 2 vols. (New York: Macmillan Co., 1931), esp. 2:459–576; "Renaissance and Reformation," in *The Reformation: Material or Spiritual?* ed. Lewis W. Spitz (Lexington, Mass.: D. C. Heath, 1962), 17–27; *Protestantism and Progress: A Historical Study of the Relation of Protestantism to the Modern World,* trans. W. Montgomery (Boston: Beacon Press, 1958).—Trans.]

43. [See Bornkamm, *Luther im Spiegel der deutschen Geistesgeschichte,* 389–97.—Trans.]

44. See below, 7.1.

45. See below, 7.2.

46. See above, 2.12, 4.22, and 5.2.4–5.

47. Karl Holl's essays on Luther were collected and published in his *Gesammelte Aufsätze zur Kirchengeschichte,* vol. 1: *Luther,* 7th ed. (Tübingen: J. C. B. Mohr [Paul Siebeck], 1948). [In the following notes, this volume is referred to as "*GA* 1."—Trans.] "Die Rechtfertigungslehre in Luthers Vorlesung über den

Römerbrief mit besonderer Rücksicht auf die Frage der Heilsgewissheit," in *GA* 1:111–54.

48. Karl Holl, "Luther und das landesherrliche Kirchenregiment," in *GA* 1:326–80. [Another essay dealing with some of the same subject matter and written at the same time has been translated: *The Cultural Significance of the Reformation,* trans. Karl Hertz and Barbara Hertz (New York: Living Age, 1919).—Trans.]

49. Karl Holl, "Die Enstehung von Luthers Kirchenbegriff," in *GA* 1:288–325.

50. Karl Holl, *What Did Luther Understand by Religion?* ed. James L. Adams and Walter F. Bense, trans. Fred W. Meuser and Walter E. Wietzke (Philadelphia: Fortress Press, 1977).

51. Karl Holl, *The Reconstruction of Morality,* ed. James L. Adams and Walter F. Bense, trans. Fred W. Meuser and Walter E. Wietzke (Minneapolis: Augsburg Publishing House, 1979).

52. Karl Holl, "Luther und die Schwärmer," in *GA* 1:420–67.

53. Holl, *What Did Luther Understand by Religion?* 32–48.

54. Ibid., 48–62.

55. Ibid., 36 and often.

56. Ibid., 79.

57. Ibid.

58. Ernst Bloch, *Thomas Münzer als Theologe der Revolution* (Munich: Kurt Wolff, 1921).

59. Holl, "Luther und die Schwärmer," in *GA* 1:467.

60. [See Bornkamm, *Luther im Spiegel der deutschen Geistesgeschichte,* 409–12.—Trans.]

61. Emanuel Hirsch, *Lutherstudien,* 2 vols. (Gütersloh: Bertelsmann, 1954).

62. Karl Barth, *Church Dogmatics,* trans. G. T. Thomsen, 4 vols. in 13 parts (Edinburgh: T. & T. Clark, 1936–69; index volume, 1977).

63. [Karl Barth, *Community, State, and Church: Three Essays,* trans. and ed. Will Herberg (Garden City, N.Y.: Doubleday Anchor Books, 1960). Herberg's introduction is an extended essay dealing with the disagreement between Barth and Gogarten on this issue.—Trans.]

64. Friedrich Gogarten, *Luthers Theologie* (Tübingen: J. C. B. Mohr [Paul Siebeck], 1967). [See Bornkamm, *Luther im Spiegel der deutschen Geistesgeschichte,* 400–408.—Trans.]

65. Philip Watson, *Let God Be God* (Philadelphia: Muhlenberg Press, 1947), introduced the accents of this school to the English–speaking reader.

66. Gustaf Aulén, *Christus Victor,* trans. A. G. Hebert (London: S.P.C.K., 1931); idem, *The Faith of the Christian Church,* trans. Eric H. Wahlstrom and G. Everett Arden (Philadelphia: Muhlenberg Press, 1948); idem, *Eucharist and Sacrifice,* trans. Eric H. Wahlstrom (Philadelphia: Muhlenberg Press, 1956).

67. Anders Nygren, *Agape and Eros: A Study of the Christian Idea of Love,* trans. A. G. Hebert (London: S.P.C.K., 1941).

68. Ragnar Bring, "The Subjective and the Objective in the Concept of the Church," in *This Is the Church,* ed. Anders Nygren, trans. Carl C. Rasmussen (Philadelphia: Muhlenberg Press, 1952), 205–25; idem, *Das Verhältnis von Glauben und Werken in der lutherischen Theologie,* trans. Karl–Heinz Becker (Munich: Chr. Kaiser, 1955); idem, *Commentary on Galatians,* trans. Eric H.

Wahlstrom (Philadelphia: Muhlenberg Press, 1961); idem, *How God Speaks to Us: The Dynamics of the Living Word* (Philadelphia: Muhlenberg Press, 1962).

69. Gustaf Wingren, *Luther on Vocation,* trans. Carl C. Rasmussen (Philadelphia: Muhlenberg Press, 1957).

70. Lennart Pinomaa, *Faith Victorious: An Introduction to Luther's Theology,* trans. Walter J. Kukkonen (Philadelphia: Fortress Press, 1963).

71. See above, 5.8.5.

72. [Gustaf Wingren, *Theology in Conflict: Nygren—Barth—Bultmann,* trans. Eric H. Wahlstrom (Philadelphia: Muhlenberg Press, 1958); Anders Nygren, *Commentary on Romans,* trans. Carl C. Rasmussen (Philadelphia: Muhlenberg Press, 1949).—Trans.]

73. Reinhold Seeberg (1859–1935) was professor of systematic theology at Erlangen University from 1889 through 1898 when he was called to the University of Berlin. See his *Lehrbuch der Dogmengeschichte,* 4th ed., 5 vols. (Leipzig: A. Deichert, 1933); *The History of Doctrines* (Grand Rapids: Baker Book House, 1952); see chap. 5 n. 2.

74. Erich Seeberg, *Luthers Theologie in ihren Grundzügen,* (Stuttgart: Kohlhammer, 1st ed. 1940, reprinted 1950). See also above, chap. 5 n. 3.

75. Paul Althaus, *The Theology of Martin Luther,* trans. Robert C. Schultz (Philadelphia: Fortress Press, 1966).

76. Paul Althaus, *The Ethics of Martin Luther,* trans. Robert C. Schultz (Philadelphia: Fortress Press, 1972).

77. Rudolf Hermann, *Luthers Theologie,* ed. Horst Beintker (Göttingen: Vandenhoeck & Ruprecht, 1967).

78. For example, Gerhard Ebeling, *Lutherstudien,* 2 vols. (Tübingen: J. C. B. Mohr [Paul Siebeck], 1971–82); idem, *Luther: An Introduction to His Thought,* trans. R. A. Wilson (Philadelphia: Fortress Press, 1970).

79. In the German "Kulturkampf" (1871–86) Bismarck tried to push back the political influence of the Roman Catholic Church.

80. Heinrich Denifle, *Luther and Lutherdom from Original Sources,* trans. Raymond Volz (Somerset, Ohio: Torch Press, 1917).

81. Hartmann Grisar, *Martin Luther: His Life and Work,* adapted from the 2d German edition by Frank J. Eble, ed. Arthur Preuss (Westminster, Md.: Newman Press, 1950).

82. Franz Xaver Kiefl, "Martin Luthers religiöse Psyche," *Hochland* 15 (1917/18): 7–28.

83. Sebastian Merkle, *Gutes an Luther und Übles an seinen Tadlern, Luther in ökumenischer Sicht,* ed. Alfred von Martin (Stuttgart: Frommann, 1929), 9–19.

84. Joseph Lortz, *The Reformation in Germany,* trans. Ronald Walls, 2 vols. (New York: Herder & Herder, 1968).

85. See above 2.12, 4.22, and 5.2.5. As to Lortz's evaluation of Luther's lectures on Romans see, on the one hand, his *Reformation in Germany,* 1:210–13, and on the other hand, "Luthers Römerbriefvorlesung. Grundanliegen," *TThZ* 71 (1962): 129–53, 216–47.

86. Erwin Iserloh, "The Basic Elements of Luther's Intellectual Style," in *Catholic Scholars Dialogue with Luther,* ed. Jared Wicks (Chicago: Loyola University

Press, 1970), 3–33. This collection of essays gives the reader who knows only English a good sample of Roman Catholic scholarship at the time.

87. See particularly Erwin Iserloh, *Geschichte und Theologie der Reformation im Grundriss* (Paderborn: Bonifacius–Druckerei, 1980); idem, *The Theses Were Not Posted: Luther Between Reform and Reformation*, trans. Jared Wicks (Boston: Beacon Press, 1968); idem, "Luther's Christ–Mysticism," in *Catholic Scholars Dialogue with Luther*, 37–58. Isersloh also wrote large sections of the *Handbook of Church History*, ed. Herbert Jedin and John Dolan—chaps. 41–44, 47, and 58–61 of Vol. 4: *From the High Middle Ages to the Eve of the Reformation*, trans. Anselm Biggs (New York: Herder & Herder, 1970); "Part One: The Protestant Reformation," (except for chap. 27), in Vol. 5: *The Protestant Reformation*, trans. Anselm Biggs and Peter W. Becker (New York: Herder & Herder, 1980).

88. Stephan Pfürtner, *Luther and Aquinas—A Conversation: Our Salvation, Its Certainty and Peril*, trans. Edward Quinn (New York: Sheed & Ward, 1964).

89. Otto Hermann Pesch, "Existential and Sapiential Theology: The Theological Confrontation Between Luther and Thomas Aquinas," in *Catholic Scholars Dialogue with Luther*, 61–81; idem, *The God Question in Thomas Aquinas and Martin Luther*, trans. Gottfried G. Krodel (Philadelphia: Fortress Press, 1972). See further Otto Hermann Pesch, "Luther and the Catholic Tradition," *Lutheran Theological Seminary Bulletin, Gettysburg, Pa.*, 64 (Winter 1984): 3–21.

7 간행물, 학술지, 루터 연구 참고 문헌

1. Kurt Aland, Ernst Otto Reichert, and Gerhard Jordan, *Hilfsbuch zum Lutherstudium*, 3d ed. (Witten/Ruhr: Luther–Verlag, 1970).

2. Heinrich J. Vogel, *Vogel's Cross Reference and Index to the Contents of Luther's Works* (Milwaukee: Northwestern Publishing House, 1983). [Vogel gives the Aland reference numbers. In addition to the American Edition, he coordinates references to the Weimar Edition, to the St. Louis Edition (Aland's "2. Walchschen Ausgabe"), and the Erlangen Edition.—Trans.]

3. Aland, Reichert, and Jordan, *Hilfsbuch zum Lutherstudium.*

4. *Martin Luther: Ausgewählte Werke*, ed. H. H. Borcherdt and Georg Merz, 3d ed. (Munich: Chr. Kaiser, 1951–65).

5. *Mü Erg*, vol. 1.

6. Ibid., vol. 2.

7. Ibid., vol. 6.

8. Kurt Aland, ed. *Die Werke Martin Luthers in neuer Auswahl für die Gegenwart*, 11 vols. (Göttingen: Vandenhoeck & Ruprecht, 1959–83); and idem, *Lutherlexikon* (Göttingen: Vandenhoeck & Ruprecht, 1960–75).

9. *Calwer Luther–Ausgabe*, ed. Wolfgang Metzger, 12 vols. (Gütersloh: Gütersloher Verlagshaus, 1964–68). This edition also appears in the popular series of German paperbacks called Siebenstern–Taschenbücher.

10. *Martin Luther Studienausgabe*, ed. Hans Ulrich Delius (vols. 1–3, Berlin: Evangelische Verlagsanstalt, 1979–83; vol. 4, forthcoming).

11. [German writers sometimes refer to this edition as *Am.*—Trans.]

12. *Luther's Works*, ed. Jaroslav Pelikan, Hilton C. Oswald, and Helmut T. Lehmann. The first thirty volumes were published in St. Louis by Concordia

Publishing House. Volumes 31 through 54 were published in Philadelphia by Fortress Press. The index volume, vol. 55, published by Fortress Press, will be available in the fall of 1986.

13. *LW* 49, 50, 51, ed. and trans. Gottfried G. Krodel.

14. Other indexes have been referred to above. [The user of *LW* will find the indexes to each volume a very helpful guide, pending the appearance of an index to the whole edition in the fall of 1986.—Trans.]

15. For a brief overview of the plan of the indexes to the Weimar Edition, see Karl–Heinz zur Mühlen and Klaus Lämmel, "Das Register der Weimarer Lutherausgabe," *Luther* 50 (1979): 138–47.

16. [An additional resource is Heinz Bluhm's index of Luther's German writings. This work can be consulted through the Department of German, Boston College, Chestnut Hill, Massachusetts. Heinz Bluhm, "Die Indices zu Werken Martin Luthers in Boston College, Chestnut Hill, Massachusetts," *LuJ* 51 (1984).—Trans.]

17. Alfred Götze, *Frühneuhochdeutsches Glossar,* 7th ed. (Berlin: Walter de Gruyter, 1971).

Wilhelm Müller and Friedrich Zarnke, *Mittelhochdeutsches Wörterbuch,* 3 vols. (Leipzig: Hirzel, 1854–66; reprinted Hildesheim: Georg Olms, 1963).

Philipp Dietz, *Wörterbuch zu Dr. Martin Luthers deutschen Schriften,* vols. 1 and 2 only (Leipzig: Vogel, 1870–72; reprinted Hildesheim: Georg Olms, 1973). Apart from never having been completed, the user cannot be certain that the words listed by Dietz actually were used by Luther. The *WA* indexes will clarify this problem. In case of doubt, check the listings of the *Institut für Spaätmittelalter und Reformation* in Tübingen.

Johannes Erben, *Grundzüge einer Syntax der Sprache Luthers* (Berlin: Akademie–Verlag, 1954). Presupposes specialized knowledge of German grammar.

For a brief overview of these and other important aids, see Birgit Stolt, "Germanistische Hilfsmittel zum Lutherstudium," *LuJ* 46 (1979): 120–35.

18. *Lutherforschung Heute. Referate und Berichte des 1. Internationalen Lutherforschungskongresses Aarhus. 18.–23.8.1956,* ed. Vilmos Vajta (Berlin: Lutherisches Verlagshaus, 1958).

Luther and Melanchthon in the History and Theology of the Reformation, Second International Congress for Luther Research, August 8–13, 1960, ed. Vilmos Vajta (Philadelphia: Muhlenberg Press; Göttingen: Vandenhoeck & Ruprecht, 1961).

Kirche, Mystik, Heiligung und das Natüriche bei Luther. Vorträge des Dritten Internationalen Kongresses für Lutherforschung Järvenpää, Finnland, 11.–16.8.1966, ed. Ivar Asheim (Göttingen: Vandenhoeck & Ruprecht, 1967).

Luther and the Dawn of the Modern Era: Papers for the Fourth International Congress for Luther Research (Saint Louis, Mo., 22.–27.8.1971), in Studies in the History of Christian Thought, vol. 8, ed. Heiko Oberman (Leiden: E. J. Brill, 1974).

Luther und die Theologie der Gegenwart. Referate und Berichte des 5. Internationalen Kongresses für Lutherforschung Lund 14.–20.8.1977, ed. Leif Grane and Bernhard Lohse (Göttingen: Vandenhoeck & Ruprecht, 1980).

The papers of the Sixth International Congress for Luther Research, which had been held at Erfurt, German Democratic Republic, 14.–20.8.1983, have been published in *LuJ* 52 (1985).

참고 문헌

Aland, Kurt. *Martin Luther's 95 Theses: With the Pertinent Documents from the History of the Reformation.* Translated by P. J. Schroeder. St. Louis: Concordia Pub. House, 1967.

Althaus, Paul. *The Theology of Martin Luther.* Translated by Robert C. Schultz. Philadelphia: Fortress Press, 1966.

———. *The Ethics of Martin Luther.* Translated by Robert C. Schultz, Philadelphia: Fortress Press, 1972.

Asheim, Ivar, ed. *The Church, Mysticism, Sanctification and the Natural in Luther's Thought: Lectures Presented to the Third International Congress on Luther Research, Järvenpää, Finland, August 11–16, 1966.* Philadelphia: Fortress Press, 1967.

Atkinson, James. *The Trial of Luther.* New York: Stein & Day, 1971.

Bainton, Roland, H. *Here I Stand: A Life of Martin Luther.* New York: Abingdon & Cokesbury, 1950.

———. *Women of the Reformation in Germany and Italy.* Minneapolis: Augsburg Pub. House, 1971.

Baylor, Michael G. *Action and Person: Conscience in Late Scholasticism and the Young Luther.* Leiden: Brill, 1977.

Bluhm, Heinz. *Martin Luther: Creative Translator.* St. Louis: Concordia, 1965.

———. *Luther: Translator of Paul.* New York: Peter Lang, 1984.

Boehmer, Heinrich. *Martin Luther: Road to Reformation.* Translated by John W. Doberstein and Theodore G. Tappert. Philadelphia: Muhlenberg Press, 1957.

Bornkamm, Heinrich. *Luther's World of Thought.* Translated by Martin H. Bertram. Philadelphia: Fortress Press, 1958.

———. *Luther's Doctrine of the Two Kingdoms.* Translated by Karl H. Hertz. Philadelphia: Fortress Press, 1966.

———. *Luther and the Old Testament.* Translated by Eric W. and Ruth C. Gritsch, and edited by Victor I. Gruhn. Philadelphia: Fortress Press, 1969.

———. *Luther in Mid-Career 1521–1530.* Translated by E. Theodore Bachmann, and edited by Karin Bornkamm, Philadelphia: Fortress Press, 1983.

Brecht, Martin. *Martin Luther: His Road to Reformation, 1483–1521.* Translated by James L. Schaaf. Philadelphia: Fortress Press, 1985.

Carlson, Edgar M. *The Reinterpretation of Luther.* Philadelphia: Muhlenberg Press, 1948.

Cranz, Ferdinand E. *An Essay on the Development of Luther's Thought on Justice, Law and Society.* Cambridge, Mass.: Harvard Univ. Press, 1959.

Davies, Rupert E. *The Problem of Authority in the Continental Reformers: Luther, Zwingli, and Calvin.* London: Epworth Press, 1946.
Dickens, A. G. *The German Nation and Martin Luther.* New York: Harper & Row, 1974.
Duchrow, Ulrich. *Two Kingdoms: The Use and Misuse of a Lutheran Theological Concept.* Geneva: Lutheran World Federation, 1977.

Ebeling, Gerhard. *Luther, An Introduction to His Thought.* Translated by R. A. Wilson. Philadelphia: Fortress Press, 1970.
Ebon, Martin, trans. *The Last Days of Luther by Justus Jonas, Michael Coelius and Others.* Garden City, N.Y.: Doubleday & Co., 1970.
Edwards, Mark U. *Luther and the False Brethren.* Stanford, Calif.: Stanford Univ. Press, 1975.
————. *Luther's Last Battles: Politics and Polemics, 1531–1546.* Ithaca, N.Y.: Cornell Univ. Press, 1983.
Edwards, Mark and George H. Tavard, editors. *Luther—Reformer for the Churches: An Ecumenical Study Guide.* Philadelphia: Fortress Press, 1983.
Elton, G. R. *Reformation Europe 1517–1559.* New York: Harper & Row, 1966.
Erikson, Erik H. *Young Man Luther: A Study in Psychoanalysis and History.* New York: W. W. Norton, 1958.

Friesen, Abraham. *Reformation and Utopia: The Marxist Interpretation of the Reformation and Its Antecedents.* Wiesbaden: Franz Steiner, 1974.

Gerrish, Brian A. *Grace and Reason: A Study in Luther's Theology.* Oxford: At the Clarendon Press, 1962.
Grisar, Hartmann. *Luther: His Life and Work.* 3 vols. in 1. Translated by E. M. Lammond, and edited by Luigi Cappadelta. St. Louis: Herder, 1930.
Gritsch, Eric W. *Martin—God's Court Jester: Luther in Retrospect.* Philadelphia: Fortress Press, 1983.
Gritsch, Eric W. and Robert W. Jenson. *Lutheranism: The Theological Movement and Its Confessional Writings.* Philadelphia: Fortress Press, 1976.

Haendler, Gert. *Luther on Ministerial Office and Congregational Function.* Translated by Ruth C. L. Gritsch, and edited by Eric W. Gritsch. Philadelphia: Fortress Press, 1981.
Haile, Harry G. *Luther: An Experiment in Biography.* New York: Doubleday & Co., 1980.
Headley, John M. *Luther's View of Church History.* New Haven, Conn.: Yale Univ. Press, 1963.
Hendrix, Scott H. *Luther and the Papacy: Stages in a Reformation Conflict.* Philadelphia: Fortress Press, 1981.
Hertz, Karl H., ed. *Two Kingdoms and One World.* A Sourcebook in Christian Social Ethics. Minneapolis: Augsburg Pub. House, 1976.

Holl, Karl. *The Cultural Significance of the Reformation.* Translated by Karl and Barbara Hertz and John H. Lichtblau. New York: Meridian Press, 1959.

_____. "Luther on Luther." Translated by H. C. Erik Middlefort. *Interpreters of Luther: Essays in Honor of Wilhelm Pauck,* 9–34. Philadelphia: Fortress Press, 1968.

_____. *What Did Luther Understand by Religion?* Translated by Fred W. Meuser and Walter R. Wietzke, and edited by James L. Adams and Walter F. Bense. Philadelphia: Fortress Press, 1977.

_____. *The Reconstruction of Morality.* Translated by Fred W. Meuser and Walter R. Wietzke, and edited by James L. Adams and Walter F. Bense. Minneapolis, Augsburg Pub. House, 1979.

Holmio, Armas, K. E. *The Lutheran Reformation and the Jews: The Birth of the Protestant Jewish Mission.* Hancock, Mich.: Finnish Lutheran Book Concern, 1949.

Iserloh, Erwin. *The Theses Were Not Posted: Luther Between Reform and Reformation.* Translated by Jared Wicks. Boston: Beacon Press, 1968.

Jensen, De Lamar, ed. *Confrontation at Worms: Martin Luther and the Diet of Worms.* Provo, Utah: Brigham Young Univ. Press, 1973.

Johnson, Roger A., ed. *Psychohistory and Religion: The Case of Young Martin Luther.* Philadelphia: Fortress Press, 1977.

Justification Today. Studies and Reports. Lutheran World. Supplement no. 1. Geneva: Lutheran World Federation, 1965.

Karant-Nunn, Susan. *Luther's Pastors: The Reformation in the Ernestine Countryside.* Philadelphia: American Philosophical Society, 1979.

Kirchner, Hubert, *Luther and the Peasants' War.* Translated by Darrell Jodock. Philadelphia: Fortress Press, 1972.

Lazareth, William H. *Luther on the Christian Home: An Application of the Social Ethics of the Reformation.* Philadelphia: Muhlenberg Press, 1960.

Lienhard, Marc. *Luther's Witness to Jesus Christ.* Translated by Edwin H. Robertson. Minneapolis: Augsburg Pub. House, 1982.

Lohse, Bernhard. "The Development of the Offices of Leadership in the German Lutheran Churches: 1517–1918." *Episcopacy in the Lutheran Church? Studies in the Development and Definition of the Office of Leadership,* edited by Ivar Asheim and Victor R. Gold, 51–71. Philadelphia: Fortress Press, 1970.

Lortz, Joseph. *The Reformation in Germany.* 2 vols. Translated by Ronald Walls. New York: Herder & Herder, 1968.

Mackinnon, James. *Luther and the Reformation.* 4 vols. New York and London: Longmans, Green & Co., 1928–30.

Manns, Peter and Harding Meyer, editors. *Luther's Ecumenical Significance: An Interconfessional Consultation.* Philadelphia: Fortress Press, 1983.

Oberman, Heiko A. *Masters of the Reformation: The Emergence of a New Intel-*

lectual Climate in Europe. Translated by Dennis Martin. New York: Cambridge Univ. Press, 1981.

_____. *Luther and the Dawn of the Modern Era: Papers for the Fourth International Congress for Luther Research* [in St. Louis, Missouri, 22–27 August 1971]. Leiden: Brill, 1974.

Olivier, Daniel. *The Trial of Luther.* Translated by John Tonkin. St. Louis: Concordia Pub. House, 1978.

Oyer, John S. *Lutheran Reformers Against Anabaptists: Luther, Melanchthon and Menius and the Anabaptists of Central Germany.* The Hague: Nijhoff, 1964.

Pelikan, Jaroslav. *Obedient Rebels: Catholic Substance and Protestant Principle in Luther's Reformation.* New York: Harper & Row, 1964.

Pesch, Otto H. *The God Question in Thomas Aquinas and Martin Luther.* Translated by Gottfried G. Krodel. Philadelphia: Fortress Press, 1972.

Preus, James. H. *From Shadow to Promise: Old Testament Interpretation from Augustine to Luther.* Cambridge, Mass.: Harvard Univ. Press, 1969.

_____. *Carlstadt's Ordinances and Luther's Liberty: A Study of the Wittenberg Movement, 1521–1522.* Cambridge, Mass.: Harvard Univ. Press, 1974.

Reu, Michael J. *Luther's German Bible: An Historical Presentation Together With a Collection of Sources.* Columbus, Oh.: Lutheran Book Concern, 1934.

Rupp, Gordon E. *The Righteousness of God: Luther Studies,* 3d ed. London: Hodder & Stoughton, 1968.

_____. *Patterns of Reformation.* Philadelphia, Fortress Press, 1969.

Rupp, Gordon E. and Philip S. Watson, eds. *Luther and Erasmus: Free Will and Salvation. Library of Christian Classics,* vol. 17. Philadelphia: Westminster Press, 1969.

Schwiebert, Ernest G. *Luther and His Times.* St. Louis: Concordia, 1950.

Siggins, Ian D. *Martin Luther's Doctrine of Christ.* New Haven, Conn. and London: Yale Univ. Press, 1970.

_____. *Luther and His Mother,* Philadelphia: Fortress Press, 1981.

Spitz, Lewis W. *The Renaissance and Reformation Movements.* 2 vols. St. Louis: Concordia Pub. House, 1980.

_____. "Luther's Impact on Modern Man." *Concordia Theological Monthly* 41(1977)1:26–43.

Steinmetz, David M. *Luther and Staupitz: An Essay in the Intellectual Origins of the Reformation.* Durham, N.C.: Duke Univ. Press, 1980.

Strauss, Gerhard. *Luther's House of Learning: Indoctrination of the Young in the German Reformation.* Baltimore: Johns Hopkins Univ. Press, 1978.

Tentler, Thomas N. *Sin and Confession on the Eve of the Reformation.* Princeton: Princeton Univ. Press, 1977.

Theses Concerning Martin Luther 1483–1983. The Luther Quincentenary in the German Democratic Republic. Berlin and Dresden: Verlag Zeit im Bild, 1983.

Todd, John M. *Martin Luther: A Biographical Study.* London: Burns & Oates, 1964.

————. *Luther: A Life.* New York: Crossroad, 1982.

Watson, Philip J. *Let God Be God. An Interpretation of the Theology of Martin Luther.* 1947. Reprint. Philadelphia: Fortress Press, 1966.

Wicks, Jared. *Catholic Scholars Dialogue with Luther.* Chicago: Loyola Univ. Press, 1970.

Wingren, Gustav. *Luther on Vocation.* Translated by Carl Rasmussen. Philadelphia: Muhlenberg Press, 1959.

Yule, George. *Luther: Theologian for Catholics and Protestants.* Edinburgh: T. & T. Clark, 1985.

루터 연구 입문

초판 발행 1993년 12월 25일
중쇄 발행 2013년 8월 10일

발행처   **크리스챤**
         다이제스트
발행인   박명곤
주소   경기도 고양시 일산동구 정발산동 1193-2
전화   031-911-9864, 070-7538-9864
팩스   031-911-9824
등록   제 396-1999-000038호
판권   ⓒ 크리스챤다이제스트 1993
총판   (주) 기독교출판유통
         전화 031-906-9191~4
         팩스 0505-365-9191